THE
ECONOMIST'S
VIEW
OF THE WORLD

THE ECONOMIST'S VIEW OF THE WORLD

경제학자가 세상을 구할 수 있다면

스티븐 로즈 지음 | 고영태 옮김 | 한순구 감수

*and the quest for
well-being*

더 퀘스트

최신판 수록

경제학자들이 세계를 바라보는 매우 독특한 시각을 처음으로 소개한 이 책을 매우 좋아한다. 이번에 새롭게 나온 35주년 최신판은 이전 책의 장점을 유지하면서 최신 내용을 보완했다.
_ 대니얼 카너먼Daniel Kahneman, 노벨경제학상 수상자, 《생각에 관한 생각》 저자

경제학자의 사고방식에 관한 가장 탁월한 탐구가 담겨 있다. 처음부터 끝까지 신중하고 많은 생각을 불러일으키는 책이다.
_ 그레고리 맨큐Nicholas Gregory Mankiw, 하버드대학교 경제학과 교수, 《맨큐의 경제학》 저자

클래식Classics.
_ 프랜시스 후쿠야마Francis Fukuyama, 스탠퍼드대학교 교수, 《역사의 종말》 저자

세상의 흐름을 통찰하고 싶은 이들은 읽어야 하는 매우 훌륭한 책이다. 알게 모르게 세상을 움직이는 경제학자의 생각을 이해할 수 있다. 역으로 경제학자도 자기가 놓친 것을 알기 위해 읽어봐야 하는 필독서다.
_ 마틴 울프Martin Wolf, 〈파이낸셜타임스〉 수석 칼럼니스트

이 책의 초판은, 당연하게도 그리고 단숨에, 경제학과 공공정책 분야의 고전이 되었다. 35년이 지난 지금까지 여전히 많은 영감과 감명을 주고 있다. 스티븐 로즈는 35주년 최신판을 새로운 통찰력과 최신 사례 그리고 온갖 종류의 흥미로운 것들로 가득 채웠다. 이 책은 단순히 서가에 꽂아두는 책이 아니라 꼭 읽어보기를 추천하는 책이다.
_ 앨런 블라인더Alan S. Blinder, 프린스턴대학교 경제학&공공정책 교수,
클린턴 행정부 연방준비제도 이사회 부의장

초판 수록

지난 50년 동안 출판된 가장 훌륭한 10대 경제학 서적 가운데 하나라고 생각한다.
_ 데이비드 헨더슨David Henderson, 해군대학원 경제학 교수,
《콘사이스 경제학 백과The Concise Encyclopedia of Economics》 편집자

한마디로 놀라운 책. 경제를 연구하는 학자가 아닌 사람이 경제를 이렇게 완벽하게 이해할 수 있다는 사실에 대단히 놀랐다. 저자가 경제학자가 아니라는, 바로 그 지점 때문일까. 이 책은 경제학이 현실에 어떻게 응용되는지에 관해 현실적이고 신선한 통찰을 제시하고, 경제학의 한계에 대해서도 통렬하게 비판하고 있다.

_ 존 브랜들John Brandl, 미네소타대학교 휴버트 험프리 공공정책 연구소 설립자&소장

경제학자로서 나는 다른 사회과학 분야의 학자들이 수행한 대부분의 경제 관련 조사나 연구에서 발견되는 명백한 오류와 부정적인 영향력 때문에 가슴이 아팠다. 그래서 솔직히 이 책도 아무런 기대 없이 읽기 시작했다. 하지만 이 책은 경제학에 대한 많은 연구와 이해를 담고 있을 뿐만 아니라 매우 유용하고 건설적이며 희망적인 이야기를 하고 있다. 이런 책이 출간되었다는 사실이 너무나 기쁘다.

_ 맨커 올슨Mancur Olson, 매릴랜드대학교 경제학 교수

다 읽자마자 이 책이 얼마나 훌륭한 책인지 독자들에게 이야기하고 싶었다. 이 책은 경제학도의 필독서가 되어야 한다.

_ 앨런 블라인더Alan S. Blinder, 프린스턴대학교 경제학 교수

경제학을 이해하고 해석하는 관점이 현명하고 사려 깊다. 가치에 대해 추론하고 토론하는 데 깊은 관심을 가진 저자 특유의 스타일이 느껴진다. 논쟁적이거나 남을 비난하지 않으면서도 명료하고 강력하게 펼치는 저자의 주장이 매우 흥미롭다. 무엇보다 세련되면서도 열린 학문적 논증을 읽어내려가는 재미가 있다.

_ 스티븐 켈만Steven Kelman, 하버드대학교 공공정책 대학원 교수

경제를 이해하는 관점이 공정하다. 저자는 1부와 2부에서 경제학적 시각이 우리 삶을 움직이는 다양한 정책의 고안과 실현에 합리성과 선의를 가져다줄 수 있음을 이야기한다. 그러나 3부에서는 그야말로 '경제학자'를 들이받아 경제학적 시각에 도전한다. 신선하면서도 속 시원한 이 책은 결코 독자들을 실망시킬 수 없다.

_ 데니스 롱Dennis Wrong, 뉴욕대학교 사회학 교수

이 책은 내가 지금까지 읽은 가장 훌륭한 책 중 하나다.

_ 아미타이 에치오니Amitai Etzioni, 조지 워싱턴대학교 교수

하나의 책에서 경제학의 강점부터 한계까지 이렇게 균형 있게 다룰 수 있다니!

_ 앤드루 겔먼Andrew Gelman, 컬럼비아대학교 정치통계학 교수

한순구
(연세대학교 경제학과 교수)

현재의 세계를 살아가는 우리에게 경제학은 필수다. 개인의 삶에서는 인생 중요한 순간순간에 현명한 선택과 행동을 위해 필요한 교양처럼, 기업과 조직에서는 (특히 그 지위가 올라가면 갈수록) 갖추고 있지 않으면 대화나 소통에 어려움을 주는 공용어처럼 여겨진다. 이는 경제학이 효율성과 합리성을 가져다주는 가장 좋은 사고방식이자 프레임이기 때문일 것이다.

정부와 사회에서는 그리 여겨지지 않는 것 같다. 정부가 어떤 정책을 고안하고 시행할 것인지를 분별하고 판단하는 데도 경제학적 관점이 대단히 유용할 수 있는데, 정부와 사회는 경제학자들의 목소리에 귀 기울이지 않는다.

"아무도 우리 이야기를 들어주지 않는다." 실제로 경제학자들이 모여서 자주 나누는 푸념이다. '정부가 이런 정책을 시행할 필요가 있다'고 경제학자들이 말하면, 정치인들이 일부러 반대 방향으로 가는 것 같다고 느낄 정도다.

그러니 경제학자인 내게《경제학자가 세상을 구할 수 있다면》같은 책의 존재를 알게 된 것은 대단히 놀랍고 약간은 나를 우쭐하게 만드는 일이었음을 고백한다. 그것도 정치학자인 미국의 교수가 경제학이 우리 사회와 정치, 정확히는 사회를 움직이는 규제와 공공정책에 미치는 영향이 대단히 크다는 점을 인정하고 시작된 책이라니. 그리고 경제학 '외부'의 사람이 경제학의 장단점을 다룬다는 점이 궁금했고 흥미로웠다.

막상 책을 들여다보고 더 놀랐다. 복잡한 수식이나 그래프 없이 경제학의 진수를 제대로 설명하고 있다. 그리고 1부와 2부에서 경제학 이론을 적용하여 각종 규제와 정책을 결정하는 것이 얼마나 유용한지 설명을 하고 있는데, 경제학자가 설명하더라도 이토록 유려하게 하지는 못했을 것 같다. 특히 저자가 제시하는 방대한 사례를 보면 존경심이 우러나올 정도다. 나 자신도 경제학자이지만 경제학이 이렇게 널리 쓰일 수 있다는 사실에 새삼 놀랐다.

물론 뒷부분에는 경제학 관점의 한계에 관해 언급한다. 경제학자로서 기분이 좋지만은 않은 쓰디쓴 내용이지만, 다양한 생각할 거리를 남겨주었다.

내용이 엄밀하고 수준이 높다. 그렇기 때문에 분명 술술 읽을 수 있는 책은 아니다. 하지만 우리 생각보다 더 강력하게, 시시각각 우리 삶을 움직이는 다양한 규제와 제도, 정책의 타당성을 판단하는 데 대단히 도움이 될 내용들이다. 깨어 있는 시민 독자들이 찬찬히 읽어본다면 큰 도움이 될 것이라 확신한다.

1975년에 버지니아대학교에서 종신 부교수로 승진했다. 당시 나의 유일한 저서는 박사 학위 논문에 근거한 단행본이었고 나의 강의 능력도 평범했다. 작은 규모의 수업에서는 상당히 좋았지만, 학생 수가 많은 대규모 강의에서는 좋지 않았다. 그래서 모두가 나의 승진에 동의하지는 않는 듯한 분위기였지만, 기분은 상당히 좋았다.

그로부터 10년이 지난 1985년에 경제학자들의 사고방식에 관한 야심 찬 초고를 완성했다. 세계 최고의 출판사 가운데 한 곳인 케임브리지출판사에서 내 책을 출판할 예정이었다. 담당 편집자인 콜린 데이Colin Day는 매우 열정적인 사람으로, 책이 대학가에서 잘 팔릴 것 같다고 했다. 일부 강의에서 교재로 채택될 가능성도 있다고 말했다. 하지만 우리 둘 다 일반 독자들을 포함해 학교 밖에서 이 책이 널리 읽히리라고는 전혀 예상하지 못했다.

출간 후 신문에 실린 서평이 상당히 좋았으며, 학술지와 몇몇 정치 평론지에도 서평이 실렸다. 초판은 2,000~3,000부 정도 인쇄했는데 당시에는 평균이었다. 초판은 빠르게 팔렸고 증쇄본도 계속 잘 팔렸다. 2005년에 한 대학원생이 남긴 아마존 서평을 통해 이 책이 행정학 세미나의 교재로 채택됐음을 알게 됐다. 상당히 고마운 일이었지만 20년이나 된 책이 대학원 과정에 교재로 채택됐다는 사실을 믿기 어려웠다. 수많은 일화와 사례가 수록돼 있긴 하지만 20년이라는 세월 동안 많은 것이 변했을 터이기 때문이다.

이런 와중에 유럽과 아시아에서도 책이 인기를 끌었다. 실제로 수만 권이 판매됐고 제2차 세계대전 이후 케임브리지가 출판한 모든 책 가운데 상위 1% 안에 들었다. 외국에서도 출판됐는데 대만의 〈차이나타임스〉는 이 책의 중국어 번역본을 1991년 최고의 책 가운데 하나로 선정했다.

나는 언젠가 은퇴하면 이 책의 개정판을 써야겠다고 마음먹고 있었다. 경제적 문제들뿐만 아니라 경제 자체도 크게 변했기 때문이다. 1985년에 대부분의 경제학자는 '밀물이 모든 배를 띄운다'(전반적인 경제 발전이 모든 사람에게 혜택을 가져다줄 것이라는 의미-옮긴이)라고 믿었다. 하지만 이후 수년 동안 소득과 부의 불평등이 급격하게 심화됐다. 여기에 더해 2020년에는 25~54세 남성 중 15%가 일자리를 찾지 못했다. 1985년에 경제학자들은 상품과 서비스, 여가에 대한 소비자들의 선호를 충족시키면 사람들이 행복해하리라고 확고히 믿었는데, 지금은 철학자들과 심리학자들을 중심으로 이 문제에 대한 반론이 제기되고 있다.

환경은 크게 변했지만 경제학의 핵심 개념들은 여전히 그대로다.

1985년에 경제학자들은 시장의 가치를 존중했고, 목표에 대한 순위를 정하는 대신 균형을 강조했다. 그리고 정책을 결정하기 전에 기회비용 opportunity cost 을 고려했고, 정부의 의제에 관해 생각할 때 외부효과 externalities 개념(제삼자에 대한 영향)을 활용했다. 이 모든 것은 그때만큼 지금도 합리적이다. 그리고 이런 개념들은 앞으로 수십 년 후에도 경제학자들의 세계관에서 매우 중요한 역할을 할 것으로 본다.

경제학에서 이데올로기는 흔히 생각하는 것만큼 중요하지 않기 때문에 경제학자들이 어떻게 생각하는지를 일반화할 수 있다. 브루킹스 연구소 Brookings Institute 와 미국기업연구소 American Enterprise Institute 는 워싱턴에서 가장 오래된 싱크탱크다. 전반적으로 브루킹스는 진보적인 편이고 미국기업연구소는 보수적이다. 하지만 경제학 분야에서 그들의 연구는 큰 차이가 없다. 21세기 들어 처음 10년 동안 두 기관은 미국기업연구소-브루킹스 공동규제연구센터에서 힘을 합쳐 활동했다. 더 최근인 2016년에는 미국기업연구소-브루킹스 워킹 그룹이 〈기회, 책임 그리고 안보〉라는 제목으로 빈곤과 기회에 관한 공동 보고서를 냈다. 이와 관련해 조지 W. 부시 행정부의 재무부에서 경제 문제 부차관보로 일했던 테드 게이어 Ted Gayer 가 브루킹스연구소에서 공동 소장이자 경제 연구 프로그램 책임자가 됐다는 것도 의미가 있다.

이 책에서 나는 경제학자들의 사고방식에서 핵심이 되는 개념들을 소개하려고 한다. 이런 개념이 어떻게 우리 모두에게 영향을 미치며, 경제학이 사회과학 가운데 정치적으로 가장 영향력 있는 이유가 무엇인지를 설명하려고 한다.

경제학 하면 가장 먼저 어떤 생각이 떠오르는가? 아마도 즐거운 기억
은 아닐 것이다. 당신은 경제학에 관해 거의 또는 전혀 모를 테고 언
제나 거부감을 느꼈을 것이다. 대학에서 경제학 개론을 들었다고 해
도(어쩌면 아버지가 그렇게 하라고 해서) 지금은 거의 기억나지 않을 것이
다. 워낙 따분한 수업이었을 테니 말이다. 나이에 따라 다르겠지만 칠
판에 분필로 쓰는 수업이나 화이트보드 또는 도표가 이어지는 파워포
인트 슬라이드를 통해 경제학을 배웠을 것이다. 당신을 가르친 교수
가 무미건조한 사람이든 열정적인 사람이든, 도표가 경제학을 이해하
는 가장 좋은 방법이라고 이야기했을 것이다.

　하지만 그는 잘못 알고 있다. 경제학을 가장 잘 이해하는 방법은 도
표가 아니다. 잠깐, 내가 그렇게 말할 자격이 있는 사람일까? 나는 경
제학자가 아니라 정치학자이니 말이다.

　코넬대학교 대학원에서 공부하던 초기에 나는 20시간에 걸쳐 경제

학 강의를 들었다. 나중에 버지니아대학교의 정치학 교수로 부임하면서 행정학과 대학원 학생들에게 기초 경제학을 가르치게 되리라는 소식을 들었다. 가끔 있는 일이지만 버지니아대학교에서는 정치학과가 행정학 석사 과정을 담당하고 있었다. 그래서 나는 경제학에 관해 거의 알지 못하는 미래의 공공정책 담당자들에게 한 학기 동안 무엇을 가르쳐야 할지 고민에 빠졌다.

어떤 경제학 교과서도 만족스럽지 못했다. 모두가 도표뿐이었다. 경제학에서 나를 사로잡은 것은 기회비용과 한계주의marginalism 같은 훌륭한 개념이었다. 이런 개념들은 사례나 일화를 통해 정치적 문제를 설명하기 위해 활용됐다. 그래서 이에 관해 내 책을 쓰기로 마음먹었다.

경제학의 본질을 이해하는 것이 쓴 약을 먹는 것 같은 경험이어서는 안 된다. 나는 경제학을 사람들이 생각하는 것보다 더 재미있고 명료하게 설명할 수 있다고 생각한다. 조지메이슨대학교의 한 경제학자는 제자들에게 내 강연을 자주 소개했는데, 전공 과정을 끝마쳐 가는 제자 가운데 한 명에게 "제가 기억하는 유일한 경제학은 로즈 교수에게 배운 것입니다"라는 말을 들었기 때문이라고 한다.

《콘사이스 경제학 백과사전》의 편집자는 내가 자신의 경제학자 친구들보다 경제학의 중요한 개념인 한계주의를 더 잘 설명했다고 얘기했다. 그는 나의 초판에서 한계주의에 대한 설명을 인용했으며,[1] 이 책이 지난 50년 동안 경제학에 관해 쓴 '가장 훌륭한 10권' 가운데 하나라고 생각한다며 온라인에 글을 썼다. 미네소타대학교의 휴버트험프리공공정책연구소Hubert Humphrey Institute of Public Affairs 설립자이자 경제학자인 존 브랜들John Brandl은 내 책을 두고 "놀라운 책이다. 경제학자인 나로서는 경제학 전공자가 아닌 사람이 경제학을 이렇게 잘 이해할 수 있다는 사실에 놀았다. 그리고 경제학자가 아니라는 바로 그 사실 때문에 그는 경제학의 적용 가능성에 대한 새로운 통찰을 제시하고 경제학의 한계를 통렬히 비판한다"라고 이야기했다.[2]

저명한 경제학자가 쓴 훌륭한 경제학 서적은 많다. 그렇지만 나는 경제학자의 세계관을 가르치는 데 최고의 적임자는 공식적인 경제학 관련 학위가 없어도 된다는 사실을 당신이 믿었으면 좋겠다. 당신이 누구의 책을 읽든 경제학에 대한 지식이 현대 민주 사회에서 좋은 시민이 되는 데 꼭 필요하다는 사실은 의심의 여지가 없다. 그리고 경제학은 대학에서 법학 다음으로 정치적 영향력이 큰 과목이다.

경제학에 관한 나의 이야기를 듣다 보면 내가 시장에 관해 좋은 점을 많이 이야기한다는 사실을 알게 될 것이다. 시장의 기능을 긍정적으로 이야기하는 것은 보수주의자의 관점이다. 실제로 대부분의 경제학자는 시장을 좋아한다. 예를 들면 노벨상을 받은 조지프 스티글리츠Joseph Stiglitz의 정치적 성향은 대다수 경제학자보다 좌파에 더 가깝다. 그는 버니 샌더스Bernie Sanders와 알렉산드리아 오카시오코르테스Alexandria Ocasio-Cortez의 정책들을 좋아한다. 스티글리츠는 현재 우리의 경제체제가 효율적이거나 안정적이지 않고 공정하지도 않다고 생각하지만, 사회주의 운동에 참여하진 않는다. 그는 진보적 자본주의progressive capitalism라는 표현을 좋아한다. 진보적 자본주의는 "민간 기업이 있는 시장이 경제적 번영의 중심"이라는 것을 강조한다.[3]

시장은 정보가 필요한 사람들에게 불필요한 정보가 넘쳐나지 않는 방식으로 정보를 제공할 것이다. 시장을 이용하지 않고 경제를 운영하려고 하면 사람들은 너무 많은 정보에 노출될 것이다. 결국 시장이 없다면 톱밥을 누가 가져가야 하는지를 어떻게 결정할까?

톱밥이라고? 그렇다. 나무를 자를 때 나오는 톱밥의 배분에 관한 이야기를 하려 한다. 2008년에는 우유 가격이 예전보다 매우 비쌌다. 한 경제학자가 낙농업자에게 그 이유를 물었다.[4] 농부는 우유 생산에 들어가는 각종 원자재의 가격이 인상됐다고 말했다. 예를 들면 톱밥의 가격이 1년 만에 두 배가 됐다(2년 만에 톱밥 가격이 네 배로 오르기도 했다). 그는 소들이 편하게 누워 잘 수 있도록 바닥에 톱밥을 깔아준다고 했다. 그러면 소들은 어서 편히 누워 쉬고 싶어서 우유를 더 잘 생산했다. 그런데 톱밥 가격은 왜 올랐을까? 신규 주택 건설이 줄었기 때문이다. 집을 적게 지으면서 톱밥의 생산량이 감소한 것이다.

당신이 비싼 우유 가격에 관해 불만을 터뜨리는 시민들을 달래야 하는 정치인이나 정책을 계획하는 담당자라고 생각해보라. 학교 식당에서 우유 가격을 낮추는 방법으로 그들을 만족시키기로 했다고 가정해보자. 하지만 시민들은 높은 집값 같은 또 다른 문제에 대해서도 불평하고 있다. 이 두 가지는 동떨어져 존재하는 문제가 아니다. 우유를 생산하기 위해 더 많은 톱밥을 사용하는 것이 집값을 올리리라는 사실을 알고 있는가? 톱밥은 건설 업계에서 널리 사용하는 파티클 보드의 중요한 원재료로, 통나무와 합판보다 더 저렴한 대체재다. 소에게 깔아주느라 톱밥이 부족해지면 파티클 보드의 생산량이 줄 것이고, 그러면 파티클 보드의 가격이 올라가 주택 건설 비용을 상승시킬 것이다. 다수의 사람은 이런 상관관계를 잘 모른다.

또 선거구의 많은 유권자가 정원 가꾸기를 좋아한다. 그런데 나무 뿌리를 덮는 데 사용하는 톱밥이 우선순위가 높은 다른 사용자들에게 배정돼야 한다는 이유로 가격이 오른다면, 주민들은 기뻐하지 않을 것이다. 톱밥은 또 조개탄 생산과 자동차의 대시보드에 사용하는 가벼운 소재를 만드는 데도 쓰인다. 정책 담당자가 톱밥을 공정하고 효율적으로 배분하는 데는 오랜 시간이 걸릴 것이다. 그럼에도 어떤 결정을 내리든 그의 결정이 불공정하다고 생각하는 사람이 많을 것이다.[5]

물론 어떤 정치인이나 정책 담당자도 톱밥에 관해 걱정하지는 않을 것이다. 기업가나 시장이 없다면 톱밥은 아마 버려지거나 정원 가꾸는 데 정도만 쓰일 것이다. 버려지는 톱밥에 다른 용도가 있다는 사실을 아는 사람이 없기 때문이다. 다른 용도를 찾는다고 해도 어떤 용도가 가장 중요한지, 가장 중요한 곳에 얼마를 배분하고 두 번째로 중요한 곳에는 얼마를 나눠줘야 할지를 어떻게 결정해야 할까?

별것도 아닌 이 톱밥의 사례는 다양한 희소 자원이 서로 밀접하게 연결돼 있다는 사실을 보여준다.[6] 어떤 계획 담당자도 모든 것을 효율적으로 분배할 수는 없다. 이것이 우리가 시장을 필요로 하는 중요한 이유다. 비싼 우유 가격을 내리는 방법이 이렇게 복잡하다면, 전체 경제에 대한 계획을 세우는 일은 얼마나 복잡할지 상상해보라.

20세기의 공산주의 정권은 시장을 이용하지 않아 경제적 성과가 좋지 않았다. 시간이 지나면서 공산주의 정권 역시 사상적인 모순이 있음에도 일정 수준의 시장경제를 받아들였다. 중국의 마오쩌둥 사상에 관한 연구는 기반시설 건설 프로젝트와 건설 자재 사이의 불균형

또는 운송시설과 석탄 및 철강 제품 생산의 균형을 맞추지 못한 실패 사례들에 대한 고백으로 가득하다.[7]

어쩌면 시장이 혼란스러운 것처럼 보일지도 모르겠다. 열두 살짜리 천재에게 두 종류의 경제체제 가운데 하나를 선택하라고 하는 상황을 가정해보자. 첫 번째 체제에서는 모든 사람이 원하는 만큼 일하고, 원하는 직업을 가질 수 있고, 원하는 곳에서 거주할 수 있다. 반면 두 번째 경제체제는 나라에서 가장 똑똑한 사람들이 모여 무엇을, 어디에서 생산해야 할지를 결정한다. 열두 살 천재는 "첫 번째 체제가 좋아 보여요"라고 말할 것이다. 하지만 어떤 체제가 가장 큰 경제 성장을 이룩할 것인지 물어보면 아마도 두 번째 체제를 선택할 것이다.

그의 판단은 완전히 틀렸다. 두 번째 체제에서는 우선 정치인들이 누가 경제 발전을 계획하는 관리가 될 것인지 결정할 것이다. 이때 경제를 가장 잘 아는 인재가 아니라 자신들이 오래 권력을 유지하도록 도와줄 사람을 선택할 가능성이 크다. 여기에 더해 경제를 계획하는 관리들이 시장의 힘을 무시한다면, 대부분 사람은 높은 소득은커녕 적절한 소득조차 얻을 수 없을 것이다. 열두 살이었을 때 나는 프로 테니스 선수로 살고 싶다고 생각했다. 하지만 시간이 지나면서 내가 경기하는 것을 보려고 돈을 낼 사람이 없으리라는 사실을 깨닫고 꿈을 접었다.

첫 번째 체제에서도 계획을 세우지만, 그 역할은 각각의 경제 주체에게 분산돼 있다. 혁신가들은 사람들이 사고 싶어 하는 것을 구상하고, 합리적인 가격에 생산할 방법을 계획한다. 혁신가가 되고 싶어 하는 사람들 가운데 대부분은 내가 테니스를 치는 것처럼 그 일에서 두

각을 나타내지 못할 것이고, 결국 다른 사람들을 위해 일하면서 월급을 받게 될 것이다. 하지만 시간이 지나면서 자유시장 자본주의 체제는 다른 어떤 체제보다 더 많은 풍요와 여가를 생산하는 경제적 성장을 이룩할 것이다.

이 책에서 거시경제, 즉 인플레이션과 통화 정책 같은 경제 전체에 관한 문제들을 다루진 않을 것이다. 그 대신 경제 전체를 구성하는 데 도움이 되는 특정 정책을 연구할 때 경제학자들이 활용하는 개념에 관해 이야기할 것이다. 예를 들면 버지니아대학교의 경제학과에는 교육, 주택, 보건, 노동, 반독점, 환경, 빈곤 대책 프로그램에 관한 강좌가 있다. 이런 과목을 가르치는 교수나 정부에서 이런 주제를 다루는 분석가 대부분은 거시경제학자다.

미시경제학자들은 자신들이 제대로 평가받지 못한다고 느낀다. 모든 관심이 경제학의 화려하고 과시적 측면이 강한 거시경제학에 쏠리는 반면, 규모가 더 크고 견고하며 우아한 나머지 반쪽인 미시경제학은 관심을 받지 못하고 있다. 그래서 유명한 경제학자들이 미시경제학을 '경제학의 신데렐라'(동화 속에서 두 언니에 가려 관심을 받지 못하는 신데렐라와 같다는 의미-옮긴이)라고 부르거나 거시경제학이 미시경제학의 명성을 훼손한다고 불평하기도 한다.[8] 배를 타고 북극의 바다를 지날 때는 빙산의 보이지 않는 부분에 특별히 더 신경을 써야 한다. 정부가 이런저런 프로그램에 많은 돈을 쓰고 있다고 해서 그냥 만족해서는 안 된다. 그 프로그램이 비효율적이고 기대했던 것보다 훨씬 적은 성과를 낸다면 목소리를 내야 한다.

경제학은 놀라운 통찰과 골치 아픈 허점이 가득한 학문이다. 이 책의 대부분은 경제학의 통찰력에 초점을 맞춘다. 그러나 경제학자들은 편협한 이기심을 인간의 행동을 지배하는 동기와 행복을 찾는 방법으로 지나치게 강조하고 있다. 나는 경제학자의 세계관이 가지고 있는 취약점을 보여주려고 한다. 또 덕윤리학virtue ethics과 긍정심리학positive psychology 같은 새로운 사고체계가 암묵적으로, 때로는 명시적으로 경제학자의 세계관을 비판하는 방법에 관해 설명할 것이다.

이 책 전체를 통해 나는 주류 경제학자의 견해를 평가할 것이다. 이들의 견해는 미시경제학이나 공공경제학 교과서에서 논의되는 원칙에 영향을 받았다. 이 책에서 '주류경제학자'라는 용어는 진보와 보수 그리고 민주당원과 공화당원을 모두 포함하는 대부분의 경제학자를 일컫는다.

THE
ECONOMIST'S
VIEW
OF THE WORLD

경제학자가 세상을 구할 수 있다면 　　　　　　　| 차례 |

1부
유용한 개념들

2부
정부와 시장, 효율성과 형평성

3부
경제학의 한계

THE
ECONOMIST'S
VIEW
OF THE WORLD

1부
—
유용한 개념들

1
기회비용

19세기 경제학자 토머스 맬서스Thomas Malthus는 인구가 언제나 식량 생산량보다 빠르게 증가해 사람들이 빈곤에 허덕일 것으로 믿었다. 이를 두고 토머스 칼라일Thomas Carlyle은 "맬서스의 경제학은 우울한 학문"이라고 표현했다. 맬서스와 같은 이유는 아니지만, 경제학은 여전히 어느 정도 우울한 측면이 있는 학문이다. 노벨 경제학상을 받은 케네스 애로Kenneth Arrow가 지적한 것처럼, 경제학자는 "이것 아니면 저것입니다. 두 가지를 모두 할 수는 없습니다"라는 말을 가장 많이 한다.[1]

최근에는 목표한 성과를 달성하지 못하는 정부 프로그램에 대한 논의가 많다. 하지만 경제학자는 목표 달성에 실패한 프로그램에서조차 긍정적인 결과와 부정적인 결과를 본다. 커뮤니티 센터의 착공식에 모인 사람들은 그곳이 젊은이에게는 유익한 운동을 할 수 있고 나이 든 사람들에게는 새로운 모임을 조직할 수 있는 장소가 될 것으로 생각한다. 이때 경제학자는 다음과 같은 의문을 제기한다. "그렇지만 다른 곳에 쓸 예산을 커뮤니티 센터에 사용함으로써 우리는 저소득층 학생들의 시험점수를 한 등급 올릴 수 있는 독서 프로그램과 도시 북쪽의 새로운 공원을 건설하지 못하게 됐습니다. 센터를 짓는 데 들어갈 세금이 우리 주머니에 그대로 남아 있다면 각 가정이 그 돈으로 여가 활동을 할 수도 있었겠지요. 이에 대해서는 어떻게 생각합니까?"

경제학자들은 '모든 것의 가격을 알지만 어떤 것의 가치는 모르는' 사람들로 불린다. 그들은 자신들을 방어하기 위해 가격이나 비용에 관한 관심이 실제로 가치에 관한 관심이라고 주장한다. 앞서 질문을 던진 경제학자는 학습 발달이 느린 어린이들과 도시 저소득층의 여가 활동에 관심이 있기에 커뮤니티 센터를 짓는 데 들어갈 돈을 걱정하고 있다. 건립 비용이 더 추가되면 다른 정책 분야에서 가치를 추구하는 데 들어가야 할 자원이 더 줄어든다. 다시 말해 한 프로그램에 들어가는 비용이 증가할 때마다 다른 프로그램이나 민간 지출에서 얻을 수 있는 혜택이나 투입할 자금은 줄어든다.

이것이 기회비용의 개념이다. 즉 희소한 자원을 어딘가에서 사용한다는 결정이 다른 곳에서 대안을 포기하게 함으로써 비용을 발생시킨다는 뜻이다. 사실 당신이 보기에 너무도 당연한 얘기라 논의할 가치도 없다고 생각할지 모르겠다. 월세를 내야 해서 덜 비싼 식료품을 사는 식의 경험을 해본 사람이라면 누구나 기회비용에 관해 어느 정도 알고 있다고 할 수 있다.

2020년 8월에 이 장에 대한 수정 원고를 작성할 때 미국 전체는 코로나19 바이러스와 관련해 중요한 기회비용 상황에 직면했다. 대면 수업과 온라인 수업 문제를 예로 들어보겠다. 온라인으로 수업하면 아이들은 교실에서 얼굴을 보고 수업할 때만큼 많은 것을 배우지 못한다. 그리고 사교 활동도 어려워진다. 하지만 아이들이 교실에 있으면 코로나바이러스에 감염될 확률이 더 높아질 것이다. 게다가 대면 수업은 다른 학생들이나 부모님을 비롯한 가족 사이에서 코로나바이러스를 전파할 가능성도 더 커질 것이다.

수업 방식과 일상의 변화를 통해 얼마나 많은 감염을 예방할 수 있을까? 아이들이 온라인 수업을 하기에 부모 중 한 명은 집에 있어야 한다면, 외벌이 가정이나 맞벌이 가정에서의 소득 손실은 얼마나 클까? 코로나19와 관련된 모든 문제에서 부분적 해결책이 다양하게 존재한다. 기회비용은 다른 대안을 포기하고 하나의 선택을 할 때 우리가 희생하거나 부담하는 비용을 말한다. 코로나19와 관련해 내려지는 결정은 다양한 시민의 복지에 영향을 미칠 터인데, 시민들에게 이렇게 명확하고 중대한 영향을 미치는 공공정책 결정은 매우 드물다.

얼마 전에 버지니아의 한 고위 시 공무원이 시의 문화 정책에 관해 다음과 같이 설명했다. "우리는 공공복지를 가장 중요하게 고려합니다. 하지만 동시에 비용도 중요하게 생각합니다." 경제학자들은 이런 정책 결정 방식을 우려한다. 이는 그가 말한 비용이 다른 공공 프로그램과 민간 분야에서 포기한 공공복지 이외의 어떤 것을 암시하기 때문이다.

지난 60년 동안 미국의 섬유 및 의류 산업에서 생산량과 고용이 크게 감소했다. 동시에 이 산업 분야의 기업들은 새로운 공장과 장비에 거의 투자하지 않았다. 경제학자들은 이것이 부실한 산업 경영을 보여주는 명확한 증거라고 생각하지 않는다. 섬유 및 의류 기업들이 비숙련 노동자들을 상당 부분 고용하고 있지만, 미국의 비숙련 노동자 임금은 많은 개발도상국보다 상당히 비싸다. 미국 기업들은 섬유 및 의류 분야에서 외국 기업과 경쟁할 수 없다. 그래서 항공기 제조 같은, 미국이 상대적으로 잘하는 일에 집중하는 것이 더 현명하다고 판단해 중국이나 방글라데시 등으로 티셔츠 생산 일감을 내보냈다.

희소한 투자 자본을 발전하는 산업 분야에서 빼내 쇠퇴하는 섬유 및 의류 산업의 현대화에 투입한다면, 사회적 기회비용이 매우 크다. 따라서 쇠퇴하는 기업들이 오래된 기계를 사용하는 것이 완벽하게 효율적일 것이다. 쇠퇴하는 산업 입장에서는 언제나 안타까운 일이다. 경제학을 공부하지 않은 사람들은 이런 산업의 어려움이 낡은 장비와 근시안적 경영진 때문이라고 생각하는 경향이 있다. 하지만 경제학자들은 낡은 장비를 산업이 쇠퇴하는 '원인'이 아니라 '결과'라고 생각한다.

꾸준히 감소하는 수요에 경제적으로 올바르게 대응하는 방법은 기업이 생산 비용을 감당할 수 있는 한 기존의 장비를 계속 가동하는 것이다. 생산 원가를 감당할 수 있다면 기업이 창출하는 수입은 대출금 상환 등 고정비를 지급하는 데 사용될 수 있다. 고정비는 회사의 운영 상황과 관계없이 들어가야 하는 돈이다. 쇠퇴하는 산업에 속한 회사는 오래된 장비를 교체할 수 없을 것이다. 많은 돈을 들여 장비를 현대화하면 회사는 더 어려워진다. 수요 감소와 가격 하락에 직면하면서 비용이 증가하기 때문이다.[2]

같은 상품이 어떤 국가에서는 첨단 기술로 만들어지고 또 다른 국가에서는 그러지 않을 수도 있다. 노동과 자본의 상대적 기회비용은 여전히 중요한데, 개발도상국은 자본이 부족하고 노동력이 풍부하다. 그래서 MIT의 경제학자인 데이비드 오토David Autor는 닛산이 일본에서 자동차를 생산할 때 로봇을 많이 사용하지만, 인도의 공장에서는 저렴한 현지 노동력에 더 많이 의존한다고 설명한다.[3]

기회비용은 우리가 언제나 비용에 대해 생각해야 한다는 사실을 상기시켜준다. 이와 동시에 결정과 관련된 비용은 기회와 연관돼 있다는 사실도 알려준다. 이미 지출된 돈과 사용된 자원은 '매몰비용'이다. 매몰비용은 회수할 수 없다는 점에서 현시점의 결정과는 경제적으로 관련이 없다. 일테면 이미 엎질러진 물이다.

하지만 사람들은 종종 너무 많은 자금이 투입돼 되돌릴 수 없는 정부 프로젝트에 관해 이야기하곤 한다. 한 예로, 1971년에 미국 하원의 오클라호마주 민주당 의원인 톰 스티드Tom Steed는 미국의 초음속 여객기에 대해 다음과 같이 말했다. "왜 지금 초음속 여객기 프로젝트를 멈추려고 하는지 이해할 수 없습니다. 우리가 지금 멈춘다면 누가 혜택을 받는지 물어보고 싶습니다. 분명히 국민은 아닙니다. 이미 투자된 11억 달러를 부담해야 하기 때문이죠."[4] 경제학자는 다음과 같이 반박한다. "어느 쪽이든 국민이 부담을 지게 될 것입니다. 우리가 얻는 혜택이 앞으로 추가로 투입될 관리 가능한 비용보다 더 많은지 따져봐야 합니다. 혜택이 더 크지 않다면, 이미 실패한 프로젝트에 더 많은 돈을 쓰지 말고 멈춰야 합니다."

경제학자들은 경제학을 공부하지 않은 사람들이 기회비용의 중요성을 제대로 이해하는 경우가 거의 없다고 확신한다. 위스콘신대학교의 버튼 웨이즈브로드Burton Weisbrod는 과거 공공정책 수립 과정에서 자신이 했던 역할과 관련하여 "우리가 어느 것을 제안하는가는 기본적으로 매우 단순합니다. 다른 사람들에게는 그렇지 않지만 경제학자에게는 매우 당연하죠. 저는 그것이 본질적으로 기회비용의 개념이라고 생각합니다"라고 말했다.[5]

이 책에서 나는 그간 논란이 됐던 정부 예산이 들어간 기반시설과 교통 프로젝트 등에 관해 이야기할 것이다. 이런 정부 프로젝트들은 기회비용이라는 개념을 더 깊게 살펴볼 수 있는 완벽한 사례다.

엔지니어와 경제학자

엔지니어와 경제학자들은 초음속 여객기 계획에 대해 의견이 서로 달랐다. 엔지니어들은 자신들이 할 수 있는 것이 무엇인지 보여주고 싶어 했지만, 경제학자들은 기본적으로 초음속 여객기를 만들 수 있다고 하더라도 그만한 가치가 없다고 말했다. 돌이켜보면 경제학자의 주장이 옳았다. 1970년대 초에 영국과 프랑스는 공동으로 국가의 지원을 받은 초음속 항공기인 콩코드 개발을 추진했다. 하지만 콩코드는 2003년 비행을 마지막으로 역사의 뒤안길로 사라졌다. 〈워싱턴 포스트〉는 콩코드 초음속 여객기를 "기술적으로는 놀라운 성과지만 상업적으로는 실패작"이라고 전했다.[6]

기회비용을 강조하는 과정에서 경제학자들은 계속해서 다른 전문가들과 갈등을 겪게 된다. 예를 들면 기술자들은 초음속 여객기의 사례와 마찬가지로 경제학자들의 분노를 불러일으킨다. 기술자들은 특정 프로젝트를 완성하기 위한 대안적 방법들을 고려할 때 비용을 고민하는 경향이 있다. 그러나 완벽한 기회비용을 산출하려면 건물을 지을 때 철근이나 강화 콘크리트를 사용하는 데 드는 상대적인 비용을 계산하는 것 이상의 노력이 필요하다. 건물을 짓지 않고 문제를 해결하는 방법까지도 고려해야 한다.

기회비용을 충분히 고려하지 않는 사례는 차고 넘친다. 상하수도 엔지니어들은 수질 오염 문제 해결을 도시 하수와 산업 폐수 처리 문제와 똑같이 생각했다. 그들은 오염에 대한 경제적 인센티브를 바꾸거나 단지 강물을 빠르게 흐르게 해 물을 정화하게 하는 것 같은 저비용 해결책은 거의 고려하지 않았다.[7] 기술자들이 큰 영향력을 발휘하는 기관인 연방항공청Federal Aviation Agency, FAA은 공항의 혼잡을 줄이기 위해 공항이 덜 붐비는 시간대를 이용하게 하는 가격 변경 방법을 고려하지 않았다. 그 대신 비용이 많이 드는 새로운 공항 건설 프로젝트를 선호했다.[8] 오클랜드시의 연구에 따르면 도로와 기술 부서를 운영하는 기술자들은 여러 요인을 근거로 결정이 내려진 다음에야 비용을 고려하는 것으로 나타났다.[9]

경제학자들이 엔지니어보다 더 큰 정치적 영향력을 행사하기는 하지만, 지난 10년 동안 이뤄진 정치적 논의를 생각해보면 기뻐해야 할 사람들은 엔지니어다. 버락 오바마 전 대통령은 첫 번째 임기 동안 주간 고속도로 시스템에 필적하는 동부와 서부를 연결하는 1만 7,000킬로미터의 고속철도망에 대해 자주 언급했다.[10] 조 바이든은 2020년 대통령에 출마하면서 고속철도망을 다시 언급했다.[11] 브루킹스연구소의 경제학자인 클리퍼드 윈스턴Clifford Winston은 속도와 편의성뿐만 아니라 고속도로 교통 체증, 탄소 배출 그리고 교통사고 사망률 감소를 고려하는 사람들을 포함해 여러 분야의 경제학자들에게 고속철도망 프로젝트를 검증받았다. 그는 전국 고속철도망은 경제적 관점에서 정당화될 수 없다고 결론 내렸다.[12]

2016년 선거운동 기간에 도널드 트럼프는 5,500억 달러 이상을 사회 기반시설에 투입하겠다고 밝혔으며, 대통령에 당선된 이후 첫 번째 연설에서도 사회 기반시설을 첫 번째 정책으로 언급했다.[13] 미국토목기술자협회American Society of Civil Engineers, ASCE는 트럼프가 약속한 수십억 달러는 필요한 금액에 대한 단순한 선납금일 뿐이라고 봤다. ASCE는 현재 미국의 사회 기반시설을 전체적으로 D+ 등급으로 평가하고, 모든 기반시설을 "수용 가능한 수준"[14]으로 끌어올리는 데 앞으로 8년 동안 4조 5,000억 달러가 필요하다고 주장한다. 이런 막대한 투자 덕분에 엔지니어들이 개인적으로도 이익을 보게 된다는 것은 두말할 필요조차 없다.

현재 진행되고 있는 가장 큰 사회 기반시설 프로젝트는 로스앤젤레스와 샌프란시스코를 연결하는 고속철도다. 2008년 국민투표에서 캘리포니아 유권자들은 90억 달러의 채권 발행을 승인했다. 330억 달러의 추정 비용 가운데 나머지는 연방 정부와 민간 투자자를 통해 조달할 예정이었다. 하지만 현재까지 연방 정부는 35억 달러만 투입했고, 의회의 공화당 의원들은 추가적인 연방 정부의 재정 지원을 차단하겠다고 공언했다. 민간 투자자들은 손해를 보지 않으리라는 보장이 없으면 어떤 투자도 하지 않겠다고 밝혔다.

2018년 3월에 주 철도 당국은 로스앤젤레스와 샌프란시스코를 고속철도로 연결하는 비용은 330억 달러가 아니라 약 773~981억 달러가 될 것이라고 발표했다. 프로젝트 비용은 더 증가할 수도 있다. 캘리포니아 남부의 산악 지역을 관통하는 약 58킬로미터의 터널 공사 비용이 매우 불확실하기 때문이다. 캘리포니아주 의회의 교통위원회 민주당 의장인 짐 프레이저Jim Frazer는 여전히 우리에겐 이 프로젝트 비용을 조달할 현실적인 방법이 없다고 생각한다. 공화당 의원들은 더 비판적이다. 어떤 주 상원의원은 "처음에는 쥐구멍이었고 이제는 싱크홀이지만, 곧 점점 더 많은 세금이 영원히 사라지는 심연이 될 것입니다"라고 말했다.[15]

필요한 자금을 마련하더라도 과연 고속철도의 혜택이 막대한 비용을 상쇄할 수 있을까? 과거의 선례는 이 질문에 대한 답이 '아니요'라는 사실을 알려준다. 벤트 플리프비예르그Bent Flyvbjerg는 10억 달러 이상의 대규모 프로젝트를 집중적으로 연구하는 덴마크의 경제 지리학자다. 전 세계의 사례들을 살펴본 결과 그와 연구원들은 열 개 중 아홉 개의 프로젝트에서 비용이 낮게 평가된다는 사실을 발견했다. 마찬가지로, 90%의 프로젝트에서 혜택은 과대평가되고 일정은 과소평가되고 있었다. 계획된 예산을 지키면서, 예정된 일정에 맞춰 완성되고, 약속된 혜택을 제공하는 프로젝트는 극소수에 불과하다는 얘기다.

4장에서는 경제학자들이 일반적으로 민간 부문이 정부보다 더 효율적이라고 주장하는 이유를 살펴볼 것이다. 그러나 이는 거대한 프로젝트에는 적용되지 않을 수 있다. 민간 자금이 지원되는 거대 프로젝트도 대개 성공하지 못한다. 하지만 민간 프로젝트와 공공 프로젝트의 결과를 체계적으로 비교하여 발표한 연구는 아직 없다. 거대한 민간 프로젝트가 쓸데없이 돈만 낭비한다고 해도 어쨌든 공공 프로젝트와 비교할 때 한 가지 큰 이점이 있다. 정부 프로젝트와 달리 그 일과 무관한 납세자들에게 비용을 강제로 부담시키지 않는다는 것이다.

플리프비예르그는 러스 로버츠Russ Roberts가 진행하는 이콘토크 EconTalk 팟캐스트에서 정치인과 엔지니어들이 대규모 프로젝트를 좋아하는 이유를 설명했다. 정치인들은 유명 인사들과 함께 붉은 리본을 자르는 사진이 가져오는 긍정적인 홍보 효과를 좋아한다. 이들 가운데 한 사람은 플리프비예르그에게 이렇게 말했다. "벤트, 정치 인생이 끝난 후 나는 손자에게 내가 통과시킨 법이 도서관의 책장 어딘가에 있다고 이야기하고 싶어요. 아니면 다리를 건너거나 터널을 지나가면서 내가 이것을 했다고 말하고 싶은데, 어떻게 생각하나요?"[16]

〈워싱턴 포스트〉가 보도한 트럼프에 관한 기사도 정치인들에 대한 플리프비예르그의 이런 발언을 뒷받침해준다. 트럼프의 보좌관들은 그가 다른 주제들보다 사회 기반시설에 더 관심이 있었다고 〈워싱턴 포스트〉 기자에게 이야기했다. 트럼프는 건설에 관해 이야기하는 것을 좋아했고 "전국을 돌아다니며 새로운 프로젝트를 홍보하는 것이 자신에게 정치적으로 좋을 것"으로 생각했다.[17]

플리프비예르그는 엔지니어들에 관해 다음과 같이 이야기한다.

— 엄밀히 말해 엔지니어와 과학기술 전문가들은 한계를 극복하는 것을 가장 좋아한다. 그래서 무엇이든 더 길게, 더 높게, 더 빠르게 만

들고 싶어 한다. 만약 당신이 엔지니어라면 평범한 다리와 세계에서 가장 긴 다리 가운데 어떤 것을 만들고 싶어 할까? 이 질문에 대한 모든 엔지니어의 답은 분명하다. 그들은 세계에서 가장 긴 다리를 만들고 싶어 한다.

정치인과 엔지니어들은 경제학자들에게 불만이 많다. 사회 기반시설 프로젝트를 고려할 때 언제나 '우리가 이 기반시설을 정말로 건설할 필요가 있을까?'라는 질문을 먼저 던지기 때문이다. 운전자들에게 혼잡한 시간대의 순환 고속도로 이용 요금을 더 부과하면 차선을 확장할 필요가 없을지도 모른다. 브루킹스연구소의 경제학자이자 교통 전문가인 클리퍼드 윈스턴은 다음과 같이 주장했다.

— 도로를 사용하는 대가는 인위적으로 낮게 설정돼 있다. 차량이 교통 혼잡에 대한 요금을 부담하지 않기 때문에 도로는 차량을 최대한 많이 수용하게 된다. 그중에서도 트럭은 도로에 끼친 피해에 대해 정확한 요금을 부담해야 하지만, 휘발유세나 경유세만 낸다. 이런 저가 정책은 도로 수용력의 한계를 불러오고 도로를 훨씬 더 빨리 마모시킨다. 그리고 이것이 더 많은 지출을 유발한다.[18]

윈스턴은 이른바 국가의 사회 기반시설 위기가 크게 과장됐다고 생각한다. 이름에서 알 수 있듯이 연방 정부의 '뉴 스타트New Starts' 프로그램은 새로운 교통 프로젝트에만 자금을 지원한다. 연방 정부는 이 프로그램에 매년 약 20억 달러를 지출하는데, 대부분이 철도에 투자된다. 그러나 "다양한 비용-편익 분석에 따르면 버스 서비스 개선의 경우 일반적으로 대중교통 서비스 1회 이용에 약 1~10달러가 들어가는 반면 철도는 일반적으로 새로 건설된 철도 1회 이용에 약 10~100달러가 들어간다." 빈곤층이 더 많이 이용하는 버스 서비스는 새로운 철도 프로젝트가 완성되면 일반적으로 더 적은 자금을 지원받게 된다. 로스앤젤레스, 애틀랜타, 산호세에서는 이미 이런 현상이 발생했다. 게다가 철도 프로젝트는 사람들이 자동차를 덜 사용하게 하는 데 별로 도움이 되지 않는다. "1980년에는 오리건주 포틀랜드 시민의 9.9%가 출퇴근할 때 버스를 이용했다. 2010년까지 포틀랜드시는 다섯 개의 경전철과 한 개의 통근열차 그리고 도심 전차 노선을 건설했지만, 대중교통을 이용한 출퇴근 비율은 7.1%로 오히려 떨어졌다."[19] 철도 프로젝트 건설에 들어간 자원과 에너지를 고려할 때 이런 프로젝트를 통해 얻는 오염 감소 효과가 없는 경우도 많다.[20]

경제학자와 정치인의 사고방식 사이에는 또 다른 갈등이 존재한다. 경제학자는 번영하고 성장하는 지역에 새로운 교통 프로젝트를 집중적으로 추진하고 싶어 한다. 왜냐하면 그 지역이 혼잡하기 때문이다. 그러나 정치인은 국가 전체에 예산을 골고루 배분하고 싶어 한다.[21]

앞의 설명은 특히 쓸데없는 사회 기반시설을 새로이 건설하는 데 초점을 맞춘 것이다. 하지만 사회 기반시설 관련 지출 대부분은 오래된 시설을 수리하는 데 들어간다. 여기서도 지출의 필요성이 너무 심하게 과장돼 있다. 예를 들면 교량 건설은 버락 오바마와 도널드 트럼프 두 대통령의 관심사였다. 2013년 연두교서 연설에서 오바마는 미국 전역에서 거의 7만 개의 교량이 구조적으로 결함이 있다고 강조했고,[22] 그해 후반에 녹스대학 연설에서 10만 개 이상의 교량이 노인 의료보호Medicare에 가입할 정도로 낡아 못 쓰게 됐다고 말해 큰 웃음을 자아냈다.[23] 대통령 후보였던 트럼프는 선거운동 초반에 〈모닝 조Morning Joe〉라는 TV 쇼에 출연해 '사회 기반시설 재앙'의 첫 번째 사례로 교량 붕괴의 위험성을 언급했다. 그러면서 미국 교량의 61%가 위험한 상태에 있다고 밝혔다.[24]

언론 역시 정치인들의 경고를 그대로 따라 보도한다. 예를 들면 〈워싱턴 포스트〉는 "예상치 못한 사고로 붕괴 위험이 있는 교량 수천 개", "중대한 보수 공사가 필요한 교량이 6만 3,000개"라는 제목의 기사를 실었다.[25] 2010년에 건설 변호사 배리 B. 르패트너Barry B. LePartner 는 《너무 커서 무너질 수 없다Too Big to Fall》라는 제목의 책을 출간했는데, 표지에 반으로 잘린 것처럼 보이는 큰 다리 그림을 썼다. 르패트너는 60만 개의 다리 가운데 거의 4분의 1이 구조적 결함이 있거나 기능적으로 쓸모가 없다고 지적하면서, "우리에게는 시간이 촉박하다. 불량한 사회 기반시설의 유지·보수를 계속 무시하는 위험은 거의 상상을 초월한다"라고 했다.[26] 그는 나의 연구 조교와 인터뷰할 때도 미국의 교량 가운데 8,000개가 "시한폭탄"이라고 주장하면서 무척 불안해했다.[27]

사회 기반시설을 건설하는 데 투입할 막대한 자금을 조성하려는 정치인들과 그 밖의 이해관계자들이 부실한 교량에 초점을 맞춰야 하는 것도 놀라운 일은 아니다. 진화론자들은 높은 곳에 대한 공포심이 인간 내면에 뿌리박혀 있다고 생각한다. 지난 수십만 년 동안 높은 곳에서 추락하는 것이 인간이 사망하는 일반적인 원인이었기 때문이다.

그러니 다리가 무너져 많은 사람이 죽는 장면을 상상해보라고 한다면 시민들의 관심을 끌 확률이 높다.

하지만 정확한 사실은 다음과 같다. 미국 교통부의 고속도로 관리국에 따르면 "연방 정부의 정의에 따라 '구조적 결함'이 있다고 분류됐다는 사실 자체가 그 교량이 안전하지 않다는 의미는 아니다." 계속 이용하는 교량이 구조적 결함이 있다면 일반적으로 더 많은 보수가 필요하고 하중에 제한을 둔다는 의미다. '기능적으로 노후화'라는 것도 위험하다는 의미가 아니다. "기능적으로 노후된 교량은 오늘날의 기준에 따라 지어진 것이 아니라는 의미다. (…) 기능적으로 노후된 교량은 낡은 집과 비슷하다. 1950년에 지어진 집은 거주하기에 완벽하지 않을 수도 있고 현재의 건축 규정을 모두 충족시키지 못한다."[28]

미국의 교량 가운데 구조적 결함이 있는 교량의 비율은 계속 감소하고 있다. 예를 들면 1992년에는 모든 교량의 20.7%가 구조적 결함이 있었지만 2011년에는 그 비율이 11.2%에 불과했다. 지난 20년 동안 기능적으로 노후화된 교량의 비율도 비슷한 추세로 감소했다.[29]

미국에서 다리가 무너져 사망하는 사람의 숫자는 얼마나 될까? 가장 확실한 증거는 2014년 유타주립대학교에서 발표한 박사 논문 〈교량 부실화 비율, 결과 그리고 향후 예측Bridge Failure Rates, Consequences and Predictive Trends〉에서 찾아볼 수 있다. 저자인 웨슬리 쿡Wesley Cook은 미국에 있는 60만 개 이상의 교량 가운데 해마다 약 128개의 교량이 붕괴하고, 이 가운데 약 4%에서만 사망자가 발생한다고 주장했다.

인명 구조 프로그램과 기회비용

어쩌면 당신은 내게 이렇게 묻고 싶을지도 모르겠다. "당신의 분석에 따르면 교량은 분명히 무너지고 사람들이 목숨을 잃는 것도 사실이잖아요. 경제학자들은 우리가 이런 사실을 그냥 받아들여야 한다고 생각하는 건가요?" 이런 회의적인 시각은 정치인들 사이에서 상당한 지지를 받을 것이다. 위스콘신주의 민주당 의원인 데이비드 오비David Obey는 과거에 "솔직히 말하면 인간의 생명과 관련된 문제를 다룰 때 경제적 비용은 중요하지 않다고 생각합니다"라고 말했다.[30] 미국 의회의 여러 위원회도 비슷한 목소리를 냈다.[31]

1986년 캘리포니아주의 전 민주당 의원인 피트 스타크Pete Stark는 버지니아주 스프링필드에서 발생한 스무 살 청년의 치명적인 음주운전 사고가 어떻게 그 가족의 삶을 바꿔놓았는지에 관한 글을 〈워싱턴 포스트〉의 독자투고 페이지에 여러 차례 기고했다. 스타크는 자동차 제조 업체들이 모든 차량에 에어백과 전자 음주 측정 장비를 의무적으로 설치하기를 원했다.

그 기사는 스타크가 의도한 것만큼 감동적이었다. 그러나 그는 아무도 지지할 수 없는 일반적인 안전 원칙을 주장하는 방식으로 결론을 내렸다. 즉 자동차 제조사들이 "엔지니어들이 설계할 수 있는 가장 안전한 차량"을 만들게 해야 한다는 것이다.[32] 엔지니어들은 차량을 놀이공원의 범퍼카처럼 안전하게 만들 수 있다. 하지만 문제는 그런 자동차는 매우 느리고 연비가 나쁘며 환경을 더 오염시킨다는 것이다. 우리는 안전뿐만 아니라 환경이나 연비 문제도 중요하게 생각한다.

조금 더 일반적으로 고속도로 안전에 관해 생각해보자. 도로 엔지니어들은 중앙선과 갓길에 시끄러운 소리를 내는 요철을 만들면 교통사고 사망자가 감소한다는 것을 입증할 수 있다. 도로 중앙에 설치된 강력한 분리대도 마찬가지다.[33] 가장 많이 이용되는 도로에 이런 개선사항을 모두 적용하기로 하면 이보다 이용량이 더 적은 도로와 심지어 시골 도로에도 이런 것들을 설치해야만 하는 것일까? 추가 비용이 증가할 때마다 틀림없이 몇 명의 생명을 더 구할 것이다. 하지만 추가 생명을 구할 수 있는 프로그램에 연방 정부가 예산을 지원하면 의사, 경찰관, 소방관, 대기질 전문가, 해안 경비대원, 구명요원과 응급 구조요원들이 예산 지원만 있으면 생명을 구할 수 있다는 다양한 프로젝트를 가지고 올 것이다.

배심원에 의한 법원 판결은 안전보다 비용 절감을 우선하는 기업에 대해 국민들이 의원들보다 관용을 덜 베푼다는 점을 보여준다. 예를 들면 뒤에서 추돌당해 불이 난 말리부에 탑승했다가 심하게 화상을 입은 여섯 명의 피해자가 자동차 회사를 상대로 소송을 제기했다. 여덟 명의 배심원은 여섯 명의 화상 피해자에게 1억 760만 달러의 손해배상과 48억 달러의 징벌적 손해배상을 판결했다.

이 엄청난 징벌적 손해배상 판결은 제너럴모터스General Motors, GM의 자체 차량 위험 분석을 근거로 내려졌다. GM의 분석은 말리부의 연료 탱크 위치 때문에 사고가 발생하면 사망자가 생길 것이라는 결론을 내렸다. 재판이 끝난 후에 한 원고의 변호사는 다음과 같이 말했다. "배심원들은 GM에 인간의 생명이 이익보다 중요하다는 메시지를 전하고 싶었습니다." 실제로 배심원들도 기자들에게 같은 이야기를 했다. "회사가 생명을 너무 가볍게 여겼다고 생각했습니다. 그들에게 우리는 단지 숫자에 불과하다고 느꼈어요."

GM의 위험 분석에는 심각한 결함이 있었다. 하지만 권위 있는 비용-편익 분석 전문가인 W. 킵 비스쿠시 W. Kip Viscusi는 분석에 결함이 없었다고 하더라도 GM이 배심원들에게 위험-비용의 상쇄 관계를 설득하기 어려웠으리라고 결론 내렸다. 한 배심원은 논평에서 "절대 안전 정신 zero-risk mentality"이라고 표현했다. "GM이 판매한 차가 그들이 생산할 수 있는 가장 안전한 차라는 증거가 없었습니다."[34] 배심원들은 미국 의회의 의원들이 안전을 가장 중요하게 생각한다면 자전거 도로와 산책로, 환경 개선, 쓰레기 처리장 이전 프로젝트를 지원하기 위해 고속도로 신탁 자금을 정기적으로 전용하지 않기를 바라는 것 같다.[35]

대중은 일종의 혜택을 어느 정도 수준에서는 안전과 기꺼이 바꿀 의향이 있다는 사실을 보여준다. 심각한 교통사고를 일으킬 확률이 네 배나 높지만, 대부분 주에서 운전자들은 운전 중에 휴대전화를 사용하곤 한다.[36] 이들은 즐거운 대화나 때로는 긴급한 대화가 사고 위험성의 증가보다 더 중요하다고 생각하는 셈이다.

더 놀라운 것은 자동차에 안전 기능이 설치되고 나면 사람들이 더 무모하게 운전하면서 좋아진 기능의 일부를 종종 무력화한다는 사실이다. 많은 연구에 따르면, 듀얼 브레이크 시스템이 예상보다 훨씬 더 적은 사고만 예방하는 것으로 나타났다. 이 시스템을 갖춘 차량의 운전자들은 더 빠르게 달리고 더 세게 브레이크를 밟는다. 마찬가지로 미끄럼 방지 스노타이어를 장착한 차를 운전하는 사람들은 장착하지 않은 차의 운전자보다 더 빠르게 운전한다.[37] 내 말이 믿기지 않는다면, 다음과 같은 가상 시나리오를 생각해보라. 만약 당신의 차에 에어백이나 안전띠가 없고 운전대에 칼날이 가슴 쪽을 겨누고 꽂혀 있다면, 더 조심스럽게 운전하지 않을까?

6장 말미의 부록에서는 경제학자들이 위험 감소를 통해 구한 생명의 가치를 추정하는 방법을 간단히 설명할 것이다. 나는 다른 모든 조건이 같을 경우 지출 대비 더 많은 생명을 구할 수 있는 프로그램이 더 적은 생명을 구할 수 있는 프로그램보다 우선시돼야 한다고 주장하고 싶다. 1994년에 일부 경제학자가 생명을 구하는 다양한 방법의 비용 효과를 비교했다. 이 연구에 따르면 일반적으로 의료 서비스를 통해 한 사람의 생명을 1년 연장하는 데 들어가는 평균 비용은 1만 9,000달러, 부상 방지를 통해 생명을 1년 연장하는 평균 비용은 4만 8,000달러, 그리고 유해 물질 제어를 통해 생명을 1년 연장하는 평균 비용은 280만 달러로 나타났다.[38]

몇몇 유해 물질 제어 프로그램에 들어가는 비용을 부상 방지 프로그램에 투입하면 생명을 더 확실히 구할 수 있을 것으로 보인다. 하지만 경제학자들이 특정 프로젝트의 생명 구조 효과를 양적으로 평가하려고 할 때 종종 논란이 일어난다. 한 연구는 소비에트 연방의 체르노빌 원전 방사능 유출로 인한 사망자 수가 1986년에 사고가 발생하지 않았더라도 그 지역에서 발생했을 암 사망자 수보다 적다고 이야기했다. 이와 유사하게, 원자력 에너지가 대체할 석탄 발전소들도 단 한 번의 체르노빌 사고로 인한 희생자보다 더 많은 생명을 해마다 빼앗아가고 있다.

천연자원보호협회Natural Resources Defense Council, NRDC의 핵물리학자인

토머스 코크런Thomas Cochran은 이런 비교 방식을 "건강에 대한 유해성을 최소화하는 전통적 방법이자 (…) 진실을 숨기는 일반적 방법"이라고 불렀다.[39] 경제학자들만이 아니라 심지어 많은 물리학자도 이 의견에 동의하지 않을 것이다. 예를 들면 물리학자인 리처드 윌슨Richard Wilson과 에드먼드 크라우치Edmund Crouch는 그들의 저서《위험-편익 분석Risk-Benefit Analysis》에서 모든 미국인이 5년에 한 번 흉부 X선 촬영을 한다면 1만 5,000명이 암에 걸리지만, 모든 미국인이 정상적으로 운영되는 원자력 발전소에서 32킬로미터 이내에 거주하면 단 한 명만 암에 걸릴 것으로 추정한다. 또 다른 비교 사례로, 모든 미국인이 고도가 높은 콜로라도 덴버시에서 자연스럽게 발생하는 우주방사선에 노출된다면 5년 동안 2만 5,000명 이상이 암에 걸릴 것이라는 추정도 있다.[40]

윌슨과 크라우치의 책에 담긴 정보를 그대로 받아들인다면 원자력에 대해 덜 걱정해도 될 것이다. 무엇보다 원자력 에너지는 화석 연료를 태우느라 대기 오염을 일으키지 않기 때문이다. 핵 발전소에서 사고가 일어나 많은 사람이 죽는다면, 다양한 원인으로 발생한 암으로 수천 명이 사망한 것보다 대중의 신뢰에 더 큰 타격을 줄 것이 확실하다. 하지만 우리는 아직 체르노빌만큼 심각한 핵 발전소 사고를 경험하지 못했다. 그래서 그런 사고를 피하기 위한 노력도 암과 싸우는 다른 방법 못지않게 언제나 중요하게 생각해야 한다.

교통 규제 기관이 차량 안전을 우려하고, 의사들이 질병과 폭력을 가장 걱정하며, NRDC가 환경 오염과 싸우는 것은 당연하고 자연스러운 일이다. 하지만 우리가 제한된 예산을 생명을 구하는 다양한 활동에 배분해야 할 때, 전체적인 상황을 파악하는 집단이 있다면 도움이 될 것이다. 경제학자들이 바로 그런 역할을 하는데, 이들은 학문을 현실에 적용할 때 '진실을 숨기지' 않는다.

환경 보호와 기회비용

1972년에 회계감사원Government Accountability Office, GAO은 워싱턴 포토맥강의 정화 노력과 관련하여 매우 비판적인 검토 보고서를 발표했다. 이전 10년 동안 지출된 10억 달러 이상의 예산 가운데 1억 2,800만 달러가 완전히 낭비됐다는 것이다. 이 돈은 "건설하지 않았거나 필요하지 않았거나 아니면 최소한으로 사용되는 시설을 계획하고, 설계하고, 건설하는 데 낭비됐다."[41] 포토맥강 주변의 지역 사회 가운데 어느 곳도 자신들이 거주하는 지역에 새로운 폐기물 처리 시설이 들어서길 원치 않았다. 관련 자치단체 사이에 조정도 미흡했다. 비용은 예상보다 훨씬 많이 들었고 혜택은 예상보다 훨씬 적었다.

해결되지 않은 한 가지 중요한 문제가 있었다. 포토맥강을 더 깨끗하게 만들 때는 하수 처리 과정에서 발생하는 슬러지 잔여물이 훨씬 더 많아지는데, 이것은 공중보건 측면에서 위험을 발생시킨다. 이 슬러지를 어떻게 처리해야 할 것인지가 분명하지 않았다. 폐기물을 땅에 버리거나 소각하는 것과 관련한 연방 법률과 규정은 예전보다 엄격했고, 해양 처리도 연방 규정으로 금지돼 있었다. 그렇다면 하수 처리 시설을 개선하는 것이 슬러지 증가에 따른 공중보건 위험을 감수할 가치가 있는 것일까? GAO는 슬러지 문제에 대한 해법이 없다면 포토맥강 정화의 혜택을 평가할 수 없다는 미국 국립과학원National Academy of Science, NAS의 견해를 보고했다. GAO는 10년 동안의 정화 작업 비용이 혜택을 초과했다는 결론을 내렸다. 그리고 비용과 혜택을 비교하고 관련 기관 사이의 협력 문제를 해결하지 못하는 한 어떤 추가적인 노력도 정당화할 수 없다고 평가했다.

〈워싱턴 포스트〉에 야외 활동 관련 글을 기고하는 앵거스 필립스Angus Phillips는 GAO의 보고서를 읽고 크게 분노했다. 필립스는 "GAO의 회계 직원들이 수질 개선이 낚시꾼, 나들이객, 수상스키 타는 사람, 카누와 카약을 타는 사람 등 여가 활동과 경관을 즐기려는 수십만 명을 끌어들인다는 사실을 인정하지 않았다"라고 지적했다. 그는 "GAO의 회계 전문가들은 숫자만 보는 데 지쳐서 광범위한 시야로 문제를 볼 수 없다. 포토맥은 시민들의 강이다. (…) 누군가가 세금 청구서에서 몇 푼을 절약하려고 사람들을 설득해 강이 다시 망가지도록 내버려 두겠다는 것은 상상도 할 수 없다"라고 〈워싱턴 포스트〉에 기고했다.[42]

GAO의 보고서가 포토맥강의 수질 개선에서 얻을 수 있는 여가 활동과 아름다운 경관의 혜택에 초점을 맞추지 않았다는 점은 분명하다. 그러나 경제학자들이 필립스의 의견에 동의할 가능성은 거의 없다. 필립스는 자신이 혜택을 정말로 이해하기 때문에 광범위한 시야에서 문제를 보고 있다고 생각한다. 하지만 비용을 진지하게 고려하지 않았다는 점에서 실제로 그의 시각은 상당히 제한적이다.

앞으로 관련 당국 간의 업무 조정이 더 쉬워지지는 않을 것이다. 지역에 폐기물 처리 시설이 들어서길 원하는 지자체가 없기 때문이다. 또한 슬러지 처리에 들어가는 비용과 이로 인한 공중보건 위험은 어떻게 할 것인가? 재정적 비용이 단지 워싱턴 DC 지역 주민의 세금 명세서에 표시된 적은 금액뿐일까? 주민들이 부담하는 얼마 안 되는 돈으로 10억 달러를 모을 수는 없을 것이다. 필립스는 수십만 명이 더 깨끗한 포토맥강이 제공하는 여가 활동 기회와 아름다운 경관을 통해 다양한 혜택을 얻는다고 주장했다. 일테면 약 20만 명이 조금 더 깨끗해진 포토맥강에서 혜택을 얻는다고 가정해보자(물론 나는 이것도 너무 관대한 가정이라고 생각하지만). 10억 달러의 지출을 정당화하려면 각자가 얻는 혜택이 5,000달러 이상의 가치가 있어야만 할 것이다.

　동물 보호도 종종 간과하는 기회비용에 포함된다. 멸종 위기종 보호법에 대해 글을 쓰는 두 명의 경제학자는 자신들이 하는 일이 "자연에 관한 논의에서 특히 환영받지 못했다. 많은 자연과학자와 생태학자는 경제학자들의 연구 방식과 사고방식을 상당한 불신 속에 바라본다"라고 말했다.[43] 이것은 분명한 사실이다. 세계적인 생물학자인 에드워드 O. 윌슨Edward O. Wilson과 아이작 에를리히Isaac Ehrlich는 "비교적 개발이 덜 된 땅을 더 이상 개발하지 말아야 한다"라고 제안했다.[44] 그들은 자연 서식지에서 어떤 종의 멸종을 위협하는 개발을 추진해서는 안 된다는 멸종 위기종 보호법을 전적으로 지지한다. 그러나 경제학자들은 모든 것을 목표와 균형이라는 다른 시각에서 본다. 대부분의 생태학자가 지지하는 원칙인 멸종 위기종 보호법은 균형이나 절충에 관한 논의를 거부한다. 기회비용, 즉 다른 곳에서 포기한 이익에 대해 생각하지 않는다.

이런 절대성을 주장하는 공리주의는 최근 수십 년 동안 약해졌다. 물론 희귀종에 관한 연구가 인간의 건강을 보호해주는 의약품의 개발로 이어진 것은 사실이다.[45] 하지만 이제 우리는 멸종 위기종의 유전자를 보존하고 자연 서식처에서 멸종 위기종을 보호하는 비용을 절약할 수 있다.[46] 더구나 일반적으로 말하면 종의 다양성은 감소 추세를 보이지 않으며, 어쨌든 종의 다양성이 인간에게 항상 이로운 것만은 아니다. 예를 들면 "전염병은 동식물이 가장 다양한 열대 지역에서 가장 유행하고 치명적이다."[47] 진화는 언제나 동식물을 멸종시켰는데, 인간의 지속적인 도움만이 뉴질랜드의 날 수 없는 새와 같은 몇몇 멸종 위기종을 보호할 수 있다.[48]

생물학자인 윌슨과 에를리히는 자연을 보호할 것인지 아니면 또 다른 캘리포니아 쇼핑센터를 건설할 것인지에 관한 어려운 선택에 관해 이야기하고 있다. 때때로 우리는 두 개의 고상한 목적 사이에서 하나를 선택해야만 한다. 1980년대에 애리조나대학교가 그레이엄산 정상에 세 개의 망원경을 갖춘 천문대를 건설하고자 했는데, 생태학자들은 이것이 정상에 사는 붉은날다람쥐의 서식처를 위험에 빠뜨릴 것으로 생각했다. 결국 천문대 설치는 승인됐고 붉은날다람쥐의 개체수는 얼마 동안 증가했다가 크게 줄어들었다. 야생보호를 담당하는 애리조나주 감독 당국의 한 현장 감독관은 여전히 야생 붉은날다람쥐가 멸종할 수 있다고 믿는다.

지역 동물이 멸종될 합리적 가능성이 있다면 어떤 개발도 허용해서는 안 되는 것일까? 만약 그렇다면, 애리조나주의 천문대는 결코 건설되지 못했을 것이다. 그러나 인류가 우주를 탐험하고자 하는 욕망 역시 붉은날다람쥐의 멸종 위험과 어느 정도 교환할 가치가 있는 숭고한 목표가 아닐까?[49] 우리는 모든 멸종 위기종에 관해 종이 사라질 위험이 전혀 없도록 필요한 모든 조치를 취해야 하는 걸까? 이런 문제에서 경제학자는 생태학자보다 인간 중심의 접근법을 취할 가능성이 더 크다.

경제학을 공부한 변호사인 윌리엄 백스터William Baxter는 펭귄이 뒤뚱거리며 걸어 다니는 것을 사람들이 보고 싶어 한다면, 이것만으로도 펭귄을 보호해야 한다는 충분한 이유가 된다고 주장한다.[50] 그러나 대부분 사람은 200종에 달하는 독사나 에이즈 바이러스를 좋게 생각하지 않는다. 백스터는 이런 동식물에 대한 무관심을 이기적이라고 느낄 필요가 없다고 말할 것이다. 생물학자 R. 알렉산더 피론R. Alexander Pyron은 비버가 만드는 댐이 그 지역에 서식하는 많은 종의 생존을 위협한다고 주장한다. "사람들도 비버처럼 생존 욕구를 위해 환경을 변화시키는 일에 양심의 가책을 크게 느낄 필요가 없다."[51]

사회의 도덕 원칙은 때때로 변하지만, 우리는 적어도 원칙이 바뀔 때 그 변화가 우리가 선호하는 것인지 정도는 확인해야 한다. 에이브러햄 링컨은 스티븐 더글러스Stephen Douglas와의 논쟁에서 인간은 다른 동물들에게 없는 존엄성을 가지고 있다고 말했다. 인간은 특별한 재능과 책임을 지니고 있으며, 도덕적 선택을 할 수 있다. "인간은 조물주로부터 몇 가지 불가침의 권리를 부여받았다. (…) 여기에는 생명, 자유 그리고 행복 추구가 포함된다."

더글러스는 어떤 남자가 네브래스카에 돼지나 노예를 데리고 오고 싶어 하는지 아닌지는 다른 사람들의 관심사가 아니라고 주장했다. 하지만 링컨은 "남부 사람들의 마음속에는 노예제도가 잘못된 것이고 흑인에게도 인권이 있다는 사실에 대한 이해가 자리 잡고 있다"라고 말했다. "1820년에 당신들은 거의 만장일치로 북부군에 합류했고, 아프리카 노예무역은 불법이므로 사형으로 다스리겠다고 선언했다. 당신들이 노예제도가 잘못된 것으로 생각하지 않았다면, 노예를 파는 사람들을 교수형에 처해야 한다고 생각한 이유가 무엇인가? (…) 당신들은 야생마를 잡아 팔았다고 해서 사람을 처형해야 한다고 생각해본 적은 없을 것이다." 링컨은 계속해서 당신들 가운데 "노예상SLAVE DEALER"이라고 알려진 "원주민 폭군"이 있다며, 노예를 거래해야 한다면 이들과 해야 한다고 말했다. 하지만 "당신들은 노예상을 경멸한다. (…) 당신의 아이들은 노예상의 아이들과 함께 놀아서는 안 된다. 아이들은 흑인 어린아이와 함께 자유롭게 놀 수 있지만 노예 거래상의 아이들과 놀아서는 안 된다. (…) 그 이유가 무엇일까? 당신들은 옥수수, 소, 담배를 거래하는 사람들을 그렇게 대하지 않기 때문이다."[52]

링컨의 지적처럼 그 시대 남부 지역 백인의 절반 정도는 인간이 행동을 통해 자연 세계의 다른 종과 기본적으로 차별화된다는 사실을 알고 있었다. 우리는 식물이나 동물의 건강을 무시해서는 안 된다. 하지만 동식물을 보호하는 비용을 과소평가하거나 아무런 생각 없이 인간보다 동식물의 이익을 우선해서도 안 된다.

분명히 이 주장의 상당 부분은 결론적인 것이 아니다. 링컨의 주장과 별개로 여기서 이야기한 핵심 가치는 그것이 무엇이든 인간의 선호와 욕구에 의해 결정된다는 것이다. 나는 경제학자 대부분이 이런 핵심 가치에 동의할 것으로 생각한다. 하지만 하버드대학교의 경제학자였던 로버트 도프만Robert Dorfman은 이런 주장이 불충분하다고 생각했다. 그래서 그는 1970년대에 천연자원 정책에 대해 논의할 때 로런스 트라이브Laurence Tribe 법대 교수의 주장에 동의했다. 그럼에도 두 사람에게는 중요한 차이점이 있었다. 도프만 교수는 트라이브 교수와 달리 개발되지 않은 자연을 보전하는 기회비용을 강조했다. 두 사람은 뉴저지의 톡스섬에 댐을 건설하는 거대한 기반시설 건설 프로젝트를 검토하고 있었다. 다음에 소개하는 이들의 논쟁은 이미 50년이 지났지만, 오늘날에도 여전히 중요하다.

건설을 제안한 댐은 홍수 통제, 식수 공급, 전기 공급, 새로운 여가 활동 시설 등의 혜택을 제공하는 반면 지역 사회를 파괴할 것이다. 주로 농촌 지역이지만 이미 도시의 교외 주거 지역으로 변화가 진행되는 곳이었다. 트라이브는 지난 수 세기 동안 서양에서 정치사상의 핵심은 인간의 초월성transcendence에 대한 믿음이었다고 밝혔다. 예를 들면 토마스 아퀴나스Thomas Aquinas는 "인간은 물리적 힘이 아니라 천국에 참여하는 이성의 힘을 통해 모든 동물보다 우월하다"라고 주장했다. 천국과 지상, 영혼과 육체로 나누는 이분법은 자연현상을 '인간이 통제하고 관리할 수 있는 대상'으로 생각하는 것이다.

트라이브는 인간의 초월성뿐만 아니라 자연과 함께 살아가는 내재성immanence도 고려해야 한다고 주장한다. 환경론자의 사고방식은 인간을 우선하는 이기주의를 거부하고 생태학적 사고를 요구한다. 즉 우리가 초월성과 내재성, 즉 '신성한 관찰자'와 '위대한 조작자'로서 균형 잡힌 역할을 해야 한다는 것이다. 트라이브는 우리가 이런 면에서 예전보다 더 나아졌다고 믿는다. 과거에는 동물 학대 행위가 자주 발생했지만 지금은 이를 방지해야 한다고 생각하며, 연방연구소에는 실험 대상 동물의 사용에 관한 법도 있다. 그는 살아 있는 것들에 대한 존중이 계속되고 제도화되기를 바라고 있다. "인간이 자연을 지배하고 통제하는 행위에 대한 이의 제기는 더 많은 사람이 자연과의 상호의존성과 그 안에서 인간의 정체성을 깨닫고 있다는 증거다." 조금 더 일반적으로 우리는 세계가 인간이 즐거움을 누리는 장소이자 인간의 욕구를 반영하는 곳으로 인식하고, 인간이 자신의 특별함과 능력을 시험할 수 있는 대상이 자신밖에 없다는 사실을 알고 있다. 트라이브는 이런 문제에 대한 성찰이 "야생의 일부를 보전하는 동시에 다른 곳을 디즈니랜드나 코니아일랜드 같은 테마파크로 개발한다는 의미"라고 생각한다.[53]

도프만은 트라이브의 생각이 "발전을 향한 노력"이라며 그의 철학을 전반적으로 지지한다. 도프만은 공공사업에서 중요한 고려 사항은 '지역 주민의 전체적인 복지를 얼마나 개선할 수 있느냐'라는 존 스튜어트 밀John Stewart Mill의 공리주의 주장과 같은 견해를 가지고 있다. 그러나 도프만은 톡스섬 댐이 제2의 코니아일랜드가 되지는 못하리라고 주장한다. 그 대신 많은 사람이 여러 가지 야외 활동을 즐기면서 자연을 깊이 이해할 기회를 제공하리라고 본다. 이 댐으로 15만 명을 수용할 수 있는 약 190제곱킬로미터의 공원과 저수지가 만들어질 것이다. 그리고 5만 9,000명을 수용할 수 있는 약 58킬로미터 길이의 모래사장이 있는 거대한 호수가 생겨날 것이다. 톡스섬 댐은 뉴욕, 뉴어크, 필라델피아에서 자동차로 쉽게 갈 수 있다. 산책로, 카누 대여, 소풍 지역, 약 3.6제곱킬로미터의 야생 동물 보호 구역도 조성될 것이다. 도프만은 "가족 소풍은 당연히 그 자체로 보존할 가치가 있는 미국의 전통이다"라고 덧붙였다.

도프만은 톡스섬 지역을 어떻게 활용하는 것이 공공의 이익을 극대화하는 것인지는 아직 불확실하다고 생각한다. "사람의 발길이 닿지 않은 자연"이 더 높은 가치를 지니지만 "도시 거주자들을 위한 저렴한 야외 활동"도 마찬가지다.[54] 도프만은 트라이브가 톡스섬의 자연경관을 현재 상태로 보존하는 데 드는 기회비용을 충분히 고려하지 않았다고 생각한다.●

추가 논의

경제학자들은 '공짜 점심은 없다'라는 말을 통해 기회비용에 관해 생각할 기회를 주고 싶어 한다. 그들이 말하고자 하는 요점은 비용이라

● 지구온난화에 대한 깊이 있는 논의를 여기서 다 다룰 순 없지만, 이와 관련된 기회비용이 중요하다는 것은 분명하다. 특히 지금은 태양광, 풍력, 배터리 활용을 통해 기후변화와 싸우는 다양한 방법이 존재한다. 하지만 이런 대안 가운데 기후변화에 중대한 영향을 미친다고 널리 인정받는 방법은 없다. 연구개발을 급격하게 늘리는 것도 완전히 다른 대안적 접근법이 될 것이다. 현재는 대기에서 화학적으로 이산화탄소를 뽑아내는 대기 포집 시스템과 해조 농장에 대한 관심이 높아지고 있다. 데이비드 킹David King과 릭 파르넬Rick Parnell의 "지구를 구하는 것이 코로나 바이러스와 싸우는 것보다 저렴하다Saving the planet would be cheaper than battling Covid"(〈워싱턴 포스트〉, 2020년 9월 20일)를 참고하라. 세라 캐플란Sarah Kaplan은 "온난화되는 지구에 우주의 냉기를 불어넣다Bringing the chill of the cosmos to a warming planet"(〈워싱턴 포스트〉, 2020년 10월 12일)에서 우주의 냉기를 이용하는 문제에 관해 논의했다. 기후변화에 대한 두 경제학자의 다양한 시각을 보려면 게르놋 와그너Gernot Wagner와 마틴 와이츠먼Martin L. Weitzman의 《기후 쇼크Climate Shock》(프린스턴대학교 출판사, 2015)과 매슈 칸Matthew E. Kahn의 《기후 변화Climatopolis》(베이식북스, 2010)를 참고하라. 이 책 4장에서 다루는 기술적 변화에 대한 논의도 참고하라.

는 것이 점심용 샐러드에 들어가는 채소를 재배하기 위해 시간을 들이고 돈을 지출하는 것이라고 해도 누군가는 모든 점심에 대한 대가를 지불해야 한다는 것이다. 설문조사를 할 때 새로운 정부 프로그램이나 기존 프로그램의 확대를 지지하는 것이 더 많은 세금이나 공공부채에 대한 이자의 증가를 의미한다는 사실을 상기시켜주지 않으면, 응답자들은 이런 사실을 종종 간과한다.

예컨대 여론조사에 따르면 미국인의 92%가 경찰관이 바디캠을 착용하도록 의무화하는 것을 지지한다. 하지만 바디캠 착용을 위해 더 많은 세금을 기꺼이 부담하겠다는 비율은 55%에 불과했다.[55] 마찬가지로 미국인의 48%가 보편적 기본소득 프로그램을 지지하지만, 이 프로그램을 지원하기 위해 더 많은 세금을 내진 않겠다고 응답한 사람이 54%에 달했다.[56] 기본적인 의료보험에 관한 설문조사에서도 이런 현상이 발생한다. 예를 들면 미국인의 77%는 기존에 질병이 있더라도 보험을 신청할 수 있도록 하는 부담적정보험법Affordable Care Act, ACA을 선호하지만 세금이 오를 것이라고 알려주면 40%만 이 법을 지지하는 것으로 조사됐다.[57]

정치인들도 특정 프로그램을 강력히 지지할 때 얻는 것이 많기 때문에 기회비용을 무시하는 경향이 있다. 당연히 정치인들은 지역구에 중요한 프로그램을 특별히 강조할 것이다. 이 외에도 정치인들은 정치적 견해와 명분을 적극적으로 옹호함으로써 얻을 수 있는 지역 주민의 지지와 심리적 쾌감을 원한다. 예를 들면 이들은 "미스터 태양에너지"라거나 "퇴역군인들이 언제나 의지할 수 있는 사람" 또는 "직업 안전에 관해 믿을 수 있는 친구"처럼 박수갈채를 받으면서 소개받기를 원한다. 만약 기회비용을 염두에 두는 의원이 있다면 이런 명성을 얻겠다는 생각은 접어둬야 할 것이다.[58]

기회비용이 기업의 이익에 영향을 주지 않는다면 당신 역시 경제학자들의 견해를 지지하는 내 주장에 동의할 것이다. 이익에 관해 관대한 경제학자들의 전반적인 태도는 4장에서 자세히 다룰 것이다. 그러나 좌파든 우파든, 대부분의 경제학자는 대체로 기업에 대한 비용이 광범위한 의미에서 사회 비용이라고 믿는다. 지미 카터 전 대통령의 경제자문위원회 의장을 지낸 찰스 슐츠Charles Schultze와 환경 경제학자 앨런 니스Allen Kneese는 기회비용의 개념을 정확하게 파악하고 있다. 이들은 독자들에게 너무 과도한 오염 방지 목표의 비용에 관해 다음과 같이 생각해보라고 요청했다.

— 기회비용은 회계사나 경제학자들이 생각하는 단순한 숫자가 아니다. 기회비용은 오염을 통제하기 위해 자원을 투입하면서 사회의 다른 욕구를 충족시키는 데 사용할 수 없게 된 자원의 가치를 나타낸다. 장기적으로 기회비용의 중요한 원천은 기업의 이윤이 아니라 모든 사람이 부담해야 할 더 비싼 가격과 더 많은 세금이다. 따라서 환경 목표는 우리가 얼마나 깨끗한 공기와 물을 원하는지 또는 정부가 특정 산업에 대해 얼마나 강하게 대처해야 하는지에 관한 결정의 단순한 결과가 아니다. 이런 목표 설정은 최고 수준의 의사 결정 과정에서 우리가 깨끗한 환경과 생활 수준의 다른 요인들 사이에서 어려운 선택을 하게 한다. 우리는 어느 하나를 더 많이 원하면 다른 것은 그만큼 적게 가질 수밖에 없다.[59]

2
한계주의

어쩌면 당신도 어렸을 때 어떤 일에 최선을 다하지 않은 적이 있을 것이다. 소프트볼 연습을 빼먹거나 피아노 연습을 건성건성 하는 식으로 말이다. 그럴 때면 선생님이나 코치, 부모님이 따로 불러 "할 만한 가치가 있으면 어떤 것이든 최선을 다해 잘해야 한다"라고 말했을 것이다. 성인이 된 당신은 여전히 소프트볼과 피아노를 좋아하기에, 어렸을 때 더 노력했으면 좋았으리라며 어른들의 말씀을 따르지 않았던 것을 후회할지도 모르겠다. 그런데 경제학자들은 '할 만한 가치가 있으면 어떤 것이든 최선을 다해 잘해야 한다'라는 격언은 큰 의미가 없으니 자책할 필요가 없다고 주장한다. 그 이유를 알고 싶다면 경제학자들이 이야기하는 한계주의가 무엇인지 알아야 한다.

18세기의 경제학자 애덤 스미스Adam Smith는 사용가치value-in-use와 교환가치value-in-exchange라고 불리는 것 사이의 모순에 대해 고민했다. 예를 들어 물과 다이아몬드를 비교해보자. 물은 생존에 필수적이어서 사용가치가 막대하다. 다이아몬드는 사용가치가 크지 않고 생존에 필수적인 것도 아니다. 그러나 다이아몬드의 온스당 가격, 즉 교환가치는 물보다 훨씬 높다. 스미스는 왜 이런 차이가 발생하는지 의문을 가졌는데, 그 답은 현재 모든 대학 신입생이 배우는 경제학 입문 교과서의 첫 장에 설명돼 있다. 스미스는 총효용과 한계효용을 구분하지 못했다. 다행스럽게도 스미스의 통찰에 관한 연구는 19세기 후반의 경제학을 변화시켰고, 한계주의 혁명의 결과는 오늘날까지 미시경제학의 기본 틀이 되고 있다.

경제학자들은 인생에서 대부분의 선택은 '한계점'에서 이뤄진다고 주장한다. 다이아몬드는 없어도 살 수 있지만, 물 없이는 살 수 없다. 그래서 경제학자들은 물의 총효용, 즉 물이 주는 만족도는 다이아몬드보다 높다고 말한다. 하지만 우리가 전부를 얻거나 아니면 아무것도 얻지 못하는 결정을 하는 경우는 매우 드물다. 갈증으로 죽어가는 상황이 아니라면 누구든 1온스의 물보다 1온스의 다이아몬드를 선호할 것이다. 다시 말해, 한계효용은 우리 각자가 이미 얼마나 가지고 있느냐에 따라 달라진다. 우리가 소비하는 첫 번째 물 한 모금은 매우 큰 가치가 있지만 마지막 한 모금은 그렇지 않다. 점점 더 많이 소비할수록, 추가로 소비하는 각 단위의 가치는 (한계점에서부터) 감소한다.

다이아몬드를 어리석음과 허영심의 상징으로 보는 시각도 있지만, 그래도 우리는 물보다 다이아몬드를 더 좋아한다. 왜냐하면 더 비싼 가격에 팔 수 있기 때문이다. 다이아몬드가 같은 무게의 물보다 더 비싼 것은 사람들이 다이아몬드를 귀하게 생각하고 실제로도 희귀하기 때문이다. 비싼 가격 때문에 많은 사람이 다이아몬드를 사지 못하고, 더 사고 싶어도 살 수가 없다. 실제 선택은 핵심 가치나 선호도(물이 다이아몬드보다 중요하다)뿐만 아니라 상대적 희소성을 반영하는데, 사람들은 주어진 기회의 한계효용성과 한계비용을 고려해 결정한다.

경제학에서 '한계marginal'라는 용어는 대체로 다른 단어와 함께 사용된다. 한계편익 또는 한계효용은 한 단위의 상품이나 서비스를 조금 더 이용하는 데서 얻는 추가적인 만족을 말한다. 그리고 한계비용은 한 단위의 물건이나 서비스를 추가로 생산하는 데 드는 비용이다. 마찬가지로 한계세율은 개인이 추가로 버는 소득에 대해 국세청에 내야 하는 세금을 말하며, 한계저축률은 추가 소득에서 소비하지 않고 저축하는 금액을 의미한다.

한계주의와 기회비용이라는 개념은 똑같은 통찰에서 나온 것이다. 한계비용은 기회비용으로 정의할 수 있다. 즉, 기회비용은 포기한 대체 이익(대체 한계편익)을 의미한다.

두 개념은 밀접하게 연관돼 있지만, 인간 본성에 대한 이론화와 일부 대규모 공공정책의 기본 틀을 만들 때 발생하는 실수를 설명하는 데는 한계주의가 더 적합하다. 경제학자들은 사람들의 개인적 결정은 (단지 무의식적인 것이라고 해도) 한계효용과 한계비용의 비교에 근거한다고 생각한다. 그러나 경제학자가 아닌 사람들은 인간의 본성에 관한 이론에서 종종 한계주의의 기본적인 논리를 간과하곤 한다.

인간의 욕구와 한계주의

인간의 동기 부여에 관해 연구한 에이브러햄 H. 매슬로Abraham H. Maslow
는 산업심리학 분야에서 영향력 있는 학자였다. 매슬로는 인간의 기
본 욕구를 동기 부여와 행동에 미치는 영향력에 따라 분류하고, 순위
를 정할 수 있다고 주장했다. 그는 물, 음식, 성, 수면과 같은 생리적
욕구를 가장 기본적이고 강력한 욕구로 봤다. 생리적 욕구가 '상대적
으로 잘 충족되면' 안전과 관련된 새로운 욕구가 나타난다. 안전, 질
서, 보호 같은 안전 욕구가 '상당히 잘 충족되면' 다음에는 사랑, 애정,
소속감과 같은 욕구가 나타난다. 이런 욕구가 충족되면 존경(성취, 평
판, 명성)에 대한 욕구가 뒤따르고, 이런 욕구가 채워지면 자아실현 욕
구가 나타난다. 자아실현 욕구는 자신이 될 수 있는 것은 무엇이든 되
려고 하는 욕구, 점점 더 자신이 되고자 하는 욕구다.

매슬로가 이런 욕구의 순서를 엄격하게 지킨 건 아니다. 그는 순서
에는 예외가 있을 것이고 다음 욕구가 나타나기 전에 한 가지 욕구가
100% 충족돼야 하는 것도 아니라고 말했다. 그럼에도 매슬로는 인간
은 특정 시점에서 충족되지 못한 욕구 가운데 가장 강력한 욕구에 지
배받는다고 주장했다. 매슬로는 이런 주장을 다음과 같이 간략하게
설명했다.

— 우리는 인간의 동기 부여에서 중요한 원칙이 더 긴급하거나 덜 긴
급한 욕구, 그리고 더 강한 욕구와 덜 강한 욕구 사이의 우선순위를
정하는 것이라는 사실을 발견했다. 이런 욕구 체계를 움직이는 가장

역동적인 원칙은 더 강력한 욕구가 충족되고 나면 덜 강력한 욕구가 나타난다는 것이다. 배고픔과 같은 생리적 욕구가 충족되지 않으면 이런 욕구가 사람을 지배하게 되고, 모든 능력을 동원해 가장 효율적인 방식으로 욕구를 채우려고 한다. 기본적 욕구가 상대적으로 충족되면 욕구 계층에서 두 번째 위치에 있는 욕구가 나타나고, 이것이 인간의 행동과 성격을 지배한다. 예를 들면 기본적 욕구인 배고픔에 집착하지 않고 다음 단계의 욕구인 안전을 갈망하게 되는 것이다. 이런 원칙은 사랑, 존경, 자아실현 등 다른 욕구 체계에서도 마찬가지다.[1]

경제학자 리처드 매켄지Richard McKenzie와 고든 툴록Gordon Tullock은 한계주의에 대한 통찰을 이용해 매슬로의 이론을 비판했다.[2] 이들은 개인이 자신의 욕구와 필요의 순서를 정할 수 있어 자신에게 가장 큰 만족을 주는 방법을 추구할 것이라는 매슬로의 견해에 동의한다. 그들은 또 매슬로가 한계효용 체감의 법칙도 받아들이는 것 같았다고 지적한다. 즉, 굶주림과 안전에 대한 욕구가 점차 충족되면 그 욕구가 더는 동기를 부여하지 못하고 다른 욕구가 등장한다. 하지만 매슬로는 우리가 욕구를 만족시키는 상대적 비용을 고려하지 않은 채 욕구의 상대적 강도를 보는 방식으로 인간의 행동을 예측할 수 있다고 잘못 생각했다.

전체적 또는 절대적 의미에서 기본적인 생리적 욕구를 충족시키고자 하는 수요가 소속감 욕구를 충족시키려는 수요보다 더 크다고 가정해도, 실제로 생리적 욕구의 더 많은 부분이 충족될 것으로 믿을 이유가 없다. 개발도상국에는 생리적 욕구나 안전 욕구보다 사랑이나 소속감 욕구를 더 많이 충족시키려는 사람들이 많다.[3]

이런 사실은 미국의 일부 저소득 가정이나 적절한 동기를 부여받은 군인들에게도 적용될 수 있다. 그리고 존경받으려고 애쓰는 많은 사람이 여전히 취약하고 안전하지 않다고 느끼며, 건강·핵전쟁·지구 온난화·폭력적인 범죄 등을 걱정한다. 이런 문제에 대한 걱정은 매우 심각하지만, 사람들의 행동에 영향을 미치지는 못한다. 이런 우려를 줄이기 위해 합리적 비용으로 할 수 있는 일이 많지 않다고 생각하기 때문이다.

다시 말해 여러 욕구를 충족시키려는 수요는 가격과 전혀 관계가 없는 것이 아니다. 우리가 모든 욕구를 충족시키려고 얼마나 노력하느냐는 각각의 경우 그런 노력에 들어가는 비용뿐만 아니라 기본적인 욕구와 믿음에 달렸다. 더구나 우리의 욕구는 개별적으로 분리된 것이 아니라 서로 연결돼 있다. 소속감에 대한 욕구가 있기에 유대인의 코셔 음식을 먹거나 시카고컵스 모자를 쓸 수도 있다.

어떤 경우에는 다양한 대안에 대한 한계효용과 한계비용을 비교함으로써 상대적으로 총효용이 작은 욕구가 상대적으로 총효용이 큰 욕구보다 우선되기도 한다. 이럴 때 총효용이 큰 욕구는 완전히 충족되지 못할 것이다. 욕구를 충족시키는 비용이 크게 달라지면, 기본적인 욕구와 선호도가 같더라도 선택과 행동이 완전히 바뀔 수 있다.

건강 욕구와 의료 서비스 수요

한계주의자의 통찰을 활용하면, 의료 서비스를 받고 싶다는 욕구를 기반으로 의료 정책이 결정된다고 생각하는 사람들의 주장에서 몇 가지 약점을 밝혀낼 수 있다. 매슬로의 관점에서 볼 때 의료 서비스에 관한 한 가지 견해는 의료 서비스에 대한 욕구가 행동을 지배한다는 것이다. 여행이나 영화와 달리 의사들은 긍정적인 즐거움을 주지 않는다. 의사를 찾아가 진찰받고 싶어 하는 사람은 없다. 그러나 몸이 몹시 아프다면, 열 일 제쳐놓고 의사를 찾아가야 할 것이다. 이런 관점에서 볼 때 의료 서비스에 대한 욕구는 가격에 거의 민감하지 않다. 의료 서비스에 대한 욕구는 존재하거나 존재하지 않거나 둘 중 하나다. 따라서 소비자가 부담해야 하는 보험료에 변화를 준다고 하더라도 의료 욕구를 효과적으로 제한하지는 못할 것이다. 물론 의료 욕구는 제한해서도 안 된다.

이런 주장을 뒷받침하는 증거는 거의 없다. 적어도 소비자 관점에서 볼 때 의료 서비스 수요의 상당 부분이 약간의 혜택만 제공할 뿐이다. 총효용, 즉 건강이 얼마나 중요한 것인지를 고려하는 것으로는 의료 서비스의 혜택을 제대로 평가할 수 없다.

경제학자들은 건강보험 정책의 변화가 의료 서비스 수요에 미치는 영향을 관찰했다. 한 실험에서 캘리포니아주의 노인 의료보호 수혜자들에게 매달 처음 두 번의 진료에 대해 1달러를 부담하도록 요구했다. 그리고 대조 집단은 무료 진료 서비스를 받도록 했다. 결과에 따르면, 약간의 비용을 청구받은 집단이 대조 집단에 비해 의사를 방문하는 비율이 8% 낮아진 것으로 나타났다.[4] 또 다른 연구는 시간이라는 비용에서 작은 변화도 영향을 미칠 수 있다는 사실을 보여줬다. 예를 들면 한 대학의 의료시설을 걸어서 5~10분 걸리던 곳에서 20분 걸리는 곳으로 옮기자 학생들의 진료실 방문이 거의 40%나 줄었다.[5] 이 실험에서 포기한 의료 서비스가 꼭 필요한 것이었는지 어떤지는 여전히 알 수 없다. 하지만 잠재적 환자들의 행동이 의료 욕구로 결정되지 않았다는 것은 분명하다.

의료 욕구에 대해 더 정교하게 진행된 한 연구는 "건강, 교육, 음식, 주택, 의복 같은 기본적 재화는 필수적인 욕구"이며, 이에 대해서는 "사회적이고 제도적인 권리가 주어져야 한다"라고 주장한다.[6] 하버드 대학교 법학 교수인 찰스 프리드Charles Fried는 경제학자들이 전체 자원에 대해 사회적으로 결정된 공정한 배분에 대한 개인의 권리라는 관점에서만 윤리에 관해 이야기하는 것은 부적절하다고 생각한다.[7] 그는 다음과 같이 주장했다.

—— (평등이 공정한 배분의 기준이라면) 만성 질환을 앓는 사람은 약을 살 수 있겠지만, 휴가나 오페라 구경 또는 그 밖의 사치품을 살 수 있는 돈을 균등하게 나눠주는 분배 정책은 나머지 사람들에게 만족스럽지 않을 것이다. 건강은 우리가 좋은 건강 상태에 대한 객관적 척도를 가지고 있거나 이를 추구한다는 의미에서 필요한 욕구라고 할 수 있다. 우리는 개인에게 분배되는 몫에 대한 편견이나 공정한 몫에 영향을 미치지 않고 건강에 대한 욕구를 충족시키려고 노력한다.[8]

프리드가 의료와 그 외 기본적 욕구가 다른 재화보다 절대적 우선순위를 가져야 한다고 말하고 싶어 하는 것 같진 않다. 그는 자기 생각에 관해 구체적으로 설명하는 것이 매우 복잡하다는 것을 인정하지만, 의료 욕구에 대한 정의를 내리는 것이 실제보다 훨씬 더 쉽다고 생각하는 것 같다. 그리고 의료 수요와 의료비 지출에 관해 생각할 때 의학적으로 치료할 수 있는 심각한 질병을 상정하는 것으로 보인다. 의료가 "필수적인 커뮤니티 서비스"라고 주장한 종교단체의 총재도 같은 생각을 하고 있다. 그는 "의료 서비스가 필요한 사람들은 의료 서비스를 추구하는 것 말고는 다른 선택권이 없기 때문에 필수적이다"라고 주장했다.[9]

하지만 문제를 자세히 살펴본 사람들은 의료 서비스에 많은 돈을 쓰는 것의 한계효용은 기본적인 욕구 범주에 속하지 않는다는 사실을 발견했다. 더구나 문제는 많은 보조금이 들어가는 의료 서비스를 환자가 불필요하게 이용하는 것뿐만 아니라 의사들도 의료 욕구의 존재에 동의하지 않는다는 것이다.

영국의 경제학자이자 건강경제학 발전의 선구자인 마이클 쿠퍼Michael Cooper는 미국의 외과 의사들이 영국 의사들보다 두 배나 많은 환자에게 수술 치료를 권했다는 사실을 발견했다. 또한 영국 내에서도 환자를 전문의에게 의뢰하거나 입원시키는 결정과 관련해 설명할 수 없는 지역 간 차이가 있다는 사실 역시 밝혀졌다. 쿠퍼는 이 정보를 1946년 영국의 의료 서비스 법 평가의 일부로 제시했다. 이 법은 의료 서비스에 대한 접근권을 의사들이 필요하다고 생각하는 모든 사람의 '인권'으로 규정했다. 쿠퍼는 "질병을 명확하고 절대적인 상태로 보는 생각은 모든 의료 욕구를 충족시킬 수 있다는 거짓된 희망으로 이어졌다. 하지만 질병은 잠재적인 환자와 의료 종사자들에게 거의 무한한 해석이 가능한 상대적인 상태라는 점이 밝혀졌다"라고 결론 내렸다.[10]

실제로 환자의 관점에서 보면 의료 서비스에 대한 필요성도 욕구로 분류될 가능성이 매우 크다. 자신이 전적으로 건강하다고 느끼는 사람은 많지 않기 때문이다. 영국의 한 연구에 따르면, 한 지역 사회 주민의 95%가 설문조사를 시작하기 전 2주 동안의 건강 상태에 대한 질문에 건강하지 않다고 답한 것으로 나타났다. 뉴욕주 로체스터에서 실시된 한 조사는 성인들이 조사 기간인 28일 동안 5분의 1에 해당하는 기간에 적어도 한 가지 이상의 질환을 경험한 것으로 조사됐다.[11] 비용 부담이나 대기 순서, 그 밖의 분배 제도 같은 제약이 없다면 현재 치료받고 있지 않은 사람 가운데 상당수가 의사를 찾아갈 것이다. 의사들은 자신들의 과학이 불확실하다는 것을 알고 있다. 그러니 의사나 환자가 비용을 부담하지 않게 되면 상당수의 의사가 무엇인가를 할 것이다. 그 결과 추가 검사를 통해 뭔가를 발견할 수도 있고 입원 날짜를 늘려 합병증을 예방할 수도 있다.

쿠퍼는 수요와 필요가 모두 공급과 함께 증가하는 경향이 있다고 주장했다. 의사들은 필요에 대한 개념을 수정해 공급의 확대에 대응한다. 응급환자 병원에 관한 한 연구에 따르면, 입원과 입원 기간은 빈 병상이 많을수록 증가하는 것으로 나타났다. 이 연구는 병상을 얼마나 많이 공급해야 의사들의 요구가 완전히 충족될지는 도저히 알아낼 수 없었다고 밝혔다.[12]

여기서 예로 든 연구 가운데 일부는 오래된 것이다. 하지만 인간의 본성은 변하지 않았고 한계주의적 통찰은 오늘날에도 여전히 중요하다. 경제학자 로빈 핸슨Robin Hanson은 "우리는 기껏해야 건강과 의료 서비스 사이에 약한 상관관계가 있다는 것만 알고 있다. 반면 운동, 식습관, 수면, 흡연, 오염, 기후, 사회적 지위 같은 요인들과 건강 사이에는 강력한 상관관계가 있다. 의료비 지출을 절반으로 줄인다고 하더라도 실제로 건강에는 거의 영향을 미치지 않는 것처럼 보인다. 의료비를 줄이면 다른 건강 프로그램과 공공 이익에 사용할 수 있는 막대한 자원을 확보하게 될 것이다"라고 결론 내렸다.[13]

2012년 〈미국의학협회 저널Journal of American Medical Association〉에 공개된 논문에 따르면, 미국 의료 시스템에서 낭비되는 의료비의 중간 추정치는 34%이고 가장 높은 추정치는 47%였다.[14] 미국의학연구소Institute of Medicine는 낭비되는 돈의 규모를 다른 분야의 총지출과 비교했다. "불필요한 의료비와 낭비되는 돈은 2009년 국방비보다 1,000억 달러 이상 많다. 이는 소방관과 경찰관, 응급의료 전문가를 포함해 미국 전체 응급 인력을 12년 이상 고용할 수 있는 금액이다."[15]

오리건주는 2008년에 의료보호제도 적용 대상을 확대하기로 했는데, 지원자가 수용 인원보다 훨씬 더 많았다. 그래서 의료보호 혜택을 받을 수 있는 지원자를 임의로 선정했다. 이 일은 의료 혜택을 받은 사람들의 의료보호제도 이용과 건강 상태의 변화를 그렇지 못한 사람들과 비교할 수 있는 자연스러운 실험이 됐다. 〈뉴잉글랜드 저널 오브 메디신New England Journal of Medicine〉에 실린 주요 논문에 따르면 오리건주의 의료보호제도 수혜자들은 혜택을 받지 못한 사람들보다 35% 이상 더 많은 의료 서비스를 받았다. 수혜자들의 금전적 부담은 감소했지만, 두 집단 사이에 건강과 관련된 차이는 거의 없었다. 예를 들면 의료보호제도의 확대 적용이 고혈압이나 고콜레스테롤 증상의 진단 또는 이런 증상에 따른 약물 복용에 미치는 영향이 크지 않은 것으로 밝혀졌다.[16]

미국에서는 흔히 '오바마케어'라고 부르는 부담적정보험법ACA이 통과되면서 비싼 응급실을 이용하던 환자들이 응급실 대신 1차 진료 의사를 찾게 되리라고 믿었다. 오바마 자신도 ACA를 홍보할 때 이런 주장을 자주 내세웠다. 그는 2009년에 "사람들이 병에 걸리기 전에 필요한 치료와 건강 검진 그리고 검사를 받을 수 있도록 보장해야 합니다. 이를 통해 모든 사람이 돈을 절약하고 전국의 응급실에 가해지는 부담을 줄일 수 있습니다"라고 말했다.[17] 그러나 오리건주에서 이런 일은 일어나지 않았다. 그 대신 의료보호제도의 수혜자들이 그렇지 않은 사람들보다 응급실을 40% 더 많이 이용했을 뿐이다. "보험이 적용되면 사람들은 모든 유형의 의료 서비스를 더 자주 이용하는 것" 같다.[18]

지금까지 이야기한 어떤 내용도 기본적 의료 서비스의 필요성이 무의미하다고 주장하는 것이 아니다. 좋은 건강 상태는 단순히 주관적인 것이 아니다. 그리고 물이 그렇듯이, 다이아몬드보다 더 중요하다. 프리드가 주장하는 것처럼, 의사들이 중증 환자를 실질적으로 도울 수 있을 때 그런 환자는 의료 자원에 대한 특별한 접근권을 가져야 마땅하다. 그러나 대부분의 중증 환자는 이런 접근권을 이미 가지고 있다. 어쨌든 건강에 문제가 있는 모든 사람이 의사에 대한 즉각적인 무료 접근권을 가져야 하는지 아닌지를 고려할 때, 주로 저소득층의 중증 환자만 생각해서는 안 된다. 이런 환자들이 직면하는 문제는 매우 현실적이지만, 빈곤층을 제외한 다른 모든 사람에게는 보험금을 공동으로 부담하게 함으로써 해결할 수 있다.

공동 부담이나 보험료 공제로 의료 서비스를 제한받는 전형적인 환자는 가벼운 증상이나 원인을 알 수 없는 질병이 있는 환자 또는 치료의 성공 가능성이 작은 환자일 것이다. 젊었을 때의 내가 그런 환자였다. 테니스 엘보 때문에 스포츠 의학 전문의와 물리치료사를 자주 찾아가곤 했다. 그때마다 전기자극 치료와 초음파 치료를 받았는데, 이런 치료가 테니스를 다시 칠 수 있게 하는 데 어떤 효과가 있었는지 알수 없다. 하지만 나는 테니스를 좋아했고 이런 치료가 자연적인 치료과정에 도움이 된다면 한 번 방문할 때마다 부담해야 했던 본인 부담금 10달러는 가치가 있다고 생각했다. 나는 결코 치료비 전액을 부담하고 싶은 마음은 없었다. 기본적인 건강에 문제가 없었기 때문이다.

상당수의 의사가 추가적인 지출의 한계효용이 기회비용과 같아지는 지점이 아니라 0이 될 때까지 희소한 자원을 사용하려고("내 환자를 위해 할 수 있는 모든 것을 하겠어!") 할 것이다. 하지만 우리는 좋은 건강이 훌륭한 삶의 유일하고 중요한 구성 요소이고 의사에 대한 더 좋은 접근권이 더 좋은 건강을 얻기 위한 유일한 선택지일 경우에만 의사들이 그렇게 하도록 권장해야 할 것이다.

우선순위 설정과 한계주의

정부 지도자들과 기관장들은 종종 업무 지시를 내리기 위해 우선순위를 결정해야 한다고 말한다. 우선순위 설정은 너무도 당연한 일이지만 한계주의 원칙에 어긋나는 경우가 많다.

경제학자들은 어떤 거창한 질문에 대한 훌륭한 답변조차 합리적인 정책 선택을 위한 지침을 거의 제공하지 못한다고 생각한다. 건강과 여가 가운데 무엇이 더 중요할까? 깨끗한 공기와 경제 성장 가운데 무엇이 더 중요할까? 일부를 위한 미개발 자연환경에서 즐기는 여가 활동 기회와 훨씬 더 많은 사람이 즐길 수 있는 개발된 환경의 여가 활동 가운데 어느 것이 더 중요할까? 한계주의에 따르면 우리는 순위가 아니라 비율에 관심을 둬야 한다. 선택을 강요받으면 모든 사람이 여가 활동보다 건강이 더 중요하다고 할 것이다. 하지만 이런 결과가 다이빙 사고로 죽는 사람이 있으니 수영장의 모든 다이빙대를 없애야 한다는 것을 의미하진 않는다. 마찬가지로 우리는 더 깨끗한 공기와 경제 성장, 자연적 환경에서의 여가 활동과 개발된 환경에서의 여가 활동을 모두 원한다. 합리적 선택을 위해서는 우리가 이런 모든 분야에서 현재 얼마나 잘하고 있는지 그리고 이를 대체할 기회는 없는지 알고 있어야 한다.

여기에 더해 비용도 고려해야 한다. 가장 중요한 문제조차 추가 자금 대부분을 투입할 가치가 없을 수도 있다. 예를 들면 도널드 굴드 Donald Gould는 한 잡지에 기고한 글에서 어린이의 조기 사망이 우리가 생명을 구하는 문제에서 가장 중요하기 때문에 보건 예산이 사고나 자살 등 어린이의 가장 큰 사망 요인을 예방하는 데 사용돼야 한다고 주장했다.[19] 그러나 우리가 이 작가의 가치관을 받아들이더라도 그가 내놓은 정책 제안의 결론은 타당성이 없다.

우리는 합리적인 비용으로 사고와 자살을 예방하는 방법을 알지 못할 수도 있다. 하지만 어떤 획기적인 치료법을 개발하는 것이 젊은이들의 여섯 번째 사망 원인으로 알려진 질병을 저렴하게 치료할 수 있을지도 모른다. 그러면 더 많은 자원을 첫 번째나 두 번째가 아니라 여섯 번째 사망 원인에 투입해 더 많은 젊은이의 목숨을 구하게 될 것이다. 한계주의는 특정한 기회의 비용과 편익을 자세하게 살펴볼 것을 요구한다.

사회과학자들은 때때로 지역 사회의 가장 중요한 문제나 예산이 부족한 상황에서 대중이 삭감해야 한다고 생각하는 분야에 관한 여론조사 결과가 예산 정책에 영향을 미치기를 바란다. 하지만 경제학자들은 이에 대해 회의적이다. 대중이 이런 질문을 받을 때 예상되는 효과와 비용에 대한 구체적인 정보를 거의 제공받지 못하기 때문이다. 그래서 응답자들은 일반적으로 총효용을 고려해 답변하고, 그 결과 경찰과 소방처럼 생명을 구하는 부서의 예산 삭감은 거의 지지를 받지 못한다.

1978년에 캘리포니아 주민들은 부동산 세금 인상의 규모를 심하게 제한하는 '캘리포니아 주민발의안 13'을 통과시켰다. 당시 다른 조사도 병행됐는데 경찰 예산이 축소돼야 한다고 생각하는 캘리포니아 주민은 8%로 나타났고, 소방 예산 축소를 원하는 주민은 6%에 불과했다.[20] 하지만 '경찰 예산 축소'라는 안건에서 만약 경찰관이 수행하는 사무 업무를 비용이 덜 드는 사무원으로 대체하는 방식이라는 점이 언급됐다면 통과됐을 것이다. 그리고 '소방 예산 축소'에서도 일부 정규 소방관이 더 잘 훈련받고 소방 업무를 하는 동안에 월급이나 시급을 받는 보조 예비 소방관을 투입하는 방안이 포함됐다면 이 역시 다른 결과가 나왔을 것이다. 대중은 이런 가능성에 대해 알 수 없다. 그래서 일반적 형태의 여론조사를 통해서는 대중의 진짜 선호도가 무엇인지 알 수 없다.

1974년 연방항공청FAA의 새로운 경영진은 프로그램 자금 지원 수준을 결정할 때 우선순위 재조정과 양적 목표 설정, 체계적인 비용-편익 분석을 통해 항공청을 경영하길 원했다. 그런데 한계주의를 무시했기 때문에 우선순위와 목표 설정 프로세스가 비용-편익 분석과 서로 충돌하는 방식으로 변화가 이뤄졌다. 당시에는 이런 문제가 알려지지 않았다.

FAA는 가장 먼저 2년 안에 달성할 수 있는 목표를 설정했다. 항공사의 사고는 6%, 일반 항공 사고는 10%, 항공기 지연은 25%, 소음은 10% 줄이는 것이 목표였다. 그러나 한계주의 원칙을 따르기 위해서 FAA는 특정 목표 달성을 위한 프로그램을 확대하는 데 들어가는 한계비용과 편익을 다른 목표를 추진하는 프로그램의 한계비용과 편익과 비교해 평가해야만 했다. 어떤 목표를 얼마나 높게 설정할지 결정하려면 다른 목표를 달성하기 위해 무엇을 포기해야 하는지 알아야만 하기 때문이다. 더구나 이런 목표 가운데 하나를 달성하는 것이 다른 목표를 달성하는 것보다 우선순위가 높다고 이야기하는 것은 의미가 없다. 매슬로의 욕구 체계와 그에 대한 경제학자들의 비판에 관해 다시 생각해보자. 안전, 혼잡, 소음 등 세 가지 중요한 문제를 해결하는 것이 목표인 일부 프로그램은 한계비용 대비 높은 한계편익을 제공할 가능성이 있다. 따라서 한계주의 원칙에 따른 우선순위 목록은 매우 세부적이어야 한다.

순편익이 가장 높은 프로그램 또는 비용 대비 편익 비율이 가장 높은 프로그램은 혼잡도를 줄이는 것이며, 두 번째로 비용 대비 편익 비율이 높은 프로그램은 안전을 목표로 삼은 것이다. 세 번째는 혼잡도를 추가로 줄이는 프로그램이고, 네 번째는 소음 감소를 목표로 한 프로그램이다. 이렇게 결정된 FAA의 우선순위 목록은 다음과 같이 매우 복잡할 것이다.

- 첫 번째 우선순위: 혼잡도를 약 0.4% 감소시키는 것(가장 붐비는 이륙 시간대에 더 많은 요금을 부과함으로써)
- 두 번째 우선순위: 일반 항공 사고를 0.8% 감소시키는 것(두 번째로 순편익이 높은 프로그램을 실행함으로써)
- 세 번째 우선순위: 혼잡도를 추가로 0.9% 감소시키는 것(세 번째로 순편익이 높은 프로그램을 실행함으로써)

이 중 세 번째 방법은 두 번째로 좋은 혼잡도 감소 프로그램이기도 하다. 두 번째로 좋은 혼잡도 감소 프로그램은 가장 좋은 프로그램보다 혼잡도를 두 배 이상 줄일 수 있지만 비용이 네 배나 더 많이 들어가기 때문에 순위가 두 번째가 됐다.

일단 이렇게 목표를 정한 후에는 지속적으로 목표를 재평가해야 한다. 착륙 보조 장치를 설치할 예정인 공항의 교통량이 크게 줄어든다면 장치의 설치 비용이 거기서 얻어질 편익을 초과하게 될 것이다. 이것은 착륙 보조 장치가 더는 정당화될 수 없다는 뜻이다. 착륙 보조 장치 설치 계획이 폐지되면 안전과 항공기의 지연 감소라는 목표의 중요성이 하락할 것이고, 그 프로젝트의 폐지를 고려하면 우선순위가 변할 수도 있다. 마찬가지로 개발 비용이 증가해 계획된 장비를 이용할 수 없게 되면 다시 목표와 우선순위가 바뀌어야 한다.[21]

경제학자들은 상황 변화에 따라 쉽게 변할 수 있는 목표를 선호한다. 하지만 목표가 쉽게 변할 수 있다는 생각은 정치인에겐 매력적이지 않다. 대중에게 나약함과 결정력 부족으로 보일 수 있기 때문이다. 대통령 취임 초기에 지미 카터는 높은 실업률과 높은 물가라는 두 가지 문제에 직면했다. 그는 실업 문제를 해결하기 위해 50달러의 세금 환급을 지지했다. 하지만 취임 후 3개월도 채 지나지 않아 경제 참모들이 물가 상승 압력에 대한 우려를 나타내자 지지를 철회했다.

이런 결정을 내린 후 기자회견에서 기자들은 의회의 민주당 의원들이 카터의 정책 지지 철회 때문에 정치적 수모를 겪었다고 지적했다. 민주당 일부 의원은 압력에 굴복해 세금 환급을 지지했지만 몇 달 후에 왜 정책에 대한 견해를 바꿨는지를 유권자들에게 설명해야만 했다. 그에 비해 공화당 의원들은 카터가 제안한 일시적 세금 환급보다 영구적 세금 인하를 지원하는 방식을 주장했다. 적어도 이들은 카터처럼 이랬다저랬다 하지 않았다고 말할 수 있다.[22] 하지만 카터는 경제학자들이 정치인들이 해주기를 바라는 정책을 실행했고, 상황이 변했기 때문에 기꺼이 정책을 변경했다.

한계주의의 비용

한계주의에 내재된 계산 방식에는 단점이 있고, 사려 깊은 경제학자들은 이를 분명히 알고 있다. 케네스 볼딩Kenneth Boulding은 한계주의가 매우 현실적이라고 지적했다. "자기 딸이 계산만 해대는 남자와 결혼하길 원하는 부모는 세상에 없을 겁니다. 그런 남자는 모든 일에서 비용을 계산하고, 보상을 요구하며, 매우 너그럽거나 조건 없는 사랑을 하지 않거든요."[23] 한계주의는 또 영웅적이지도 않다. '명령에는 이유가 없다. 설사 죽는다고 해도 무조건 명령을 따른다'라는 군대의 구호는 경제학자의 세계관과는 매우 거리가 멀다. '베풀고 나서 대가를 바라지 않고, 일하고도 보상을 바라서는 안 된다'라는 성 프랜시스의 기도문도 마찬가지다. 볼딩은 워즈워스Wordsworth의 시 〈케임브리지, 킹스 컬리지 채플 안에서Inside of King's College Chapel, Cambridge〉에 담긴, 한계주의에 대한 강력한 비판을 우리에게 상기시켜준다.

— 세금을 헛되이 썼다고 왕을 나무라지 마시오.
위대한 건축가의 목적에 맞지 않으니
흰옷을 입은 소수의 학자를 위해 지은 것일 뿐.
이것은 위대한 지성의 아름다운 걸작!
당신이 할 수 있는 모든 것을 하시오.

하늘은 계산을 하지 않으니

더 많고 더 적은 것에 관해.

이 위대한 지혜를 만들어낸 인간도 그리 생각했으니

높은 기둥과 넓게 펼쳐진 지붕은

우뚝 서서 수많은 작은 방을 만들었고,

빛과 그림자는 쉬어 가고, 음악이 머무는 곳

떠나기를 싫어하며 서성거리네.

뛰어난 생각이 아름다운 흔적을 남기는 것처럼

모든 것은 영원히 존재하리라.

　원칙적으로, 후생경제학 이론은 비용과 편익을 따지지 않고 하나의 목적을 추구하는 것에 반대하지 않는다. 7장에서 살펴볼 것처럼, 후생경제학은 어떤 목적을 추구하는 것이 개인에게 최선인지에 관해 전혀 언급하지 않는다. 하지만 한계주의와 기회비용은 목적이 여러 개일 때 무척 유용하다. 그리고 일반적으로 개인들에게는 여러 개의 목적이 있다. 따라서 대부분의 경우 경제적으로 평가하는 방식은 매우 유용하기 때문에 습관이 될 수 있다. 수많은 장점이 있음에도, 한계주의와 기회비용의 관점에서 세상을 보는 습관 때문에 하나의 목표를 추구하는 사고방식이 훌륭한 결과를 만들어낼 수 있다는 사실을 간과할 수 있다. 하나의 목표에 집중하는 사람들이 없는 사회는 인간의 고귀함이라는 중요한 측면을 인식하지 못하고 놓치게 된다.

　프랑스의 정치가 알렉시 드 토크빌Alexis de Tocqueville은 민주적이고 평등한 사회는 자신들이 할 수 있는 최선을 다하는 사람에게 불필요한 부담을 지우는 경우가 많다고 지적했다. 귀족주의 사회처럼 가장 숙련된 사람을 존경하는 장인들의 집단도 없고, 매우 뛰어나고 오래 지속되는 것을 선호하는 높은 사회적 지위를 가진 상류층도 없다. 그 대신 "감당할 수 없는 욕구를 지닌 많은 사람이 원하는 것을 아예 포기하기보다 불만족스러운 것과 타협하고 이를 기꺼이 받아들인다." 그 결과 장인과 예술가들은 곧 "자신들의 능력을 발휘하지 않고" 기술의 한계에 도전하지 않는 "평범한 상태에 머무는" 방법을 배운다.[24]

샬러츠빌에 사는 목수 장인 데이비드 라마자니David Ramazani는 운 좋게도 가장 아름다운 책상을 만들어주기를 바라는 부유한 투자자를 만났다. 그는 폭이 약 2미터에 길이는 약 2.7미터, 두께는 약 5센티미터에 달하는 호두나무를 구했다. 책상을 만든 후에 50시간 동안 수작업으로 스물세 번에 걸쳐 티크 오일을 칠했다. 어깨가 아파서 잠을 제대로 잘 수 없을 정도였지만 "깊은 아름다움을 찾을 시간을 가진 것이 나에게 큰 기쁨을 줬습니다"라고 말했다. 책상의 상판은 "내가 본 것 가운데 가장 멋진 나무 상판이었습니다. (…) 나는 그보다 더 잘 만들 수 없을 정도로 최선을 다했습니다. 다른 사람들을 위해 일할 때 내가 가장 힘들었던 점은 그 사람들이 내가 더 뛰어난 실력을 발휘하도록 요구하지 않았다는 것입니다. 그래서 항상 대충 일하고 빨리 끝내곤 했죠."[25]

철학, 예술 또는 신앙에 온전히 헌신하는 사람에게는 한계주의적 사고방식이 필요 없다. 물론 시간이나 자원은 관리해야 하지만, 이들에게 음식과 같은 것들은 목적이 아니라 유일하게 가치 있는 활동을 계속하기 위해 충족시켜야 하는 하나의 필요조건일 뿐이다.

— 토크빌은 창조주가 가장 깊이 숨겨놓은 것들을 더 잘 찾아내기 위해 모든 지적 사고력을 집중한 파스칼Pascal의 능력에 관해 고찰했다. 그는 파스칼이 연구에 헌신하기 위해 삶의 모든 걱정을 떨쳐버리고 육체와 삶의 연결고리를 일찌감치 끊어내면서 마흔 살이 되기 전에 사망했다는 사실을 알고 놀랐다. 그리고 그렇게 비범한 노력을 하려면 특별한 이유나 동기가 있어야 한다는 사실도 깨달았다.[26]

토크빌은 이런 열정은 너무나 희귀하고 생산성이 매우 높기 때문에 민주적인 사회에서는 쉽게 자라나지 못할 것으로 생각했다.

추가 논의

비용을 조금 더 줄이거나 늘리는 정책 결정은 경제학 이외에 더 많은 것을 가르치는 것이 훌륭한 교육임을 시사한다. 비용에 대한 이런 생각은 공공정책에 다른 영향을 미칠 수도 있다. 때때로 정치인들은 몇몇 프로젝트에 대해서 예술가들이나 전문가들에게 비용과 효율성을 포기하고 예산에도 신경 쓰지 말고 가장 좋은 것을 만들어보라고 이야기하고 싶을지도 모른다.

링컨기념관의 규모를 결정할 때 우리는 절차 원칙을 무시하고 서둘러 타협해서는 안 된다. 한계주의의 효용성이 철학자·예술가·종교인들에게는 크지 않을 수도 있지만, 정책 분석가나 정치인에게는 여전히 중요한 요소다. 정치인의 능력은 신중한 판단력, 즉 좋은 목적을 달성하기 위해 최선의 수단을 능숙하게 선택하고 활용하는 이성과 선견 지명이다.

평화로운 시기에 정치인의 목적은 다양하다. 정치는 집을 짓는 것처럼 효율적인 사회를 만드는 기술이다. 엔지니어·천문학자·도서관 사서·교도소 의사·교통안전 전문가 등이 여전히 제한적인 자원을 요구하기 위해 정치인을 찾아오는데, 한계효용과 총효용을 구별할 수 있는 정치인일수록 이런 요구의 우선순위를 더 잘 판단할 수 있다.

정치인들은 이 두 가지를 구별하고 싶지 않다는 유혹에 빠지기 쉽다. 정부 프로그램에 관해 생각할 때 대중은 기회비용을 무시하고 총효용의 관점에서 정책을 판단하는 경향이 있다. 사람들은 경찰과 소방 예산의 삭감에 반대할 것이다. 또 환경에 관해서는 지나치게 높은 기준이라는 것은 없다며 비용과 상관없이 추가적인 환경 개선을 지지할 것이다.

유권자들이 공공 문제에 관해 깊이 알고 있을 가능성은 거의 없다. 우선순위를 정하고 몇 가지 정책에 집중해 성과를 내는 정치인은 재선에 성공할 뿐만 아니라 대중의 사기를 올려주고 사람들에게 문제를 통제하는 능력에 대한 신뢰를 심어줄 것이다. 한계주의의 복잡성과 환경 및 기술 변화에 따라 정책을 조정해야 하는 필요성을 있는 그대로 알려주면, 사람들은 정부의 우유부단함에 실망하게 될 것이다. 한계주의와 정치 사이의 긴장은 정치인의 능력에 설득력 있는 언어 구사력이 포함돼야 한다는 사실을 알려준다. 정치인은 한계주의를 무시해서는 안 된다. 대중의 지지를 받는 몇 가지 목표를 성취하더라도 다른 공공 서비스가 현저히 나빠지거나 세금과 물가가 크게 오르게 되면 재선에 성공하지 못할 테니 말이다.

지금까지 논의한 문제에서 핵심은 지식이 풍부한 정치인들이 자신들의 한계주의적 관점의 통찰과 대중의 오해 사이의 격차를 줄일 수 있는 언어 구사력이나 설득력을 갖추지 못했다는 것이 아니다. 한계주의에 대한 정치인들의 무지가 가장 큰 문제였다. 불행하게도 이런 무지를 극복해야 하는 정부 기관들에는 그렇게 할 자원과 능력이 없다. 앨런 니스와 찰스 슐츠는 대부분의 의회 직원은 협상 기술을 근거로 채용되기 때문에 경제학에 관한 지식을 갖춘 사람들이 거의 없다고 지적했다.[27] 워싱턴의 정치부 기자들도 마찬가지다.

노벨 경제학상 수상자인 제임스 뷰캐넌James Buchanan은 이 장의 서두에서 언급한 격언에 어떤 반응을 보이느냐에 따라 경제학자와 경제학자가 아닌 사람들을 구별할 수 있다고 이야기했다.[28] 또 다른 경제학자는 실제로 경제학자들을 대상으로 이 장에 소개된 격언과 또 다른 네 개의 격언에 대한 동의 여부를 판단하기 위해 설문조사를 실시했다. '할 만한 가치가 있으면 어떤 것이든 최선을 다해 잘해야 한다'라는 격언에는 응답자의 74%가 동의하지 않아 가장 인기가 없었다.[29] 이에 따라 매켄지와 툴록은 그들 책에서 한 장의 제목을 "할 가치가 있다는 것이 반드시 잘해야 한다는 것은 아니다"로 정했다.[30] 한계비용을 신중하게 고려한다는 사실은 우리가 어떤 일에 투입하는 시간과 돈을 잘 사용해야 하지만 반드시 이해관계가 있는 전문가들이 필요하다고 생각하는 만큼 잘해야만 한다는 의미는 아니다.

이제 다시 서두에서 언급한 이야기로 돌아가자면, 당신이 소프트볼 연습을 빼먹은 것이 현명한 선택이었을지도 모른다. 그즈음에는 테니스를 더 좋아하게 돼서 테니스 코트에서 1시간을 더 보내는 한계효용이 소프트볼 코트에서 1시간을 더 보내는 한계효용보다 더 컸을 수도 있으니 말이다. 어쨌든 모든 곳에 시간을 '최대로' 쓸 순 없지 않은가.

3

경제적 인센티브

경제학자들은 정책 설계의 두 분야에 통찰력을 제공할 수 있다. 첫 번째 분야, 즉 특정한 법이나 규제의 편익이 비용보다 더 큰지 적은지에 관한 논의는 6장의 부록에서 간단하게 언급할 것이다. 이번 장에서는 정책의 목표를 달성하기 위한 인센티브 기반의 접근법에 관해 논의할 것이다.

이런 정책적 방향성을 보여주는 획기적 이정표는 1976년 하버드대학교에서 진행된 찰스 슐츠의 고드킨 강연Godkin Lecture 시리즈였다. 이 강연은 당시 신임 대통령인 지미 카터의 관심을 끌었고, 그는 곧 슐츠를 자신의 경제자문위원회 위원장으로 임명했다. 이 강연은 나중에 《사익의 공적 이용The Public Use of Private Interest》이라는 영향력 있는 책으로 출간됐다. 이 책은 다양한 정부 정책에 대한 현대 경제학자들의 비판에서 중요한 주제를 잘 정리했다.

슐츠는 고드킨 강연에서 산업화와 도시화, 사회의 상호의존성이 정부가 과거보다 더 적극적으로 대응해야 하는 문제들을 발생시켰다고 주장했다. 새로운 정부의 업무를 수행하기 위해 세부적인 법과 관료주의적 규제가 채택됐는데, 이런 '지휘 통제command and control' 방식은 정부가 댐을 건설하고 수표를 보내는 업무를 담당할 때는 잘 작동했다. 하지만 대기 오염이나 수질 오염과 같은, 대중을 설득해야 하는 문제들에서는 비용이 많이 들어가는 비효율적인 방법이었다.

슐츠는 우리가 세금과 보조금 같은 시장의 인센티브를 활용해 사적 이익을 공적 목표와 더 일치시키는 대안적인 방법을 대체로 무시해왔다고 지적한다. 우리는 민간 부문의 효율성과 생활 수준을 꾸준히 높일 수 있는 시장의 힘, 그리고 경제적 인센티브의 효과를 잘 알고 있다. 그래서 누군가가 "생산 단위당 노동 투입을 줄이는 가장 좋은 방법이 산업별 노동 투입을 구체적으로 명시하는 정부 기관을 설립하는 것이라고 제안한다면 누구라도 비웃을 것이다. 하지만 이것이 환경 피해와 산업 재해를 줄이기 위해 우리가 현재 채택한 방법이다."[1]

경제적 인센티브와 환경 문제

현재 규제 체계의 약점

1960년대의 환경운동은 엄격한 기준과 엄격한 목표 시한을 설정하는 입법으로 이어졌고, 1970년에 설립된 환경보호국Environmental Protection Agency, EPA이 이를 실행했다.[2] 그러나 시간이 지나면서 의회·법원·EPA는 자동차, 고정된 오염 배출원, 전반적인 대기질에 관한 목표 시한과 수정된 일정을 지속적으로 무시하거나 연기했다. 레스터 라베Lester Labe와 길버트 오멘Gilbert Omenn은 "이런 기만적 정책은 비용이나 실현 가능성과 관계없이 엄격한 기준이 계속 설정돼야 하지만, 연방 정부의 목표 시한은 완전히 없애야 한다는 국가대기질위원회National Commission on Air Quality의 결론에서 정점에 이르렀다"라고 지적했다.[3]

법과 기준을 통해 환경을 보호하는 문제의 복잡성은 다음 사례가 잘 보여준다. EPA는 지난 15년 동안 대기 오염 기준치의 제한을 받는 20만 개 이상의 고정 오염 배출원을 규제하는 임무를 맡았다. 오염원을 배출하는 기업 대부분은 자체 보고서를 근거로 당국의 승인을 받았다. 1,400개 이상의 심각한 오염원이 EPA의 기준을 지키지 않았는데, 기준에 부합하지 못한 기업들은 사건을 법원에 가져가는 방식으로 EPA의 규제에 강력하게 대응했다.[4]

규제에 대한 지휘 통제 접근법은 대기 오염만큼이나 수질 오염 분야에서도 복잡하다. 이 법은 자치단체의 오염 처리 시설 건설을 위한 수백억 달러의 보조금과 청정 대기 프로그램 같은 개별 오염 배출원에 대한 세부 기준을 조합한 것이다. 원래는 EPA가 산업별로 국가 기준을 확립함으로써 개별 시설에 대한 기준을 제정하지 않으려는 의도였다. 하지만 국가수질위원회National Commission on Water Quality는 현대적인 생산 과정이 너무 복잡하고 변수가 많은 데다 계속 바뀌기 때문에 국가 차원의 산업별 기준을 설정하는 건 불가능하다고 주장했다. 그 결과 규정이 "엄청나게 기술적으로 세밀하게 나눠지면서 의원들이 기대했던 공정하고 논란의 여지가 없는 기준이 되기에는 적합하지 않았다."[5]

예를 들어 통조림과 보존 해산물 가공 처리 시설 범주에 관한 지침에는 일반 게, 대량 포획 게, 알래스카 근해 게살 등 33개의 하위 범주가 포함돼 있다. 또 철과 철강 제조 분야에는 35개 하위 범주가, 통조림과 보존 과일 및 채소에는 66개의 하위 범주가 있다. 하위 범주가 이처럼 세밀하게 분류돼 있음에도 EPA는 여전히 규제 당국에 "이런 제한 규정은 산업 분야의 특정 시설이나 공장에 맞게 조정돼야 한다"라고 이야기할 수밖에 없었다.[6]

에드먼드 머스키Edmund Muskie 상원의원은 1970년대에 미국 최초의 환경 기준과 이후 개정안 통과에 중심적 역할을 했다. 버나드 애스벨 Bernard Asbell은 머스키 상원의원이 1970년에 기념비적인 환경법을 만드는 동안 그와 많은 시간을 함께 보냈고, 그의 경험을 책으로 펴냈다. 이에 따르면, 신차의 의무 기준 가운데 하나를 완화하는 협상에서 자동차 회사의 엔지니어가 회사 정책 담당자의 지시에 따라 정보를 감췄다는 사실이 드러났다. 이와 관련해서 크라이슬러의 부사장은 놀랍도록 솔직하게 말했다. "우리를 포함해 모든 기업은 우리가 발전하고 있다고 이야기하려고 합니다. 하지만 그렇게 이야기하기가 두렵습니다. 우리가 희망적이라고 말하면 내일은 기준이 어떻게 바뀔지 걱정스럽거든요."

머스키 의원은 타협하지 않는 스타일이고 국립과학원NAS과 그 외 연구기관들의 자료를 다 볼 수 있지만, 자신이 자동차 회사의 임원만큼 많은 것을 알진 못한다고 생각하는 것이 분명하다. 머스키 의원은 자동차 업계 대표들과의 회의에서 "여러분은 스스로 깊이 성찰해보고 진정으로 무엇을 할 수 있는지, 그리고 실행에 옮길 것이라고 확신을 줄 조치를 어떻게 마련할 수 있는지 자신들에게 물어봐야 할 것입니다"라고 말했다.[7] 자동차 오염보다 더 심각한 문제는 EPA가 내려야 하는 수천 개의 사소한 결정 과정에서 그들의 지식이 부족하다는 것이다.

경제적 인센티브의 힘

경제학자들은 오염 통제에 관해 두 가지 접근법을 제안한다. 두 가지 모두 엉망진창인 관료주의적 행정 시스템보다는 확실히 더 나을 것이다. 첫 번째 방법은 오염에 세금을 부과하는 것이다. 이 방법에 따르면 배출되는 유황(또는 그 외 오염 물질) 1파운드(약 450그램)당 세금을 발전소와 제조 기업에 부과할 수 있다. 자동차의 예상 사용 수명에 따른 배출량이나 정기 검사로 결정되는 실제 배출량에 주행거리를 곱한 것을 근거로 세금을 부과할 수도 있다. 많은 경제학자는 한 단위의 오염 물질이 대중에게 끼치는 유해성에 근접하는 수준에서 세금이 결정돼야 한다고 주장할 것이다.[8] 그러나 세금을 더 높이는 방식을 통해 규제 수준보다 더 낮은 비용으로(또는 더 낮은 비용에 동일한 감소 효과를 보임으로써) 더 많은 오염 감축 효과를 달성할 수도 있다.

두 번째 방법은 오염 물질을 배출할 허가권을 사고팔 수 있게 하는 배출권 거래 제도cap and trade다. 규제 당국이 대기 분수계air shed나 하천 유역에서 허용할 수 있는 총배출량을 결정한 후 이런 배출량에 대한 허가권 또는 면허를 발급할 수 있다. 허가권은 기업의 자산처럼 팔거나 살 수 있다. 새로운 공장을 건설할 계획인 사람들은 공장을 짓기 위해 땅 가격을 협상하는 것처럼 기존 회사로부터 배출 허가권을 구매하기 위해 협상할 것이다. 이 방법을 사용하면 규제 당국은 특정 지역에 대해 허용할 수 있는 최대 오염 수준을 설정할 수 있으며, 시장의 힘을 이용해 오염 물질을 감축시킬 수 있다.[9]

이 두 가지 방식은 기업의 이익을 공공 이익과 일치시킬 수 있기 때문에 1970년대에 제정된 지휘 통제 방식보다 장점이 훨씬 크다. 오염 물질 배출은 더 많은 세금을 내거나 비싼 대가를 주고 배출 허가권을 구매해야 하는 결과로 이어지므로, 기업에 커다란 부담으로 작용한다. 이미 배출 허가권을 보유하고 있는 기업들조차 여유분의 배출 허가권을 팔거나 임대하는 방법으로 이익을 얻기 위해 오염을 줄이려고 노력하게 될 것이다.[10]

이런 경제적 인센티브가 제시되면, 많은 기업은 자신들이 더 잘 아는 문제에 관해 EPA와 싸우면서 시간을 버는 것보다 오염 물질을 제거하는 것이 더 이익이 된다는 사실을 알게 될 것이다. 이런 장점을 잘 알고 있는 EPA는 인센티브 기반 프로그램을 점차 확대해왔다. 그러나 EPA는 웹사이트에 "두 가지 방식을 혼합하는 것이 언제나 경제적으로 가장 효율적인 접근법은 아니다. 오염의 감소 효과나 정책 비용이 시장 기반의 인센티브 접근법을 통해 얻을 수 있는 것보다 더 적거나 더 클 수 있기 때문이다"라고 밝힘으로써 지금의 혼합적인 방식의 비효율성을 인정하고 있다.[11]

미국에서는 규제 문제에 대해 소송이 너무 많이 벌어지고 있는데, 현재의 복잡한 행정 과정에서 발생하는 모든 소송 비용이 오염 물질 배출과 관련한 세금이나 거래할 수 있는 허가권을 통해 없어질 것이라고 가정하는 것은 어리석은 일이다. 하지만 적어도 이런 상황은 개선돼야 할 것이다. 지금처럼 기업이 지연 전략을 쓰면서 패소하더라도 법정 비용보다 더 큰 비용을 절약할 수 있다면, 모든 단계마다 항소할 동기가 생기게 된다. 게다가 현재의 오염 관련 세금 제도에서는 기업이 패하더라도 세금을 돌려받는다. 아마 앞으로는 소송할 일도 줄어들 것이다.

EPA가 각 기업이 특정 배출 기준을 충족하거나 특정 날짜까지 특정 장치를 설치하도록 요구하지 않기 때문에 법원은 각 기업에 대한 EPA의 규정이 합리적인지 아닌지를 판단할 필요가 없다. 법원은 단지 기업의 오염으로 사회가 입은 손해에 관해 기관이나 의회가 내린 최선의 판단을 반영해서 세금이 부과된 것인지 아닌지를 결정하면 된다. 그리고 오염 배출물의 일부 또는 전부를 제거할 것인지 아니면 세금을 낼 것인지는 기업이 결정할 일이다. 다른 한편으로 법원은 의회가 배출 허가권에 명시된 수준으로 오염물 배출을 제한해야 한다고 결정할 수도 있다. 만약 기업이 오염물을 제거하는 데 비합리적이고 불균형적일 만큼 막대한 비용을 지출해야 한다고 불평한다면, 법원은 오염 제거 비용이 상대적으로 낮은 기업으로부터 허가권을 구매하라고 지적할 수 있다.[12]

니스와 슐츠는 일정 수준의 세금이나 오염 물질 배출 허가권에 대해 다음과 같이 주장한다.

— 오염 통제 비용이 적은 기업은 비용이 더 많이 들어가는 기업보다 더 많은 오염 물질을 제거할 것이다. 이는 최소 비용으로 경제 전체의 오염을 줄이는 방법이다. 기업들은 대체로 폐기물 처리 또는 생산 공정을 변경하거나 오염 물질을 적게 배출하는 원재료로 전환하는 등 비용이 가장 적게 드는 오염 통제 방법을 선택할 것이다. 게다가 생산 과정에서 오염 물질이 많이 배출되는 상품은 오염 물질을 덜 배출하는 상품보다 더 비싸질 것이다. 이에 따라 소비자들은 오염 물질을 적게 배출하고 가격이 더 싼 상품을 더 많이 사게 될 것이다.[13]

일부 연구는 이런 인센티브 기반의 제도가 기존 방식의 10%에 불과한 비용으로 동등한 대기 품질을 달성할 수 있다는 사실을 발견했다. 이런 결과는 상당히 설득력이 있다. 예를 들어 세인트루이스의 한 연구에 따르면, 종이 제품 공장의 보일러에서 1톤의 미세입자 배출물을 제거하는 데 4달러의 비용이 드는 반면 양조장의 보일러에서 1톤의 배출물을 제거하는 비용은 600달러로 나타났다. 이와 유사하게 세인트루이스의 한 발전소는 5달러로 1톤의 배출물을 제거할 수 있지만 또 다른 발전소는 909달러가 들었다.[14]

이런 상황에서 오염 제거 비용이 적은 종이 제품 공장과 발전소는 제거 비용이 많이 들어가는 양조장과 또 다른 발전소에 배출 허가권을 판매하기 위해 각각 톤당 4달러와 5달러의 오염 저감 비용을 지불할 동기가 생긴다. 양조장과 두 번째 발전소에는 이런 허가권이 톤당 최고 600달러와 909달러의 가치가 있을 것이다. 허가제를 대신하는 세금 제도에서 오염 제거 비용이 낮은 회사들은 오염을 줄이는 것이 전체 비용을 줄이는 방법임을 알게 될 것이고, 반대로 제거 비용이 많이 드는 회사들은 세금을 내는 것이 비용이 덜 드는 방법임을 발견하게 될 것이다. 결국 이런 기업들은 다른 곳에서 사회에 이익이 되도록 사용할 수 있는 돈을 내면서 오염을 줄이게 될 것이다. 또한 앞서 예시한 네 기업은 비용이 많이 드는 정부 분석이나 규제, 법원 판단, 그리고 서로 다른 회사들을 똑같이 취급하는 비효율적인 규제와 상관없이 자체적으로 이런 결정을 내리게 될 것이다.[15]

경제학자들은 기업들이 오염에 대한 세금을 그냥 납부하지 않고 소비자들에게 전가하면서 이전처럼 오염원을 배출할 것이라는 증거가 있다고 지적한다. 실제로 이런 세금은 오염을 줄일 것이다.[16] 경제학자들은 기업들이 어떻게 그렇게 할 수밖에 없는지 궁금해한다. 기업의 경영진은 비용과 가격을 낮게 유지할 수 있다면 더 많은 상품을 팔고 더 많은 돈을 벌 것이다. 예컨대 어떤 기업이 200만 달러의 비용이 들어가는 기술 변화를 통해 연간 100만 달러의 세금을 피할 수 있다면, 2년 만에 투자금을 회수할 수 있으니 그렇게 할 것이다.

전기나 원자재에 들어가는 비용을 최소화할 방법을 찾는 것처럼, 기업들은 오염 문제의 해결 비용도 최소화할 방법을 찾을 것이다. 오염을 제거하는 것이 더 저렴한데도 그저 세금을 내고 소비자에게 비용을 전가하려 하는 기업은 더 효율적인 행동을 통해 가격을 더 낮출 수 있는 기업과의 경쟁에서 패배할 가능성이 크다. 더구나 투자자들도 투자 결정을 내릴 때 환경적인 지속 가능성을 점점 더 고려하고 있다.[17]

이 대목에서 나의 제자들은 종종 다음과 같이 반박하곤 한다. "하지만 교수님은 편의적인 숫자를 선택한 것입니다. 기술 변화의 비용이 200만 달러가 아니라 2,000만 달러라고 가정한다면, 회사는 세금을 내고 소비자에게 전가하는 방식을 택할 가능성이 크죠." 그렇게 될 수도 있다. 하지만 앞서 설명한 세인트루이스 회사들의 비용 수치가 알려주는 절대적으로 중요한 요소는 기업마다 들어가는 비용이 똑같지 않다는 것이다. 어떤 회사에는 내 사례가 더 적절할 것이고, 다른 회사에는 내 학생의 사례가 더 적절할 것이다. 그렇더라도 확실한 사실은 일부 기업은 세금 때문에 오염 물질을 제거하리라는 것이다.

이런 기업들은 오염원 제거 비용이 적은 곳이다. 만일 오염 물질을 제거하는 기업이 충분히 많지 않다면 세금을 인상할 수 있는데, 오염 제거 비용이 많이 들어가는 기업은 이런 세금 제도 아래에서 이전처럼 계속 오염원을 배출할 것이다. 이른바 '오염 허가권license to pollute'을 구매한 셈이다. 하지만 현재의 환경 기준 접근 방식에서도 기업은 기준에 맞는 오염 물질을 배출할 권리를 가지고 있다. 즉 사실상 이미 오염 허가를 받은 것이다. 그래서 경제학자들은 기업이 현 상태에서 공짜로 오염 물질을 배출하도록 내버려 두는 대신 오염원에 대해 세금이라는 비용을 치르게 하는 방안을 왜 환경운동가들이 반대하는지 궁금해하고 있다.

'입법과 위임' 방식의 경직성은 프록터 앤드 갬블Procter and Gamble, P&G의 포트 아이보리 공장 사례가 여실히 보여줬다. 1980년에 P&G는 기존의 보일러를 목제 폐기물을 연료로 사용하는 보일러로 교체함으로써 연간 900만 갤런의 석유를 절약하고자 했다. 그 지역의 일산화

탄소 수준이 국가 대기질 기준을 충족시킨다는 사실을 증명하기가 어려웠기 때문에 EPA는 1982년 2월까지 P&G의 보일러 교체 프로젝트를 승인하지 않았다. 새로운 시설이 일산화탄소를 더 많이 배출하지만 황산화물과 질소산화물을 더 적게 배출한다는 사실은 논란의 여지가 없었다. 그러나 EPA의 기준은 이를 고려할 만큼 유연하지 않았고, 에너지 절약에 따른 이득이나 비용 절감이 지연되면서 기업이 입게 될 100만 달러 이상의 손실도 고려 대상이 아니었다.[18] 앞서 살펴본 두 가지 인센티브 제도는 이런 경우에 유연성을 제공할 것이다.

　장기적으로 볼 때 기술의 발전이 없다면 오염 문제는 감당할 수 없을 정도로 커질 것이다. 기후변화 문제에 대응하려면 새로운 기술이 훨씬 더 중요할 수밖에 없다. 그러나 현재의 지휘 통제 제도 아래서 오염 물질을 배출하는 공장의 주인은 기본적으로 더 깨끗한 제조 공정을 개발할 동기가 전혀 없다. 새로 공장을 지으면 더 엄격한 기준이 적용되기 때문이다. 즉, 예전의 기준은 훨씬 더 낮아서 예전에 건설된 낡은 공장은 더 많은 오염 물질을 배출할 수 있도록 허용된다.

　이런 기준의 차이 때문에 공장 주인들은 새로운 공장을 짓는 대신 오래된 공장을 수리하는 것이 더 유리하다고 생각하게 된다. 이 때문에 훨씬 더 발전된 기술을 도입하는 시기가 자꾸만 지연된다. 규정만 충족한다면, 공장의 주인들은 오염을 현재 기준보다 더 줄여야 할 동기가 없다. 인센티브 제도에서는 기업이 세금을 내거나 배출 허가권을 구매하는 한 오염 물질을 덜 배출하는 방식으로 이익을 증가시킬 가능성이 남아 있다. 다시 말해 오염 물질이 남아 있는 한 계속 비용을 지불해야 한다. 게다가 기준을 통한 규제 방식은 혁신을 방해한다.

예를 들어 두 종류의 오염 배출물에서 비용 감소와 극적인 배출량 감소를 가져오는 어떤 것이 세 번째 오염물의 배출량 증가를 가져온다면, 기업은 이를 개발할 이유가 없기 때문이다. 하지만 인센티브 제도는 기업이 이런 혁신을 적극적으로 추진할 수 있을 정도로 유연하다.

인센티브 제도는 단순하지 않다. 중요한 오염원에 대한 감시도 더 이뤄져야 할 것이다. 장소와 시간에 따라 세금이나 오염 물질 배출 허용 수준에 약간의 변화를 허용하는 것도 권장할 만하다.[19] 그러나 유사한 정치적 문제뿐만 아니라 감시 문제도 기준에 따른 접근 방식을 어렵게 한다. 따라서 기회비용을 고려한다면, 감시 기준 역시 지역과 계절적 차이를 과거보다 더 세밀하게 반영해야 할 것이다.

인센티브 기반 접근법의 채택이 더딘 이유

기업들은 일부 환경 보호론자가 깨끗한 공기보다 엄격한 법을 더 선호하는 것처럼 행동한다는 것을 알고 있다. 그리고 기업은 환경 보호론자들과 그 지지자들에게 무엇을 말해야 하는지도 알고 있다. 미국 제조업협회National Association of Manufacturers의 댄 캐넌Dan Cannon은 1976년 의회 세미나에서 이렇게 말하기도 했다. "산업계에는 건강을 유지하기 위해 특정한 수준의 환경을 유지해야 한다는 것을 알려주는 명확하고 정확한 기준이 필요합니다. 여러분은 어떤 사람이 단지 세금을 내는 것으로 공중보건 기준을 위반하도록 내버려 두지는 않으시겠죠?"[20] 오늘날의 정치 환경에서 '순수성 검증'이 널리 확산되면서 비효율적인 결정이 계속 증가하고 있다.

2019년에 〈뉴욕타임스〉는 화석 연료의 사용이 지구의 온난화를 더 앞당긴다는 사실을 기후 과학자 97%가 믿고 있다고 보도했다.[21] 이에 따라 많은 환경운동가가 휘발유 차량의 사용을 조속히 중단하라고 요구했다. 영국과 프랑스, 인도, 노르웨이 등은 2040년 또는 그 이전에 신형 휘발유나 디젤 차량의 판매를 전면 금지할 계획이다. 그리고 세계적으로 적어도 8개국이 전기차 판매 목표를 설정했다.[22]

경제학자들은 이런 법을 좋아하지 않는다. 다른 접근법과 마찬가지로 기준을 초과 달성할 동기유발 요인이 없기 때문이다. 이런 종류의 법은 기업이나 소비자가 2040년 이전에 휘발유 차량을 사용하지 않더라도 보상을 주지 않는다. 그리고 2040년에는 전기 차량이 오염을 줄이는 가장 좋은 방법이 아닐 수도 있다. 오염에 부과하는 세금은(대중이 우려하는 것은 오염이다!) 정부 관료들이 굳이 오염 물질을 줄이는 한 가지 방법을 선택하지 않더라도 효율적인 방식으로 오염 물질을 줄이는 방법을 찾아내는 시장을 만들어낸다.

환경 친화적인 벤처기업의 자금 지원에 집중하는 샌프란시스코의 한 은행은 한 가지 목표에 초점을 맞추는 접근 방식에 근거해 주유소에 대한 대출을 거부하고, 그 대신 태양광 패널 설치에 자금을 지원했다.[23] 그러나 모든 주유소가 빠르게 영업을 중단할 것이라는 기대는 비용도 많이 들고 가능성도 거의 없다. 오히려 주유소가 주유 펌프를 가동하기 위해 태양광 발전으로 전환하게 하는 것이 훨씬 더 실현 가능성이 클지도 모른다. 그리고 적절한 경제적 인센티브가 있다면 더 많은 기업이 그런 변화를 추진할 동기를 부여받을 것이다.

탄소세의 정치적 실현 가능성

2017년 초 기후리더십위원회Climate Leadership Council 대표들은 백악관 관리들을 만나 오바마 행정부 기간에 제정된 기후 정책 대부분을 국가 탄소세로 대체할 것을 제안했다. 이 세금은 탄소 1톤에 40달러를 부과하는 것으로 시작할 것이고, 세금을 통해 들어온 돈은 사회보장국이 분기별로 지급하는 수표를 통해 국민에게 배분될 계획이었다. 이 위원회에는 세 명의 전직 공화당 각료인 제임스 A. 베이커Jame A. Baker, 헨리 폴슨Henry Paulson, 조지 P. 슐츠George P. Shultz와 두 명의 전 공화당 경제자문위원회 의장 마틴 펠드스타인Martin Feldstein, 그레고리 맨큐Gregory Mankiw가 포함돼 있다. 그런데 이 정책은 모든 종류의 세금 인상에 반대하는 공화당 의원들과 미국에서 더 많은 화석 연료 생산을 공개적으로 지지하는 트럼프의 반대에 부딪혔다.[24]

역사적으로 민주당과 환경운동가들도 오염에 부과하는 세금을 반대했다. 대부분의 환경 로비스트가 세금을 통한 접근법에 반대하는 분위기는 "우리는 오염을 없애고 싶은 것이지 오염에 대한 허가권을 주고 싶은 것이 아닙니다"라는 말에서 가장 잘 드러난다.[25] 머스키 상원의원은 1971년 상원에서 "우리는 누구에게도 돈을 내고 오염을 허가하는 선택권을 줄 수 없습니다"라는 발언으로 이런 견해를 지지했다.[26]

스티븐 켈만Steven Kelman은 자신의 저서《가격 인센티브의 대가는? What Price Incentives?》에서 '오염 허가권'에 대한 환경론자들의 반박은 경제학자들이 쉽게 무시할 수 없는 불완전하고 직관적인 우려에 근거한 것이라고 주장했다. 켈만은 환경론자들이 환경 윤리를 발전시키는 일에 관심이 있다고 지적한다. 그들은 대중의 환경 의식을 높이고 싶어 하며, 오염을 유발하는 행위를 비난하면서 깨끗한 공기와 물에 대해 대중이 생각하는 가치를 떨어뜨릴 수 있는 어떤 것도 하고 싶어 하지 않는다. 오염에 대한 세금은 사실상 '돈만 내면 오염은 괜찮다'라는 메시지를 줌으로써 오염 행위를 용인할 수도 있다. 그리고 오염에 가격을 매기는 행위 자체가 잘 보존된 자연을 값을 매길 수 없는 귀중한 것으로 인식하지 못하게 할 수도 있다.[27]

켈만은 매우 완강한 환경론자들이 오염과 관련된 세금을 지지하지 않는 여러 가지 이유가 있다는 것을 설득력 있게 설명했다. 그러나 오염세가 오염을 아무렇지도 않게 생각하게 할 수 있다는 주장은 잘못된 것일 수도 있다. 우리는 긍정적이거나 중립적인 감정을 지닌 것(예컨대 운전, 결혼)에 세금을 부과하고 허가하지만, 전적으로 인정하지 않는 다른 것(예컨대 도박, 술, 담배)에 대해서도 똑같이 세금을 부과한다. 단지 세금을 낸다고 해서 오염에 대한 부정적인 태도나 인식이 사라질 것 같지는 않다. 그러나 몇몇 환경론자는 우리가 살인이나 "강간, 약탈, 방화" 같은 범죄 행위에 대해서는 세금을 부과하지 않는다고 주장한다. 이들은 오염 행위("자연에 대한 범죄") 역시 살인이나 강간 같은 범죄("언젠가 용기 있는 지방 검사가 이런 사람들을 살인죄로 기소할 것이다")와 똑같이 생각한다고 이야기한다.[28]

여기서 기회비용이 중요하다. 만약 다른 사람들을 위험에 빠뜨리는 오염 행위에 대한 제재가 불가능하다면, 산업 사회의 발전을 중단시켜야 한다. 왜냐하면 최고의 기술조차도 심각한 호흡기 질환을 앓는 사람들 가운데 일부를 죽음으로 내몰기 때문이다.[29] 그리고 만약 모든 오염이 자연에 대한 범죄라면, 오염 범죄는 그야말로 우리 주변에 널려 있다. 모든 사람이 21%의 산소가 포함된 공기를 마시고 17%의 산소가 포함된 공기를 내쉰다. 그리고 200피피엠의 입자가 용해된 물을 마시고 2만 피피엠의 입자가 녹아 있는 물을 배출하기 때문이다.[30]

기회비용이 중요하고 여러 목표 간에 어느 정도 균형을 맞출 필요가 있다면, 오염 행위에 붙였던 오명의 본질을 다시 생각할 수밖에 없다. 오염은 살인과 같지 않다. 만약 모든 살인자가 갑자기 우리의 요청을 받아들일 가능성이 있다면 우리는 사람을 죽이는 행동을 즉시 중단하라고 요구할 것이다. 오염을 배출하는 모든 기업 역시 우리의 요구를 받아들일 만큼 말을 잘 듣는다고 하더라도, 그 결과를 아는 사람들은 아마도 모든 오염을 즉시 중단하라고 요청하지는 않을 것이다. 그러면 우리 삶의 질이 너무나 나빠지기 때문이다. 또 모든 발전소가 오염을 줄이기 위해 전기 공급을 중단하면 병원 장비가 꺼지기 때문에 우리의 생명에도 영향을 미칠 것이다. 따라서 다른 목표와 균형을 맞추어야 한다면, 적어도 깨끗한 환경에 매겨진 가치가 어느 정도 감소하는 것은 불가피하다.

탄소세에 대한 지지는 좌파 진영에서 증가했고, 2020년 민주당 대선 후보 가운데 다수가 지지를 표명했다. 뉴스 전문 채널 MSNBC의 기후 포럼에서 민주당 앤드루 양Andrew Yang 후보는 "기업들이 수익을 위해서 옳은 일을 하리라고 믿을 수 있습니다. 이익이야말로 기업을 믿을 수 있는 유일한 이유죠. 기업은 특이한 동기유발 요인을 가지고 있습니다"라고 말했다. 탄소세를 통해 우리는 기업들이 오염을 줄이기 위해 노력하도록 유도해야 한다. 그렇게 해야만 기업의 이익이 증가하기 때문이다. 양은 "기업들이 기후변화에 관해 올바른 방향으로 나아가기를 원한다면, 재정적으로 가장 부담되는 조치, 즉 무거운 세금이나 벌금을 부과해야 합니다"라고 결론 내렸다.[31] 인디애나주 사우스벤드의 시장 출신 대통령 후보인 피터 부티지지Peter Buttigieg도 탄소세 부과를 지지했다. "나는 전체 경제가 확실하게 기후 정의와 기후 행동으로 나아갈 수 있도록 만들어야 한다고 생각합니다." 하지만 부티지지는 과거의 한 공개토론회에서 "나는 정치에서 세금과 관련된 이야기를 해서는 안 된다는 사실을 잘 알고 있습니다"라고 말하면서 정치적으로 새로운 세금이 통과되기가 어렵다는 사실을 인정했다.[32]

탄소세에 대한 민주당의 단결된 지지를 방해하는 한 가지 장애물은 거둬들인 세금으로 무엇을 해야 하는가에 관한 견해 차이다. 한쪽에서는 깨끗한 에너지나 사회적인 문제에 재투자해야 한다고 주장하는 반면 다른 한쪽에서는 소비자에게 돌려주기를 원했기 때문에 탄소세 법안은 워싱턴주의 투표에서 통과되지 못했다.[33] 다른 한편으로 천연자원보호협회NRDC 같은 중도좌파 환경단체들은 오바마 행정부가 만든 기후변화 규정을 탄소세로 대체하는 어떤 합의도 단호히 반대한다.[34]

탄소세를 지지하는 보수주의자들은 국가 수준에서 탄소세의 시행이 기존의 수많은 지휘 통제 중심의 환경 규제를 폐지하는 작업과 병행돼야 한다고 주장한다. 그 밖의 보수주의자들은 어떤 형태의 세금 인상도 싫어하고 탄소세가 실질소득, 특히 중산층의 실질소득에 미치는 영향에 우려를 표명한다. 보수적인 미국에너지연합American Energy

Alliance의 회장 토머스 파일Thomas Pyle은 다음과 같이 주장한다.

— 탄소세는 우리가 소비하는 에너지의 80%를 차지하는 천연가스, 석유, 석탄의 사용자들을 처벌하는 것이다. 이것은 미국의 모든 가정이 더 비싼 전기요금과 휘발유 가격에 직면하게 된다는 의미다. 실제로 리더십위원회의 탄소세는 휘발유 가격을 갤런당 36센트 올릴 것으로 추정된다. 모든 사람이 더 많은 돈을 부담하겠지만, 에너지 가격의 인상은 소득의 더 많은 부분을 에너지에 쓰는 가난한 가정과 중산층 가정에 더 큰 영향을 미칠 것이다.

파일의 주장은 탄소세 수입이 시민들에게, 특히 저소득층이나 중산층에게 돌아가지 못하리라는 가정에 근거한 것이다. 파일은 그런 프로그램이 실행될 것으로 생각하지 않는다.

— 워싱턴 정치인들이 막대한 새 수입을 소비자들에게 되돌려주리라고 생각한다면 믿을 수 없을 정도로 순진한 것이다. (…) 그보다 정부가 결국 새로운 수입을 연방 프로그램에 사용하기 시작하고 미국인들에게 또 다른 새로운 세금을 부담시키면서 그 과정에서 국가 경쟁력을 떨어뜨릴 가능성이 더 크다. 나에게 탄소세 부과는 정부의 더 큰 역할을 선호하는 자유주의처럼 들린다.[35]

앨 고어Al Gore의 전 자문위원이었던 칼리 크레이더Kalee Kreider는 세금을 거둬들일 때 유권자들에게 돌아갈 혜택에 탄소세 지지자들이 초점을 맞춰야 한다고 제안한다. 그녀는 "사람들은 세금에 민감하지만, 도로든 병원이든 학교든 자신들이 가치를 얻는다고 생각하면 세금을 승인할 것입니다. 내가 생각하기에 환경단체들이 어려움을 겪는 부분은 탄소 배출량에 대한 가격을 환경적 성과 측면에서 결정하려는 접근 방식입니다"라고 주장한다. 그러면서 환경운동가들에게 "납세자들에게 어떤 서비스가 제공되고 있는가?"라는 질문에 답하라고 조언한다.[36] 이 조언에 따라 미국의 몇몇 주는 노후화된 기반시설을 수리하는 데 필요한 자금을 확보하는 방식을 통해 휘발유에 대한 세금을 인상하는 법안을 성공적으로 통과시켰다.[37]

2018년에 트럼프 정부는 오바마 정부가 설정한 기업평균연비Corporate Average Fuel Economy, CAFE 규제를 되돌릴 때 큰 반발에 직면했다. 이 기준은 자동차 회사가 매년 판매하는 모든 신차가 충족해야 하는 평균 연비를 설정함으로써 미국의 연료 소비를 줄이기 위해 설계됐다.[38] 2014년 CAFE는 1갤런에 약 41킬로미터에 불과했는데,[39] 오바마 행정부가 그 기준을 2025년까지 갤런당 약 88킬로미터로 크게 높였다. 이후 트럼프 행정부에서는 2026년까지 갤런당 약 약 64킬로미터로 하향 조정했다.[40]

민주당과 환경운동가들은 트럼프의 결정에 격분했다. 민주당 상원 의원 톰 카퍼Tom Carper는 보도자료에서 "EPA는 우리 대기로부터 온실가스, 그을음, 수은, 기타 오염 물질을 제거하기 위해 만든 규정을 약화하거나 폐지하기 위해 끊임없이 노력해왔습니다. 대다수 미국인이 치명적인 호흡기 질병과 싸우고 이를 극복하기 위해 24시간 일하는데, 트럼프 행정부의 EPA는 오염의 확산을 주도해왔습니다"라고 주

장했다.[41]

경제학자들은 대체로 CAFE 규제 완화에 그렇게 비판적이지 않았고, 지난 몇 년 동안 휘발유 세금이 연료 사용에 훨씬 더 큰 영향을 미쳤으리라고 주장했다. 경제학자의 92%는 CAFE 기준을 올리는 것보다 휘발유 세금 인상을 더 선호할 것이다.[42]

경제학자들은 CAFE 접근법에는 세 가지 중요한 허점이 있다고 주장한다. 첫째 반동 효과rebound effect가 있다는 것이다. 즉 "사람들은 연비가 두 배 좋은 차로 바꾸면 차를 10% 더 많이 타고 다닌다." 둘째, 연비를 높이는 기술이 자동차 가격을 올리고, 이는 사람들이 더 비싼 차의 구매를 늦추면서 기존 차를 더 오래 타게 한다. 경제학자들은 더 높은 CAFE 기준에 따른 15%의 오염 배출 감소 효과는 더 낡고 연비가 나쁜 차량의 도로 운행 시간을 증가시키는 현상으로 상쇄된다는 사실을 발견했다. 미국 전체 자동차 중 1년 이상 된 차가 94%를 차지하는 상황에서는 모든 차에 적용되는 휘발유 세금이 신차에만 적용되는 CAFE 기준보다 연료 소비 감소를 유도하는 훨씬 더 효율적인 방법이 될 것이다.[43] 셋째, CAFE 기준은 차를 구매한 이후 덜 이용하는 것에 관해 어떤 인센티브도 주지 않는다. 휘발유에 부과하는 세금은 차를 더 많이 이용하면 그만큼 개인의 비용 부담을 증가시킨다. 따라서 차를 더 많이 이용하는 사람들은 연비가 더 좋은 차를 구매해야 하는 동기가 생긴다. 미국의 모든 차에 높은 연비를 적용하겠다는 생각은 매우 훌륭한 것처럼 들리지만 이것은 의미 있는 변화를 가져오지 못한다. 의회는 결코 디트로이트의 자동차 산업이 망하게 내버려 두지 않을 것이다. 포드Ford 같은 자동차 회사들이 정부가 요구하는 연비 기준을 충족시킬 수 없기 때문이다.

전력의 40%를 석탄 발전을 통해 얻는 영국은 2013년에 기업들이 EU 탄소 허가권을 구매하기 위해 이미 지불해야 하는 가격에 추가로 탄소세를 시행했다. 2019년 9월에는 영국 전기의 3%만이 석탄 발전소에서 생산됐다![44] 하지만 세계 대부분 국가에서 탄소에 세금을 매기는 것은 극적인 효과를 거두지 못했다. 전 세계적으로 40개 이상의 정부가 어떤 형태로든 탄소세 정책을 시행했지만, 정치적 반발이 이를 무력화했다. 프랑스와 호주가 특히 심했다. 게다가 대부분 국가에서 책정한 탄소세가 너무 낮아 경제학자와 환경론자들이 기대했던 것만큼 커다란 효과를 거두지 못했다.[45]

미국에서 가장 성공적인 환경 발전에 대한 인센티브 접근법은 산성비에 대한 배출권 거래 제도다. 2018년에 환경보호기금Environmental Defense Fund은 프로그램의 성공을 다음과 같이 설명했다.

— 이 프로그램은 전체 황 배출량을 반으로 줄일 것을 요구했지만, 어떻게 황의 배출량을 줄일 것인지는 각각의 회사가 결정하도록 했다. 기준 이상으로 오염을 낮춘 발전소는 남는 배출권을 다른 발전소에 판매할 수 있었다. 그러자 새로운 상품 시장이 탄생했다. 황 배출량은 예상보다 빠르게 감소했고 비용도 4분의 1에 불과했다. 배출권 거래 제도는 산성비 문제를 가장 유연하고 혁신적인 방식으로 해결하는 매우 효과적인 방법으로 평가받았다.[46]

많은 경제학자는 언젠가 시장 기반의 탄소 접근법을 통해 인간이 초래한 기후변화의 영향을 줄이는 방법에 관해서도 산성비의 사례처럼 이야기할 수 있기를 바라고 있다.

홍수 통제

국가 홍수보험 프로그램National Flood Insurance Program, NFIP은 연방 정부가 민간 보험 시장의 공백을 메우기 위해 1968년에 출범했다. 그간 민간 보험사들은 홍수 지역에 거주하는 주택 소유자들에게는 보험 판매를 거부해왔는데, 홍수의 예측이 불가능하고 피해 규모가 너무 광범위하기 때문이다. 솔직하게 표현하면 민간 보험사들은 홍수 지역의 부동산에 대한 보험이 너무 위험하다고 판단했다. 하나의 부동산이 피해를 당했을 때 보험에 가입된 다른 부동산들도 동시에 피해를 보는 경우가 많기 때문이다.[47]

그렇다면 주택 소유자들은 왜 이런 위험한 장소에 집을 짓거나 이곳의 집을 구매하는 것일까? 이유는 단순하다. 땅값이 싸고, 이미 평탄화된 범람 지역에 건물을 지으면 들어가는 돈이 더 적기 때문이다.[48] 홍수를 겪을 때마다 연방 정부가 집주인들을 구제해주는 추가적인 보장 제도가 있기 때문에 홍수 위험에 따른 개인 비용이 저렴하다는 것도 또 다른 이유다.

민간 보험의 경우 보험료는 자산에 대한 위험을 반영하도록 설계되며, 주택 소유자들은 위험에 상응하는 금액을 연간 보험료 형태로 납부한다. 즉, 홍수 위험 지역의 주택 소유자들은 일종의 생활비가 추가

되는 격이라고 할 수 있다. 이들은 위험과 그에 따른 보험료가 위험 지역에 살 가치가 있을 정도로 충분히 낮게 유지돼야만 그 지역에서 계속 집을 짓고 구매할 것이다. 주택 소유자들이 NFIP의 일부로 지급하는 보험료는 민간 보험사들이 부과하는 보험료보다 훨씬 싸다. 이에 따른 결과는 두 가지다.

첫째, NFIP는 홍수가 발생했을 때 지급해야 하는 청구액을 상쇄할 만큼 충분한 보험료를 해마다 거두어들이지 못한다. 이런 이유로 NFIP는 미국 재무부로부터 300억 달러의 돈을 빌려야만 했다.[49] 모든 전문가와 NFIP의 책임자조차 이는 사실상 NFIP가 상환하지 못할 채무여서 모든 미국 국민의 부담이 될 것이라고 말한다.[50] 둘째, 더 저렴한 보험료는 주택 소유자들이 집을 살 때 홍수의 위험을 전혀 고려하지 않는다는 것을 의미한다. 인센티브가 행동에 미치는 영향을 고려하면 결과는 충분히 예측할 수 있다. 주택 소유자들은 NFIP가 없을 때보다 훨씬 더 많이, 극도로 위험한 장소에서 계속 집을 사고 거주한다는 것이다.

플로리다의 사례를 살펴보자. 1851년부터 2015년까지 플로리다는 미국의 다른 어떤 주보다 더 많은 허리케인의 피해를 봤다.[51] 2017년에도 허리케인 어마rma가 주 전체에 영향을 미치면서 플로리다의 대부분 주요 도시에 피해를 줬다.[52] 해마다 해수면이 상승하면서 플로리다에 대한 태풍의 위협은 갈수록 심해질 것으로 예상된다. 해수면이 단지 15센티미터 정도만 상승해도 운하망의 홍수 조절 능력이 무의미해질 것이다.[53] 이처럼 광범위한 위협이 존재하지만, 플로리다의 개발은 홍수의 위협을 거의 고려하지 않은 것처럼 빠른 속도로 진행되고 있다. 플로리다주에는 최고 수면에서 높이가 1.2미터 미만인 저지대에 거주하는 사람들이 다른 어떤 주보다 더 많다.[54] 플로리다는 20세기 중반에 남부의 주 가운데 인구가 가장 적었지만 지금은 세 번째로 인구가 많은 주로 성장했다.[55] 1926년 마이애미를 강타한 태풍은 현재가치로 10억 달러에 달하는 피해를 안겼다. 지난 반세기 동안 개발이 지속된 만큼, 오늘날 똑같은 태풍이 다시 플로리다를 강타한다면 1,240억 달러 규모의 피해가 발생할 것이다.[56]

그러나 연방 정부는 플로리다반도 전역에 걸쳐 저렴한 NFIP를 계속 제공하고 있다. 왜 홍수가 잦은 플로리다에서 계속 집을 짓고 살아가는 일부 사람들을 위해 나머지 국민이 돈을 내야만 하는 것일까?

미국인 대부분은 홍수가 누구에게나 일어날 수 있는 일이라고 잘못 알고 있다. 홍수 위험에 대한 퓨 자선신탁Pew Charitable Trusts 프로그램을 이끄는 로라 라이트바디Laura Lightbody는 "비가 오는 곳이면 어디든 홍수가 날 수 있습니다. 그러니 미국인 중 누구도 홍수에서 벗어날 수 없죠. 홍수는 미국 50개 주 어디에서나 일어날 수 있으니까요"라면서 미국인들의 일반적인 생각을 대변했다.[57] 하지만 특정한 지역은 고도, 수로와의 근접성, 주변 개발 등의 요인 때문에 다른 지역보다 홍수에 훨씬 더 취약하다.

미국에서 최악의 홍수는 미시시피강 주변, 루이지애나주와 텍사스주의 걸프 해안, 그리고 플로리다를 포함한 대서양 연안의 대부분 지역에서 발생한다.[58] 이런 광범위한 지역에서도 특정 지역의 부동산은 다른 지역보다 훨씬 더 큰 위험에 놓여 있다. 댐과 제방과 같은 전통적인 홍수 통제 대책은 안전에 대한 잘못된 인식을 제공하고 홍수 문제를 다른 지역이나 재산으로 전가한다는 비판을 받고 있다.[59] 로비단 체인 아메리칸 리버스American Rivers의 전 회장 케빈 코일Kevin Coyle은 "모든 것이 서로 더 높은 제방을 쌓기 위한 경쟁입니다. 당신이 6미터 높이의 제방을 쌓으면 강 건너에 있는 누군가가 7미터짜리 제방을 쌓습니다. 이제 당신은 그보다 더 높은 제방을 쌓아야 홍수를 피할 수 있죠"라고 말했다.[60]

NFIP의 역사를 살펴보면 전체 보험금 지급 건수의 약 25%는 보험에 가입된 주택의 1%에게 돌아갔다.[61] 미국 공영라디오National Public Radio, NPR는 1992년 8만 3,000달러에 집을 산 제니퍼 베일스Jeniffer Bayles의 사례를 보도했다. 2017년에 베일스는 홍수 피해를 당한 집의 보상금으로 NFIP로부터 총 40만 달러를 받았다.[62] NPR은 또 다른 보도에서 태풍 하비Harvey 이전에 52만 5,000달러를 주고 산 집에 대해 NFIP로부터 87만 8,000달러의 보험금을 받았다는 주택 소유자 빌 페닝턴Bill Pennington과 인터뷰를 했다. 태풍 하비 이후에는 보상금이 100만 달러 이상으로 올라갔다.[63] 현재가치가 단지 7만 2,400달러에 불과한 휴스턴의 또 다른 집은 보험금으로 100만 달러 이상을 받았다.[64]

NFIP는 베일스나 페닝턴의 사례와 같은 주택에 대해서도 너무 위험하다는 이유로 보험 가입을 거부할 수 없다. NFIP가 위험을 정확하게 반영하기 위해 보험료를 인상할 수 있었다면, 이것은 문제가 되지 않을 것이다. 그러나 의회가 보험료를 정하고 더 높은 보험료를 내기 싫어하는 시민들이 국회의원을 선출하는 정치 환경에서 재선이라는 동기유발 요인 때문에 보험료는 인상되지 않는다. 천연자원보호협회 NRDC의 선임 정책 분석가인 롭 무어Rob Moore는 "저렴한 홍수보험을 제

공했다는 이유로 낙선한 의원은 없습니다"라고 말했다.[65]

　선출직 정치인에 대한 이런 동기유발 효과의 영향은 또 다른 문제로 이어진다. 재난 희생자들에 대한 지원을 거부하는 것은 도덕적으로나 정치적으로 미움을 받을 수 있다. 1993년 대규모 홍수 피해가 발생한 지역의 국회의원들은 사소한 문제로 피해자들을 괴롭히고 있다면서 재정 지원에 반대하는 사람들을 비난했다.[66] 그리고 시민들은 스스로 1시간 동안 전화 모금을 통해 홍수 피해자의 구호를 위해 430만 달러를 모금했다. 이는 재난의 희생자들을 도와주고 싶어 하는 시민들의 열망을 보여주는 사례다.[67] 낸시 펠로시Nancy Pelosi 하원 의장은 재난 구호비 지출을 늘리기 위해 자동차 보조금 지출을 줄일 것인지에 관한 토론에서 "우리는 이런 대화 자체를 해서는 안 됩니다. 자연재해를 당한 국민에겐 도움이 필요합니다. (…) 사람들은 피해 보상에 대한 비용을 지급하는 문제로 토론이 벌어질 것이라는 두려움을 가질 필요가 없습니다"라고 말했다.[68] 2019년에 니디아 M. 벨라스케스Nydia M. Velázquez 하원의원은 푸에르토리코에 대한 재난 원조를 도덕성과 미국의 핵심 가치라는 문제와 연결했고, 34명의 하원 공화당 의원은 트럼프의 의지와는 반대로 민주당에 동조해 191억 달러 규모의 전국적 구호 패키지를 통과시켰다.

　파괴적인 홍수와 같은 재난 상황에 직면했을 때, 미국 정치인들과 대중은 희생자들에게 원조를 제공하려고 할 것이다. 홍수에 취약한 지역에 사는 사람이라면 누구나 이 점을 알고 있다. 그리고 이런 기대는 홍수로 인한 재정적 위험을 계산하는 데 영향을 미친다. 1993년에 연방 정부가 지원하는 주택담보대출을 받기 위해 NFIP 가입이 의무화된 부동산 가운데 실제로 20%만 NFIP에 가입했다.[69] 여러 번의 심각한 홍수 이후에도 연방재난관리청Federal Emergency Management Agency, FEMA은 NFIP에 가입하지 않은 사람들이라도 홍수가 일어난 후에 NFIP에 가입하면 집을 새로 지을 수 있도록 자금을 지원했다.[70] 이런 보상책이 있는데 누가 재난이 발생하는 시점까지 몇 년 동안 보험료를 내려고 하겠는가.

NFIP가 대부분의 가난한 사람들에게 서비스를 제공한다는 사실에 속아서는 안 된다. 미국 회계감사원GAO은 NFIP를 해안 개발을 위한 '안전망'이라고 부른다. 그리고 해안에 자리한 부동산의 주인은 이 프로그램의 재원을 부담하는 평균적인 미국인보다 사회경제적 지위가 높은 경향이 있다.[71] 만약 경제적 불평등을 줄이는 게 진정한 목적이라면, 가난한 사람들을 직접 지원하는 프로그램이 훨씬 더 효율적일 것이다.

버지니아 한 작은 마을에 대한 사례 연구는 일반적인 홍수 통제 관행의 극단적인 비효율성을 보여준다. 스코츠빌은 1969년, 1972년, 1985년에 극심한 홍수를 겪은 제임스강 범람원에 세워진 마을이다.[72] 기업들이 떠나기 시작하고 새로운 사람들이 도심에 집이나 사업체를 소유하는 것을 두려워하자 레이먼 새커Raymon Thacker 시장은 스코츠빌이 "완전히 폐허가 된, 절망한 사람들의 유령도시"가 되리라며 우려했다.[73] NFIP 가입 자격을 얻기 위해서는 시내에서 새로운 건축이나 재건축이 시작되기 전에 예방 조치를 취해야만 했다.[74] 동네 약국 주인 리처드 사고Richard Sago는 "제정신인 사람이라면 홍수에 취약한 범람 지대에 건물을 짓고 싶어 하지 않을 것입니다"라고 말했다.[75]

완벽한 세상이라면 이런 의견은 일부 기업이 이미 이주한 스코츠빌 도시의 북쪽에 있는 쇼핑 중심지처럼 더 높은 지대로 옮겨갈 때가 됐다는 신호로 받아들여질 것이다.[76] 그런데 스코츠빌에 대한 연구를 이끈 갈랜드 오커룬드Garland Okerlund 건축학 교수는 다음과 같은 매우 다른 제안을 했다.

— 홍수를 방지하는 벽이 건설되기 전까지 홍수에 대비하는 보험은 없을 것입니다. 하지만 현재 연방 정부는 300명이 거주하는 마을에 250만 달러를 쓰고 싶어 하지 않습니다. 그러나 마을이 건설되고 더 많은 주택이 생긴다면 스코츠빌은 연방 기금과 홍수 장벽의 필요성에 관해 더 설득력 있는 주장을 펼칠 수 있을 것입니다.[77]

그의 말은 홍수 위험이 너무 큰 지역에 대한 해결책은 더 많은 주택과 기업을 불러들이는 것이고, 홍수 피해의 위험이 너무 커지면 연방 정부가 개입하지 않을 수 없다는 의미다. 이보다 더 어이없는 일은 연방 정부가 범람 지역인 도심에 건물이 많이 들어서는 것을 기다리지도 않고 스코츠빌 도심을 보호하기 위해 무려 400만 달러를 지원했다는 사실이다.[78]

그렇다면, 경제학자들은 이 문제를 어떻게 해결하라고 제안할까? 한 가지 해결책은 주 정부와 지방 정부가 홍수 피해 방지를 위한 사전 대책을 마련하도록 자체 부담금을 늘리는 것이다. 국립건축과학원National Institute of Building Sciences에 따르면 홍수 완화 전략에 1달러를 쓸 때마다 미래의 홍수 피해 비용은 5달러 감소한다.[79] 그런데 연방 정부가 개입해 재난 구호 비용의 90~100%를 부담하는 경우가 많기 때문에, 주 정부와 지방자치단체는 처음부터 홍수 피해를 예방하기 위해 자기 부담으로 1달러를 쓰는 것보다 5달러의 홍수 피해를 겪더라도 사후에 0.5 달러를 쓰는 것이 더 저렴하다고 생각하게 된다.[80]

따라서 연방 정부가 부담할 홍수 피해의 최대 비율을 낮게 설정하면, 주 정부와 자치단체는 피해가 발생하기 전에 피해를 줄이고자 하는 동기가 더 커질 것이다. 실제로 2016년에 FEMA에서 연방 정부의 지원이 시작되기 전에 주 정부가 자체 예산에서 부담해야 하는 공제 제도를 시행하자고 제안했는데, 이는 주 정부가 홍수 피해를 줄이게 하는 것과 유사한 효과를 가져올 것이다.[81]

경제학자들 사이에서 인기 있는 또 다른 제안은 가장 위험한 부동산부터 이주 우선순위를 정하는 것이다. 미주리·아이오와·일리노이 같은 주를 폐허로 만든 1993년의 대홍수 이후 연방 정부는 홍수 지대의 부동산을 사들이고, 건물들을 이전시키고, 다른 건물들에 대한 홍수 예방 조치를 취하는 데 1억 2,100만 달러를 사용했다.[82] 이런 대책은 나중에 홍수 피해 규모를 6억 달러 정도 줄여줄 것으로 추정됐다.[83] 미주리주에서만 1993년에 홍수 피해를 당한 지역의 85%에서 1995년에도 똑같이 홍수가 발생했다. 하지만 이주 정책과 부동산 매입 대책 덕분에 피해 규모는 99% 감소했다.[84] 미주리주 찰스 카운티에서는 홍수 피해 주택을 정부가 사들인 규모가 1993년 2,600만 달러였지만, 2년 뒤인 1995년에는 30만 달러로 크게 줄었다.[85] 연방 정부가 매입한 부동산은 공터로 남겨둘 필요가 없다. 야외 공원, 습지, 자연 보호구역 등으로 홍수 피해를 보지 않고 지역 사회에 혜택을 주는 다양

한 용도로 대체할 수 있다.[86]

홍수 피해 부동산 매입 프로그램과 이주 프로그램은 어쩔 수 없이 거주지를 옮겨야 하는 부동산 소유자들 사이에 반감과 분노를 불러일으킬 수 있다. 하지만 미래의 홍수 피해를 예방하기 위해 이 기회를 받아들이는 사람들도 있다. 2012년에 태풍 샌디sandy가 강타한 후 스태튼섬의 가장자리에 거주 중이던 약 500명의 주민은 부동산을 매입해달라고 정부에 요청했다.[87] 이들은 그 지역에 습지가 다시 생겨나, 미래의 폭풍으로부터 스태튼섬의 나머지 지역을 더 잘 보호해줄 완충지대가 되기를 바라고 있다.[88] 2017년에 〈워싱턴 포스트〉는 앞으로 홍수 피해가 발생할 때 수리 대신 정부의 주택 매입에 동의한 경우에만 고위험 지역의 주택 소유자에게 NFIP 납부액을 할인해줄 것을 제안했다.[89]

교통 체증

오후 6시에 당신은 자동차에 앉아 있다. 수천 명이 매일 집으로 돌아가면서 도로는 주차장을 방불케 한다. 교통 체증 때문에 미국인들이 해마다 길에서 낭비하는 시간은 54시간에 달한다.[90] 2017년에만 교통 체증으로 33억 갤런의 연료가 낭비됐고, 미국 경제가 입은 손실도 1,660억 달러에 이른다.[91] 교통 체증으로 발생한 배기가스가 공중보건에 미친 영향도 심각하다. 2005년에만 대략 3,000명이 배기가스 탓에 조기에 사망했고, 공중보건에 들어간 비용만 해도 240억 달러에

달하는 것으로 집계됐다.[92]

　운전자들은 길어진 출퇴근 시간, 교통 체증, 충돌 위험 증가 등 혼잡 시간대에 운전하는 것이 자신에게 어떤 영향을 미칠지는 고려하지만, 자신의 결정이 도로에 있는 다른 모든 운전자에게 어떤 영향을 미칠지는 충분히 생각하지 않는다. 간단한 사례를 들어보겠다. 999명의 운전자가 오후 6시에 A 도로를 이용하기로 마음먹었다고 해보자. 1,000번째 운전자가 그 도로를 이용하기로 하면서 목적지까지 가는데 30분이 더 걸릴 것으로 생각한다. 그의 결정으로 나머지 999명의 운전자가 추가로 30초씩 시간을 더 낭비하게 되지만, 그는 이런 점을 고려하지 않는다. 이 1,000번째 운전자의 총비용은 자신이 부담하는 30분에 999명의 운전자를 도로에 30초씩 더 머무르게 함으로써 추가된 500분(정확히는 499분 30초)의 운전 시간을 더한 것과 같다.

　민간 시장에서는 일정 시점에 특정 재화나 서비스를 사용하려는 소비자의 수를 규제하기 위해 가격 정책을 사용한다. 그러나 미국 전역에서 가장 교통 체증이 심한 도로조차 수요에 따라 가격이 책정되지 않는다. 정치인들과 환경운동가들은 교통 체증 문제에 대한 이상적인 해결책으로 대중교통을 확충하라는 제안을 좋아한다. 하지만 도로 사용에 따른 가격이 적절하게 책정되지 않는 한, 교통 체증으로 인한 개인 비용이 사회 전체의 교통 체증 비용보다 훨씬 적기 때문에 출퇴근을 하는 시민들은 계속 교통 체증을 경험하게 될 것이다.

　혼잡통행료 제도는 처음에는 인기가 없다. 2019년 봄, 워싱턴 DC의 메트로 지역 주민 63%와 뉴욕시 유권자 54%가 혼잡통행료를 부과하는 제안에 반대했다.[93] 유럽에서 이뤄진 여론조사에 따르면, 사람들이 혼잡통행료의 이점을 쉽게 볼 수 있게 되면 태도가 변하는 경향이 있다. 런던의 경우 시행 이전에는 40%의 주민이 혼잡통행료 부과에 찬성했지만, 1년도 채 지나지 않아 찬성 비율이 60% 가까이로 증가했다.[94] 스톡홀름에서는 애초 30%의 주민이 혼잡통행료 부과를 지지했는데, 시행 후에는 지지율이 52%로 증가했다.[95]

혼잡통행료 부과로 악명이 높은 런던·싱가포르·스톡홀름 등 세 도시는 운전자들이 부담하는 통행료로 시스템 도입에 들어간 초기 비용을 모두 충당했고, 이후 수백만 달러의 순이익을 거뒀다.[96] 경제학자들은 혼잡통행료 수입으로 차선을 추가로 건설하는 데 들어가는 비용을 충당할 수 있을 경우에만 추가 차선이 진짜로 사회에 혜택을 가져다준다는 증거가 되리라고 주장한다. 도로에 가격이 책정되지 않는한 교통수단을 비효율적으로 선택하는 일은 계속될 것이다.

추가 논의

'사익의 공적 활용'에 관한 생각은 이익을 추구하는 기업에만 적용되는 것이 아니다. 경제학자들은 이론과 실제를 통해 사람들은 가치 있는 어떤 것의 가격이 오르면 덜 소비하고, 가격이 내려가면 더 많이 소비할 것이라는 확신을 갖게 됐다. 그래서 단순한 공급과 수요 곡선을 공공 부문에 적용할 방법을 오랫동안 연구해왔다. 항공 여행객이나 전기 사용자는 경제적 인센티브에 반응하기 때문에 사용량이 많은 시기에 가격을 올리면 수요가 분산돼 비싼 자본 투자를 피할 수 있다. 소비자들은 다양한 용도로 물을 사용하는 것에 대해 큰 비용을 지급하지 않는다. 따라서 특정 분야의 물 사용료를 올리면 수요에 큰 영향을 미칠 수 있다. 그러나 미국의 아홉 개 대도시에서 실시한 물 사용량 예측 조사는 어떤 도시도 물 가격의 변화가 예상 수요에 미칠 수 있는 영향을 고려하지 않은 것으로 나타났다.[97]

분명히 말하지만 정책 입안자들은 가장 먼저 떠오르는 인센티브를 시행하지 않도록 주의해야 한다. 경솔한 인센티브의 시행이 오히려 위험을 초래하는 사례를 이탈리아 아브루치라는 가난한 작은 마을이 보여준다. 이 마을은 독사가 많아 골머리를 앓고 있었다. 그래서 마을의 아버지들은 독사를 죽일 때마다 보상을 제공하는 방식으로 문제를 해결하기로 했다. 하지만 오히려 마을의 독사 수가 증가했다. 마을 사람들이 보상금을 타려고 지하실에서 독사를 기르기 시작했기 때문이다.[98]

이런 작은 농촌 마을의 무지를 비웃기에 앞서, 도시 지역의 상원의원인 에이브러햄 리비코프 Abraham Ribicoff가 구매력을 유지하기 위해 세금 환급과 결합된 석유 제품에 대한 세금 부과 법안에 어떻게 대응했는지 주목할 필요가 있다. 석유 제품에 세금을 부과하여 상대적으로 가격을 인상하면, 소비자와 기업이 석유 제품을 덜 쓰고 다른 상품이나 생산 요소에 더 많은 돈을 쓰도록 유도할 수 있으니 석유를 절약하게 할 것이다. 이런 개념은 단순한 기초 경제학이 아니라 기초 경제학의 1장에 가깝다. 그러나 리비코프는 상품에 대한 세금을 인상하고 그 돈을 동일한 납세자들에게 돌려주면 무엇이든 절약할 수 있다는 생각을 비웃었다. 이런 아이디어가 처음 제시됐을 때 리비코프는 "(어떤 경제학자가) 이런 말도 안 되는 것을 생각해낸 것이 틀림없습니다"라고 불평했다. 경제학자 앨리스 리블린Alice Rivlin에 따르면, 다른 많은 의원도 이 제안을 의아하게 생각했다고 한다.[99]

THE
ECONOMIST'S
VIEW
OF THE WORLD

2부
—

정부와 시장,
효율성과 형평성

4

정부와 경제

공공재정 분야에서 현재의 재정학 연구는 경제에서 정부가 담당하는 세 가지 개별 기능인 할당, 분배, 안정화에 대한 논의로 시작한다. 할당은 정부가 특정한 세금이나 지출 또는 규제 프로그램을 통해 경제가 생산한 상품과 서비스의 제공 방법을 개선할 수 있는지 아닌지를 다룬다. 분배 문제는 이런 국가의 정책으로 누가 혜택을 받고 누가 피해를 보는지에 초점을 맞춘다. 그리고 안정화는 모든 세금, 지출, 통화 정책이 총고용·생산·가격에 어떤 영향을 미치는지를 묻는다.

세 가지 기능 가운데 하나와 중요하게 연관된 정책들은 나머지 두 기능에도 영향을 미친다. 예를 들어, 미국의 환경 정책은 제품 생산이 아니라 공기를 더 깨끗하게 만드는 일에 자원을 사용하려고 한다. 그러나 이렇게 할당할 경우 일부 기업의 소유주와 직원은 이득을 얻지만 나머지는 손해를 보기 때문에 분배 문제를 초래한다. 마찬가지로 고속도로를 건설하는 결정도 자원의 할당에 변화를 가져오지만, 육체 노동자들에게 일거리를 제공함으로써 더 많은 소득을 얻게할 것이다. 이는 실업 감소나 물가 상승으로 이어질 수 있다.

정부의 세 가지 기능은 결코 서로 분리된 것이 아니다. 그러나 경제 학자들은 특정 자원을 할당하는 결정이 다른 두 기능에 미치는 파급 효과에 과도하게 영향받지 않게 해야 한다고 주장한다. 예를 들어 고속도로 건설이 다른 공공 기회나 민간 기회보다 자원을 더 잘 활용하는 것이라면, 인플레이션 문제가 대두할지라도 고속도로를 건설해야 한다. 긴축적인 통화 정책 운용이나 기타 지출 감소, 세금 인상 등을 통해 인플레이션에 대처할 수 있기 때문이다. 반면 고속도로가 정당한 사업이 아니라면, 실업에 미치는 긍정적인 영향과 관계없이 건설해서는 안 된다. 필요성이 더 큰 정부 프로그램을 확대하거나 세금을 인하하면, 우선순위가 낮은 고속도로에 자원을 낭비하지 않고 고용 목표를 달성하는 데 도움이 될 수 있다.

안정화 정책은 거시경제의 핵심으로 여기서 더 논의하지는 않을 것이다. 본격적인 분배 문제는 이어지는 5장에서 다루고, 이번 장에서는 미시경제의 핵심인 할당 문제뿐만 아니라 경제학자들이 가장 자주 사용하는 할당의 기준인 경제적 효율성을 중점적으로 다룰 것이다.

소비자 주권, 후생경제학 그리고 공리주의

대부분의 경제학자는 정부가 자원 할당 문제를 다룰 때 후생경제학을 정부의 주요 경제 원칙으로 이야기한다. 여기서 '후생'이라는 단어는 가난한 사람들을 대상으로 하는 공공복지 프로그램이 아니라 더 총체적인 사회복지를 의미한다. 후생경제학은 과거 공리주의의 산물인데, 공리주의는 정책 과정이나 정치 제도가 아니라 정책의 결과에 중점을 둔다.

후생경제학은 두 개의 기본적인 규범적 가정에 기반한다. 즉 사회복지는 오로지 개인의 주관적인 만족감에만 의존한다는 것과 만족감은 개인의 선호가 사회적 자원의 사용을 결정하게 할 때 가장 잘 달성된다는 것이다. 후생경제학은 인간의 욕구를 제한하거나 규제하는 정책 기준이 개입할 여지가 없다. 기본적인 출발점은 놀라울 정도로 다양하고 독특한 선호를 가진 개인이다. 이 경우 복지는 자신이 좋아하는 것을 소유하는 것이다.

비평적인 현대 미시경제학의 가장 큰 특징은 편협한 경제적 목적이나 인간의 물질주의적 측면에 관한 관심이 아니라 급진적 개인주의다. 애덤 스미스는 국부의 본질과 원인을 탐구했고 현대 거시경제학자들도 계속 그렇게 하고 있다. 그러나 명칭에서 알 수 있듯이 후생경제학자의 관심사는 부가 아니라 복지다. 상품과 서비스의 양보다는 상품과 서비스가 가져다주는 주관적 만족감에 관심을 둔다. 물론 경제학자들은 많은 사람이 더 큰 부를 선호하는 것처럼 보인다는 사실에 주목한다. 7장에서는 인간의 동기와 행복의 원천으로서 돈을 지나치게 강조한다는 다수 경제학자의 주장을 다룰 것이다. 그러나 원칙적으로 후생경제학자는 개인이 다른 무언가를 위해 기꺼이 포기할 만큼 가치가 있는 모든 것에 관심이 있다. 사람들의 환경적·미적·교육적·자선적 욕구를 충족시키는 것은 새 차를 사는 것과 같은 경제적 이익이다.

후생경제학은 만족의 강도나 복지 수준과 관련해 개인 간 비교가 불가능하다는 점을 인정한다. 따라서 후생경제학은 명확한 사회적 최적social optimum 수준을 산출할 수 있는 쾌락주의적 미적분학을 개발하려는 것이 아니다. 후생경제학에서는 개인의 선호가 가장 중요하지만, (다음 장에서 주장하는 것처럼) 후생경제학의 원칙이 경제학자들에게 누구의 선호를 가장 중요하게 고려해야 하는지를 알려주진 못한다.●

경제적 효율성

만약 사회가 주관적인 만족감과 소비자 주권을 하나의 기준으로 받아들인다면, 경제학자들은 사회가 경제적 효율성을 달성하는 데 관심을 가져야 한다는 점을 입증할 수 있을 것이다. '효율성'은 제조업, 기술

● 개인의 선호나 소비자 주권에 대한 경제학자들의 의존은 행동경제학이라는 새로운 학파의 도전을 받아왔다. 행동경제학자들은 특히 이익이 주로 먼 미래에 발생할 경우 개인들이 잘못된 선택을 한다는 것을 보여준다. 행동경제학은 기초 경제학을 가르치는 방식에 큰 영향을 미치지 못했고, 이 책은 독자들에게 경제학을 소개하고 있다. 이 책의 후반부에서 행동경제학이 미친 영향에 대해 이야기할 텐데 6장의 부록에서는 매우 부정적으로 이야기할 것이고, 8장에서는 긍정적으로 다룰 것이다. 나는 행동경제학이 이 장의 첫 부분에서 내가 간단하게 설명한 틀을 대체했어야 하거나 대체할 틀을 제공한다고 생각하지 않는다.

자, 더 적은 투입으로 같은 생산량을 얻고 비용을 낮게 유지하는 것을 연상시킨다. '경제적'이라는 단어와 마찬가지로 효율성은 실제보다 더 제한적인 의미로 들리기 때문에 혼란의 원인이 되기도 한다. 실제로 효율성은 경제적이라는 개념과 마찬가지로 사람들이 가치 있게 생각하는 모든 것을 포함하는 개념이다. 예를 들면 경제학자들은 고기보다 곡물을 통해 열량을 생산하는 것이 더 효율적일 것이라는 영양학자 진 메이어Jean Mayer의 주장에 반대한다. 대부분의 소비자가 육류의 열량을 곡물의 열량보다 더 가치 있게 생각한다는 주관적 기준을 무시한 것이기 때문이다.[1]

경제적 효율성에 대한 이해는 '파레토 최적Pareto optimality'에서 시작한다. 파레토 최적 배분은 적어도 다른 한 사람의 복지를 훼손하지 않고 한 사람의 복지를 개선하는 자원 배분 방법은 없다는 것이다. '파레토 개선Pareto improvements'은 사회 구성원 가운데 한 명 또는 그 이상이 자원 배분에서 변화를 찬성하고 반대하는 사람이 없는 경우다. 이것은 개선을 위한 매우 엄격한 기준이어서 거의 충족되지 못한다. 이런 변화를 찾아내기는 매우 어렵다. 만약 어떤 한 사람이 현재 상태의 변화에 반대한다면, 파레토 개선은 이런 엄격한 기준 때문에 공공정책에 대한 지침을 명확하게 제시하지 못한다. 현재 상황이 파레토 최적일 수 있지만, 비교할 수 없는 파레토 최적이 무수히 많기 때문에 이 개념은 정책적 측면에서 효용성이 거의 없다.

경제적으로 효율적인 배분은 언제나 파레토 최적 배분이다. 그러나 초기의 자원 배분이 비효율적이라면, 경제적 효율성을 달성하기 위해 변경을 권장하기 전에 누구도 불이익을 받아서는 안 된다는 의미가 아니다. 경제적 효율성은 단지 권장된 변화가 이론적으로 가능한 방식으로 자원을 사용하는 것(승자와 패자 간에 비용 없는 소득 이전을 가정)을 요구하여 일부는 더 부유해지게 하되 누구도 손해는 보지 않게 하는 것이다. 어떤 변화로 인해 대부분이 이익을 얻지만, 일부는 손해를 본다고 가정해보자. 이득을 본 사람들이 손해를 본 사람들에게 돈이나 서비스를 통해 손해를 전부 보상할 수 있을 만큼 충분한 이득을 얻는다면, 그 변화는 '잠재적 파레토 개선' 기준을 충족할 것이다. 그리고 손해를 본 사람들에 대한 보상이 실제로 이뤄지지 않더라도 경제적 효율성을 개선할 것이다.[2]

따라서 이어지는 5장에서 다루는 것처럼 경제적 효율성을 높이는 변화는 형평의 기준에 어긋날 수도 있다. 하지만 경제적 효율성의 개념이 쓸모없는 것은 아니다. 정치인들은 변화가 언제나 모든 사람에게 이익이 되는 것은 아니라는 사실을 알고 있다. 이들 가운데 일부는 변화를 통해 이익을 본 사람들이 손해를 본 사람들에게 완전히 보상하면서도 여전히 더 나은 삶을 누릴 수 있을 만큼 충분히 이익을 얻는 시기가 언제인지를 알고 싶어 할 것이다. 정치인들이 잠재적 보상을 현실화할 방법을 찾으면, 관련 당사자 모두에게 더 좋은 상황을 만들 수 있다.

자유시장과 가격 유연성

경제학자들은 대부분 상황에서 자유시장이 다른 경제 제도보다 경제적으로 더 효율적인 결과를 얻는다고 믿는다. 케네스 애로와 프랭크 한Frank Hahn은 개인의 탐욕으로 움직이고 매우 다양한 주체들이 통제하는 경제는 경제학을 모르는 사람들에게 혼돈을 떠올리게 한다고 지적한다.[3] 하지만 실제로 가격의 유연성이 있는 자유시장은 많은 국가에서 놀라운 방식으로 수백만 명의 행동에 영향을 미친다.

간단한 예로, 연필 한 자루를 생각해보자. 연필을 만들기 위해서는 나무를 베어야 한다. 그러려면 톱과 트럭과 밧줄이 필요하고, 이것들을 생산하려면 철광석을 채굴하고, 강철을 제련하고, 모터를 생산하고, 삼베를 수확해 천으로 만들어야 한다. 한편 나무를 베는 작업을 할 때는 침대와 식당이 있는 벌목장도 필요하고, 벌목꾼들이 마실 커피도 있어야 한다.[4] 벌목이 끝나면 제재소에서 통나무를 판자로 만드는 작업이 필요하고, 연필심을 만들 스리랑카산 흑연, 인도네시아산 유채씨기름과 염화황을 반응시켜 만든 고무 같은 지우개, 이를 연필 끝에 고정하는 아연과 구리로 만든 황동도 필요하다.

만약 지구상에 한 사람만 살고 있다면 그 사람은 1년 안에, 아니 어쩌면 평생을 바치더라도 연필 한 자루를 생산하지 못할 것이다. 시간과 지식 모두 부족하기 때문이다. 하지만 우리는 1달러도 안 되는 돈을 주고 연필을 살 수 있다. 경제학자들은 그 이유를 다음과 같이 설명한다. 시장은 정보를 효율적으로 전달함으로써 생산적인 분업을 가능케 한다. 소비자들이 더 많은 연필을 원한다고 하더라도 중앙 정부가 모든 관련자에게 무엇을 해야 하는지 지시할 필요가 없다. 소매업자들이 도매업자들에게 더 많이 주문하고, 도매업자들이 제조업자들에게 더 많이 주문한다. 제조 업체는 목재, 황동, 흑연을 더 주문한다.

밀턴 프리드먼Milton Friedman과 로즈 프리드먼Rose Friedman이 말한 것처럼 "정보를 효율적으로 전달하는 데 중요한 문제는 정보를 활용할 수 있는 모든 사람이 정보를 얻을 수 있게 하면서 정보가 필요 없는 사람들에게는 과도한 정보가 전달되지 않게 하는 것이다. 가격 체계(자유시장)가 이런 문제를 자동으로 해결한다."[5] 예를 들어 연필 제조 업체는 벌목꾼을 더 고용할지 아니면 더 강력하고 값비싼 톱을 사용해 나무를 자를지에 관해서는 걱정할 필요가 없다. 마찬가지로 목재 생산자는 유채씨기름의 일시적인 부족 현상이 나타나더라도 가격을 조금 높이고 지우개 크기를 이전처럼 유지할지, 아니면 가격은 그대로 두고 지우개 크기를 좀 줄일지 결정할 필요가 없다. 실제로 목재 생산자는 자신의 목재에 대한 수요 증가가 연필과 전혀 관련이 없다는 사실을 모르거나 관심이 없을 수도 있다.[6]

유연한 가격 체계를 지닌 자유시장은 올바르고 정확한 정보 이상을 제공한다. 시장은 사람들에게 정보에 따라 행동할 동기도 부여한다. 경제학자들은 부에 대한 욕구는 금전적 보상이 있을 때 자원의 이동을 보장해주기에 충분한 공통 목표라는 것을 알고 있다. 소비자들이 더 많은 연필을 요구하기 시작하면 제한된 공급을 분배하기 위해 가격은 올라간다. 더 높은 가격은 구매 의욕이 가장 낮은(또는 더 가난한) 구매자들이 시장에서 이탈하거나 구매자들이 연필을 덜 사용하도록 유도한다. 또한 가격이 더 오르면 소매업자들은 재빨리 공급을 늘려 새로운 수요와 높은 가격을 이용하고 싶어 한다. 소매상은 도매상에게, 도매상은 제조업자에게, 제조업자는 목재 생산업자에게 압박을 가한다. 각 업체는 필요하다면 더 많은 돈을 내겠다고 제안한다. 이들은 더 높아진 연필 가격을 고려할 때 더 많은 돈을 내면서도 여전히 이익을 늘릴 수 있다. 이에 따라 목재 회사들은 생산량을 늘리기 위해 직원들에게 초과 근무 수당을 지급하거나, 소비자들이 구매 의욕이 떨어져 더 큰 비용을 지불할 수 없는 다른 분야의 제조 업체에 대한 판매를 줄일 수 있다. 소비자들의 구매욕이 특히 더 강해지고 가격도 더 빠르게 상승하면, 기업들은 더 열심히 수요를 충족시키고 더 빠르게 대응한다.

번영하는 기업들이 소비자의 요구에 어설프게 대응하는 경우는 거의 없다. 제품을 만들 때 부족한 자원을 낭비하는 기업은 그렇지 않은 기업의 가격과 품질을 따라가는 데 어려움을 겪는다. 비효율적인 운영을 하는 기업은 더 최적화된 규모를 갖춘 기업들로부터 압박을 받는다. 그리고 소비자들이 더 높은 연필 가격을 선호할지 아니면 더 작은 지우개를 좋아할지 잘못된 판단을 하는 회사들은 경쟁자들에게 밀려난다.

소비자는 다양한 상품과 서비스에 입찰하고, 기업은 소비자를 대신해 상품과 서비스를 제공하는 데 필요한 자원에 입찰한다. 희소성을 고려할 때 모든 소비자가 원하는 것을 싼 가격에 얻을 수는 없다. 시장에서 자원은 소비자들이 가장 많은 돈을 쓰는 상품과 서비스로 흘러간다. 만약 소비자들이 연필을 더 많이 원하고 이쑤시개를 덜 원한다면, 더 비싼 가격을 주고 연필을 사는 방식으로 원하는 것을 얻을 수 있다. 이를 통해 연필 제조 업체는 필요한 경우에 더 높은 가격을 주고 목재를 구매하면서도 일시적으로 조금 더 많은 이익을 얻거나 정상적인 수익을 올릴 수 있다. 그러면 연필 제조 업체는 시설을 확장할 것이고, 이로써 공급이 늘어나면 가격이 다시 예전 수준으로 내려가게 된다. 한편 이쑤시개 제조 업체들은 부족한 목재를 사용하려면 더 비싼 기회비용을 치러야 하기 때문에 과거의 생산량을 유지하는 데 필요한 이익을 더는 거둘 수 없게 된다. 그래서 결국 문을 닫거나 생산량을 줄인다. 이처럼 상품을 제공하는 비용은 생산에 필요한 요소에 대한 생산자들의 경쟁을 반영한다. 소비자들은 수요를 통해 경쟁적인 생산자들이 무엇을 제공할 것인지에 영향을 미치고, 시장은 소득 분배를 고려해 희소성이 허용하는 만큼 소비자들의 욕구를 만족시킨다.

시장 실패

소비자 주권을 좋아한다면 경제적 효율성에 관심을 가져야 한다. 그리고 경제적 효율성에 관심이 있다면 자유시장을 좋아해야 한다. 대부분 경제학자는 이런 전제들이 기본적으로 설득력이 있다고 생각할 것이다. 하지만 경제학자들은 두 번째 주장에는 조건이 있다고 믿는다. 정부가 시장 안정화와 유통 기능에 더해 소비자 선호도에 따른 자원의 배분을 가로막는 시장의 불완전성 문제를 해결해야 한다는 것이다. 이런 불완전성에는 시장 권력(독점과 강력한 노조)의 집중, 외부효과, 공공재 등이 포함된다.

공공재에 대해서는 정부의 강력한 시장 개입이 필요하다. 정부가 지금 제공하고 있는 것이나 정부가 제공해야 하는 모든 것이 공공재는 아니다. 공공재라는 용어에는 오해의 소지가 있다. '집단 소비재 collective consumption good'라는 용어가 경제학자들이 구별하고 싶어 하는 현상을 더 정확하게 설명해준다.

공공재 또는 집단 소비재는 소비가 경쟁적이지 않고(예를 들면 다수의 사람이 동시에 똑같은 상품을 소비할 수 있고), 상품의 혜택을 선택된 개인에게만 한정하는 것이 불가능하거나 엄청난 비용이 들어가는 상품이다. 스테이크는 실제로 먹는 사람만이 그 맛을 즐길 뿐 주변에 있는 사람들은 스테이크에서 어떤 이익도 얻지 못한다. 반면 어떤 개인이 홍수 피해를 예방하기 위해 제방을 쌓는다고 하더라도, 그가 이웃보다 더 많은 혜택을 얻는 건 아니다. 그래서 어떤 사람들은 이웃들이 제방 건설을 위한 돈을 걷기로 하면 이웃 가운데 한 명이 제방을 건설할 때까지 기다리거나 제방 건설에 관심이 없는 것처럼 행동한다.

경제학자들은 이런 개인을 '무임승차자free riders'라고 부른다. 제방을 건설했을 때 대부분 사람이 각자가 부담하는 비용 이상으로 이익을 얻을 수 있지만, 만약 자기 외의 누군가가 모든 비용을 지급한다면 그는 더 많은 이익을 얻을 수 있을 것이다. 결과적으로, 정부가 개입해 모든 사람이 의무적인 세금을 통해 공정한 몫을 부담하도록 보장하지 않으면 제방 건설은 시작될 수 없다. 특히 혜택이 하나의 지역을 훨씬 넘어서는 국방이나 오염 방지의 경우, 정부의 개입 없이 자발적으로 합의가 이뤄질 가능성은 제로에 가깝다.[7]

경제적 효율성을 얻으려면 소비자가 공공재 제공의 기회비용(달리 말해, 다른 곳에서 포기한 선택으로부터 소비자가 얻는 이익) 이상을 집단으로 지불할 의사가 있는 경우에만 공공재를 제공해야 한다. 경제학자들이 비용-편익 분석을 하는 한 가지 목적은 공공재에 대한 개인의 지불 의사를 측정하는 것이다. 이 방법은 6장의 부록에서 간략하게 논의할 것이다.

외부효과, 다시 말해 파급효과는 정부의 개입을 정당화할 수 있는 더 일반적인 시장 실패의 사례다. 외부효과는 가격 체계를 통해 전달되는 것이 아니라 타인이나 기업 활동의 부산물로 발생하는 제삼자에 대한 영향이다. 이것은 교육처럼 다른 사람들에게 긍정적인 영향을 줄 수도 있고, 오염처럼 부정적인 영향을 미칠 수도 있다. 아이를 학교에 보내는 것은 아이와 그의 부모에게 이익이 된다. 그 아이가 더 많은 정보를 가진 유권자와 더 신뢰할 수 있는 납세자가 된다면 다른 사람들에게도 어느 정도 이익이 된다. 그런데 민간 시장에서는 각 가정이 자녀의 교육을 위해 기꺼이 부담할 수 있는 돈만을 고려할 뿐이며, 수많은 외부 수혜자에게는 비용이 청구되지 않는다. 결과적으로 정부 보조금이 없다면 시장은 지역 사회 전체가 원하고 기꺼이 지불하고 싶어 하는 만큼의 교육을 제공하지 못할 가능성이 크다.

부정적인 파급효과는 다른 누군가의 행동 때문에 부담하는 비용이다. 예를 들면 오염은 지역 사회에 전체적으로 피해를 준다. 하지만 그 비용이 기업의 손익계산서에 표시되지 않으면 일반적으로 무시된다. 그러면 지역 사회는 바라는 것보다 더 많은 오염을 유발하는 생산 활동을 하게 된다. 앞서 주장한 것처럼, 오염 배출에 부과하는 세금은 외부 비용을 내재화함으로써 오염 물질을 더 낮고 만족스러운 수준으로 배출하게 한다.

외부효과는 어디에나 존재한다. 독감 예방 주사, 새로 칠한 집, 새로 심은 꽃 등은 직접적으로 관련된 사람들만이 아니라 많은 사람에게 혜택을 준다. 그에 비해 화단의 바랭이 잡초, 시끄러운 라디오 소리, 부러움을 불러일으키는 고급 스포츠카 등은 다른 사람들에게 부수적인 비용을 부과한다. 경적 울리기, 화려한 넥타이, 짧은 치마는 어떤 사람들에게는 외부적인 이익이 되고 또 어떤 사람들에게는 비용이 된다.

외부효과는 매우 유용하면서도 까다로운 개념이다. 이에 관해서는 6장에서 더 자세히 살펴볼 예정이다. 이 장에서 주목할 것은 외부효과가 경제에 매우 광범위하게 개입하고 있는 정부 역할을 정당화하는 데 사용될 수 있다는 것이다. 경제학자 대부분은 외부효과가 이런 정부의 역할을 정당화해서는 안 된다고 생각한다. 정부 실패라는 개념을 살펴보면서 그 이유를 설명하겠다.

정부 실패

60년 전에 경제학자들은 '시장의 실패'에 관한 글을 썼지만 '정부의 실패'에 대해서는 거의 쓰지 않았다. 오늘날에는 두 가지 모두를 고려한다. 모든 시민이 참여하는 완벽하게 민주적인 뉴잉글랜드의 주민 회의를 살펴보자. 물론 장점도 있지만, 주민 회의는 내재적으로 자원을 효율적으로 배분하지 못하는 경향이 있다는 것을 보여준다. 시민들이 지역의 공립학교 증설 문제에 관해 2대 1의 비율로 반대표를 던졌다면, 이 결과가 투표에서 이긴 사람들이 (순수한 혜택에서) 얻는 것보다 진 사람들이 (세금에서) 더 많은 것을 잃었다는 의미는 아니다. 또 공립학교의 증설 비용을 기꺼이 부담할 만큼 집단적인 의지가 충분하다는 뜻도 아니다. 주민 회의에서 제기된 질문은 '추가 건설 비용을 부담하기 위해 모든 세금을 5% 인상해야 하는가?'였다. 하지만 투표에서 진 소수는 15% 정도 세금을 더 낼 의사가 있었을지도 모른다. 그들 가운데 일부는 30%, 일부는 10% 정도 생각했을지도 모르고 말이다. 심지어 반대자 가운데 일부는 2%를 더 낼 의사가 있었을 수도 있다. 어떤 경우든, 많은 사람이 추가 비용을 부담하기 위해서는 다른 상품을 기꺼이 포기해야 했을 것이다. 그러나 지역 신문은 사람들이 이 계획에 대해 논의한 결과 안건이 압도적으로 부결됐다는 사실만 보도했다.

여기서 문제는 투표가 대중의 선호도를 측정하기 위해 정교하게 만들어진 제도가 아니라는 점이다. 특히 선호도가 얼마나 강한지 약한지를 반영하지 못한다. 따라서 너무 많은 지출이나 너무 적은 지출로 이어질 수 있다. 예컨대 다수에게 약한 지지를 받지만 소수에게는 쓸모없다고 여겨지고 심지어 반론까지 불러일으키는 프로젝트(예를 들어 성교육)에 관해 2대 1의 투표 결과가 나왔을 수도 있다.

주민 회의는 또 두 번째 문제, 즉 유권자들이 선택의 결과를 '합리적으로' 무시하는 경향에 직면할 가능성이 크다. 경제학자 대부분은 유권자들이 비교 가능한 시장 결정보다 정치적 결정에 관심을 덜 보이는 이유가 있다고 생각한다. 정보를 얻으려면 많은 시간과 노력을 들여야 하기 때문에 중요한 개인 물건을 살 때조차 모든 가능한 정보를 얻으려고 노력하는 소비자는 드물다. 하지만 새 차를 살 것인지 오래된 차를 수리할 것인지를 결정하는 경우라면, 여러 대안에 관한 정보를 얻으려는 동기가 강해진다. 결정에 따른 잠재적 이익이나 손실이 크기 때문이다. 만약 오래된 학교 버스를 모두 교체할 것인지에 대한 공공의 결정이라면 개인이 얻는 잠재적 득실은 별로 크지 않다. 공공의 결정에서는 잘못된 결정에 따른 비용과 좋은 결정의 편익이 모든 시민에게 분산된다. 개인적 이해관계가 더 적기 때문에 정치가 본질적으로 흥미롭다고 생각하지 않는 사람들이나 시민 정신이 투철하지 않은 사람들은 정보를 잘 알지 못할 것이다. 시간을 들여 좋은 정보를 얻더라도 올바른 결정으로 얻는 개인적 이익이 보장되지 않기 때문에 이런 경향은 더 커질 것이다. 일단 개인이 새 차를 사야 한다고 결정하면 차를 살 수 있다. 하지만 주민 회의에서 새 버스를 사야 하는지 아닌지를 결정하는 데 많은 시간을 들인다고 해도, 버스를 실제로 구매할 것이라는 보장은 없다. 다수가 동의하지 않을 수도 있기 때문이다.

주민 회의에서도 어느 정도 경제적 효율성의 문제가 있지만 대의정치 기관과 정부 관료가 내리는 결정에서 발생하는 경제적 효율성의 문제는 훨씬 더 크다. 공공선택public choice(정치 과정을 경제학의 원리와 방법으로 분석한 이론. 시장에 생산자와 소비자, 고용자와 피고용자가 존재하듯이 공공 부문에도 정치가, 관료, 특수 이익집단, 투표자가 존재한다고 가정하고 이들의 행태를 경제학적으로 분석한다-옮긴이)이라고 불리는 경제학의 한 분야가 이런 문제에 관해 연구한다. 공공선택을 연구하는 학자들은 정치 조직에 속한 사람들이 시장 참여자들과 마찬가지로 편협한 이기적 동기에 따라 움직인다고 가정한다. 그래서 이들은 정부 관료 조직이 효율성이나 시민의 선호를 만족시키는 일에 거의 관심이 없을 것으로 예측한다. 자신의 프로그램에 더 많은 돈을 쓰는 연방 관료는 그 돈이 자신의 호주머니에서 나가지 않는다는 사실에 안심할 것이다. 한편으로는 자신에게 도움이 될 수도 있다. 예산이 많고 자신을 위해 일하는 사람들이 많다면 그 연방 관리의 월급이나 권력, 대중의 평판, 사무실의 특전(무상 주차, 값싼 점심 등)이 더 커질 가능성이 있기 때문이다. 그렇다면 관료 조직이 간결하고 효율적으로 운영되게 하려면 어떤 인센티브가 있어야 할까?

만약 우리가 관료들이 이런 식으로 행동하지 못하게 하려고 국회의원을 선출한다고 이야기하면, 공공선택 경제학자는 이렇게 반론할 것이다. 많은 정부 기관이 기능을 독점적으로 수행하기 때문에 의원들은 자신들이 예산을 배정하는 기관의 관료들이 더 효율적으로 일할 수 있는지에 관한 실질적 정보를 거의 알지 못할 것이라고 말이다. 더 중요한 것은 국회의원들에게 유용한 정보를 얻을 동기가 거의 없다는 것이다. 정치인들은 정부의 효율성을 지적할 때 표를 얻을 수 있다는 사실을 알고 있다. 동시에 그들은 자신들이 말만 할 뿐 뭔가를 하고 있는지 어떤지 제대로 파악하는 유권자가 거의 없다는 사실도 잘 안다. 워싱턴에서 정부 기관 예산을 면밀하게 검토하는 것보다 지역구의 단체들과 계속 연락하는 것이 더 많은 표와 기부금을 확보하는 방법이다. 정치인들은 편익은 즉각적이고 집중적으로 드러나지만 비용은 잘 보이지 않는 프로그램에 찬성하는 경향이 있다. 그에 비해 혜택이 장기적이고 분산되면서 비용이 가시적이고 집중적으로 들어가는 프로그램은 대체로 지지하지 않는다.

정치인들은 주민 회의에서 살펴본 것보다 몇 배나 더 큰 '합리적 유권자 무지rational voter ignorance' 때문에 경제적으로 비효율적인 프로그램이 재선을 위한 최선의 길이라고 생각하기도 한다. 일반적인 유권자는 정책 제안이 자신에게 어떤 영향을 미치는지 깊이 생각하지 않는다. 이 문제에 관해 더 많은 정보를 제공한다고 해도, 후보자들이 다양한 문제에 서로 다른 견해를 이야기하는 선거에서 유권자가 표심을 바꾸게 하지는 못할 것이다. 게다가 그 유권자의 투표와 선거운동은 선거에 결정적 영향을 미치지 못할 것이 거의 확실하다. 그리고 그가 선출한 의원의 투표도 의회에서 결정적인 역할을 하지 못하는 경우가 대부분이다.

브라이언 캐플란Bryan Caplan은 많은 찬사를 받은 책《합리적 투표자에 대한 미신》에서 유권자들이 상징적으로 투표한다는 증거를 제시했다. 유권자들은 자신의 한 표가 결과를 바꾸진 않을 것이기 때문에 좋은 느낌을 주는 정책에 투표한다. 유권자들은 후보자가 '일자리를 보호하는' 프로그램을 지지할 때 더 동정심을 느끼고, 비용이 아무리 많이 들어도 더 깨끗한 환경을 추구하는 정책을 선호할 때 도덕적이라고 느낀다.[8]

공공선택은 경제학의 한 분파일 뿐이다. 7장에서 다루겠지만, 사람들이 오로지 이기심으로 동기를 부여받는다는 가정은 다양한 정부의 행동을 설명하기에는 너무 단순하다. 이런 가정은 왜 사람들이 투표하는지, 왜 어떤 프로그램들이 다른 프로그램들보다 훨씬 더 빠르게 발전하는지를 설명하는 데 한계가 있다. 그러나 공공선택 경제학자들의 연구는 유용한 통찰력을 제공했을 뿐만 아니라 경제학계 전반에 영향을 미쳤다. 더구나 공공선택의 가장 핵심적인 이론, 즉 정부의 정책 처리 절차가 시장만큼 강력한 효율성을 촉진하는 메커니즘을 가지고 있지 않다는 사실은 대부분의 주류 경제학자 사이에 널리 알려져 있다. 이런 믿음은 많은 연구에서 나온 실증적 결과로 더욱 굳건해졌다.

시장과 정부의 자원 배분: 효율성 비교

이런 연구 중 가장 흥미로운 것은 정부 기관과 민간 기관의 상대적 효율성을 비교한 것이다. 공공선택 이론은 경쟁 압력과 효율적인 행동의 보상을 얻고자 하는 민간 기업 관리자의 더 뛰어난 능력 때문에 민간 부문의 효율성이 더 클 것으로 예측한다.

매우 체계적인 연구 가운데 하나는 주거 지역의 폐기물 수거를 비교한 것이다. 이 연구에 따르면 인구 5만 명 이상의 미국 도시들이 쓰레기 수거 업체를 고용하면 시 당국이 직접 쓰레기를 수거할 때보다 평균적으로 약 30% 더 저렴한 것으로 나타났다. 시 공무원의 더 높은 결근율(12% 대 6.5%)과 더 많은 인원(3.26명 대 2.15명), 더 긴 가구당 폐기물 수거 시간(연간 4.35시간 대 2.37시간)의 차이가 원인으로 나타났다.[9]

미국 회계감사원GAO은 1975년에 연방 기관과 민간 기업의 효율성을 비교하는 연구를 수행했다. 정부가 의료비 청구를 처리하는 데 드는 비용은 민간 보험사의 두 배에 가까웠으며, 보험금 지급도 더 느린 것으로 나타났다. 더 높은 급여와 더 낮은 생산성이 이런 결과의

원인으로 밝혀졌다. 예를 들면 연방 회계사와 감사는 평균 2만 1,600 달러의 임금과 부가적인 혜택을 받았다. 이에 비해 시카고의 블루크로스Blue Cross 보험사는 1만 8,000달러, 메릴랜드의 블루크로스는 1만 1,300달러, 트래블러스Travelers 보험사는 1만 3,800달러 그리고 오마하뮤추얼Mutual of Omaha은 1만 3,700달러를 받았다. 보험 조사관과 간호사도 유사한 급여 차이를 보였다. 더 높은 급여를 받는데도 연방 정부의 직원들은 1년에 평균 2,500건의 보험금 청구를 처리했지만 트래블러스는 3,900건, 오마하뮤추얼은 4,200건, 메릴랜드 블루크로스는 5,700건 그리고 시카고 블루크로스는 무려 6,600건을 처리했다.[10]

연방 정부의 또 다른 조사에서는 다양한 서비스(식당 근로자, 정비사, 경비원 등)를 민간 기업에 위탁할 때 평균 30%의 비용 절감 효과가 있는 것으로 나타났다.[11] 지역 차원에서는 쓰레기 수거 외에도 소방, 공공요금 청구, 세금 평가, 대중교통 등의 서비스를 위탁하는 방식으로 비용을 절감할 수 있는 것으로 밝혀졌다.[12]

민영화

1980년 이후 민영화 움직임이 두드러졌다. "1982년에서 1992년 사이에 비교 가능한 데이터가 있는 596개 도시에서 민영화 계약은 121% 증가했다." 그렇다고 해도 "전체 도시 가운데 27%만 시의 기본적 서비스를 외부 민간 기관에 위탁했다." 대도시 가운데는 루디 줄리아니Rudy Giuliani 시장 시절의 뉴욕과 스티븐 골드스미스Stephen

Goldsmith 시장 시절의 인디애나폴리스가 민영화에 가장 앞서가는 선두 주자였다.[13]

정치적으로 민주당 텃밭은 공화당 텃밭보다 민영화가 더디다. 지방 자치단체의 노동조합이 민주당의 중요한 지지 기반이기 때문이다. 시장 재임 시절 에드 렌델Ed Rendell은 필라델피아에서 상당한 민영화를 이룩했다.[14] 내 고향인 샬러츠빌은 정치적으로 진보적인 민주당이 지배하고 있다. 그럼에도 1999년에 쓰레기 수거 업무에 대한 위탁 계약을 체결함으로써 연간 8만 달러를 절약했다.[15] 계약을 따내기 위한 지속적인 경쟁은 민영화에 필수적이다. 한 번의 경쟁 후에 입찰가가 낮은 민간 기업에 몇 년 동안 독점권을 주는 것은 바람직하지 않다.

종종 지방자치단체들은 측정 기준을 개발함으로써 효율성을 높이려고 노력한다. 하지만 일부 지표는 정책에 더 악영향을 미치는 것으로 나타났다. 예를 들면 버지니아주 페어팩스 카운티의 공무원들은 직원들이 관용차를 너무 쉽게 이용한다고 생각했다. 그들은 연간 운행 거리가 7,200킬로미터 미만일 경우 직원들이 관용차를 이용할 수 없도록 결정했다. 한 소방서의 서장은 운행 거리를 세밀하게 추적하면서 연말쯤 본부에서 멀리 떨어진 곳에 사는 조사관이 본부 근처에 사는 조사관과 차를 바꿔 타게 하는 방법으로 두 차의 주행거리계가 모두 연간 7,200킬로미터 이상을 유지하게 했다.[16] 뉴욕시는 처음에 효율성을 높이기 위해 근로자 1인당 깔린 아스팔트의 톤수를 기준으로 고속도로 부서의 성과와 보너스를 결정했다. 그러자 1년 만에 아스팔트 톤수가 극적으로 증가했다. 시 직원들은 아스팔트를 "표준보다 훨씬 더 두껍게 여러 층으로 덮었다." 설상가상으로 일부 근로자는

아스팔트를 공터에 버리기까지 했다.[17]

연방 정부의 민영화 계획도 1980년 이후 증가했다. 클린턴 행정부에서는 윌리엄 S. 코언William S. Cohen 국방부 장관이 청소, 급여, 인사 서비스, 시설 관리 분야에서 경쟁 입찰을 실시하는 중요한 개혁을 시작했다. 많은 지방자치단체와 마찬가지로, 공공 부문에서도 민간 기업의 경쟁 입찰이 허용됐다. 비용 절감에 성공한 후 그들은 여러 분야에서 경쟁력을 갖췄다.[18] 조지 W. 부시 집권 시기에는 2만에서 4만 개의 일자리가 경쟁 입찰에 부쳐지거나 직접 민간 부문으로 이전됐다.[19]

민영화 움직임은 국제사회에서도 중요한 의미가 있다. 내 동료이자 정치학자인 헤르만 슈워츠Herman Schwartz는 1980년대에 스웨덴, 덴마크, 호주, 뉴질랜드가 모두 "비효율적인 관료적 서비스 조직"의 힘을 약화하는 중요한 조치를 실행한 이유를 탁월하게 설명했다. 이들 국가에서는 "국가 기관과 지방자치단체를 경쟁적인 시장 원칙에 따르게 하려는 성공적인 노력이 있었기 때문이다."[20]

만연한 정부 기관의 비효율성

경제학자들은 정부 기관의 많은 활동에 이의를 제기한다. 예를 들어 암트랙Amtrak은 44개 철도 노선 가운데 41개에서 손해를 보고 있다.[21] 이는 부분적으로 의회의 잘못이다. 사용자가 많지 않은 장거리 노선을 개선하는 데 돈을 쓰라고 암트랙에 압력을 넣었기 때문이다. 디어드레 매클러스키Deirdre McCloskey와 아트 카딘Art Cardin에 따르면, 뉴욕에서 출발해 워싱턴과 시카고로 가는 카디날 암트랙Cardinal Amtrak 기차 노선에는 31개의 정류장이 있는데 이 가운데 4분의 1 이상이 웨스트 버지니아에 있다. 그들은 이것이 웨스트 버지니아주 출신의 전 상원의원인 로버트 버드Robert Byrd가 역사상 가장 오랜 기간인 51년 동안 상원의원으로 활동한 것과 관련이 있는 것이 아닌지 궁금해한다.[22]

이런 노선에 돈을 쓰면 새로운 기차를 구매하거나 사회 기반시설을 개선하는 데 필요한 수십억 달러의 세금에 상응하는 공적 혜택을 제공하지 못한다. 이처럼 낭비가 심한 예산 집행은 교통 체증 해소나 테러에 대비해 보안 절차를 강화하는 데 쓰여야 할 예산을 갉아먹는다.[23]

서부 주에서 물을 공급하는 연방 국토개발국Bureau of Reclamation의 프로젝트들에는 종종 편익을 훨씬 초과하는 비용이 든다. 농부들이 가장 큰 수혜자다. 이들은 시장 가치보다 훨씬 싸게(종종 시장 가치의 약 10%로) 물을 공급받는다. 이처럼 인위적으로 낮아진 가격은 물의 과잉 사용을 유발하고 서부 지역의 물 부족과 고갈 문제를 악화시킨다. 이 또한 의회와 행정 기관의 공동 책임이다. "모든 상원의원이 자신의 주에 국토개발국의 프로젝트를 원했고, 모든 하원의원도 자신의 지역구에 국토개발국의 프로젝트를 원했다. 이들은 프로젝트들이 경제적으로 타당성이 있는지 아닌지는 신경 쓰지 않았다."[24]

군 복무 경험이 있는 사람이라면 회계연도가 끝나갈 때쯤이면 정부가 예산을 얼마나 낭비하는지 잘 알 것이다. 어떤 기관이 그해에 배정된 예산을 다 쓰지 못하면 다음 해 예산이 삭감될 수 있기 때문이다. 반면 배정된 예산을 전부 집행했다면 다음 해에 똑같은 예산을 신청하거나 증액을 요구할 수 있다. 1978년 말에 미국 주택도시개발부 Department of Housing and Urban Development는 6만 5,000달러어치의 가구를 주문했다. 그러고는 남는 가구를 보관하기 위해 한 달에 800달러를 썼다.[25] 1년 후 〈워싱턴 포스트〉는 연방 기관들이 지역 폐기물 처리장에 버리는 물건들을 뒤져 상품으로 판매하는 가구점에 대한 기사를 보도했다.[26] 이런 문제에 대한 쉬운 해결책은 없다.

예산 낭비

일부 연방 기관이 정부의 돈을 쓰는 방식은 믿기도 어렵고 생각할수록 슬플 정도다. 지난 20년 이상 프로페셔널 카펫서비스 Professional Carpet Service는 국방부, 농업부, 법무부, 노동부, 상무부 같은 연방 부처로부터 작업비를 두 번씩 받곤 했다. 이 회사는 청구서를 보내도 몇 달 동안 돈을 받지 못하는 경우가 많았고, 그래서 두 번째 청구서를 보냈다. 놀랍게도, 연방 부처들은 첫 번째 청구액과 두 번째 청구액을 모두 지급했다. 카펫서비스의 사장은 양심적으로 이중 지급된 금액을 모두 돌려줬다. 그러다가 더는 참을 수 없을 만큼 화가 치밀어 21장의 환불 수표를 연방 관리예산국 Office of Management and Budget의 책임자에게 보냈고, 언론에도 제보했다. 물론 처음에는 연방 정부의 과다 지급 사실을 공개하는 것이 회사에 해를 끼칠 수도 있다고 생각해서 주저했다고 한다. 그녀는 "대부분의 연방 기관은 정직한 것에 대해 고마워하지 않고 돈을 돌려줬을 때 '이상하게' 반응했습니다. 그들은 내가 과다 지급 문제를 지적하는 걸 좋아하지 않는 것 같았어요. (…) 이제 그들은 우리와 더는 비즈니스를 하지 않겠죠"라고 말했다.[27]

연방에너지규제위원회Federal Energy Regulatory Commission, FERC의 예산 소모적인 관행도 빼놓을 수 없다. 이곳은 우선 위원회가 열리기 전에 청문회의 발언 기록을 책자로 인쇄하는 입찰 계약 공고를 낸다. 입찰 가격은 시간이 갈수록 낮아졌다. 청문회 속기록 원고는 양이 방대하고 에너지·전기·파이프라인 회사, 기업 고객, 환경보호론자, 주 정부, 변호사 같은 이해당사자들이 많아 이들에게 속기록을 팔면 큰돈을 벌 수 있다는 사실을 인쇄 업체들이 알고 있기 때문이다. 어느 해에 한 인쇄 업체가 속기록을 무료로 인쇄해주겠다고 제안했다. 다음 해가 되자 다른 업체들도 무료로 입찰에 응했다. 그중 에이스 페더럴 리포터스Ace Federal Reporters라는 한 업체는 앞으로 5년에 걸쳐 FERC의 모든 문서를 인쇄할 권리를 준다면 125만 달러를 FERC에 지급하겠다고 제안했다.

FERC의 조달 책임자는 이런 네거티브 입찰은 받아들일 수 없다고 이야기했다. 그는 업체에 보낸 서한에서 FERC는 그 돈을 받을 수가 없기 때문에 돈을 내겠다는 제안이 입찰에 유리한 조건으로 작용할 수 없다고 말했다. 연방 법에 따라 그 돈은 미국 재무부로 귀속돼야 한다. FERC의 대변인은 그 돈을 관리하는 것이 부담이 될 것이라고 설명했다. 이에 따라 이른바 '보너스 입찰'은 허용되지 않는다는 새로운 지침이 발표됐다. 에이스 페더럴리포터스는 FERC를 법원에 제소했고, 판사는 FERC에 그 돈을 받으라고 판결했다.[28]

이 두 가지 놀라운 사례보다 더 심각한 것은 중죄로 유죄 판결을 받앉을 때 부과되는 벌금을 내지 않고 빠져나가는 상원의원과 하원의원들이다. 예를 들어 펜실베이니아의 민주당 의원 마이클 J. 마이어스 Michael J. Myers는 뇌물 수수 및 공모 죄로 복역한 이후 2만 달러의 벌금을 내야 했다. 하지만 몇 년 동안 누구도 벌금을 추징하려고 하지 않았다. 이런 경우에는 "모두가 상대방 책임이라고 말한다. (…) 연방 판사들은 벌금을 징수하는 것은 법원의 업무라고 말하지만, 법원은 연방 검사의 책임이라고 주장한다. 변호사들은 연방 교정국이 더 많은 일을 해야 한다고 이야기하지만, 교정국은 연방가석방위원회의 책임이라고 떠넘긴다."[29] 벌금을 추징할 때는 범법자의 정확한 주소가 중요하다. 하지만 마이어스의 경우, 형이 선고된 후 법원 서기가 작성한 문서에 주소가 기록되지 않았다. 변호사 캐슬린 해거티Kathleen Haggerty는 마이어스가 과거에 살던 동네로 돌아갔다는 사실을 발견했다. 마이어스가 지역 법원의 가석방 담당관에게 정기적으로 보고했음에도 "연방 정부는 그를 찾을 수 없었다."[30]

이는 의심할 여지 없이 정부의 비효율성을 보여주는 매우 나쁜 사례다. 1장에서 잘 사용되지 않는 신규 도시 철도 노선에 관한 논의에서 상당히 평범한 사례를 살펴본 적이 있다. 논의를 이어갈 지면이 무한하다면 다른 사례들에 관해서도 얼마든지 이야기할 수 있다. 회계감사원GAO의 사례를 보자. 국방부는 6년 동안 한 번도 사용하지 않은 1억 달러 상당의 항공권에 대해 환불을 요구하지 않았다. 그런데 이미 구매한 항공권에 대해 직원들이 청구한 비용을 환급해주면서 문제를 더욱 악화시켰다.[31] 또는 수십억 달러의 미납 세금을 일상적으로 방치하는 국세청의 사례에 관해 이야기할 수도 있다. 재무부 차관은 많은 체납자가 국세청으로부터 전화만 받아도 밀린 세금을 낼 것이라고 말했다. 그는 민간 채무 추심 서비스를 활용하는 것도 도움이 될 것이라고 주장했다.[32]

언론이 정기적으로 낭비 문제를 찾아 보도한다면, 민간 부문에서도 이처럼 많은 낭비 사례가 나타날까? 아마도 그렇지 않을 것이다. 민간 분야에서 부서의 낭비를 바로잡은 관리자는 보너스를 받거나 승진할 가능성이 더 크다. 회사 전체가 자원을 제대로 활용하지 못하면 경쟁사를 따라잡지 못하거나 더 잘할 수 있다고 확신하는 투자자들에게 인수당할 테니 말이다.

국가 산업 정책의 고질적인 문제

산업 정책은 분명하게 정의된 개념이 아니다. 하지만 가장 많이 언급되는 개념은 자본 투자의 방향을 일부 기업이나 산업 분야로 유도하고 다른 기업이나 산업에는 적용하지 않는 일에 정부가 실질적으로 개입하는 것이다.[33] 경제학자들은 이런 정책에 반대한다.

산업 정책 옹호자들은 종종 자신들을 자본주의 체제의 지지자로 생각한다. 그러면서도 정부가 침체에 빠진 산업 분야에 생기를 불어넣고, 미래의 산업을 성장시키도록 도와줘야 한다고 생각한다. 이 두 가지 목표를 달성하는 데 특히 중요하다고 생각되는 기업과 산업, 지역에 새로운 자본 투자를 유도하는 방식으로 정부가 도움을 주어야 한다는 것이다. 이런 정책들은 최근의 모든 민주당 대통령 후보 선거운동과 후속 행정부에서 두드러지게 나타났다. 주류 경제학자들은 대부분 이런 산업 정책에 한목소리로 반대하는 것 같다. 나중에 살펴볼 예정이지만, 이 때문에 저명한 경제학자들이 민주당 유명 정치인들의 산업 정책을 신랄하게 비판했다. 민주당과 공화당 행정부의 실패한 산업 정책을 간략하게 살펴보면 경제학자들이 산업 정책에 반대하는 이유를 이해할 수 있을 것이다.

카터 대통령은 합성연료공사Synthetic Fuels Corporation, SFC를 미국 에너지 정책의 '초석'이라고 부르며 홍보했다. 1980년에 의회는 SFC가 일종의 투자은행 역할을 할 수 있도록 170억 달러의 예산을 승인하면서 미국의 풍부한 석탄과 셰일을 석유와 가스로 전환하는 프로젝트에 자금을 지원했다. 카터는 이 프로젝트가 "미국의 주간 고속도로망, 마셜 플랜Marshall Plan, 우주 개발 프로그램을 합친 것보다 더 위대한" 것이라며 전후 평화 시대에 가장 야심 찬 미국의 산업 개발 정책이 되리라고 예견했다.[34] 하지만 1985년 7월에 SFC는 세 개의 프로젝트에 단지 12억 달러만 투입했고, 생산량은 의회가 정한 1987년 목표의 2%에도 못 미쳤다. SFC는 1986년에 문을 닫았는데, 그때까지 20억 달러의 예산이 집행됐다.[35] 그때 이후 30년 동안 대기 오염과 지구온난화에 대한 우려가 크게 증가하면서 합성연료의 막대한 환경 비용이 큰 우려를 불러일으켰다.

클린턴 대통령은 산업 정책에 대한 아이디어가 풍부했다. 〈워싱턴 포스트〉의 한 기자는 1992년 선거운동 기간에 클린턴 후보가 "미국 경제를 '조직화'하기 위해 정부를 이용하는 것에 관해" 지속적으로 이야기했다고 전했다. 필라델피아의 한 연설에서 그는 "새로운 환경 시스템, 새로운 교통 시스템, 새로운 통신 시스템에 연간 500억 달러를 '투자'할 것입니다"라고 말했다.[36] 취임 첫해에 클린턴은 10~15년 안에 현재 자동차보다 오염 물질 배출이 적고 비용도 적게 들어가며 1갤런의 연료로 약 110킬로미터를 갈 수 있는 자동차를 생산하는, 정부와 자동차 산업계의 공동 프로젝트를 제안했다. 그는 이것이 "미국이 지금까지 시도했던 어떤 프로젝트보다 야심 찬 기술적 모험"이 될 것이라고 말했다.[37]

이 사례만이 아니라 앞으로 이야기할 내용 역시 정부가 경제를 관리하고 통제하는 일에 관심이 없다는 것을 보여준다. 경제학자들은 경제가 시장에 의해 이미 잘 조직화돼 있다고 생각한다. 클린턴 행정부 이후 25년이 넘는 시간이 흘렀고, 그동안 우리는 오염 물질을 훨씬 적게 배출하는 자동차를 생산했다. 그러나 여전히 1갤런의 연료로 110킬로미터를 달리는 자동차는 없다. 대부분의 경제학자는 테슬라 전기차를 사는 사람들(대부분이 부자들이다)에게 7,500달러의 세금 혜택을 주는 연방 정부의 정책에 찬성하지 않는다. 테슬라는 더 낮은 가격으로 소비자에게 직접 판매하는 것을 선호했지만, 대부분의 주 정부가 자동차 판매상을 이용하라고 테슬라를 압박했다.[38]

오바마 대통령의 산업 정책은 청정 에너지에 큰 비중을 뒀다. 나는 청정 에너지 프로젝트에 대한 체계적인 비용-편익 평가를 본 적이 없다. 그러나 잘 알려진 실패 사례는 많다. 태양 에너지 기업인 솔린드라 Solyndra가 가장 철저하게 분석된 실패 사례다. 솔린드라는 2009년 5억 3,500만 달러의 첫 번째 보증 대출을 받았고, 2011년에 파산했다. 회사가 약간의 불운을 겪은 것도 사실이다. 예를 들면 가장 경쟁이 치열한 기술의 핵심 재료인 폴리실리콘의 가격이 89% 정도 하락했다. 그러나 스파 시설까지 갖춘 7억 3,300만 달러짜리 공장은 사치였다.[39] 그리고 에너지부Department of Energy 감독관은 솔린드라가 매출 계약과 관련해 에너지부에 잘못된 정보를 제공했다고 결론 내렸다.[40] 게다가 처음부터 정경유착 혐의가 있었다. 오바마의 핵심 선거자금 모금책이었던 조지 카이저George Kaiser가 솔린드라의 지분을 가지고 있었다. 이 회사의 최고 경영진 두 명은 대출 신청 심사를 받는 동안 백악관을 스무 차례 방문했다. 그리고 나중에 하원 에너지및상업위원회House Energy and Commerce Committee의 질문에 대해 수정헌법 제5조를 들어 묵비권을 행사했다.[41]

억만장자 기업가 피터 틸Peter Thiel은 2012년에만 40개의 태양광 회사가 파산했다고 지적했다. 그는 성공적인 기술 회사는 "가장 유사한 대체 기술보다 적어도 열 배 정도 더 뛰어난 독점 기술"이 필요하다고 믿는다. 솔린드라의 새로운 원통형 태양 전지는 평평한 태양 전지보다 효율이 낮았다.[42] 틸은 계속해서 다음과 같이 주장했다.

— 친환경 에너지의 일반적 개념이 모든 종류의 청정 기술 회사에 압도적인 사업 기회를 의미하는 것은 아니었을 것이다. (…) 훌륭한 회사에는 그들만의 비밀이 있다. 다른 사람들이 모르는 구체적인 성공의 이유가 있다. (…) 남들과 다른 어떤 것을 하는 것이 진정으로 사회에 이익이 되는 것이다. (…) 최고의 프로젝트들은 대중에게 널리 알려지는 것이 아니라 오히려 간과될 가능성이 크다. 해결이 필요한 가장 좋은 문제는 종종 누구도 해결하려고 시도조차 하지 않는 문

제인 경우가 많다.[43]

솔린드라 외에도 에너지부의 청정 에너지에 대한 360억 달러 보조금 대출 프로그램도 많은 비판을 받았다. 중도좌파 성향의 〈워싱턴 포스트〉 사설은 청정 에너지 프로그램 전체를 '스캔들'이라고 부르면서 경제학자의 관점에서 비판했다. "이 프로그램을 정실 자본주의crony capitalism 또는 벤처 사회주의venture socialism라고 부를 수 있다. 하지만 무엇이라고 부르든 에너지부의 대출 보증 프로그램은 이익을 사유화하고 손실을 사회화하는 것이다." 〈워싱턴 포스트〉는 2010년 OMB의 내부 이메일을 인용해서 한 직원이 "정말로 걱정되는 것은 후속 프로젝트들 가운데 몇 개를 살펴본 후에 오히려 이 프로젝트(솔린드라)가 더 좋아 보이기 시작했다는 점이다. 심각한 문제들이 일어날 것이다"라고 썼다고 전했다.[44]

〈워싱턴 포스트〉의 비판은 오바마 행정부에 우호적인 한 에너지 전문가의 지지를 받았다. 2008년에 오바마의 선거운동에 참여했던 댄 캐럴Dan Carol은 에너지부와 관련하여 백악관 고위 관리들에게 매우 비판적인 이메일을 보냈다. 그는 "오바마에게 기부한 사람들과 진행한 수많은 프로젝트의 실적이 좋지 않았다"라며 불만을 제기했다.[45] 게다가 에너지부는 대출 심사 권한이 만료되는 회계연도가 끝나기도 전에 태양광 보증 대출을 서둘렀고, 프로그램의 자금 지원이 만료되기 불과 몇 시간 전에 47억 달러의 지원을 승인했다.[46]

공화당원들은 민주당원들보다 '승자를 선택'하는 문제에 정부가 개입하는 것을 원론적으로 반대할 가능성이 더 크다. 예를 들면 레이건 행정부는 "상업적 규모의 프로젝트를 위해 민간 기업에 보조금을 지급한다"라는 SFC의 헌장이 자유시장 원칙에 어긋난다고 불평했다.[47] 레이건은 국방비를 늘렸고, 이는 당연히 방위산업체에 도움이 됐다. 그러나 특정 회사나 산업을 육성하는 것을 목표로 하는 구체적인 정책을 펼치지는 않았다.

조지 W. 부시는 특정 산업에 대한 보조금에 반대하는 보수주의 원칙과 가장 거리가 먼 공화당 대통령이었다. 2003년 연두교서에서 그는 "과학자와 엔지니어들이 수소 자동차를 실험실에서 전시장으로 가져가는 데 걸림돌이 되는 장애물을 극복하는 국가적 노력"을 요청했다. 2004년부터 2008년까지 연방 정부는 수소차 프로젝트에 12억 달러를 지출했다. GAO는 나중에 그 돈의 약 4분의 1이 연구개발이 아닌 "의회가 직접 주도한 프로젝트"에 사용됐다는 사실을 발견했다. 프로젝트 결과로 탄생한 신차의 가격은 매우 비쌌고 상업적으로 판매되지 못했다.[48]

부시는 또 철강 관세 부과를 지지했다. 여러 연구에 따르면 철강 관세는 일자리를 보존하는 것이 아니라 일자리의 감소를 유발하는 것으로 나타났다.[49] 1992년 재선 선거운동에서 부시의 아버지 조지 H. W. 부시는 밀 수출 보조금을 추가하고, 틸트 로터 항공기와 현대화된 M-1 탱크 개발에 대한 반대를 철회했다. 홈스테드 공군기지는 1991년 독립적인 위원회에 의해 간신히 폐쇄를 면했다. 그 결정 이후 얼마 안 가서 홈스테드 공군기지는 태풍으로 완전히 폐허가 됐다. 홈스테드 공군기지는 완벽하게 재건되더라도 기지 운영의 필요성이 정당화될 수 없는 곳이었다. 그럼에도 플로리다가 부시의 선거에서 매우

중요한 주였기에 조지 H. W. 부시는 공군기지의 재건을 지지하기로 했다.[50]

도널드 트럼프의 관세 중심 무역 정책은 특별한 이론에 근거하지 않은 채 보수와 진보에 따라 혜택을 주는 결과를 낳았다. 특혜는 관세 면제의 형태로 주어졌다. 예를 들면 알래스카에서 잡히고 중국에서 가공한 연어와 대구를 판매하는 회사와 수압파쇄공법fracking으로 화학물질을 생산하는 기업들이 관세 면제 혜택을 받았다. 특혜를 주는 과정은 불투명했다. 때때로 트럼프가 직접 관여하기도 했다. 그는 2020년 선거에서 이기고 싶어서 "중요한 접전 지역의 기업과 노동자들"에게 지속적으로 혜택을 줬다.[51]

대부분 경제학자는 무역이 모든 참여국에 이익이 된다고 믿고 있다. 모든 국가가 상대적으로 경쟁 우위가 있는 활동에 집중할 수 있기 때문이다. 무역은 또 상품의 다양성을 증대시키고 규모의 경제와 경쟁의 증가를 통해 비용을 낮춘다. 우파에서는 조지 W. 부시 대통령의 경제자문위원회 의장인 하버드대학교의 그레고리 맨큐, 좌파에서는 노벨상 수상자이자 〈뉴욕타임스〉 칼럼니스트인 폴 크루그먼Paul Krugman 같은 자유무역 옹호론자들을 찾아볼 수 있다.[52]

이런 연구조사는 미국의 산업 정책이 큰 성과를 거두지 못했음을 보여주기에 충분하다. 마찬가지로 경제학자들은 유럽의 경험도 "끔찍하고", "뚜렷하게 성공한 것이 없다고" 생각한다.[53] 영국의 항공기, 프랑스의 컴퓨터, 독일의 원자력 같은 정책 지원 대상이었던 산업의 성과는 저조했다. 한동안 일본의 성장률은 분명히 미국보다 뛰어났는데, 경제학자들의 연구에 따르면 정부 투자가 일본의 성공 비결이 아

니었다. 어쨌든 최근 수십 년간 일본의 경제 성과는 분명히 미국에 못 미친다.[54]

지난 10여 년 동안 중국의 경제 성장률은 매우 훌륭했는데, 이런 성과는 중국이 자유시장 체제로 이동하면서 나타났다. 하지만 정치적으로 연관된 기업에 금융 자본을 할당하는 과정에는 여전히 몇 가지 중앙 계획 경제적 특성이 남아 있다. 폴 크루그먼과 로빈 웰스Robin Wells의 인기 있는 경제학 입문서에 따르면, "많은 경제학자"가 "중국이 빠른 경제 성장을 지속하려면 이런 형태의 비효율성을 해결해야 한다"라는 결론을 내렸다.[55]

한 경제 백과사전은 미국에서 산업 정책에 대한 논의가 가장 두드러졌던 때는 1980년대 초·중반이라고 기록했다. 민주당 대선 후보들은 미국이 장기적인 경기 침체에 빠져 있고 "경제의 구조조정에 정부가 더 많이 개입하지 않으면" 경제를 재건할 수 없다고 생각했다. 1984년 민주당 대통령 후보 월터 먼데일Walter Mondale은 레이건 대통령의 정책이 "산업을 육성하는 것이 아니라 파괴하는 것이었다"라고 생각한 강력한 산업 정책 옹호론자였다.[56]

얼마나 많은 중도좌파 민주당 경제학자가 이 문제에 관한 먼데일의 견해에 반대하는지를 알면 깜짝 놀랄 것이다. 노벨상 수상자인 폴 새뮤얼슨Paul Samuelson MIT 교수는 산업 정책은 "좋은 거시경제학이 아니다. 그리고 산업 정책이 사회철학적인 측면에서도 정당화될 수 없다고 생각한다"라고 말했다.[57] 평생 민주당원이자 카터 대통령의 경제 고문이었던 앨프리드 칸Alfred Kahn은 산업 활성화 정책이 "기업과 노동계에 정부를 훌륭한 보호자, 보조금 지원자, 카르텔 조직자로 만들기 위해 조직적인 영향력을 행사하게 하는 수단을 제공하게 될 것"이라며 우려했다고 공식적으로 기록돼 있다. 월터 헬러Walter Heller는 민주당 대통령 후보들이 '건전성보다 참신성'을 추구한다고 걱정했다. 카터 대통령의 경제자문위원회 위원을 지낸 윌리엄 노드하우스William Nordhaus는 "민주당 후보들과 레이건의 가장 분명한 견해 차이"는 산업 정책을 통한 정부의 개입이라고 믿었다. 그는 "산업 정책 문제에 관해서는 레이건을 지지했다"라고 말했다. 그리고 찰스 슐츠 경제자문위원회 위원장은 "나는 모든 민주당 후보가 말도 안 되는 산업 정책에서 손을 떼게 하고 싶다"라고 말했다. 슐츠는 비록 미국이 경제적인 문제를 안고 있지만 "구시대의 산업에서 더 새롭고 성장하는 산업으로 전환하지 못한 것이 그런 문제 가운데 하나는 아니라고" 봤다.[58] 더 최근에는 클린턴과 오바마 행정부 시기에 저명한 경제학자였던 래리 서머스Larry Summers도 정부가 "형편없는 벤처 투자가였다"라고 말했다.[59]

특히 조지 W. 부시 재임 시기의 공화당 행정부는 저소득 지역에 있는 기업들에 세금 감면과 그 외 경제적 원조를 제공하는 기업유치지구enterprise zone를 지원했다. 원칙적으로 경제학자들은 산업 정책보다 이 정책을 더 좋게 평가한다. 왜냐하면 정부의 지원이 정부의 선택을 받은 기업들뿐만 아니라 저소득 지역의 모든 기업에 돌아가기 때문이다. 오바마 행정부도 기업유치지구를 지원했지만, 그들이 지정한 저소득 지역으로 한정했다. 많은 연구에 따르면 기업유치지구는 저소득 지역에서 고용을 촉진하는 데 효율적이지 못한 것으로 나타났다.[60] 트럼프 행정부는 기업유치지구를 '기회 특구opportunity zones'라고 불렀다. 2017년 감세 정책에서는 처음으로 이들 지역에 '무제한' 세제 혜택을 제공했다.[61] 이런 감세 정책의 결과가 더 좋았는지를 평가하기에는 시기적으로 너무 이르다.

　이 장의 앞부분에서 이야기한 것처럼 경제학자들은 미래에 수익성 있는 혁신으로 이어질 가능성이 커 보이는 기술 지식의 기반을 확대하는 정부 연구를 지지한다. 예를 들면 나는 대부분 경제학자가 에너지고등연구계획국Advanced Research Projects Agency-Energy, ARPA-E의 에너지 연구 프로젝트를 지지할 것으로 생각한다. 지금까지 ARPA-E에 대한 예산 지원은 많지 않았다. 불행하게도 트럼프 행정부의 2021 회계연도 예산안에는 ARPA-E의 에너지 프로젝트 연구 예산을 없애는 방안이 포함돼 있었다. 이런 예산 지출은 뚜렷하게 일자리를 창출하지 못하기 때문에 정치인들에게는 덜 매력적이다.[62]

산업 정책 실패의 이론적 원인

컬럼비아대학교의 경제학자 리처드 넬슨Richard Nelson은 민간의 기술 혁신은 대체로 예측할 수 없다고 지적한다. 유망할 것으로 보이는 상당수의 혁신이 성공하지 못한다. 그 밖의 중요한 기술적 돌파구들은 예상치 못한 것이었고, 해당 분야에서 많은 전문가의 지지를 받지 못했다.[63] 넬슨은 화학이나 전자 같은 기술적으로 발전하는 산업 분야에서 가능성이 없는 기술은 다른 사람이 더 좋은 해결책을 제시하면 빠르게 사라지고, 좋은 새 아이디어는 일반적으로 다양한 경로를 통해 알려진다는 사실을 발견했다.

━━ 한편으로 1950년대 이후 군사 분야의 많은 연구개발 프로그램, 민간 원자로 프로그램, 초음속 비행 등은 불행하게도 그렇지 못했다. 이 모든 분야에서 초기 성과는 형편없었다. 하지만 이런 기술이 성공하지 못하리라는 증거가 늘어나고 있음에도 원래의 전략을 고수하려는 경향이 있었다.[64]

넬슨은 기술 발전을 위한 국가 중심의 계획이 상황을 더 악화시킬 것으로 생각한다. 왜냐하면 기술 발전은 "확실하게 계획할 수 있는 활동이 아니기 때문이다. (…) 모든 것이 지나간 후에야 올바른 방법이 분명하게 보인다. 이런 사실이 밝혀지기 전에는 여러 가지 혼란스러운 선택 가운데 어떤 것이 가장 효과적이거나 실현 가능성이 있는지 명확하지 않다."

넬슨은 기초 연구와 광범위한 관심사에 대한 응용 지식(대중이 독점할 수 없는 공공재의 편익이 있는)을 지원하는 데 정부가 적극적으로 나서야 한다고 생각한다. 하지만 정부가 상업적 혜택을 누리는 승자가 될 것으로 생각하는 특정 제품의 개발을 지원하는 것에는 반대한다. 넬슨은 이런 정부 지원 프로젝트의 과거 성과가 부정적이라고 설명한다.[65] 넬슨의 연구에 따르면, 기술 발전을 계획하는 것은 본질적으로 불가능하다. 다른 과학 분야의 발전을 연구하는 전문가들도 이에 동의한다. 이들 가운데 한 사람은 "노벨상 수상자들의 수많은 사례를 살펴보면 중대한 발명은 전혀 예상치 못한 것이었다"라고 주장했다.[66]

위대한 발명가 가운데 일부는 자신들이 이룩한 업적이 어떤 의미가 있는 것인지 전혀 알지 못했다. 굴리엘모 마르코니Guglielmo Marconi는 자신의 무선 전신 기술이 주로 증기선 운행 노선에서 사용될 것으로 생각했다. 알렉산더 그레이엄 벨Alexander Graham Bell은 전화기에 대한 특허를 낼 때 "전신 기술의 발전"이라고 설명했다. "이상한 전염성 단백질"이 광우병을 일으킬 수 있다는 것을 입증한 노벨상 수상 과학자는 "수십 년 동안 동료들의 조롱을 견뎌야 했다." 궤양이 세균 때문에 발생한다는 생각도 옳다는 것이 증명될 때까지 비웃음을 샀다.[67] 아이작 아지모프Isaac Asimov는 예측 불가능성을 다음과 같이 이야기했다. "과학에서 새로운 발견을 알리는 가장 흥미진진한 말은 '유레카!(내가 발견했다!)'가 아니라 '그거 재미있군'이다."[68]

열세 가지 건강 상태를 진단하고 분석할 수 있는 가볍고 저렴한 건강 진단 키트를 개발해 260만 달러의 상금을 받은 수상자는 300개의 다른 출품작을 물리치고 우승했다. 그는 친척들의 도움을 받아 자택 사무실에서 일하는 응급실 의사였다. 수상작 대부분은 대기업의 지원을 받은 것이었는데 준우승은 50명의 의사·과학자·프로그래머로 구성된 연구팀에 돌아갔다. 이력서가 29쪽에 달하는 하버드 의대의 물리학자가 이 팀을 이끌었다. 애초에 누가 응급실 의사가 우승하리라고 생각이나 했을까?[69]

렌슬리어 폴리테크닉 인스티튜트의 한 학생은 어렸을 때 버섯을 수확한 경험이 있었다. "그는 균류로 단열재를 만들 수 있을 것으로 생각했다." 그리고 졸업하기 전 수업에서 자신이 옳다는 것을 증명했다. 그는 에코바티브 디자인Ecovative Design이라는 회사를 설립했다. 이 회사는 포장과 운송에 널리 사용되는 비생분해성 탄소 집약적 재료인 스티로폼보다 더 환경 친화적이고 대량 생산이 가능한 유기 단열재를 생산하는 것을 목표로 했다. 현재 컴퓨터 대기업인 델Dell이 포장에 에코바티브의 재료를 사용하고 있고 이케아IKEA와 많은 다른 회사들도 사용을 검토하고 있다. 이런 물질을 개발하는 데는 연방 보조금도 필요하지 않았고, 렌슬리어 폴리테크닉의 학생들에게 연방 보조금이 지급된 적도 없다.[70]

이런 발명보다 훨씬 중요한 것은 조지 미첼George Mitchell이 셰일에서 천연가스를 효율적으로 추출하는 방법을 찾아낸 것이다. 수압파쇄공법은 1940년대 후반에 처음 시도됐고, "1970년대 에너지부의 연구 지원을 받았다." 15년에 걸친 실패와 회의론자들의 의심을 이겨내고 미첼은 물, 모래, 화학 혼합물을 사용하는 수압파쇄공법이 상업적으로 성공할 수 있다는 사실을 발견했다. 시추가 지역 환경에 영향을 미치기 때문에 수압파쇄공법에 대한 규제가 필요하긴 할 것이다. 그러나 천연가스는 전기 생산에 가장 널리 사용되는 석탄과 비교할 때 이산화탄소 배출량이 절반에 불과하다. 2012년 8월에 〈워싱턴 포스트〉는 "미국의 이산화탄소 배출량이 20년 만에 최저치로 떨어졌다"라고 대대적으로 보도했다. 수압파쇄공법을 도입한 후 5년 동안 미국의 이산화탄소 배출량 감소 효과는 "지난 20년 동안 교토 의정서Kyoto Protocol와 전 세계 모든 기후 규제에 따른 효과의 두 배에 달했다."

수압파쇄공법은 또 에너지 비용을 크게 감소시켰고 미국을 에너지 수출국으로 만들었다.[71] 2018년 7월 14일 AP통신은 "미국이 다시 세계 최고의 산유국이 될 수 있다는 생각은 한때 터무니없는 것처럼 보였다"라고 보도했다. 석유 산업 전문가인 다니엘 예르겐Daniel Yergen은 "10년 전만 해도 석유 산업계의 유일한 문제는 미국의 석유 생산량이

얼마나 빨리 감소할 것인가였다"라고 덧붙였다.[72]

경제학자들은 과학의 발전을 예측할 수 있다고 해도 정치인들이 정부의 예산을 이런 기술에 투입하지 않을 것이라는 증거를 제시한다. 모범도시Model Cities 프로그램과 경제개발청Economic Development Administration, EDA은 선정된 도시에 선별적인 지원을 제공할 계획이었다. 그러나 모범도시 개발을 위한 6개의 시범도시는 곧 150개가 됐고 경제 침체에 빠진 카운티에 대한 EDA의 지원은 곧 미국 전체 카운티의 87.5%로 확대됐다. 정치가들은 성장 산업과 사양 산업 중에서 일반적으로 후자를 선호한다. 왜냐하면 더 많은 유권자가 사양 산업에 몸담고 있기 때문이다. 일테면 철강 산업은 많은 관심을 받고 있지만 생명공학에 대한 관심은 그보다 훨씬 적다.[73]

게다가 정부가 민간 투자자들이 원하는 곳에 연방 자금을 정확히 투입할 수 있다고 해도 원하는 만큼의 이익을 얻을 수 없을 것이다. 연방 정부의 지원에서 배제된 기업들은 특혜가 없었더라도 정치적 특혜가 있었다고 의심할 것이기 때문이다. 따라서 정치에 대한 냉소주의를 없애는 것이 중요하다.

하지만 정치가 고려되지 않으리라고 확신할 사람이 있을까? 〈워싱턴 포스트〉의 칼럼니스트들은 오바마 대통령도 방문하고 연방 자금도 지원받은 청정 기술 회사들과 지원을 받지 못한 회사들에 관해 이야기했다. 양쪽 진영 모두 '공장에서 연설하는 오바마의 이미지는 자본을 조달하고 최고의 기업들과 경쟁하려는 기업들에 세계적 관심이 집중되게 할 것이다'라고 믿었다. 위스콘신의 오리온에너지시스템Orion Energy Systems은 오바마 대통령의 방문을 유치하고자 2년 동안 정치적 관계를 구축했다. 오리온의 최고경영자는 고객들에게 "대통령의 방문은 엄청난 신뢰를 주는 일입니다"라고 말했다. 조지아주의 쿠퍼 라이팅Cooper Lighting이라는 조명 회사의 사장은 자신의 회사가 오리온 보다 에너지 효율이 여섯 배나 높은 조명을 판매하고 있다고 말했다. 열렬한 공화당 지지자라고 밝힌 그는 대통령을 초대할 수 있으면 정말 좋겠지만 백악관의 전화를 기다리지는 않는다고 말했다.[74]

경제학자들은 무엇을 걱정할까

경제학자들은 소득 불평등 심화와 남성 노동력 공급의 감소를 우려한다. 이 주제는 5장에서 자세히 논의할 텐데, 그 전에 다른 문제를 먼저 짚어보자.

경제 성장 둔화와 실제보다 더 나빠 보이는 통계

선출직에 출마하는 정치인들이 가장 많이 반복하는 구호 가운데 하나가 '일자리, 일자리, 일자리'다. 물론 경제학자들 역시 실업률이 높을 때 일자리 구호 외치기를 좋아한다. 실업률의 증가는 경제 성장의 발목을 잡고, 실업자들은 불법 약물을 사용하거나 우울증에 걸릴 가능성이 더 커진다. 그러나 실업률이 과거의 역사적 기준보다 낮을 때도 '일자리, 일자리, 일자리'라는 구호가 울려 퍼진다.

트럼프는 미국의 제조업이 멕시코에 좋은 일자리를 빼앗기고 있다고 생각했다. 24년 전 사업가 로스 페로Ross Perot는 대통령 선거에 무소속 후보로 출마했다. 그 역시 멕시코와의 교역이 초래한 경제적 손실에 초점을 맞췄다. 그는 유권자들에게 멕시코로 많은 일자리가 이동하는 현상에 관심을 가져달라고 촉구했다. 놀랍게도 수십 년 동안 미국의 일자리가 멕시코로 빠져나갔지만 실업률은 오르지 않았고, 평균적인 미국 노동자의 경제적 복지 수준은 상승했다(당신은 어쩌면 평균적인 노동자의 경제 수준이 상승하지 않았다는 이야기를 들었을지도 모른다. 하지만 다음 내용과 5장을 참고하라).

경제학자들이 보기에 '일자리, 일자리, 일자리'라는 구호의 가장 큰 문제는 정치인들이 대개 기존 일자리의 보존을 강조한다는 점이다. 유권자 대부분이 기존 산업 분야에서 일자리를 가지고 있기 때문이다. 그래서 트럼프도 석탄과 철강 산업의 일자리 보존을 크게 강조했다. 그러나 경제학자들은 미국이 세계의 부국 중 하나로 남기를 원한다면 첨단 기업에서 새로운 일자리를 적극적으로 만들어내야 한다고 주장한다. 노후 산업의 많은 일자리는 노동력을 절약하는 기술의 도입으로 사라지거나 임금이 현저히 낮은 국가들로 넘어갈 수밖에 없다. 그래서 경제학자들은 근로자들이 이전보다 더 나은 일자리를 찾아 기꺼이 움직이려 하지 않는다는 증거를 보면서 경제가 성장하지 못할까 봐 걱정한다.[75]

나는 경제학자들은 대체로 '일자리, 일자리, 일자리'보다 '성장, 성장, 성장'이라는 구호를 더 좋아한다고 생각한다. 일부 공식 통계에 따르면 지난 수십 년 동안 실질임금이 거의 오르지 않았는데, 정치인들은 이것은 끔찍한 일이라며 상황을 개선하겠다고 약속한다. 2018년에 "대부분 미국 근로자의 실질임금은 수십 년 동안 거의 꿈쩍도 하지 않았다"라는 제목의 기사에서 퓨 재단Pew Foundation은 암울한 사실을 제시했다. 결론은 "인플레이션을 반영한 후 (…) 현재의 평균 시급은 1978년의 구매력과 거의 같다"라는 것이었다. 다만 퓨 재단은 의료 혜택이 최근 수십 년간 상당히 증가했다는 사실은 인정한다.[76] 그러나 공식적인 성장률은 상품의 품질 향상과 신제품의 가치를 과소평가하기 때문에 성장률을 과소평가하게 된다. 최신 전화기는 단순한 전화기가 아니다. 당신이 아이폰을 산다면 카메라나 GPS, CD플레이어를 더는 살 필요가 없다. 공식적인 회계는 이런 유형의 상품이 제공하는 혜택의 상당 부분을 반영하지 못한다. 그리고 오늘날에는 페이스북, 위키피디아, 구글 검색 엔진 같은 '무료' 서비스도 많다.

경제학자들은 '이런 무료 상품과 서비스를 사용하지 않고 사는 대가로 얼마를 지불할 것인가'라는 질문을 통해 그 가치를 대략 추정해봤다. 이런 제품들 덕에 소비자들이 얻는 복지의 가치를 측정하기 위해서다. 조사 결과는 다음과 같다. 소비자들은 검색 엔진을 사용하는 대가로 매년 1만 7,530달러를 지불할 의향이 있는 것으로 나타났다. 이메일을 사용하기 위해서는 연간 8,414달러, 그리고 지도에 대해서는 연간 3,648달러를 부담할 의사가 있다고 답했다.[77] 이 모든 수치를 합산하면 미국 국민의 중간 소득 수준에 가까우니 상당히 비싼 것처럼 보인다. 하지만 이는 대중이 이런 서비스를 정말로 중요하게 생각한다는 사실을 보여준다.

일반 유권자들의 합리성을 비판하는 책에서, 브라이언 캐플란은 유권자들이 우리 시장경제의 작동에 대해 너무 비판적이라고 불평했다.[78] 퓨 보고서처럼 오해를 불러일으키는 발언은 대중 사이에서 비이성적인 비관론을 확산시킬 뿐이다. 사람들이 경제가 매우 안 좋다고 생각한다면, 좌파나 우파의 대중영합주의 정치인을 지지할 가능성이 더 크다. 하지만 주류 경제학자들은 두 부류 가운데 어느 쪽도 좋아하지 않는다.[79]

경제학자들은 경제 성장률을 하락시킬 것으로 생각하는 몇 가지 경제적 변화에 관해 우려하고 있다. 예를 들면 새로운 기업은 성장을 주도하는 중요한 원천인데, 최근 수십 년 동안 새로운 기업의 수가 줄어들고 있다.[80] 더 나은 직업을 찾기 위해 이직하는 노동자 수가 줄어드는 것도 성장의 감소를 불러오고 있다.[81] 하지만 나는 경제학자 대부분이 전체적인 관점에서 볼 때 대중이 미국 경제의 성과에 대해 너무 비판적이라는 캐플란의 말에 동의할 것으로 생각한다. 대중은 시간이 지나면서 시장과 자본주의 체제가 만들어낸 결과에 만족하고 있다. 일반 소비자의 경제적 이득을 설명하기 위해 공식적인 성장 수치를 얼마나 조정해야 하는지에 관한 합의는 없다. 게다가 대중이 얻는 이득은 공식적인 통계에 잡히지 않는다. 그뿐인가. 최근의 놀라운 기술적 발전에서 얻은 혜택은 차치하더라도, 더 평범한 상품의 발전을 통해 얻는 혜택조차 여전히 통계에 제대로 반영되지 않는다.

1970년에 나는 19인치 컬러TV를 350달러를 주고 샀다. 지금은 베스트바이Best Buy에서 69.99달러를 주면 살 수 있다. 이것은 물가 상승에 따라 조정된 실질 가격이다. 오늘날의 TV는 색상과 소리가 더 좋고, 채널을 바꾸기 위해 의자에서 일어날 필요가 없도록 리모컨도 딸려 있다.[82]

마크 페리Mark Perry는 1956년의 가정용 에어컨 가격과 오늘날의 에어컨 가격을 소비자가 지불하는 가격이 아니라, 당시 평균적인 공장 노동자들이 에어컨을 사기 위해 일하는 시간과 현재 일하는 시간을 계산해 비교했다. 1956년에는 164시간 동안 일해야 했지만 2014년에는 11시간만 일하면 에어컨을 살 수 있었다. 게다가 지금의 에어컨은 1956년에 판매된 것보다 성능이 세 배 이상 좋아졌다.[83]

잘못된 정보에 근거한 시장 비판

이익을 추구하는 최고경영자를 상상해보라. 대부분 학자와 달리 경제학자들은 그에 관해 생각하는 것을 좋아한다. 경제학자는 기업의 최고경영자가 동료들만큼 탐욕스럽거나 아마도 더 욕심이 많을 것이라고 상상한다. 그러나 오늘날의 경제학자들은 애덤 스미스처럼 이익을 추구하는 기업가가 공익을 증진하려는 의도가 없더라도 '보이지 않는 손'을 통해 공익을 증진한다고 생각한다.[84]

높은 가격과 높은 수익은 연필 제조 업체들이 소비자들에게 원하는 것을 더 많이 주게 하고, 추가로 확보한 자원을 사용해 계속 연필을 만들 수 있게 한다. 비록 이쑤시개 제조 업체는 손해를 보겠지만 말이다. 연필에 대한 소비자의 수요가 계속 강하면 평상시보다 가격이 더 높고 이익도 더 클 터이므로 새로운 회사들이 연필을 제조하기 시작할 것이다. 새로운 기업과 오래된 기업에 의한 생산량 증가는 가격 하락으로 이어질 것이고, 연필 제조 업체들의 이익률도 다른 산업과 비슷해질 것이다. 이런 정상적인 이익이 소비(저축)를 미루고 위험을 기꺼이 감수하는 투자자들에게 돌아가는 수익이다. 위험 감수와 소비 지연 덕분에 투자가 가능해지고, 투자는 근로자의 생산성 향상과 임금 인상으로 이어져 사회 전체에 혜택을 확산시킨다. 오로지 정상보다 큰 위험이나, 기업의 효율성으로 설명되지 않는 비정상적으로 높은 이익만 경제학자들의 골칫거리일 뿐이다.

경제학자들에게 이익은 기업의 주인이나 관리자들에게 더 많은 돈을 주기 위한 자의적인 결정이 아니다. 기업의 주인이 아니라 근로자들에게 돌아갔을 수도 있는 돈이다. 훌륭한 경영진은 비용 절감, 제품의 생산과 개선, 소비자 수요의 정확한 예측을 강조한다.[85] 이런 일을 제대로 하지 못하는 관리자는 단순히 수익을 감소시키는 데 그치지 않고 회사를 문 닫게 할 가능성이 크다. 경쟁 기업들은 좋은 성과를 얻기 위해 치열하게 노력하니 말이다.

미국인의 경제 이해도를 알아보는 한 조사에서 대중은 평균 투자 수익률이 32%라고 답했는데, 실제로는 약 13%였다.[86] 이런 13%의 투자 수익률은 민간이 생산하는 똑같은 상품이나 서비스를 정부가 제공할 때도 피할 수 있는 비용이 아니다. 추가적인 정부 예산의 증가는 일반적으로 부채를 통해 조달되고(전체 공공 지출 대부분이 연방 지출이다), 연방 정부에 돈을 빌려주는 사람들은 수익을 기대한다. 지방자치단체 채권의 이자에 대한 비과세 혜택은 민간 기업보다 차입 비용을 낮춰준다. 하지만 이런 비과세 혜택은 지방자치단체가 동일한 금액의 세금을 포기하는 것이기 때문에 결과적으로는 다른 세금을 인상해야 한다는 의미다.[87]

혹시 당신은 기업들이 실제로 제품을 생산하는 사람들로부터 이익을 갈취한다고 생각해본 적이 있는가? 예를 들어 농부들은 열심히 일해서 만들어낸 이익 중 일부밖에 가져가지 못하고, 중개상들이 더 많은 돈을 버는 것 같다. 투기꾼들은 어떨까? 그들은 이익을 얻기 위해 무엇을 할까? 중동에서 전쟁이 일어난 후에 휘발유 가격을 인상했던 협잡꾼들은 또 어떤가? 그들의 초과 이익이 정당한 것일까? 기업들이 점점 더 많은 이익을 사용해 자사주를 매입하는 행동은 경제에 어떤 도움이 될까? 주식은 부자들이 더 많이 가지고 있기 때문에 이런 관행은 부의 불평등을 증가시킬 뿐이다. 경제학자들은 이 모든 악의적인 집단에 합리적인 방어책을 제공한다. 심지어 미국 대통령도 중개상에 대해 불평한다.

인플레이션이 매우 높았던 시기에 카터 대통령을 보좌했던 저명한 경제학자 앨프리드 칸은 나에게 카터가 자신의 의견을 잘 들어주긴 했지만, 중개상에 대한 그의 적대감은 누그러뜨릴 수 없었다고 말했다. 땅콩 농부였던 카터 대통령은 힘든 일은 자기가 다 하고 중개상이 이익 대부분을 가져갔다는 생각을 여전히 하고 있었다. 농부들은 중개상 없이도 농장을 운영할 수 있고, 실제로 일부는 그렇게 하고 있다. 이런 사람들은 미국 전역에서 확산되고 있는 직거래 장터에 참여한다. 하지만 대다수 농부는 중개상들이 제품을 저장하고 운반한 다음 식품점에서 팔면 자신도 더 많은 돈을 벌 수 있다고 생각한다. 중개상은 부의 증대에 이바지하는 노동 분업의 발전적 형태다. 중개상이 비용에 상응하는 서비스를 제공하지 않으면 소매점들이 떠날 것이고, 그러면 농산물의 유통에 차질이 생길 것이다.

어떤 기업들은 중개상을 배제함으로써 더 많은 돈을 벌 수 있다는 사실을 발견했는데, 온라인으로 제품을 파는 기업들이 그 예다. 그런데 때때로 정부는 중개상을 없애려는 시도를 막는다. 예를 들면 정부는 테슬라가 기존의 자동차 대리점을 이용하지 않고 자동차를 판매하는 것을 어렵게 만들지 않았던가. 어쨌든 중개상들은 사라지지 않을 것이다. 내가 보기에 그들은 오히려 성장하고 있는 것 같다.

투기꾼들도 마찬가지 역할을 한다. 투기가 시장을 독점하거나 통제하려는 시도의 일부라면 비난받아 마땅하다. 하지만 대개는 사회적으로 유용한 기능을 하며, 소비자와 생산자를 위해 가격을 안정시키는 데 도움을 준다. 예를 들어 기상 악화로 내년 커피 작황이 나빠질 것으로 전망되면, 투기꾼들은 커피를 대량으로 사들인다. 이를 두고 정치인들은 그들이 시장을 조작해 커피 가격을 급등시켰다며 맹렬히 비난한다. 하지만 투기꾼들은 비록 올해는 소비자들에게 피해를 줄지라도 내년에는 도움을 준다. 만약 그들의 전망이 적중해 내년 커피 작황이 실제로 나빠진다면, 소비자들은 커피를 구하기가 어려워질 것이고 구할 수 있다고 하더라도 매우 비싼 가격에 사야 할 것이기 때문이다.[88]

이제 협잡꾼 얘기를 해보자. 2012년 유가가 급격히 상승했을 때 오바마는 협잡꾼들이 '인위적으로 시장을 조작하지 못하도록' 정부가 지켜보고 있다는 사실을 대중에게 확신시키고 싶었다. 균형 잡힌 경제 논평으로 경제학자들의 존경을 받는 로버트 J. 새뮤얼슨Robert J. Samuelson은 "석유 가격 협잡꾼들을 비난하는 오류"라는 제목의 논평을 오바마의 연설에서 뽑은 문구로 시작했다. 새뮤얼슨은 최근 유가 급등은 가격 담합이 아니라 수요와 공급의 변화에 따른 것이라는 경

제학자들의 말을 인용했다.[89]

가격 협잡꾼들이 단지 운이 좋을 수도 있다. 주유소 주인들은 이라크가 1990년에 쿠웨이트를 침공하리라고 예상하지 못했다. 하지만 휘발유 가격은 올랐고 휘발유 선물 계약도 예상했던 것보다 더 비싸졌다. 주유소 주인들은 가격을 올렸고 그 결과 '뜻밖의 횡재'를 누렸다. 하지만 횡재를 금지하는 것이 공정하다고 생각한다면, 운이 나빠 횡재하지 못한 주유소 주인들에게 보조금을 지급해야 할까?

경제학자들은 가격 협잡꾼들이 제공하는 이점을 강조한다. 기름값이 크게 오르면 운전자들은 운전을 덜 하고, 시추업자들은 더 많은 석유를 생산할 것이며, 정유업자들은 더 많은 휘발유를 만들 것이다. 가격 조작에 직면했을 때, 경제학자들은 부족을 극복하기 위한 과정이 시작됐다고 강조한다. 도움의 손길이 시작된 것이다. 협잡꾼들이 가격을 올릴수록 소비를 줄이려는 노력이 늘어나고, 장기적으로 새로운 제품이 등장할 것이다.[90]

상원의원 척 슈머Chuck Schumer와 버니 샌더스는 자사주 매입의 확대를 신랄하게 비판한다. 두 사람은 기업들이 '노동자와 지역 사회'에 먼저 투자하지 않으면 자사주 매입을 불법으로 만드는 법안을 추진하고 있다. 경제학자들은 최고의 투자 기회가 수익을 창출하는 기업에 있지 않을 수도 있다고 말하지만, 슈머와 샌더스는 자사주 매입으로 늘어난 부가 사치품에 사용될 것으로 생각하는 것 같다. 하지만 상위 1%의 부자들은 자신들의 한계소득을 소비하지 않고 투자할 가능성이 훨씬 더 크다.[91]

이런 반박이 시사하는 것처럼, 대부분의 경제학자는 효율성과 성장을 촉진하기 위해 정부가 추진하는 상당수의 경제 개입은 도움이 되기보다는 더 많은 해를 끼친다고 생각한다.

관심이 필요한 미시경제 정책

특정 직업에 대한 면허제도와 상업 활동에 대한 과도한 규제

경제학자들은 영리 기업에 대한 규제가 너무 많다고 생각한다. 한 가지 중요한 분야가 일할 자유, 즉 직업의 자유에 대한 제한이다. 1970년대에는 근로자들의 약 10%가 자격증을 가지고 있어야 했다. 하지만 2015년에는 그 비율이 30%에 달했다.[92] 경제학자들은 특정 직업으로의 진출을 제한하면 공급이 감소해 그 직업을 가진 사람들이 더 많은 돈을 벌게 한다는 사실을 알고 있다. 많은 사람은 미국에서 자격증 요구가 증가하는 것은 규제 강화를 통해 이익을 얻을 수 있는 단체들의 이기심에서 비롯된 것으로 생각한다.

치과 의사들만 치아 미백제를 투여하게 해야 대중이 보호받을 수 있다는 증거는 어디에도 없다. 하지만 노스캐롤라이나주에서는 대체로 치과 의사들이 선출한 치과의사협회Board of Dentistry가 치위생사나 미용사들이 치아 미백을 하지 못하도록 막으려고 했다. 협회는 이들이 치아 미백을 시술하지 못하게 하려고 연방무역위원회와 대법원에 소송을 제기했다.[93] 이와 마찬가지로, 관련 분야의 연구를 전체적으로 검토한 결과 간호사들이 제공한 의료 서비스의 품질에 관해 우려를 제기하는 어떤 연구도 발견할 수 없었다. 하지만 많은 주에서 의사의 승인 없이는 간호사들이 당뇨병 환자들을 위한 특수 신발의 처방전을 발급할 수 없다. 캘리포니아 간호사들은 의사의 감독을 받아야 하지만, 의사는 네 명 이상의 간호사를 관리할 수 없다. 캘리포니아의사협회는 이 법의 개정에 반대하는 운동을 열심히 전개하고 있다.[94]

변호사들이 자체적으로 만든 미국변호사협회는 미국에서 변호사가 되는 것을 다른 나라보다 훨씬 더 어렵게 만들어놓았다. 예를 들면 이 협회는 대부분의 법률 서비스를 제공하기 위해 3년 과정의 법무 박사 학위가 필요하다고 주장한다. 그 결과 법률 서비스 비용은 더 비싸진다. 실제로 월드 저스티스 프로젝트World Justice Project는 법률 서비스 접근권과 법률 서비스의 가격 측면에서 미국을 113개국 가운데 96위로 평가했다.[95] 의사와 변호사들은 미국의 소득 상위 1% 가운데 약 4분의 1을 차지하고 있다. 그들은 다른 선진 국가에서 같은 직업에 종사하는 사람들보다 훨씬 더 많은 돈을 번다.[96]

대다수 선량한 시민은 우리의 규제가 "이익을 추구하는 (선출직이 아닌) 힘 있는 집단이나 조직으로부터 대중을 보호하기 위해" 만들어졌다고 믿는다.[97] 앞서 언급한 것처럼 경제학자들은 이와 반대로 (선출직이 아닌) 영향력 있는 단체들이 진입을 통제하고 더 많은 돈을 벌기 위해 규제를 실행하는 사례가 점점 많아지고 있다고 생각한다.[98]

면허가 있는 전문직 종사자들이 고객에게 더 안전한 서비스를 제공할 가능성이 큰 경우에도 면허 요건이 고객에게 더 안전한 결과로 이어지지 않을 수 있다. 언제나 그렇듯이, 경제학자들은 우리에게 인센티브가 중요하다는 사실을 상기시킨다. 전기 기술자를 예로 들어보겠다. 초기 연구에 따르면 "전기 기술자에 대한 면허 규정이 가장 엄격한 주에서 우발적인 감전 사고가 열 배 더 자주 발생하는"것으로 나타났다.[99] 이는 한편으로, 비싸진 서비스 가격 탓에 고객들이 전기 작업을 직접 하기 때문일 수도 있다.

많은 주에서 추가적인 감독이 없이도 소비자들이 서비스의 품질을 판단할 수 있는 저임금 직종에 대해서조차 불필요하고 시간 소모적이며 비싼 면허 요건을 적용하고 있다. 꽃꽂이 전문가, 여행 가이드, 댄스 강사, 머리 땋는 사람, 매니큐어리스트, 인테리어 디자이너 그리고 소파 천갈이 기술자 등이 여기에 포함된다. 이런 직종에 대한 면허 요건을 완화하면 저소득과 중산층 근로자의 직업 기회가 확대되고 서비스 가격이 하락할 것이다. 이는 자격증을 가진 사람들에게도 이롭다. 그 점을 경쟁력으로 내세울 수 있으니 말이다.[100]

주요 정치인들은 '일할 자유'에 대한 많은 규제가 공익적 정당성이 없다는 경제학자들의 의견에 동의한다. 실제로 오바마와 트럼프 행정부 모두 주 정부가 성가신 허가 규제를 축소하도록 권고했다.[101]

물론 많은 규제는 직업이 아닌 기업을 대상으로 한다. 1970년부터 2008년 사이 민주당과 공화당을 불문하고 모든 행정부에서 연방 규정상 규범적 규칙의 수가 급증했다. 이 기간에 '해야 한다shall, must'와 같은 의무를 나타내는 표현은 4만 300개에서 96만 3,000개로 증가했다. 그 장점이 무엇이든 부담적정보험법(오바마케어)과 도드-프랭크Dodd-Frank 금융개혁 법안은 수천 쪽에 달하는 새로운 규제를 양산했다.

앞에서 경제학자들이 경제 성장을 강조한다는 사실을 살펴봤다. 규제의 강화는 성장과 신규 사업의 확장을 저해하는 중요한 요인 가운데 하나다. 중소기업과 대기업 모두 규정 준수에 관한 서류 작업과 인력이 필요한데, 전체 비용에서 규제 관련 비용이 차지하는 비중은 대기업보다 중소기업이 더 크다. 중소기업을 대상으로 한 조사에서 다섯 곳 가운데 한 곳이 규제 준수를 가장 큰 문제로 여기는 것으로 나타났다.[102]

경제학자 루이지 징갈레스Luigi Zingales는 무엇을 성취하느냐가 아니라 누구를 알고 있느냐로 성공이 결정되는 이탈리아의 경제체제에 염증을 느껴 미국으로 이주했다. 하지만 많은 경제학자와 마찬가지로 그 또한 특정 기업에 보조금을 지원하고, 일부 은행과 금융가들을 구제하고, 특정 직업에 면허를 허가하는 방식으로 미국이 이탈리아와 같은 정실 자본주의로 변해가고 있다고 우려한다.[103]

경제학자들은 트럭 운송, 철도, 통신, 공공요금, 항공 요금 등 많은 기반시설 산업의 규제 완화를 주도한 것을 특히 자랑스럽게 생각한다. 경제학자 엘리자베스 베일리Elizabeth Bailey는 "1930년대의 규제 움직임은 시장 실패가 만연했다는 견해를 반영했다. (…) 하지만 1970년대 후반과 1980년대 초반의 규제 완화 운동은 가격과 시장 진입에 대한 경제적 규제가 정부의 실패라는 생각을 반영한 것이다"라고 주장한다.[104]

규제 완화는 효과가 좋았다. 주간상업위원회Interstate Commerce Commission, ICC가 트럭 운송 산업에 대한 규제 완화를 시작한 지 5년 만에 트럭 화물 운송 요금은 약 25% 하락했다. 게다가 작은 도시에 대한 서비스가 증가했고, 화주들의 불만은 감소했다.[105] 항공 요금에 대한 규제 완화도 평균 약 30%의 요금 인하로 이어졌다.[106] 규제 완화가 성공

한 후 주간상업위원회와 민간항공위원회Civil Aeronautics Board, CAB는 해체
됐다.

항공사 규제 완화에서 주목할 점은 경제학자들의 압도적인 지지뿐
만 아니라 진보와 보수 정치인들이 모두 규제 완화를 지지했다는 것
이다. 이런 강력한 지지는 1970년대에 CAB가 규제했던 주간 항공 노
선의 요금과 거리가 비슷한 텍사스-캘리포니아 주내 항공 노선의 요
금 비교가 큰 도움이 됐다. 시장의 집중도는 주내 항공 노선이 더 높
았지만 주 경계를 넘나드는 주간 항공 노선의 요금은 유사한 거리의
주내 노선보다 70% 정도 더 비쌌다. 가장 많이 이용하는 노선 가운
데 하나인 로스앤젤레스-샌프란시스코 노선은 두 항공 회사가 70%
정도의 시장을 장악하고 있었다. 이는 두 회사가 상당한 시장 지배력
을 가지고 있다는 증거다. 그러나 상대적으로 낮은 경쟁 수준과 가격
이 인상될 경우 경쟁 업체가 진출할 위험성 때문에 주내 항공 요금은
정부가 규제하는 주간 항공 노선 요금보다 낮게 유지됐다.[107] 이런 증
거로 볼 때 불완전한 시장의 기능을 개선할 수 있는 정부 능력에 대한
경제학자들의 회의적인 시각은 당연할 것일 수도 있다.

경제학자들은 여전히 규제 개혁을 추진하는 선봉에 있다. 예를 들
면 경제학자들은 우버Uber와 에어비앤비Airbnb의 성장을 방해하는 지방
자치단체의 다양한 활동에 반대한다. 시카고대학교의 부스 경영대학
원은 저명한 경제학자들로 구성된 패널을 대상으로 다양한 문제에 관
한 설문조사를 실시했다. 이들은 모두 "우버나 리프트 같은 차량공유
서비스가 안전과 보험 요구 사항에 대해 동등한 지위에서 택시 회사
와 경쟁하면서 가격이나 경로에 대한 제한을 없애는 것이 소비자 복

지를 증진하는 것으로 믿었다."[108] 경제학자들은 일반 대중이 아니라 주로 택시 회사나 호텔이 우버나 에어비앤비 같은 기업들을 방해하는 법을 원한다는 사실이 결코 놀라운 일이 아니라고 생각한다.

어쩌면 당신은 요즘 항공사의 서비스를 칭찬하는 사람이 어디 있겠느냐고 생각할지도 모르겠다. 불평할 구석은 너무나 많다. 이 글을 쓰는 시점에서 가장 큰 불만은 비행기의 좌석 크기다. 승객들은 무릎이 앞 좌석에 거의 닿을 정도로 옹색하게 앉아 있다고 느낀다. 좌석 공간은 확실히 예전보다 줄었다. 1978년 이후 앞좌석과 뒷좌석은 약 7.6센티미터 더 가까워졌고 좌석의 폭은 약 3.8센티미터가 줄었다. 일반 이코노미 좌석의 폭은 남성 승객의 평균 어깨 폭보다 좁다.

연방항공청FAA은 안전 문제가 있는 경우에만 규제할 것이라고 말한다. FAA의 연구에 따르면 좌석이 더 작다고 해서 대피 시간이 늘어나는 것은 아닌 것으로 나타났다. 이들은 비행기 추락 사고는 거의 일어나지 않고, 대부분의 경우 대피 시간이 더 짧아져도 생존에 유의미한 영향을 거의 미치지 못한다고 주장하려는 것일지도 모른다.

플라이어스 라이츠Flyers Rights'라는 소비자단체는 소송을 제기할 것이라고 밝혔다. 한 항공대학의 학장은 "이런 말을 해서 유감이지만, 항공사들은 돈을 벌기 위해 할 수 있는 모든 일을 할 것입니다"라고 말했다. 그녀는 항공사의 요금 체계가 승객을 최악의 좌석에 앉혀놓고, 편한 자리를 원한다면 돈을 더 내고 이코노미 플러스 좌석을 사라고 하는 것에 분개하고 있다. 테네시주의 스티브 코언Steve Cohen 민주당 하원의원은 미국 하원 교통위원회에 "FAA가 좌석의 크기를 결정하도록 하는 개정안"을 제출했다.[109]

지금까지의 논의는 NPR과 〈워싱턴 포스트〉의 기사에 근거한 것이다. 이 글을 쓴 사람들은 자기 글에서 언급한, 불만이 가득한 사람들만큼이나 현 상황에 화가 난 것처럼 보인다. 그들은 FAA가 항공기의 좌석 설계를 책임지는 것이 명백하게 공공의 이익에 부합하는 거라고 생각하는 것 같다.[110]

2018년 말 〈워싱턴 포스트〉의 한 기사는 FAA를 위한 의회 자금 지원 법안의 한 조항을 설명했다. 그 조항은 교통부 장관이 추가 수하물 위탁, 항공권 변경, 통로에 앉거나 다리 공간이 더 넓은 좌석 같은 것에 대해 항공사가 수수료를 추가하는 권한을 규제하도록 하고 있다.[111] 이 기사는 의회가 대중이 원하는 것을 할 것인지 아니면 항공사 로비스트들이 원하는 것을 할 것인지에 대한 문제를 제기했다. 다시 말해 〈워싱턴 포스트〉 기자는 항공 요금과 좌석 크기에 대한 규제를 통해 대중은 분명히 더 많은 편익을 누리게 될 것이라고 주장했다.

경제학자들은 가격 책정에서 투명성을 원할 것이다. 항공권을 사려고 생각하는 고객은 추가될 수 있는 모든 수수료에 대해 알아야 한다. 하지만 내가 볼 때 경제학자들은 수수료 문제 외에도 항공사의 현재 가격 체계가 상당히 좋다고 생각할 것 같다. 조금 더 넓은 좌석을 원하는 승객들은 더 높은 가격을 지불하고 좋은 자리를 차지하면 된다. 그리고 돈을 절약하고 싶은 승객들은 작은 좌석이나 가운데 좌석, 뒤쪽 좌석에 앉으면 된다.

시장 가격의 장점은 모든 사람이 동일한 형태의 제품을 구매할 필요가 없다는 것이다. 경제학자는 항공 요금을 책정할 때 세 살짜리 아이와 함께 여행하는 160센티미터 키의 엄마 사례를 고려한다. 그녀에게는 넓은 좌석이나 넓은 다리 공간이 필요하지 않다. 그녀는 이런 부가적인 것들을 포기하고 돈을 절약하고 싶어 한다. 많은 돈을 절약하기를 원하는 승객과 많은 무료 서비스를 원하는 승객 모두 항공사의 고정비를 함께 나눠 부담할 수 있기 때문에 함께 비행기를 타는 것이 각자에게 이익이 된다.[112]

항공사가 더 넓은 좌석을 설치해야 하고 이 때문에 가격을 인상하면, 좌석이 작다고 불평하던 사람들과 의원들은 이제 가격을 올렸다고 불만을 표출할 것이다. 하지만 항공사들은 경쟁자들이 있기에 해마다 계속 과도한 수익을 올리지 못한다. 2018년에 〈월스트리트 저널〉은 다음과 같이 보도했다.

— 총매출 대비 9%인 항공사 평균 수익률은 미국 기업의 평균 수준이다. (…) 그러나 이런 수익률은 1979년부터 2014년까지 350억 달러의 누적 손실을 기록하고, 2000년대에 여섯 번의 주요 파산을 경험한 항공 산업 입장에선 엄청난 발전이다. (…) 지난해 항공사 수익은 연료비와 인건비 상승으로 압박을 받았다. (…) 그리고 저비용 항공사들과의 경쟁 확대로 요금을 많이 올릴 수 없었다.[113]

만약 항공사들이 더 적은 수의 승객들만 태운다면 비용이 증가하고 가격도 상승할 것이다. 3장에서 살펴본 오염에 관한 비용 분석이 항공 산업에도 적용될 수 있다. 교통부 장관은 초과 요금이 항공사들이 부담하는 비용에 비해 불합리하거나 과도한지 아닌지를 근거로 결정을 내려야 한다. 교통부 장관은 도대체 어떻게 합리적이거나 공정한 방식으로 이런 결정을 내릴 수 있을까? 예컨대 비용은 항공사의 비행기 구성에 따라 달라질 수 있지 않은가. 그러니 오염과 마찬가지로 규제 당국은 비행기의 크기를 기준으로 각 항공사의 비용 구조를 깊이 있게 조사해야만 할 것이다. 그러면 우리는 정당한 사유도 없이 또 다른 임의적인 규제와 마주하게 될 것이다.

현재 일부 비행기는 다른 비행기보다 다리 공간이 더 넓다. 만약 항공사들이 여전히 더 싼 항공권과 더 작은 좌석으로 더 많은 승객을 확보할 수 있다면, 시장은 항공사들이 옳은지 아닌지를 판단할 것이다. 그리고 만약 그들의 정책이 잘못된 것이라면 고객들은 다른 항공사를 찾아갈 것이다. 식당에서 큰 스테이크의 가격이 작은 스테이크보다 비싸다면 아무도 불만을 제기하지 않는다. 그런데 더 큰 좌석의 가격이 더 작은 좌석보다 비싼 것은 왜 문제가 되는지 경제학자들은 궁금해한다.

나는 '과거의 좋은 시절'을 기억할 만큼 나이가 많다. 항공기에는 지금보다 빈 좌석이 더 많았고 승객도 적었다. 더 낮은 가격으로 경쟁하는 것을 CAB로부터 금지당한 항공사들은 일테면 유명한 요리사의 기내식을 제공하는 방식으로 경쟁하곤 했다. 나는 이런 과거의 비행 경험을 좋게 기억하지만, 그런 즐거움을 포기함으로써 상당히 많은 돈을 절약하고 있다는 사실도 떠올리려고 노력한다. 게다가 장거리 노선을 이용할 때 이코노미 플러스 좌석을 예약하면 40년 전에 지급했던 것보다 훨씬 더 적은 비용으로 조금 더 넓은 좌석을 이용할 수 있으니 좋은 일이라고 생각한다.[114]

더 강력한 반독점 정책?

규제의 한 형태는 반독점 정책이다. 지난 수십 년 동안 반독점을 위한
정부의 개입은 일부 경제학자의 지지를 받아왔다. 경제학자들은 더
많은 벤처기업과 소규모 기업들이 새로 생기는 걸 원하기 때문에 더
강력한 반독점 정책을 선호할 것으로 예상할 수 있다. 애플이나 아마
존과 같은 기술 회사들의 막강한 시장 지배력도 반독점 정책과 관련
이 있다.[115]

그러나 경제학자들 사이에서 더 강력한 반독점 정책을 지지할 것인
지에 관해서는 의견이 갈린다. 그중 어떤 사람들은 아마존, 페이스북,
구글 같은 거대 기술 기업의 시장 지배력이 너무 크고 앞으로도 더 커
질 가능성이 있기 때문에 작은 기업들로 분할해야 한다고 주장한다.
또 어떤 사람들은 미래의 시장 지배력에 대한 이런 예측이 여러 차례
에 걸쳐 틀렸다는 것이 입증됐다고 반박한다. 1937년부터 1951년까
지 알코아Alcoa에 대한 정부의 반독점 소송이 진행되는 동안 알루미
늄 산업에서 차지하는 알코아의 점유율은 90%에서 55%로 감소했다.
IBM에 대한 소송이 진행됐던 1969~1982년에도 컴퓨터 산업은 두
번의 세대 변화를 거쳤고, 미국 밖의 기업과도 더 치열하게 경쟁해야
했다. 그리고 많은 중소기업이 대부분의 컴퓨터 작업을 처리할 수 있
는 소형 컴퓨터를 개발하고 판매했다.[116]

잡지 〈레귤레이션Regulation〉의 설문조사 기사에서 앨런 레이놀즈Alan
Reynolds는 다음과 주장했다. 애플 아이튠즈는 온라인 음악 시장에 초
기에 뛰어들면서 CD와 거의 '약탈적' 경쟁을 했다. 그러나 2011년 새

비지비스트Savage Beast가 판도라Pandora라는 이름으로 상장했고, 스톡홀름의 스포티파이Spotify가 미국에서 서비스를 시작했다. 구글은 시장 점유율이 높은 기업 가운데 하나로, 2016년 중반에 전 세계 메타 검색의 72.5%를 차지했다. 그러나 구글이 검색 시장에 처음 진출한 기업은 아니다. 알타비스타Alta Vista, 라이코스Lycos, 인포시크Infoseek, 핫봇HotBot, 익사이트Excite, 야후Yahoo가 검색 시장의 승자였다. 하지만 초기 승자들은 곧 구글, 애스크Ask, 빙Bing에 압도당했다. 레이놀즈는 또 메타 검색이 익스피디아Expedia는 물론 오픈테이블Open Table, 트립어드바이저Trip Advisor, 매치Match, 옐프Yelp, 하우즈Houzz 같은 전문화된 검색 엔진과 아마존Amazon, 이베이eBay, 프라이스그래버PriceGrabber, 넥스태그NexTag, 숍질라Shopzilla 같은 쇼핑 비교 엔진을 포함하는 훨씬 더 큰 세계의 일부일 뿐이라고 지적한다.[117]

더 강력한 반독점 정책을 지지하는 사람들은 매우 다양한 분야에서 시장 지배력을 키우려는 아마존에 특별한 주의를 기울이고 있다. 게다가 경쟁사들도 아마존 온라인 사이트를 자주 이용한다. 아마존이 시어스Sears 백화점의 가전제품을 판매하기로 하자 시어스의 주가가 크게 올랐다. 많은 소규모 소매업자는 고객들에게 다가가기 위해 아마존의 플랫폼을 사용할 수밖에 없다고 생각한다.

강력한 반독점 정책에 반대하는 사람들은 아마존이 실제로 새로운 시장에서 우위를 점하고 있지 않다고 주장한다. 예를 들면 아마존이 큰 비중을 차지하는 의류의 경우, 아마존은 전체 온라인 판매의 20%를 점유할 뿐이고 의류 시장 전체에서 차지하는 비중은 7%가 안 된다. 아마존은 조만간 가전제품 분야에서 베스트바이를 제치고 최대

가전제품 판매 업체가 될 것이다. 하지만 그렇더라도 전체 시장에서 차지하는 점유율은 20%에 불과할 것이다.[118] 나는 아마존이 매우 유용하고 효율적인 온라인 쇼핑을 제공하기 때문에 누구도 아마존을 따라잡을 수 없다고 생각하곤 했다. 그러나 월마트Walmart는 아마존의 온라인 지배력에 맞서 경쟁할 수 있다고 생각한다.

경제적 측면을 떠나 정치적으로 볼 때, 우리가 단일 기업이 아마존과 구글처럼 강력해지기를 바라는지 아닌지를 물어보는 것은 공정한 질문이다. 이런 기업들이 필연적으로 우리가 불편하게 느낄 정도의 막강한 정치적 영향력을 갖게 될까? 이것이 〈워싱턴 포스트〉의 경제 담당 에디터 스티븐 펄스타인Steven Pearlstein의 고민 가운데 하나다. 그가 쓴 "아마존은 너무 커지고 있는가?"라는 제목의 기사는 이런 논쟁을 잘 정리하면서 정부의 더 많은 반독점 개입을 요구했다. 그러나 펄스타인은 반독점 사례가 너무 복잡하고 논쟁의 여지가 있다고 믿는 전직 반독점 관리의 말을 인용해 "제약 없는 반독점 정책은 '정치적이고 이념적으로 잘못 사용될 수' 있다"라고 주장한다.[119] 아마존 창업자인 제프 베조스Jeff Bezos는 도널드 트럼프를 지속적으로 비판하는 〈워싱턴 포스트〉를 소유하고 있다. 트럼프는 베조스가 "나를 반대하는 정치적 권력의 도구"로 〈워싱턴 포스트〉를 이용하고 있다면서 "거대한 반독점 문제"를 가지고 베조스를 위협했다.[120] 대통령의 권력 남용은 아마존의 권력 남용보다 훨씬 더 우려스러운 일이다.[121] 두 진영 모두 동의하는 한 가지가 있는데, 경쟁이 있어야만 시장이 잘 작동한다는 것이다.

경제학자 타일러 카우언Tyler Cowen은 제약과 병원 분야에는 강력한 시장 지배력이 존재한다고 생각한다. 하지만 이런 분야를 제외하면 거대 기업들은 독점 기업처럼 행동하지 않는다. 독점 기업은 다른 기업의 진입을 제한하고 가격을 인상하는 게 보통이지만, 예를 들어 구글은 그렇지 않다. 구글은 검색 서비스와 지메일Gmail을 무료로 제공한다. 아마존의 플랫폼은 이전보다 더 많은 경쟁 업체의 상품과 서비스에 대해 가격과 품질 정보를 제공한다. 또한 구글과 아마존에서 일하는 청소부조차 중소기업 직원보다 급여가 높다. 오늘날 미국의 거대 기술 기업들은 중국의 대기업들과 경쟁하고 있다. 만약 미국 대기업 경영자들이 경쟁 기업들보다 독점 금지와 홍보에 대해 걱정해야 한다면 중국 기업에 추월당할 수도 있다고 카우언은 주장한다.[122]

기업이 노동자에게 더 친절해야 할까

'기업이 노동자에게 더 친절해야 할까?'라는 말은 경제학자들의 불만을 정리한 것으로, 많은 중도좌파 정치 평론가의 분노를 불러일으킬 것이다. "내가 말했잖아요. 경제학자들이 시장에 너무 집착하기 때문에 경제 성장의 이득이 상위 계층에만 돌아간다고 해도 전혀 신경 쓰지 않는다고 말이죠."

이런 비판을 모면하기 위해 경제학자들은 경제 개입을 통해 평범한 노동자들을 도우려는 정부의 시도에 반대하지 않는다. 하지만 여전히 지지를 꺼리는 것은 확실하다. 경제학자 대부분은 대상이 명확하지 않고 종종 부작용을 유발하는 직접적인 시장 개입보다 고소득층에 더 높은 세금을 부과하는 방식의 소득 재분배를 선호할 것이다.[123]

이런 경제학자들의 주장은 사람들에게 경제학자들이 무감각하고 비인간적이라는 고정관념을 심어줄 가능성이 크다. 그러나 경제학자들이 항상 소비자의 복지를 생각한다는 사실을 기억해야 한다. 그들은 소비자 주권이 종종 일부 사람들이 일자리를 잃는다는 의미라는 사실도 알고 있다. 소비자들은 제품이 더 좋아지고 더 저렴해지기를 바란다. 이를 위해 기업은 비용을 절감해야 하는데, 노동력은 중요한 비용이다. 인건비를 절감하는 한 가지 방법은 적은 노동력으로 동일한 제품을 만들 수 있도록 생산 과정이나 장비를 개선하는 것이다.

이것이 직원의 해고를 의미할 수도 있지만, 반드시 그럴 필요는 없다. 예를 들면 인건비를 줄여야 하는 일부 회사는 조기 퇴직에 동의하는 장기 근로자들에게 많은 보너스를 지급하기도 한다. 그리고 고용주들은 근로자들의 사기를 완전히 무시하지 못한다. 노동시장이라는 것이 존재하기에 경쟁력 있는 임금이나 부가 혜택, 쾌적한 근로 환경을 제공하지 않는 기업은 좋은 근로자를 불러들이고 유지하는 데 어려움을 겪기 때문이다. 예를 들면 워싱턴 DC에 새로운 식당을 개업할 때 그 식당의 매니저들이 지역 식당들을 방문하면서 일 잘하는 종업원들에게 명함을 나눠주는 것을 종종 볼 수 있다(이런 경쟁이 존재한다는 것은 중요하다. 일부 주에서는 식당들을 대상으로 '비경쟁 협약'에 동의했는지를 조사하기도 했다).[124]

이와 상관없이 경제학자들은 기업이 노동자에게 더 친절해야 한다고 요구하는 것이 반드시 전반적인 근로 조건의 향상을 의미하는 것은 아니라는 증거를 제시한다. 유럽의 많은 국가는 고용주가 직원에게 많은 부가적 혜택을 제공하도록 요구한다. 예를 들어 프랑스의 정규직 근로자들은 적어도 연간 5주의 휴가를 보장받고, 이와 별도로 10여 일의 공휴일이 있다. 여기에 더해 유급 출산 휴가와 육아 휴가가 있고, 결혼하는 근로자들에게는 4일의 휴가가 주어진다.

프랑스에서는 정규직을 해고하기가 매우 어렵다. 특히 기업이 50명 이상의 직원을 보유하고 있는 경우에는 더욱 그렇다. 사업이 어려울 때 해고할 수 없다는 것을 알면 기업들은 당연히 고용을 꺼린다.[125] 한 경제학자는 프랑스에는 직원 수가 49명인 기업들이 유난히 많고 직원이 50명 이상인 기업이 비정상적으로 적다는 사실을 발견했다.[126] 성장 가능성이 큰 기업들은 부담스러운 해고 규정을 피하려고 49명에서 더 이상 직원을 고용하지 않는 것 같다. 따라서 기업의 해고 능력을 제한하거나 막대한 부가적 혜택을 요구하는 국가들은 장기 실업률이 더 높은 경향이 있다.

프랑스의 실업률은 일반적으로 10% 정도로 미국의 평상시 실업률보다 훨씬 높다.[127] 더욱 심각한 것은 프랑스의 전체 실업률 대비 장기 실업률(1998~2018년 평균 40%)이 미국(1987~2017년 평균 13%)보다 훨씬 높다는 것이다. 단기 실업이 사회적 위기가 되는 경우는 드물다. 프랑스 실업자의 40%가 12개월 이상 일자리를 찾지 못하는 장기 실업자라는 사실은 특히 안타까운 일이다.[128] 대부분 사람은 몇 달이 넘도록 어떤 일자리도 찾지 못하는 예비 근로자들에게 특히 친절해야 한다고 생각할 것이다. 그러나 기업에 친절을 요구하는 것이 친절을 가장 필요로 하는 사람들을 더 힘들게 하는 것처럼 보인다.

심지어 중도좌파 경제학자들도 유럽 방식의 기업 규제에 반대하는 목소리에 동참하고 있다. 예를 들어, 더 큰 정부와 부유층에 대한 더 높은 세금을 지지하는 로버트 프랭크Robert Frank는 "이 나라에는 많은 의무 규제가 있는데 득보다 실이 더 많다고 우려할 근거가 충분합니다"라고 주장한다. 프랭크는 "민간의 노동 계약에 대한 유럽 국가들의 복잡한 규정"을 비판하면서 이런 규정들이 유럽에서 두 자릿수 실업률이 지속되는 중요한 원인이라고 지적한다.[129] 빌 클린턴 행정부의 경제자문위원회 위원장이었던 조지프 스티글리츠는 "유럽인들은 '우리는 어떤 새로운 일자리도 만들지 않았다. 하지만 우리가 일자리를 만들었다면 훌륭한 일자리였을 것이다'라고 말하는 것 같다"라며 프랭크의 주장에 동의한다.[130] 클린턴 대통령 시절 재무부 장관이자 오바마 대통령의 경제자문위원이었던 래리 서머스도 2012년에 유럽이 경기 침체에서 벗어나면 "경화증을 유발하는 엄격한 규제"를 개혁할 필요가 있을 것이라고 말했다.[131]

경제적 효율성의 관점에서 볼 때, 정부는 기본적으로 노동자들에게 너무 친절한 경우가 많다. 노동부에서 노조와 협상 중인 한 관리자는 기자에게 "경영진과 노조가 적대적 관계여야 한다는 전제를 받아들이고 싶지 않습니다"라고 말했다. 노조를 대표하는 협상가도 그 기자에게 "우리는 노조로서 우리의 이익을 위해 행동했고 성과를 달성했습니다"라고 말했다.

1962년 케네디 대통령은 연방 정부에 단체 교섭을 도입하는 행정 명령을 내렸다. 아서 골드버그Arthur Goldberg 노동부 장관은 "노동부가 새로운 행정 명령에 따라 가장 먼저 합의에 서명하게 된 것이 자랑스럽습니다"라고 말했다. 노동부의 협상 대표들은 이를 위해 필요한 것은 무엇이든 양보하라는 지시를 받았다. 그들은 이례적으로 많은 양보를 했다. 노동부의 한 노련한 협상 대표는 나중에 초기의 이런 양보가 그 이후로 계속된 관대한 협상의 선례를 만들었다며 불만을 터뜨렸다.[132]

레이건 행정부의 예산 삭감안에 국무부의 1,270개 일자리가 포함됐을 때 국무부 직원들은 "사람이 아니라 물품 예산을 삭감하라"라고 외쳤다. 해명에 나선 국무부 차관은 이전의 삭감안은 장비 공급과 차량에 초점을 맞췄지만 "우리는 그런 비용 절감 조치로는 충분하지 않은 시점에 도달했다"라고 언급했다.[133] 내가 거주하는 버지니아주의 주지사들은 힘든 시기 동안 어떤 주 정부의 직원도 일자리를 잃지 않을 것이라고 발표하는 것에 큰 자부심을 느낀다.[134]

내 수업 시간에 비영리단체의 한 직원이 "우리는 효율적으로 일할 수밖에 없었습니다. 보조금이 줄어들고 일자리가 위태로워졌거든요"라고 이야기하면서 정부와 비영리단체가 덜 효율적이라고 주장하는 강좌에서 화를 내며 반박한 적이 있다. 오클랜드시에서도 예산 부족으로 도서관이 사서가 아니라 책의 구매를 줄인 사례가 있었다. 일자리 보호를 우선하는 것이 항상 소비자나 시민의 욕구를 가장 잘 충족시키는 정책인 것은 아니기 때문에 경제적 측면에서는 효율적이지 않다. 예를 들면 책은 줄이면서 사서를 절대 해고하지 않는 정책은 경제적으로 효율적이지 않다. 책을 읽는 시민들에게 가장 도움이 되는 정책이 아니기 때문이다.

물론 앞서 언급한 것처럼 민간 기업들도 직원의 해고를 피하려고 노력하지만 어쩔 수 없이 해고해야 하는 경우가 많다. 일본 자동차 회사들의 거센 도전에 직면한 미국 자동차 산업은 1979년부터 5년 동안 20만 명 이상을 해고했다.[135] 같은 기간 포드는 북미 지역 인원의 25%를 감축했다.[136] 자동차 산업 분야에서는 해고가 계속됐다. 예를 들면 1991년에 GM은 앞으로 몇 년 동안 7만 명의 직원을 감축할 계획이라고 발표했다.[137] 그러나 연방 정부에서는 이런 대규모 인력 감축이 단행되지 않는다. 프린스턴대학교의 연구는 특히 경기 침체기에 공공 부문 일자리가 민간 부문 일자리보다 더 안전하다는 것을 보여 줬다.[138]

나 역시 직원들에 대한 포용적인 정책이 민간 부문보다 공공 부문에서 더 의미가 있을 수 있다는 사실을 인정한다. 만일 내 학생 가운데 한 명이 해고당했다면 나 역시 이렇게 따질지 모르겠다. "여보세요, 존스 여사님. 효율을 추구하는 당신은 해고가 불가피하다고 생각하시겠지요. 하지만 나는 지금 누군가는 기분이 좋지 않다는 것을 압니다. 혼자 아이를 키우는 불쌍한 아그네스에겐 그 일이 정말 필요합니다. 하지만 효율성을 따지는 존스 여사님은 아그네스가 나가야 한다는 거죠?" 남아 있는 직원들의 사기는 크게 떨어질 것이다. 그러나 관리자들이 불만을 제기하는 사람들에게 다음과 같이 대답할 수 있는 민간 부문에서는 그렇지 않다. "저기요, GM의 이 부서는 수백만 달러의 적자를 기록하고 있습니다. 이렇게 계속 적자를 낼 수는 없습니다. 만약 그랬다가는 우리 모두 일자리를 잃게 될 겁니다."

사람들의 일자리를 보호하고 싶어 하는 마음은 자비로운 동료애의 상징이다. 그러나 경제학자들은 동료애가 성장을 방해하고 장기적으로 대부분의 노동자에게 피해를 준다고 이야기한다. 사람들은 '일자리를 만들기 위한 일자리'에는 찬성하지 않는다고 말할 것이다. 하지만 인건비를 절약하는 기술 변화를 방해하는 것은 일자리를 위한 일자리를 지지하는 것과 다름없다.

2017년에 경제학자 래리 서머스는 빌 게이츠가 "노동자의 이직 충격을 완화하고 불평등을 제한하기" 위해 로봇에 대한 세금을 제안했을 때 그를 비난했다. 서머스는 다음과 같이 말했다. "왜 로봇을 괴롭힙니까? 비행기 탑승권을 발행하는 무인 판매기, 모바일 뱅킹 기술, 문서 작업을 빠르게 하는 소프트웨어 등 모든 것이 노동력을 절약하는 것입니다. 이런 것들은 산업을 더 생산적으로 만들고 경제 성장을 촉진합니다. 전체 산업이라는 파이의 크기를 키워야죠. 우리는 생산성의 향상과 성장을 즐길 수 있고 실직한 노동자들을 보호하기 위해 적절한 세금을 부과하고 이직을 도와줄 수 있습니다."[139]

게이츠의 의견에 동의하는 일반 시민도 많다. 250명의 경제학자와 훨씬 더 많은 일반 대중을 상대로 한 조사에서 경제가 '현재보다 더 나아지지 않는' 몇 가지 가능한 이유에 관해 물었다. 그 이유 중 하나가 '기술이 노동자를 대체한다'였는데 조사 대상자들은 '전혀 아니다', '사소한 이유다', '중요한 이유다' 가운데 하나를 선택할 수 있었다. 경제학자 대부분은 '전혀 아니다'라고 답했고, 대중은 '사소한 이유'라는 응답이 많았다. 경제학자들과 달리 대중은 기업이 이윤을 늘리려고 근로자들을 해고하는 것이 경제에 나쁜 영향을 미친다고 생각했다.[140]

〈저널 오브 이코노믹 퍼스펙티브Journal of Economic Perspectives〉의 편집자인 티머시 테일러Timothy Taylor는 기업과 정부의 역할에 대한 정치권의 논의가 거꾸로 가고 있다고 생각한다. 자연스러운 방식이라면 민간 부문이 가장 잘하는 일, 즉 기업이 새로운 제품과 경영 기법을 도입함으로써 경제를 성장시키는 일을 하게 해야 한다. 그런데 정부는 실업보험과 (저임금을 보충하는) 근로소득 세액 공제 같은 프로그램을 통해 근로자를 돌본다. 그 대신 우리는 정치인들에게 '경제를 성장시킬' 감세와 산업 정책에 관해 논의하도록 촉구한다. 그러면서 자선단체에 상당한 금액을 기부하고 매년 수익이 줄어들고 있음에도 근로자를 해고하지 않는 기업들을 격려해야 한다.[141] 앞에서 살펴본 것처럼 경제학자들은 민간 부문이 낭비를 더 잘 찾아내고 개선할 수 있다고 생각한다. 하지만 공공 부문의 비효율성이 고쳐지지 않고 얼마나 오래 지속될지는 누구도 알 수 없다.

연방 정부는 1930년대부터 저소득 시민들을 위한 주택을 건설했다.[142] 그러나 1974년 이후에는 일반적으로 민간 부문이 저소득층을 위한 주택을 건설했다. 건설업자들은 세입자들로부터 임대료를 받고 정부로부터는 개별 세입자에 대한 보조금(일반적으로 세금 공제)을 받는다. 이 정책은 두 가지 중요한 이유로 불공평하다. 미국의 소득 수준에 기반한 여타 지원 프로그램과 달리, 저소득 주택 프로그램은 도움이 필요한 가장 가난한 가정에 도움을 주지 못한다. 지원을 원하는 자격을 갖춘 가족들은 대기자 명단에 이름을 올려야 한다. 이 프로그램에 참여하고 싶어 하는 많은 건축업자에게도 불공평하다. 일부 건축업자만 참여할 수 있기 때문이다. 공개경쟁을 거치지 않기 때문에 운 좋은 건축업자들만 과도한 이익을 얻는다.

경제학자들은 다음과 같은 질문을 한다. 모든 저소득층 가구에 주택 비용의 일부를 바우처로 지급하지 않는 이유가 무엇일까? 보조금을 주고 사람들이 자기 돈이나 정부가 지원하는 돈에 적합한 주택을 선택하게 하라는 것이다. 왜 특별한 정부 지원 프로젝트에 참여하는 저소득층 사람들에게만 도움을 준다고 말하는 것일까?

주택도시개발부에는 바우처 프로그램이 있지만 건축업자에게 보조금을 지급하는 비효율적인 프로그램보다 더 낮은 수준의 자금이 지원된다. 수십 년 동안 경제학자들은 바우처를 지지하는 주장을 펼쳤고, 보조금을 지원받는 주택 건설 프로그램의 비효율성에 대한 증거도 제시해왔다. 예를 들어 한 훌륭한 연구에 따르면 "개인이 소유하는 주택 건설 프로젝트에 보조금을 지원하는 가장 큰 프로그램은 동일한 비용으로 세입자에게 동등하게 좋은 주택을 제공하는 주택 바우처 프로그램보다 최소 72%의 세금이 더 들어가는 것"으로 나타났다.[143]

바우처 제도로 전면 전환이 어려운 이유는 무엇일까? 주택 건설과 복구 프로그램의 사업자로 선정된 운 좋은 건설업자들의 막강한 로비와 선거 기부금이 한 가지 원인이다. 이런 문제는 공화당 하원 의장과 몇몇 민주당 상원의원이 가장 큰 개발 사업체 가운데 한 곳으로부터 기부금을 받는 미주리주에서 특히 심각하다.[144]

추가 논의

60년 전에 많은 경제학자는 공공재정의 원칙이 더 잘 개발되고 확대되면 시장의 불완전성을 바로잡기 위해 연방 정부가 경제에 선택적으로 개입할 수 있으리라고 낙관적으로 생각했다.[145] 오늘날 그런 희망을 품는 경제학자는 거의 없다.

이런 문제 가운데 일부는 타당한 규제 정책조차도 매우 쉽게 남용될 수 있다는 것이다. 발명가들에게 특허를 부여하는 규정은 당연한 일이다. 만약 A사가 새로운 생산 방식을 도입하자마자 B사가 모방할 수 있다면 발명품이 크게 줄어들 것이다. 다른 한편으로, 발명가들로부터 유망한 특허권을 사들인 다음 사용하지 않고 가지고 있는 기업들도 있다. 그럼으로써 새로운 기술이 자사의 기존 수익 창출 방식을 방해하지 못하게 하는 것이다.

브링크 린지Brink Lindsey는 "매년 발행되는 특허권의 수가 1980년대 초반의 다섯 배에 달한다"라고 밝혔다. 이런 특허법의 주요 기능은 혁신가들을 위한 법적 지뢰밭을 만드는 것이다. 특허를 무기화하여 소송을 제기하기 위해 특허 포트폴리오를 사들이는 이른바 '특허 괴물' 때문에 혁신가들이 피해를 볼 수 있기 때문이다. 그래서 혁신을 위한 정책이어야 했던 특허법이 어이없게도 변호사를 위한 정책이 되고 말았다.[146]

그러나 더 큰 문제는 경제학자들이 원칙적으로도 절대로 지지하지 않을 정책을 정부가 추진하는 것이다. 과거 정부에서 공직 경험이 있는 최고의 경제학자들을 대상으로 한 조사에 따르면, 대부분의 국가 정책 제안은 엄청난 시간적 제약 속에서 정치적 필요에 대응하기 위해 개발된 것으로 나타났다. 제안된 정책에 대한 신중한 분석은 거의 할 수 없었다.[147] 빌 클린턴의 경제자문위원회 위원이자 나중에 연방준비제도의 부의장이 된 앨런 블린더Alan Blinder는 이런 현상을 가로등 이론lamppost theory으로 설명한다. 즉, "정치인들은 경제학자들에게 조언이 아니라 지지를 요청하는 것이다."[148]

정부 기관에서 관리자와 정권에 의해 임명받은 사람들은 경제학자들에게 "내 견해에 가장 적합한 경제적 논거를 제시해달라"라고 말할 것이고, 경제학자들은 "당신의 견해를 뒷받침하는 경제적 이론은 없다"라고 말할 것이다. 관리자들은 시장에 덜 집착하는 경제학자들을 고용하고 싶어 하지만, 시간이 지나면서 그런 경제학자들을 거의 찾을 수 없다는 것을 알게 된다.[149]

정부의 효율성에 회의적인 시각을 가진 이들이 보수적인 경제학자만은 아니다. 지금쯤은 당신도 내가 얼마나 자주 중도좌파 주류 경제학자들의 말을 인용해 이런 결론을 주장했는지 잘 알 것이다. 경제학자들은 자유시장이 경쟁을 촉진하기 때문에 좋아한다. 경제 칼럼니스트 로버트 새뮤얼슨은 기술 변화는 예측할 수 없다는 바로 그 이유로 시장이 기술 변화를 촉진하는 데 가장 적합할 수 있다고 주장한다.

— 많은 비판의 대상이 되는 '시장'은 다양성을 허용하는 시스템을 설명하는 간단한 방법일 뿐이다. 이를 통해 기업과 사람들은 무엇이 가장 잘 작동할지 추측할 수 있다. (…) 지속적으로 더 좋은 제품을 추구하는 원동력은 실패에 대한 위협, 보상에 대한 기대 그리고 불확실성이다.[150]

시장이 단지 더 나은 제품과 서비스로만 인도하는 것은 아니다. 더 좋은 제품과 서비스로 이어지는 새로운 제도적 혁신도 촉진한다. 예를 들면 킥스타터Kickstarter는 2018년 기준 39억 달러를 모금해 수천 개의 회사를 설립하는 데 도움을 준 크라우드펀딩 플랫폼이다. 이는 많은 사람이 비교적 소규모의 자금을 투자하는 방식에 의존한다는 것을 보여준다.[151]

바다에 유출된 기름을 더 빨리 청소하는 방법을 찾는 것과 같은 중요한 혁신을 위해 140만 달러를 제공하는 엑스 프라이즈 재단X Prize Foundation도 관심의 대상이다. 지금은 게이츠 재단Gates Foundation이 합류해 상금을 제공하고 있다. 온라인 추천에 사용되는 알고리즘을 개선할 수 있는 사람들에게 100만 달러의 상금을 내건 넷플릭스의 사례도 있다. 이 프로젝트에는 186개국에서 5만 5,000명이 참여했다. "100만 달러의 상금은 온라인으로 협업한 팀에 돌아갔는데, 일곱 명으로 구성된 이 팀의 멤버들은 2009년에 치러진 시상식에서 처음으로 대면했다."[152] 나사NASA는 새로운 우주비행사 장갑 디자인에 상금을 내걸었다. 우승자는 항공우주 회사가 아니라 "새로운 회사를 설립하기 위해 회사를 떠난 실직 엔지니어"였다.[153]

엑스 프라이즈 재단을 운영하는 기업가 피터 다이아몬드Peter Diamond 박사는 상과 칭찬을 추구하는 것이 "사람들이 가능하다고 믿는 것"을 변화시킴으로써 "세상을 바꿀 수 있다"는 확신을 갖게 됐다고 말한다.[154] 경제학자들은 이런 제도적 혁신을 좋아한다. 이런 혁신은 시장에서 자발적으로 생겨나고 경제적 인센티브를 이용해 더 좋은 세상으로 나아갈 수 있도록 발전을 촉진하기 때문이다.

시장을 공부하지 않은 사람들은 시장의 힘을 확실하게 알 수 없다. 그러나 이 규칙에도 예외가 있다. 인생의 후반에 우연히 시장의 혜택을 발견하는 사람들도 경제학자들만큼 시장에 관해 열정적일 수 있다. 그러나 이들조차 자신들이 누리는 경제적 풍부함을 시장 체제가 아니라 특정 매장 덕분이라고 생각하는 경우가 많다.

러시아와 초기 소비에트 연방을 연구하는 내 동료 앨런 린치Allen Lynch는 "1980년대에 미국을 방문한 소련 관료들은 사실상 거의 의무적으로 K마트를 둘러봤습니다. 그들은 풍부한 일상 소비재를 보고 충격을 받았죠. 소련 방문단원들(보통 엘리트들)과 이민자들은 전형적인 미국 슈퍼마켓에서 심리적 또는 정신적 충격을 경험했습니다"라고 말했다.[155]

이와 유사하게 동유럽 방문단도 K마트를 방문한 후 자기들 나라에서도 K마트와 같은 슈퍼마켓을 지어야 한다고 결론 내렸다. 하지만 K마트는 2018년에 두 번째로 파산했기 때문에 한창때와 같은 위용을 다시는 볼 수 없게 됐다. 소련과 동유럽 방문객들은 미국의 풍부함을 만들어내는 것이 자신들이 본 널찍한 상점이 아니라 시장에서의 자본주의 경쟁이라는 것을 이해할 수 없었을 것이다.[156]

팟캐스트 이콘토크의 진행자인 러스 로버츠는 자신이 러시아 방문단과 함께 가게에 갔을 때의 경험담을 이야기했다. 한 러시아 방문객은 효모를 사고 싶었는데 진열대에 효모가 없었다. 로버츠는 식품점 주인에게 혹시 재고가 있는지 확인해달라고 부탁했다. 마침 창고에 재고가 있었고 식품점 주인이 재고를 가지고 돌아와 로버츠에게 건네주자, 그 러시아 방문객은 깜짝 놀랐다. 그는 이것이 일반 고객이 일상적으로 받는 서비스가 아니라 로버츠가 권력이 있고 영향력 있는 사람이기 때문에 특별한 서비스를 받은 것으로 생각했다.[157]

어쩌면 당신은 주류 경제학자 대다수가 정부의 자원 배분 효율성에 대해 매우 회의적이라는 사실을 믿지 못할 수도 있다. 주류 경제학자들은 무정부주의자들이 아니다. 그들은 시장 체제에 대한 법적 틀을 만들고, 중요한 공공재를 제공하고, 외부효과와 시장의 여러 불완전성을 보완하기 위해 정부가 적극적인 역할을 하기를 바란다. 많은 주류 경제학자는 또 교육 시스템의 개선, 거시적 경제 안정화, 가난한 사람들에 대한 소득 재분배 문제에 정부가 적극적으로 참여하기를 원한다. 자유방임주의 경제에서도 경제학자들 사이에서는 정부가 더 많이 개입해야 한다는 합의가 존재한다. 그러나 21세기의 미국에서는 그렇지 않다. 경제학자들은 정부 개입의 결과가 나쁘다는 것을 알게 됐고, 미래에도 결과가 좋지 않을 가능성이 큰 이유를 이론적으로 설명할 수 있다.

중도좌파 주류 경제학자들은 대체로 시장에 회의적일 거라고 생각하는 사람도 많다. 그러나 가장 저명한 두 명의 좌파 경제학자인 조지프 스티글리츠와 폴 크루그먼에 관해 생각해보라. 둘 다 노벨 경제학상을 받았다. 앞에서 나는 "민간 기업이 있는 시장이 성공적인 경제의 핵심이다"라는 스티글리츠의 신념을 인용했다.[158] 로빈 웰스와 폴 크루그먼은 자신들의 경제학 입문서에서 "시장은 경제활동을 조직하는 놀랍도록 효과적인 방법이다"라고 주장한다. 그리고 외부효과와 공공재 등 시장 실패에 대해 논의하는데, 논의를 마무리하면서는 시장의 역할을 높이 평가한다. "이런 한계가 있음에도 시장이 교역의 이익을 극대화하는 데 얼마나 효율적인지 주목할 만하다."[159]

경제학자들은 때때로 '시장을 종교로 만든다'고 비판받는다. '뛰어나다'나 '놀랍다' 같은 단어는 종교적 수준은 아니지만, 상당히 강력한 칭찬이다. 경제학자가 아닌 사람들에게는 경제학자들이 시장의 중요성을 지지하는 이유를 이해하는 것이 도움이 될 수도 있다.

중국은 시장이 공산주의 이념과 반대되는 것처럼 보였기 때문에 마지못해 천천히 시장경제체제로 나아갔다. 그러나 마오쩌둥의 '대약진' 운동이 끔찍한 결과를 가져오자, 극적인 변화가 필요하다는 결론을 내리고 시장 체제를 도입했다.

미국에서도 정치인들은 때때로 효율성 때문에 자신들의 정치적 견해나 입장을 포기해야 할 때조차 시장 체제에 근거한 해결책을 채택해야 한다는 것을 알고 있다. 2008년에 〈워싱턴 포스트〉는 "상원, 적자 식당 민영화하기 위해 투표"라는 제목의 기사를 실었다. 상원의 식당들은 15년 동안 1,800만 달러의 손실을 기록했고, 2008년에도 추가로 200만 달러의 적자를 볼 것으로 예상됐다. 민주당이 장악한 상원은 납세자들로부터 더 많은 보조금을 지원받지 않기 위해 민간 계약자에게 식당 운영권을 넘겨야 한다고 결정했다. 이런 결정으로 '새로 고용된 사람들의 임금과 혜택이 줄어들 것'이 확실했다. 뉴저지주의 민주당 상원의원인 로버트 메넨데스Robert Menendez는 동료 민주당 의원들과 만난 자리에서 이렇게 말했다. "당신은 상원 회의장에서 노동자들의 민영화를 비난하다가, 뒤돌아서서는 여기 상원의 노동자를 민영화하면서 스스로 독립해 살아가라고 내버려 두는 겁니까?"

식당을 책임지고 있는 위원회의 의장 다이앤 파인스타인Dianne Feinstein 상원의원은 민영화를 결정한 것에 대해 민주당의 동료 상원의원들로부터 심한 비난을 받았다. 그녀는 식당의 끔찍한 적자 상황은 평균 이하의 형편없는 음식과 서비스가 원인이라고 지적했다. 〈워싱턴 포스트〉의 기사는 상원 직원들은 줄이 더 길다는 걸 뻔히 알면서도 "의회 의사당을 가로질러" 하원의 민영화된 지하 식당을 찾아간다고 설명했다. 하원 직원들이 상원 쪽으로 가는 일은 거의 없다. 하원 식당의 음식이 더 좋을 뿐만 아니라 하원에 매년 120만 달러의 수수료까지 지급하고 있다. 결국 파인스타인 의원이 민영화에 실패하면 상원 식당의 음식 가격이 전반적으로 25% 인상될 것이라고 경고한 후에야 상원의원들은 민영화에 동의했다.[160]

5
경제학자와 형평성

4장에서는 경제학자들이 자원 배분 메커니즘으로서 시장을 높이 평가하는 이유를 설명했다. 시장 거래에 참여할 때 어떤 사람들은 손해를 볼 수도 있다. 헨리 포드Henry Ford가 모델 T 자동차를 팔기 시작했을 때 마차용 채찍을 만드는 사람들은 사업상 손해를 봤을 것이다. 그러나 시장이 완전하다면 이득을 본 사람들이 손해를 본 사람들이 잃은 것보다 더 많은 것을 얻는 잠재적 파레토 개선이 이뤄질 수 있다. 헨리 포드와 그의 차를 산 모든 사람은 채찍 제조업자들의 손실을 보상하고도 여전히 더 나은 삶을 살 수 있었을 것이다.

하지만 일반적으로 그러는 것처럼 보상이 이뤄지지 않는다면, 우리는 어떻게 생각해야 할까? 시장은 소비자들의 돈에 따라 움직이지만 돈이 공평하게 배분되지 않는다고 느끼는 사람이 많다. 때때로 연필이나 아이패드를 사는 사람은 그것을 가장 갖고 싶어 하는 사람이 아니라 단지 돈이 가장 많은 사람인 경우도 있다. 무엇인가를 사고 싶다는 욕구는 부분적으로 돈을 지불하는 능력에 달렸다. 도심 재개발 사업자들이 저소득층 주택을 임대하는 집주인의 땅을 사고 싶을 경우, 토지 가격은 저소득층 세입자들이 집주인에게 지불하는 것보다 더 높은 가격에 결정되는 것이 효율적일 것이다. 하지만 저소득층 세입자들에 대한 주택의 필요성이 사회적으로 더 중요하기 때문에 아마도 개발업자의 사업은 쉽게 추진될 수 없을 것이다.

형평성 문제를 해결하기 위해 경제학자들이 시도하는 한 가지 방법은 더 큰 맥락에서 형평성을 고려하는 것이다. 건물주가 기존의 샌드위치 가게 자리에 들어오고 싶어 하는 컴퓨터 판매점으로부터 더 높은 임대료를 받을 수 있어 샌드위치 가게가 문을 닫을 수밖에 없다면, 샌드위치 가게의 매니저는 일자리를 잃게 된다. 그러나 컴퓨터 판매점의 고객이 더 많고 샌드위치 가게 주인보다 더 높은 임대료를 낼 수 있다면, 이런 변화는 잠재적인 경제적 효율성을 충족한다.

미래에 발생할 모든 시장 변화를 고려해보라. 만일 이런 대부분의 변화에서 '손해를 본 사람들이 잃은 것보다 이득을 본 사람이 더 많은 것을 얻도록 한다'라는 기준을 적용하면, 샌드위치 가게의 매니저에게도 도움이 될 것이다. 컴퓨터 판매점의 매니저가 손해를 본 사람들에게 모든 것을 보상하고도 더 부유해질 수 있는 수익자 가운데 한 사람이 될 것이기 때문이다. 모든 경우에 대해 잠재적 파레토 최적화의 기준이 지켜진다면 경제는 더 크게 성장할 것이고, 아마도 샌드위치 가게 매니저는 시간이 지나면서 더 높은 실질소득을 얻을 것이다. 소득이 올라가지 않는다고 해도 그의 아이들은 더 번영하는 경제체제에서 태어날 것이고 성장의 혜택을 받을 것이다. 이것은 논리적으로 훌륭한 주장이지만 형평성에 관심이 있는 많은 사람을 설득하지는 못한다.

공공정책에 대한 경제적 접근법에 비판적인 사람들은 종종 경제학자들이 경제적 효율성에 집착한다고 비난한다. 사실 경제학자들은 형평성보다 효율성에 관해 논의할 때 자신들의 전문성을 더 잘 활용한다고 확신하기 때문에 효율성에 관해 이야기하는 것을 더 편하게 생각하고 효율성을 더 자주 고려한다. 그렇다고 해서 형평성과 소득 분배를 완전히 도외시하는 건 아니다. 다양한 인종과 민족, 남성과 여성, 젊은이와 노인 사이의 형평성을 논하는 경제 분야가 있다. 이 책에서 이런 주제에 관해 논의하지는 않을 것이다. 경제학자들은 종종 하나의 특정한 분배 문제, 즉 광범위한 소득 계층이 통제하는 국가 자원이 각각의 소득 계층 사이에 어떻게 분배되는가에 초점을 맞춘다. 이것이 이번 장에서 이야기할 중요한 주제다. 그러나 소득 재분배에 대해 논의하기에 앞서 잘 작동하는 시장이 소득을 어떻게 분배하는지를 살펴볼 필요가 있다.

시장 시스템에서 개인의 소득은 다른 사람들이 자신의 노동력, 토지, 자본을 사용하는 대가로 받는 돈에 따라 달라진다. 이런 생산 요소에 대한 상대적 수요는 해당 요소들이 투입되는 제품의 수요에 의존한다. 시장이 완전하다면, 소득은 노동력과 자신이 소유하고 있는 자원이 시장 가치가 있는 상품과 서비스를 생산하는 데 얼마나 투입되느냐로 결정된다. 경쟁은 생산에 대한 한계노동자(마지막으로 고용된 노동자)의 추가 기여를 반영하는 수준, 즉 해당 노동자가 다른 곳에서 일하거나 전혀 일하지 않는 것보다 그곳에서 일하면서 창출한 추가 가치의 수준에서 정해진다. 많은 고용주는 틀림없이 직원이 회사의 수익성에 이바지한 가치에 한참 못 미치는 급여를 주고 싶을 것이다. 그러나 이전 직장보다 조금 더 많이, 그러면서도 여전히 그가 이바지한 가치보다 적은 수준에서 급여를 결정하게 될 것이다. 그런 다음에는 이 새로운 고용주도 조금 더 많은 돈을 기꺼이 지급하겠다는 또 다른 고용주와 경쟁하게 될 것이다.

시장에서 얻은 소득은 기회와 선택의 결과다. 이것은 한 사람이 태어나거나 속한 가족이나 이웃, 개인의 지적 능력, 그 밖의 능력 등에 의존한다. 또 개인의 노력과 예지력에 따라서도 달라진다. 재능이 있는데 게으른 사람들은 재능도 있으면서 열심히 일하는 사람들보다 소득이 적을 것이다. 하지만 이들은 재능은 없지만 열심히 일하는 다른 사람들보다 더 잘살지도 모른다. 또한 다른 사람들에게 거의 평가받지 못하는 재능을 가지고 있고 근면한 사람들(예를 들면 마차용 채찍을 만드는 사람들)보다 더 잘살 수도 있다.

파레토 최적 소득 재분배

시장에서 얻은 소득이 재분배돼야 하는지에 대해 경제학자들은 자신들이 일반 시민보다 더 전문성을 갖추고 있다고 주장하지 않는다. 하지만 정부가 재분배라는 목적을 위해 일정 정도 개입하는 것이 경제적으로 효율적인 이유를 설명할 수는 있다고 생각한다.

가난한 사람들을 돕기 위한 재분배는 부자와 빈자 모두의 관점에서 볼 때 민간 자선단체가 충분하게 제공하지 못하는 공공재로 볼 수 있다. 공공복지 프로그램이 없다면 부유한 사람들 가운데 상당수가 빈곤을 줄이기 위한 사회적 노력을 지지할 것이다. 이들 가운데 일부는 자선단체를 통해 기부하는 것이 의무라고 느끼고, 실제로 기부를 함으로써 개인적 만족을 얻을 것이다. 또 어떤 사람들은 개인적 기부가 국가의 빈곤을 줄이는 데 별로 도움이 되지 않는다는 사실을 알고, 자신은 기부를 하지 않지만 다른 사람들의 기부는 독려할 것이다. 그럼으로써 그들은 자기 돈을 쓰지 않고도 빈곤 감소의 혜택을 누릴 것이다. 만약 너무 많은 사람이 이렇게 생각한다면 가난한 사람들에게는 일반 사람들이 바라는 것보다 더 적은 소득이 재분배될 것이다. 이런 상황에서 정부는 비슷한 상황에 있는 모든 사람에게 각자의 몫을 부담하도록 요구함으로써 개인의 희생이 변화를 가져올 수 있다는 것을 보장할 수 있다. 따라서 강제적인 세금은 정부 프로그램에 들어갈 자금을 확보하는 유일한 방법이자 빈곤층이 아닌 사람들이 기꺼이 비용을 지불하게 하는 방식이다.

소득 재분배를 위한 파레토 최적 주장은 오늘날의 문제를 해결하는 데 도움이 되지 않는다. 우리는 이미 빈곤층을 돕기 위해 많은 돈을 쓰고 있으며, 빈곤층이 아닌 사람들 사이에서는 더 많은 돈을 써야 한다는 합의가 없다.[1] 다수는 아니지만, 빈곤층이 아닌 사람들 상당수가 자기 돈 가운데 너무 많은 부분이 '궁핍한 사람들'이나 '복지 혜택을 받는' 사람들에게 돌아간다고 생각한다. 그렇다고 해서 이들의 생각이 옳다는 것은 아니다. 단지 효율성을 근거로 하는 추가적 재분배가 정당화될 수 없다는 의미일 뿐이다. 경제학자들은 부자들이 공정하다고 생각하는 것보다 더 많은 경제적 영향력을 가지고 있다는 사실을 근거로 사회적 판단을 내릴 수 있다. 우리 사회가 이것이 공정하지 않다고 판단하면 대부분의 경제학자는 부자들이 가난한 사람들에게 지금보다 더 많은 것을 베풀어야 한다는 생각을 기꺼이 받아들일 것이다.

소득과 부의 분배에 관한 역사

나는 소득 분배에 관한 책들을 진지하게 읽어보기 전까지는 이와 관련된 수치들이 복잡하지 않으리라고 생각했다. 단지 소득 분배 구조를 바꿀 것인지 아닌지, 바꾼다면 어떻게 바꿀 것인지에 관한 논쟁일 것이라고 추측했다. 하지만 내 예상은 완전히 빗나갔다. 소득 분배를 어떻게 설명할 것인지는 적어도 소득 분배 문제를 해결하기 위해 무엇을 할 것인지에 관한 논의만큼 논란이 많았다. 더 많은 책을 읽다 보니 이 문제를 어떻게 요약해 설명해야 할지 점점 더 복잡해졌다. 그래서 다음 두 가지 자료에 주로 의존하기로 했다. 〈이코노미스트〉와 도시연구소Urban Institute에서 활동하는 스티븐 로즈Stephen Rose의 연구 결과다. 언론의 편향성을 평가하는 올사이드AllSides 웹사이트에 따르면 〈이코노미스트〉와 도시연구소는 좌파 경향을 보이지만 극단적으로 치우치지는 않은 것으로 나타났다.

〈이코노미스트〉에 따르면 1979년부터 2014년까지 인플레이션 조정을 거친 중위 소득 증가율 추정치는 "8% 감소부터 51% 증가까지" 다양한 범위에 걸쳐 있었다.[2] "불평등 환상"이라는 제목의 소득과 부의 분배에 대한 〈이코노미스트〉의 표지 기사는 수십 년에 걸친 혁신으로 휴대전화, 비디오 스트리밍, 콜레스테롤 억제제 등 기술과 의료의 발전을 이룩했다고 밝히면서 중위 소득이 8% 감소했다는 추정은 "믿기 어렵다"라고 보도했다.

스티븐 로즈는 메타 분석(많은 연구의 결과를 결합하는 연구)을 실시한 결과 1979년부터 2014년까지 인플레이션 조정 중위 소득은 40% 이상 증가했고 상위 10%가 전체 성장의 45%를 차지했다고 주장했다. 그리고 상위 1%의 비중은 3.5%p 증가했다. 1967~2018년의 소득 변화를 조사한 별도의 연구에서 로즈는 상위 중산층(10만 8,000달러부터 38만 달러 사이의 소득)의 소득 증가율이 가장 크다는 사실을 발견했다. 1967년에는 미국인의 6%만 상위 중산층이었지만 2018년에는 33%가 상위 중산층이었다. 중산층이 줄어들기는 했지만, 하위 계층으로 내려간 것이 아니라 상위 계층으로 올라갔기 때문이다.[3]

도드-프랭크법은 기업들이 CEO와 노동자의 임금 비율을 공개하도록 요구한다. 버니 샌더스 상원의원은 2020년 선거운동에서 평균 근로자 대비 최고경영자의 임금 비율이 매우 높은 기업들에 대해 법인세를 대폭 인상할 것을 제안했다.[4] 그러나 A사의 최고경영자가 평균 근로자의 50배 임금을 받지만 B사의 최고경영자는 10배만 받는 합당한 이유가 있을지도 모른다. B사는 100명의 근로자를 보유하고 있고 대부분이 숙련된 근로자들이다. A사는 2,000명의 직원이 있는데 대부분 비숙련 노동자들이다. A사의 최고경영자는 더 많은 인력뿐만 아니라 훨씬 더 많은 자본을 관리해야 하는 책임을 질 것이다. 이처럼 A사 최고경영자의 책임이 더 막중하다면 직원들보다 훨씬 더 많은 급여를 받는 것이 정당화될 수 있을 것이다. 게다가 만약 상위 1% 사람들의 수입이 너무 많다고 생각한다면, 도드-프랭크법이 일을 전혀 하지 않는 상위 1%의 다른 사람들보다 열심히 일하는 최고경영자의 임금 삭감 문제에 초점을 맞추는 이유가 무엇일까? 어쨌든 많은 최고경영자는 저임금 근로자들이 담당하는 업무를 외부에 맡기는 방식으로 쉽게 임금 비율을 낮출 수 있을 것이다.[5]

경제학자 알렉스 에드먼즈Alex Edmans는 일부 최고경영자에게 회사의 실적이 아무리 좋아도 급여와 보너스가 거의 동일하게 유지된다는 불평을 자주 듣는다고 말한다. 이것이 사실일지도 모르지만 오해의 소지가 있다. 최고경영자의 소득과 재산은 기업 실적과 연계돼 있기 때문에 기업의 실적이 좋지 않으면 보유 지분의 가치도 하락한다. "기업의 주가가 10% 하락하면 〈포천〉 500대 기업의 최고경영자는 평균적으로 수백만 달러의 손실을 본다."[6]

경제학자들은 최고경영자의 급여를 제한하는 여러 가지 법률에 비판적이지만, 일반적으로 최고경영자의 급여가 회사에 대한 그의 가치를 반영한다고 확신하진 않는다. 최고의 경제학자들을 대상으로 한 시카고대학교 부스 경영대학원의 조사에서 다음과 같은 진술에 동의하는지 아닌지를 물었다.

— 미국에서 상장기업의 최고경영자는 일반적으로 기업가치에 대한 그들의 기여도보다 더 많은 급여를 받고 있다.

이 주장에 동의하는 학자들이 동의하지 않는 학자들보다 네 배나 많았다. 하지만 이 주장이 불확실하다고 생각하는 학자들도 동의하는 학자들만큼 많았다. 많은 경제학자는 이사회가 최고경영자를 제대로 감독하지 못한다고 생각하는 것 같다. 이런 주장에 동의하는 한 경제학자는 "나쁜 최고경영자는 회사에 큰 피해를 줄 수 있습니다"라고 이야기했다.[7]

대부분의 경제학자는 부가 소득보다 훨씬 더 불평등하게 분배돼 있다는 데 동의한다. 미국 연방준비제도이사회FRB의 2018년 연구에 따르면 미국에서 가장 부유한 10%가 전체 가계 부household wealth의 70%를 보유하고 있는 것으로 나타났다. 이는 1989년의 61%에서 크게 증가한 것이다. 같은 기간 상위 1%의 비중은 24%에서 31%로 늘었다.[8] 그러나 사회보장 혜택을 부의 형태에 포함해 연구한 최근의 논문은 이런 결과에 이의를 제기한다. 사회보장 혜택을 포함하면 지난 30년 동안 부의 불평등이 증가하지 않았다는 결론에 도달한다.[9] 이는 중산층이 보유 주식을 급격히 늘린 것과도 관련이 있다. 1960년에 퇴직연금 계좌는 미국 주식의 4%만 보유하고 있었는데 2015년에는 50%를 보유한 것으로 나타났다.[10]

다른 한편으로 가장 부유한 미국인들이 사모펀드나 헤지펀드에 투자한 자금까지 포함할 경우 부와 소득 분배에서 불평등은 더 커질 것이다. 금융투자 전문 사이트 인베스토피디아Investopedia는 "유명한 헤지펀드나 사모펀드는 해마다 엄청난 돈을 벌고 있지만 막대한 세금 혜택을 누린다"라고 결론 내렸다.[11]

빈곤과 계층 이동성

빈곤 문제에 관한 경제학자들의 우려는 60년 전이나 심지어 30년 전보다 많이 줄었다. 공식 빈곤율은 크게 감소하지 않았는데, 경제학자들은 공식 빈곤율이 아동 공제나 근로소득 세액 공제를 고려하지 않은 것이라고 주장한다. 공식 빈곤율은 또 의료보호제도, 오바마케어, 영양 보충 지원 프로그램(과거의 푸드 스탬프), 주거 지원Temporary Assistance for Needy Families, TANF(빈곤 가정을 위한 임시 지원), 학교 점심, 저소득 가정 에너지 프로그램과 같은 모든 비현금 지원을 무시한다. 소비 빈곤에 초점을 맞출 경우 빈곤 감소는 특히 극적이다. 이런 접근법의 대표적 옹호자인 시카고대학교의 브루스 마이어Bruce Meyer는 소비는 "음식, 주택, 교통, 그리고 다른 상품과 서비스 측면에서 개별 가정이 무엇을 살 수 있는지"를 보여준다고 주장한다. 마이어의 측정 방식에 따르면 소비 빈곤은 1980년 13%에서 2016년 3%로 떨어졌다.[12]

브루킹스연구소의 이사벨 소힐Isabel Sawhill은 거의 반세기 동안 빈곤과 소득 분배 문제에 대해 글을 써왔다. 온건 중도좌파인 소힐도 최근 빈곤이 극적으로 감소했다는 사실을 발견했다. 그녀는 이런 빈곤의 감소가 저소득 근로자들이 임금에 대해 연방 보조금을 받게 해주는 근로소득 세액 공제와 저소득층이 세금을 내지 않더라도 미성년 자녀가 있는 가정에 재정적 지원을 하는 아동 세금 공제의 환급 때문이라고 설명한다. "2017년에 이런 공제는 450만 명의 어린이를 포함해 830만 명에게 빈곤에서 벗어날 수 있는 길을 제공했다."[13]

더 보수적인 경제학자들은 이런 프로그램들의 빈곤 감소 혜택을 인정하지만 많은 어머니가 노동에 참여할 수 있도록 동기를 부여한 경제 성장과 복지 개혁도 빈곤 감소의 원인이라고 주장한다. 보수주의자들은 또한 빈곤의 극적인 감소는 린든 존슨 대통령이 빈곤과의 전쟁에서 추진했던 일을 통한 자급자족이 아니라 주로 빈곤층에 대한 정부 재정 지원 덕이었다는 점을 강조한다.[14]

지난 10년간 오바마 대통령만이 아니라 폴 라이언Paul Ryan 전 하원의장과 같은 공화당 지도자들도 경제적 계층 이동성이 감소했다고 말했다. 하지만 이런 발언 이후 발표된 몇몇 연구에 따르면 경제적 계층 이동성의 감소는 사실이 아닌 것으로 밝혀졌다. 경제적 계층 이동성은 증가와 감소를 반복하면서 지난 반세기 동안 10년마다 거의 같은 수준을 보였다.[15]

미국의 계층 이동성은 캐나다와 서유럽의 대부분 국가만큼 강하지 않다. 빈곤 상태에서 탈출할 확률은 덴마크가 미국보다 약 두 배 높다. 부의 분배에서 반대쪽에 있는 최상층의 경우 경제적 이동성이 상당히 크다. 〈포브스〉가 선정한 400명의 미국 부자 명단을 보면, 1982년에 40%였던 기업가들의 수가 2011년에는 69%로 증가했다. 〈포브스〉 400대 부자 명단 중 부유한 집안에서 성장한 부자의 비율은 1982년 이후 30년 동안 거의 절반으로 떨어졌다.[16]

래리 서머스와 같은 온건 중도좌파 경제학자들도 〈포브스〉 400대 부자 명단에 해마다 상당한 변화가 있다는 점에 주목하고 있다. 하지만 그를 비롯한 대부분의 경제학자는 지난 한 세대 동안 소득과 부의 불평등이 증가했다는 데 동의한다. 서머스는 상위 계층의 탈세와 돈세탁을 단속하고 일자리를 창출하는 인프라 투자의 확대, 노동자 계층과 중산층을 위한 일자리 교육에 대한 자금 지원 등 불평등을 줄일 다양한 방법을 제안했다. 그는 여전히 불평등을 만들어낸 광범위한 힘이 사라지지 않을 것으로 생각하는 것 같다. 즉, 로봇이 인간의 노동을 대체하게 될 것이고 "기술과 세계화가 비범한 기업가적 능력, 운 또는 관리 능력이 있는 사람들에게 더 큰 혜택을 제공한다는 것이 기본적인 사실"이라고 생각한다.[17]

최근 경제학자들은 미국 내 지역별 계층 이동성의 격차를 보고 깜짝 놀랐다. 전반적으로 유럽보다 뒤떨어졌지만, 일부 지역은 서유럽에서 계층 이동이 가장 활발한 국가와 비슷한 수준이었다. 애틀랜타와 시애틀의 평균 소득은 비슷한데, 애틀랜타의 이동성은 시애틀보다 훨씬 약하다. 보스턴·솔트레이크시티·피츠버그는 경제적 계층 이동성이 높은 반면, 멤피스·인디애나폴리스·신시내티는 낮다.

계층 이동성이 높은 도시의 특징은 무엇일까? 도시에 있는 대학의 수가 이동성을 향상시키는 것도 아니고, 빈부 격차가 매우 커서 이동성이 낮아지는 것도 아니다. 다양한 소득 수준의 사람들이 모여 사는 지역에 가난한 가정이 같이 살고, 학교의 교육 수준이 더 높으며, 종교와 지역 사회 단체의 회원 가입 등을 포함한 시민 참여가 더 많을 때 계층 이동성이 향상된다. 더 높은 계층 이동성과 가장 강하게 연관된 요인은 부모가 모두 있는 가정의 비율이었다.[18]

많은 경제학자는 이런 연구 결과를 보고 저임금으로 어려움을 겪는 노동자들이 더 번영하는 지역으로 떠나려는 의지가 현저하게 감소한 것이 주요한 문제 가운데 하나라고 주장한다. 예를 들면 낮은 임금을 받는 서비스 직업(이발사나 웨이터)은 부유하고 성장하는 도시에서는 더 높은 임금을 받기 때문에 이런 의지력 부족이 소득 전망에 부정적 영향을 미친다.

전통적으로 경제학자들은 가난한 '지역'보다 가난한 '사람'들을 지원해야 한다며 지역 기반 정책에 반대해왔다. 과거에는 저소득층이 일자리가 많고 임금이 높은 지역으로 이주하고 가난한 지역도 발전하는 경향이 있었기 때문에 이런 주장이 설득력 있었다. 하지만 지금은 저소득층과 상당수의 사람이 더 좋은 경제적 기회를 찾아 이동하지 않는 것처럼 보인다. 그래서 벤저민 오스틴Benjamin Austin, 래리 서머스, 에드워드 글레이저Edward Glaser 등 하버드대학교의 경제학자 세 명은 지역을 지원하는 정책의 이점에 대해 추가적인 논의가 필요하다고 브루킹스연구소에 제안하는 보고서를 썼다.[19] 그러나 이들의 보고서와 이를 논의하는 학술회의 어느 것도 지역을 지원하는 아이디어에 관한 관심을 불러일으키지 못했다. 예를 들면 그들의 보고서는 근로소득 세액 공제 대상을 확대하면 "어려움을 줄이고 경제 성과를 실질적으로 개선할 가능성이 크다"라고 주장했다. 근로소득 세액 공제는 일단 공제 대상이 된 후에는 저임금 근로자들이 세금 혜택을 받기 위해 계속 일하게 하는 효과가 있다. 그러나 정치학자 로런스 미드Lawrence Mead 의 조사에 따르면 근로 장려 정책이 아무리 강력하더라도 그 자체로는 일하지 않는 빈곤층을 노동력으로 끌어들이는 데 큰 효과가 없는 것으로 나타났다.[20]

글레이저는 취업도 구직도 하지 않는 25~54세의 주요 연령대 남성이 급격하게 증가하는 현상이 21세기 미국의 가장 심각한 위기라고 생각한다. 1950년대와 1960년대에는 25~54세 남성의 5%가 실업자였다. 그런데 지난 10년 가운데 상당히 오랜 기간 이 연령대의 15%가 12개월 이상 실직 상태였다. 특히 글레이저는 '동부의 심장부'라고 부르는 지역에서 이런 남성의 집단에 관해 연구했다. 이 실업자 집단은 동거인, 주로 부모와 함께 거주하는 경우가 많았다. 이들의 개인 소득은 연간 8,000달러가 조금 넘었는데 소득의 상당 부분이 장애 수당이었다. 참고로, 이들이 속한 가구의 전체 소득은 평균 4만 2,000달러 이상이었다.

다른 경제학자들과 마찬가지로 글레이저는 저숙련 노동자의 일자리 감소가 경제활동을 하지 않는 인구의 증가에 큰 영향을 미친다고 생각한다. 그러나 그는 일자리를 찾지 않는 남성의 급격한 증가로 훨씬 더 많은 일이 일어나고 있다고 생각한다. 이런 사람들은 행복하지 않다.[●] 글레이저는 이들이 성취감이나 목적의식이 부족해 일자리를 찾지 않는다고 생각한다.[21] 그는 취업을 단념시키는 프로그램에 대한 지원을 줄이고, 근로소득 세액 공제처럼 근로를 장려하는 프로그램에 대한 지원을 강화해야 한다고 주장했다.[22]

경제학자들에게 근로소득 세액 공제는 저소득층을 돕는 가장 인기 있는 프로그램이다. 이 제도는 저임금 노동자들에게 소득을 제공하는 동시에 더 많이 일하도록 동기를 부여한다. 그러나 다음에 살펴볼 것처럼, 근로소득 세액 공제는 (종종 사기 때문에) 부적절하게 지급되는

[●] 4년제 대학 졸업장을 갖지 못한 21~30세 남성의 실업 문제는 더욱 심각하다. 이들의 실업률은 크게 증가했으며, 2000년 이후 비디오게임을 하는 시간도 두 배로 늘어났다. 하지만 이들은 2000년 당시의 동년배보다 더 행복하다. 아나 스완슨Ana Swanson, "뛰어난 비디오게임이 미국에 큰 문제를 일으킬 수 있는 이유" 참조(《워싱턴 포스트》, 2016년 9월 24일).

사례의 비율이 높다. 앞서 살펴본 미드의 연구에 따르면, 근로소득 세액 공제는 사람들이 처음 구직에 나서게 하는 데 그다지 효과적이지 않다.

미드는 영양 보조 프로그램 같은 정부 혜택을 받는 조건으로 더 많은 근로 조건을 요구하라고 권고한다. 이것은 "가석방 중이거나 자녀 양육비를 체납한 사람들처럼 일을 해야만 하는" 남성들에게 근로를 강요하는 방식으로 시작할 수 있다고 주장한다. 그러나 대부분의 실업자에게 가장 중요한 소득은 부모, 조부모, 친구들의 도움이다. 이런 재정적 지원이 일자리를 찾지 않고 게으름을 피우게 한다.

4장에서 살펴본 것처럼, 대부분의 경제학자는 역동적으로 성장하는 경제를 강력하게 지지한다. 더 많은 사람이 경제적 기회를 찾아 기꺼이 움직일 때 경제는 더 빠르게 성장하고 더 역동성을 갖게 된다. 그래서 경제학자 타일러 카우언이 모든 소득 계층 사람들의 이동성이 과거보다 적어졌다는 사실에 실망하는 것도 놀라운 일이 아니다. "우리는 현실에 안주하면서 안정을 유지하려고 한다." 그의 책 《안주하는 계급The Complacent Class》은 "우리 안에 있는 반항자"를 위한 것이다.[23] 하지만 성장률이 평균 이하인 소규모 지역 사회의 실업자는 특별한 사례라는 점을 기억해야 한다. 당연히 이들에게는 집에서 멀리 떨어진 곳에 있는 기회에 대해 알려주어야 한다.

경제학자들은 자신들의 연구에서 일반적으로 더 많은 소득이 더 많은 재화와 서비스를 의미하며, 따라서 더 많은 만족과 행복을 의미한다고 가정한다. 그러나 어떤 요인이 행복과 가장 연관성이 큰지를 주로 연구하는 경제학자들은 자신과 경제 전체를 위해 고군분투하는 노동자 계층에게 성장하는 도시로 이동하라고 조언하는 경제학자들에 대해 비판적이다. 갤럽Gallup의 수석 이코노미스트인 조너선 로스웰 Jonathan Rothwell이 대표적이다.

로스웰은 번영하고 성장하는 도시에서 일하는 사람들이 자신의 직업에 더 만족한다는 사실을 인정하지만, 소도시에서 부모가 가정생활에 더 충실할 수 있다는 데이터를 제시한다. 소도시 좋은 동네의 주택이 더 저렴하고 부모들은 "내가 사는 도시나 지역이 나에게 완벽한 곳이다" 또는 "내가 사는 집이나 아파트가 나와 내 가족에게 이상적이다" 같은 말에 동의할 가능성이 더 크다. 작은 도시에서는 인종 간에 통합이 잘되고 자원봉사 활동도 더 많이 이뤄진다. 부유한 도시에 사는 사람들은 일부 사회적 기준에서 더 높은 점수를 받지만, 전체적으로 볼 때 "대도시에 사는 사람들이 지역 사회에 대한 만족도가 가장 떨어진다." 로스웰은 아이들을 위해 이주를 고려하는 가정들은 작은 도시의 좋은 동네에 사는 것이 현명하다고 생각한다.[24]

지리학적 연구에서 경제학자들이 무시하는 또 다른 요소는 건강이다. 대도시는 교통 체증이 심하고 녹지 공간이 더 적을 가능성이 크다. 그리고 다양한 연구에 따르면 교통 체증이 고혈압과 연관이 있거나,[25] 나무가 많은 녹지나 공원 근처에 사는 것이 스트레스와 심혈관계 위험을 줄여주는 것으로 나타났다.[26]

녹지가 가져오는 혜택에 대한 증거의 일부는 잘 설계된 실험에서 찾아볼 수 있다. 필라델피아에서는 도심에 있는 541개의 공터를 세 종류로 분류했다. 첫 번째는 공터에 있는 쓰레기를 치웠고, 두 번째는 잔디와 나무를 심었으며, 세 번째 공터에는 아무것도 하지 않았다.

342명의 주민(대부분 저소득층)도 세 집단으로 나누었다. 깨끗하게 청소한 공터 주변에 사는 사람들은 정신건강이 크게 개선되지 않았다. 그러나 녹지로 조성한 부지 근처에 사는 사람들은 "비교 집단보다 우울감은 40%, 자신이 무가치하다는 느낌은 50% 감소한" 것으로 나타났다. 이 연구를 진행한 사람들은 또 후속 연구에서 녹지 건설이 사회적 단결력, 구성원의 상호 작용, 안정감을 높일 수 있다는 사실을 밝혀냈다.[27]

재분배

경제학자들은 실용주의적인 경향이 있다. 그들은 즐거움이나 행복이 인간의 목표가 돼야 하고, 사회 모든 구성원의 행복이 동등하게 다뤄져야 한다고 믿는다. 대부분의 경제학자는 일반적으로 소비자 주권이 소비자의 행복이나 효용을 극대화하리라는 가정을 받아들인다. 또 많은 경제학자가 사회 모든 구성원의 전체 효용을 극대화한다는 생각에도 매력을 느낀다. 이들은 또 가난한 사람들이 부유한 사람들보다 추가로 투입되는 돈에 대한 만족감을 더 느낀다고 가정한다. 경제학자들은 개인 사이의 효용을 과학적으로 측정할 수 없다는 것을 알고 있지만, 가난한 사람이 100달러를 추가로 받았을 때 부자보다 더 행복감을 느낀다는 것에 거의 의문을 제기하지 않는다. 따라서 경제학자들은 원칙적으로 소득의 재분배를 신봉한다.

그러나 그들은 세금에는 부정적인 면이 있다고 경고한다.[28] 세금 때문에 임금을 온전하게 유지하기가 어려워지면, 가난한 사람들과 부유한 사람들 모두 일을 덜 하는 경향이 있다. 식권과 주거비를 지원받는 저소득 근로자들은 이런 혜택을 잃지 않으려고 일을 적게 하거나 아예 하지 않을 수도 있다. 부유한 사람들은 일을 그만둘 가능성이 거의 없지만, 오래 일하지 않고 더 일찍 은퇴하려고 할 수도 있다. 예를 들어 골프를 치기 위해 수요일 오후에 진료하지 않는 의사들은 만약 소득이 높아지면 세금이 늘어난다고 할 경우 금요일 오후에도 휴진하겠다고 할지 모른다.

세금은 혁신과 투자를 감소시킬 가능성이 크다. 세금이 많을수록 투자와 혁신은 줄어들 것이다. 기업가가 되고 싶어 하는 일부 사람들은 위험에 대한 보상의 가치가 없다고 판단할 것이며, 그래서 창업을 하기보다는 기존에 다니던 회사에서 관리직으로 계속 일하려고 할 것이다. 석사나 박사 학위를 따려는 일부 엔지니어는 높은 생산성으로 얻는 추가 소득에 더 높은 세금이 매겨진다면 학위 취득에 들어가는 비용이 그만한 가치가 없다고 결정할 수도 있다.[29]

더 중요한 것은 추가 세율이 높아지면 부유한 사람들로서는 세금을 회피할 방법을 찾으려는 동기가 더 커진다는 점이다. 진보든 보수든 모든 경제학자는 높은 추가 세율이 노동력의 공급보다 부가적인 혜택과 그 외 비과세 소득에 대한 수요에 더 큰 영향을 미친다는 데 동의한다. 경제학자 아서 오쿤Arthur Okun이 주장한 바와 같이 "눈이 오면 썰매를 타는 아이들이 나타나는 것처럼 높은 세율에는 세금을 피하려는 천재적인 사람들이 반드시 나타난다."[30] 이런 결과 가운데 하나가 지하 경제에서 물물교환이나 '현찰로 주고받는' 거래가 증가하는 것이다. 또 다른 결과는 기업들이 유명 휴양지에서 직원 회의를 개최하며 돈을 펑펑 쓰거나 세금이 공제되는 값비싼 자동차를 임원들에게 제공하는 것이다. 이에 따라 세금을 회피하도록 도와주는 변호사들도 많은 돈을 번다.

오쿤이 가장 중요하게 여기는 가치는 강력한 평등주의였다. 그는 "비용과 그에 따른 결과를 고려하지 않는다면, 나는 소득의 평등을 더 선호하고 무엇보다도 완전한 평등을 선호할 것이다"라고 말했다. 그러나 궁극적으로 오쿤은 "부유한 사람이든 가난한 사람이든" 모든 사람이 "자신들이 버는 모든 추가적인 소득의 상당 부분을 보유할 수 있도록" 허용해야 한다고 주장했다. 경제적 인센티브를 충분히 알고 있는 경제학자로서 오쿤은 경제 파이의 크기에 주목하는 동시에 파이 조각의 더 평등한 배분을 주장했다.[31] 자유주의 경제학자들은 기업과 부유층에 대한 세금을 낮추는 것으로 세금 회피 같은 폐단을 없애지 못할 것으로 생각한다. 그 대신 규정을 강화하는 것이 큰 도움이 되리라고 주장한다.[32] 반대로 보수주의자들은 최고 한계세율 구간에서 상대적으로 적은 세금이 걷힌다는 사실은 최고 세율이 기본적으로 효용성이 없다는 것을 입증한다고 생각한다.[33]

4장에서는 대부분의 언론이 보도한 '성장률의 감소'가 과장됐다는 증거를 제시했다. 하지만 실제로 성장률이 감소한 적도 있다. 1950년대와 1960년대에 국내총생산GDP의 평균 성장률은 4% 이상이었다. 1970년대와 1980년대에는 약 3%로 떨어졌다. 더 최근 몇 년 동안은 2% 미만이었다.[34] 10년간 2%의 성장률은 (인플레이션 조정 후) 실질소득을 22% 증가시키고, 4%의 성장률은 소득을 49% 증가시킨다. 자유주의 경제학자와 보수주의 경제학자 모두 서민들의 물질적 진보를 설명하는 데 노동조합이나 정치 개혁보다 경제 성장이 훨씬 더 중요하다고 생각한다.

보수주의자인 토머스 소얼Thomas Sowell은 다음과 같이 말했다.

— 많은 역사서를 읽고 사회문제에 대한 많은 논의를 듣다 보면 다양한 특징을 지닌 고상한 개혁가들이 생활 수준을 개선하기 위해 노력한 덕에 오늘날 사람들이 더는 남루한 옷을 입거나 배고프지 않게 됐다는 생각을 하기 쉽다. 그러나 같은 기간 국내총생산이 다섯 배에서 여섯 배까지 증가한 것은 우연일 뿐이었다. 19세기의 가난한 사람들은 누더기를 입었던 반면 20세기의 가난한 사람들은 그렇지 않은 진짜 이유는 싱어Singer라는 사람이 재봉틀을 만들어 역사상 처음으로 많은 사람이 공장에서 만든 옷을 입을 수 있게 했기 때문이다.[35]

자유주의자인 앨프리드 칸 역시 1981년에 쓴 글에서 이런 주장에 전적으로 동의했다.

— 성장이 없었다면 자유주의는 결코 승리를 거둘 수 없었을 것이다. 1930년대 이후 루스벨트 대통령이 이야기한 '국민 3분의 1'의 물질적 복지의 향상은 더 잘사는 3분의 2에서 나오는 약간의 소득 재분배가 아니라 국민 전체가 누리는 물질적 발전, 즉 소득 증가 덕에 가능했다.[36]

높은 생산성(고용인원 1인당 GDP) 성장률의 원인이 다 알려진 것은 아니지만, 자본 형성으로 이어지는 혁신과 투자가 중요한 요인이라는 데는 이견이 없다. 근로자들이 더 좋은 장비와 기계로 일하면 생산성이 더 높아진다. 노동시장에서 경쟁은 근로자들의 실질소득을 증가시킨다.[37] 투자에는 저축이 필요한데, 부자들은 가난한 사람들보다 소득 중 더 많은 비율을 저축한다. 전체 사회는 부자들(그리고 다른 사람들)의 저축에서 약간의 혜택을 누린다. 대부분의 경제학자는 번영의 '낙수trickle-down' 또는 '필터다운filter-down' 이론이 어느 정도 사실이라고 생각한다. 자유주의자이자 노벨 경제학상 수상자인 폴 새뮤얼슨은 "많은 경제학자가 경멸하는 낙수 이론은 그 안에 매우 중요한 역사적 진실의 요소"를 품고 있다고 말했다.[38] 그리고 앨프리드 칸은 자신의 동료 (경제학자가 아닌) 자유주의자들에게 '낙수효과'가 일어날 가능성이 있는 모든 정책에 대한 반대를 재고해달라고 요청했다.

—— 생산성 향상의 가장 강력한 엔진은 대규모 연구개발비 지출과 개선된 장비, 경영 전략에 따른 기술의 발전이다. 그리고 기술의 발전은 바로 낙수효과를 통해 모두가 그 혜택을 누릴 수 있게 한다.[39]

중도좌파 정치인들과 논평가들은 최근 낙수 경제에 대한 비판을 '미들 아웃middle-out 경제'에 대한 지지와 연계했다. '미들 아웃'은 빌 클린턴 대통령의 연설문 비서관과 한 벤처캐피털 투자자가 제시한 거시경제 이론이다. 힐러리 클린턴도 도널드 트럼프와 토론할 때 두 번이나 언급했고, 2020년 민주당 선거운동에서 다시 등장했다. 미들 아웃은 완전 고용과 성장은 중산층의 소비와 지출에서 비롯된다는 이론으로, "기업들은 이윤이 많을 때 고용하는 것이 아니라 고객이 풍부할 때 고용에 나선다"라고 주장한다.[40] 실업률이 높을 때 소비자가 더 많이 소비하게 하면 실업률이 줄어든다는 것이다. 증가한 수요를 충족시키기 위해 기업들이 더 많은 직원을 고용해야 하기 때문이다. 따라서 더 많은 직원을 고용하는 것은 더 많은 성장을 의미한다.

주류 경제학자들은 기업들이 폐업하거나 노동자들이 새로운 일자리를 찾아 이동하기 때문에 어느 정도의 과도기적 실업은 언제나 발생한다고 이야기한다. 하지만 이들은 다음과 같은 질문을 던진다. 일단 A연도에 다른 종류의 실업이 해결된 후, B연도에 근로자들이 같은 공장에서 같은 장비로 같은 일을 하면 경제가 더 성장할까? 그렇지 않다. 근로자 1인당 GDP가 성장하려면 새로운 업무 처리 방식, 새로운 발명, 새로운 기술, 그리고 새로운 투자가 필요하다.

부자들이 자신을 위해 소비하는 데는 한계가 있다. 게다가 그들의 한계저축 성향은 보통 사람보다 훨씬 높다. 부자들이 새로운 기술과 장비에 투자하면 모두가 혜택을 받는다. 그러므로 언론이 우리에게 부자들과 중산층이 세금 감면으로 얼마나 많은 이득을 얻는지에 관해 이야기할 때, 그에 대한 답은 약간의 오해를 불러일으킬 수 있다. 그들이 저축한 돈의 상당 부분이 새로운 투자에 사용되는 경향이 있기 때문에 부자들을 위한 세금 감면에서 모든 사람이 어느 정도 이익을 얻을 수 있다. 새로운 투자로 더 좋아진 상품은 중산층에도 혜택이 된다.

당신은 "하지만 중산층도 저축하고 투자하지 않나요? 왜 부자들을 위한 감세가 필요한가요?"라고 묻고 싶을지도 모른다. 어쩌면 부자들을 위한 감세가 필요하지 않을 수도 있다. 부자들은 트럼프가 감세를 시행하기 전에도 저축과 투자를 많이 했다. 경제학자들이 주장하는 핵심은 부자들이 다른 계층보다 훨씬 더 많이 저축하고 투자한다는 것이다. 중산층 대부분은 집을 사는 방식으로만 저축하는데, 이 역시 나라와 경제에 더 많은 투자를 하는 것이다. 하지만 이런 투자는 기술적인 돌파구로 이어지지 않는다. 물론 일부 중산층은 다른 목적을 위해 저축한다. 예를 들어 자녀를 대학에 보내기 위해 저축한다면, 장기적으로 경제 성장률이 높아질 것이다. 그리고 창업을 위해 저축하는 이들도 있을 것이다. 이들의 소득 수준은 대체로 평균 이상일 텐데, 그들이 높은 세금을 내느라 저축액이 충분치 않다면 창업 후 어려움을 겪을 것이다. 왜냐하면 스타트업 기업에 투자하는 이들은 예비 창업자 자신도 탄탄한 자금을 보유하고 있길 원하기 때문이다.

성장인가 재분배인가

저소득층에 자원을 재분배하기 위해 세금을 인상하는 논의에서 중요한 쟁점 가운데 하나는 세금 인상이 경제 성장에 미치는 부정적인 영향력이 어느 정도이냐다. 낮은 세금을 지지하는 경제학자들은 높은 세금의 부정적인 영향 가운데 일부는 눈에 잘 보이지 않지만 거의 확실히 존재한다고 주장한다. 예를 들면 높은 세금 탓에 근로자들이 승진에 관심을 덜 두기 때문에 업무 강도와 질에 영향을 미칠 수 있다. 이들은 또 높은 세금으로 인한 노동 공급 효과의 많은 부분이 단기적으로 나타나지 않으리라는 점에 주목한다. 사람들은 이민을 가거나 미래에 더 일찍 은퇴할 수도 있다. 아니면 생산성이 더 낮고 부담이 더 적은 다른 일을 할 수도 있다. 예를 들면 추가 소득에서 세금을 제외하고 작은 이익밖에 거둘 수 없다면 독립 기업가로서 리스크를 부담하며 스트레스를 받는 삶이 그다지 가치가 없다고 판단할 수도 있다.

대중은 재분배 비용에 대해 모르지만, 경제학자들은 잘 알고 있다. 그럼에도 대부분의 경제학자는 실용주의적 이유로 이런 비용이 지불할 만한 가치가 있다고 생각한다. 하지만 우리는 이미 저소득층을 위한 누진세 제도와 재분배 정책을 실행하고 있다. 이것으로 충분한 것일까?

정치인이나 대중과 마찬가지로 경제학자들도 이 문제에 관한 견해가 극명하게 갈리는데, 양측 모두 주장과 증거를 제시한다. 먼저 좌파 경제학자들은 부유층에 훨씬 더 높은 세금을 부과해도 경제 성장에 거의 또는 전혀 영향을 미치지 않을 것으로 생각한다. 이들은 더 강력한 복지 국가와 더 평등한 소득 분배가 전반적인 성장률 약화와 상관관계가 없다는 증거를 제시한다. 여기에 더해 프랑스 같은 국가의 경우 더 강력한 누진세가 미국과 비슷한 소득을 창출하지만, 훨씬 더 공평하게 분배되게 한다. 이들은 상위 0.1%의 부자들에게 최고 70%에 달하는 소득세율을 적용하면 소득 하위 계층에 경제적 자원을 제공하는 데 사용될 막대한 재원을 확보할 수 있다고 믿는다. 이런 돈은 억만장자들의 부에는 큰 영향을 미치지 않지만, 저소득층과 중산층 가정에 중요한 도움을 줄 것이다.[41]

이들 중도좌파 경제학자는 더 많은 세금이 비효율적인 기업과 성과가 저조한 최고경영자를 양산하지 않을 것으로 믿는다. 경영진의 임금은 대부분 기업 내부의 정치로 결정되기 때문이다. 그들은 부주의한 이사회가 더 높은 임금을 요구하는 임원들의 이기적인 주장에 너무 쉽게 영향을 받는다고 생각한다. 주주들에겐 이를 막을 수 있는 정보나 능력이 없다. 미국의 경영진은 다른 선진국보다 직무를 수행하는 데 필요한 급여를 훨씬 더 많이 받고 있다. 문제는 기업 임원들이 과도한 급여를 받는다는 것만이 아니다. 4장에서 논의한 것처럼, 좌우파 경제학자들 모두 직업 진입에 대한 규제 장벽이 비효율적이고 불평등하다는 데 동의한다. 의사나 변호사처럼 고액 연봉을 받는 전문직 종사자들은 자신들이 종사하는 분야에 신규 인력이 진입하는 걸 제한함으로써 다른 사람들이 공정하게 일상적인 업무를 수행할 가능성까지 제한하고 있다.

브링크 린지와 스티븐 텔레스Steven Teles는 공저 《사로잡힌 경제The Captured Economy》에서 이런 종류의 시장 불완전성을 상세히 설명했다. 모든 주장을 종합해볼 때, 이들은 형평성의 증대가 반드시 효율성과 성장의 감소를 의미하는 것이 아니라는 일반적 주장을 펼치고 있다. 불필요한 자격 증명을 없애면 효율성과 성장이 증가하고 형평성도 개선될 것이다.[42] 이 문제는 변호사 보조원과 의료 보조원이 할 수 있는 일의 종류를 제한하는 것처럼 단순히 중산층을 가로막는 장벽을 설치하는 부자들만의 문제가 아니다. 예를 들면 많은 사람이 푸드트럭을 운영함으로써 저소득층에서 중산층으로 이동했다. 하지만 이들은 상당한 규제 장벽을 극복해야 했다. 몇몇 주에서는 푸드트럭이 기존 식당 근처에 주차하는 것을 금지하고 있다.[43] 심지어 미용실 주인들이 주요 구성원인 주미용업위원회state cosmetology boards는 법 집행관들에게 미용 자격증 없이 머리를 땋은 미국 흑인 여성들을 체포하도록 압력을 넣기까지 했다.[44]

그러나 조금 더 정부 주도적인 소득 평등을 원하는 사람들에 대한 비판론자들은 이처럼 부당한 비효율성이 (기업의 임원이든 전문직이든) 경제 대부분 영역에서 일반화돼 있다는 의문을 제기한다. 이 장의 앞부분에서 소개한 저명한 경제학자들을 대상으로 한 설문조사에서 응답자 대부분이 기업의 최고경영자들이 기업가치에 대한 기여보다 더 많은 급여를 받는다고 생각하는 것으로 나타났다. 그러나 대부분의 주류 경제학자는 좌파 학자들의 주장과 달리 경영진에게는 자신의 급여를 인상할 재량권이 없다고 생각한다. 이들은 상장기업보다 개인기업 최고경영자의 급여가 훨씬 많다는 점을 지적한다. 그러나 대체로 사모 투자자인 기업의 소유주들은 최고경영자를 고용하고 그들의 급여를 직접 결정한다.[45]

나는 대부분의 경제학자가 프랑스가 효율적이고 성장하는 경제의 모형이 될 수 있다는 견해를 황당하다고 생각하리라고 믿는다. 프랑스의 노동시장 경직성과 산업 정책 실패에 대한 경제학자들의 비판은 4장에서 살펴봤기 때문에 여기서 반복하진 않을 것이다. 또 중요한 사실관계도 틀렸다. 프랑스의 1인당 소득은 미국과 비슷하지 않다. 미국의 근로자들이 훨씬 더 많은 시간을 일하기 때문에 미국이 약 30% 더 높다. 경제학자 에드 프레스콧Ed Prescott은 이런 차이를 프랑스의 높은 세율 때문이라고 생각한다. 그는 프랑스가 미국과 비슷한 수준으로 세율을 낮추면 노동력 공급 수준도 미국과 유사해질 수 있다고 말

한다.[46]

우파 경제학자들도 부자들에 대한 세금을 대폭 늘리려는 시도에 반대한다. 형평성을 지향하는 정치인들은 특히 2017년 기업 감세에 대해 비판적이지만, 대부분의 경제학자는 미국과 경쟁하는 국가의 법인세가 상당히 낮기 때문에 기업에 대한 세금 인하를 지지했다. 예를 들면 2017년에 래리 서머스는 트럼프 감세 제안의 상당 부분을 날카롭게 비판했다. 그러나 국내 생산에 대한 인센티브를 높이고 "경제의 전체 규모뿐만 아니라 근로소득도 완만하게 상승시킬" 법인세 인하는 지지할 것이라고 말했다.[47]

게다가 정부 지출이 크게 증가한다면 시간이 지나면서 세율도 상승해야 할 것이다. 〈워싱턴 포스트〉는 2020년에 엘리자베스 워런Elizabeth Warren의 대선 후보 출마를 지지하는 무디 애널리틱스Moody Analytics와 캘리포니아대학교의 경제학자들이 제공한 자료를 활용해 그녀의 보편적인 보육과 유치원 이전 교육 지원 계획에는 10년 동안 7,070억 달러가 들어갈 것이라고 보도했다. 또 학자금 부채 탕감에는 6,400억 달러, 등록금을 내지 않는 공립대학에는 6,500억 달러 그리고 저렴한 주택은 5,000억 달러의 예산이 들어갈 것이라고 전했다.[48]

4장에서는 민간 부문과 비교하여 정부의 상대적인 비효율성을 지적하는 경제학자들의 증거를 열거했다. 안드레아스 버그Andreas Bergh와 마그누스 헨렉슨Magnus Henrekson은 2011년 발표한 논문에서 부유한 국가에서 정부 규모가 10% 커지면 연간 GDP 성장률이 0.5~1%p 하락하는 것으로 추정했다.[49]

요약하자면, 소득의 최상위에서 하위 계층으로의 소득 재분배, 낮은 세금, 그리고 모든 사람을 위한 더 커다란 성장 문제에 관해 경제학자들도 대중과 마찬가지로 의견이 나뉘어 있다. 지식이 풍부하고 정치적으로 온건한 한 경제학자는 자신의 주장을 뒷받침하는 온갖 자료를 이용할 수 있다고 말했다. 그러면서 어떤 자료를 선택하느냐에 따라 좌파 경제학자의 주장을 뒷받침할 수도 있고, 우파 경제학자의 주장을 뒷받침할 수도 있다고 덧붙였다.

정당한 몫

저명한 경제학자인 하버드대학교의 그레고리 맨큐는 동료 경제학자들 사이에서 매우 특이한 사람으로 통한다. 그는 궁극적으로 낮은 세금을 지지하는 보수적인 경제학자들의 의견에 동의하지만 다른 이유를 제시한다.

맨큐는 좌파 경제학자들의 의견에 상당 부분 동의한다. 그는 누진세에 반대하지 않는다. 그는 부자들이 좋은 도로, 좋은 공항, 그리고 숙련 노동자들을 양산하는 좋은 교육 시스템으로부터 나머지 사람들보다 더 많은 것을 얻는다고 생각한다. 부자들은 특히 좋은 법률 체계로부터 더 많은 이득을 얻는다. 맨큐는 또 부자들이 가난한 사람을 지원하는 프로그램뿐만 아니라 사회 기반시설을 건설할 수 있도록 소득의 더 높은 비율을 세금으로 내야 한다는 데 동의한다. 그러나 맨큐는 많은 미국인이 부자들이 이미 많은 돈을 내고 있다는 사실을(실제로 더 높은 비율의 세금을 내고 있다는 사실을) 깨닫지 못하는 것이 안타깝다고 생각한다.

— 상위 1%에 속하는 사람은 평균적으로 소득의 4분의 1 이상을 연방
세로 납부하며, 주세와 지방세를 포함하면 약 3분의 1을 세금으로
내고 있다. 이런 세금이 정부가 사회 기반시설을 제공하는 데 충분
하지 않은 이유는 무엇일까? 여기서 중요한 사실은 시간이 지남에
따라 재화와 서비스의 구매가 아니라 이전소득으로 지급되는 정부
지출이 증가하고 있다는 것이다. 경제에서 차지하는 정부의 비중이
커진 것은 정부가 더 많고 더 좋은 도로, 더 많고 더 좋은 법률 기관,
더 많고 더 좋은 교육 시스템을 제공하기 때문이 아니다. 오히려 정
부는 피터한테 걷어 폴한테 주기 위해 세금을 징수하는 권력을 점
점 더 많이 사용하고 있다. 정부 서비스의 혜택에 대한 논의는 이런
근본적 진실에서 벗어나서는 안 된다.[50]

맨큐는 부자들이 공정한 대가를 지불하지 않는다고 말하는 많은 사
람이 억만장자 워런 버핏Warren Buffett의 발언을 염두에 두고 있기 때문
이라고 생각한다. 버핏은 자신이 비서보다 낮은 세율로 세금을 낸다
면서 불합리하다고 밝혔는데, 맨큐는 이것이 지극히 예외적인 사례라
고 이야기한다. 의회 예산국Congressional Budget Office, CBO의 보고서에 따르
면[51] 2009년에 미국인 가운데 소득 하위 5분위는 수입의 1.0%만 연
방세로 납부했고, 소득의 중간 5분위는 11.1%, 그리고 상위 5분위는
23.2%를 세금으로 냈다. 그리고 가장 부유한 소득 상위 1%는 소득의
28.9%를 연방세로 납부했다.

그러나 맨큐는 중도좌파 경제학자들, 그리고 아마도 대부분의 경제학자와 더 근본적인 논쟁을 벌이고 있다. 그는 부유층에 대한 세금은 그들이 훨씬 더 적게 일하고 더 적게 투자하도록 유도하지 않으면서 소득 가운데 얼마를 덜 부유한 사람들에게 이전할 수 있는가를 근거로 결정돼서는 안 된다고 생각한다. 경제학자들은 대체로 이런 공리주의적 틀에 익숙하지만, 맨큐는 그렇지 않다. 그는 부자들의 소득은 그들이 마땅히 받아야 할 것에 기초해야 한다고 믿는다.

맨큐는 중소기업을 창업한 사람은 기업을 지원하기 위해 도로, 공항, 좋은 학교를 건설한 모든 납세자와 공로를 함께 나눠야 한다는 오바마 대통령이나 워런 상원의원의 주장에 반대한다. 어쩌면 그는 이렇게 말하고 싶은 건지도 모른다. "아이디어를 생각해내고 기업을 운영하기 위해 열심히 일하면서 투자자들을 끌어들인 사람은 그 회사를 시작한 사람입니다. 그러니 회사를 창업한 사람이 자기가 벌어들인 것을 가질 자격이 있다는 믿음에서 출발해야 마땅하죠."

2008년 선거 유세 기간에 행한 어느 연설에서 오바마는 "부를 주변에 확산시키고 싶습니다"라고 말했다 맨큐는 "1%를 위한 변호"라는 제목의 글에서 정치적 좌파와 우파 사이의 가장 중요한 차이는 부를 주변에 확산시키는 것이 정부의 적절한 역할인가, 그리고 그 과정에서 정부의 역할을 어느 수준까지 허용해야 하는가에 관한 것이라고 말했다. 세금에 대한 맨큐의 '정당한 몫' 이론은 부를 확산시키는 것이 정부의 적절한 역할이 아니라고 본다.

맨큐는 소득이 기여도를 반영해야 한다고 믿는다. 1950년대 대부분 기간에 미국 최고 세율은 91%였다. 맨큐는 "시민 다수가 세금 부과에 찬성한다고 해도 정부가 힘을 사용하여 다른 사람이 거둔 노동 성과의 많은 부분을 빼앗는 것은 부당하다"라고 말한다.[52] 맨큐는 이와 같은 주장을 펼치면서 심지어 어린아이들도 다른 아이들과 자원을 공유할 때 재능을 고려해야 한다고 생각한다는 기사를 인용했다.[53]

맨큐가 "1%를 위한 변호"를 썼을 무렵, 학부 시절 철학을 공부한 사회심리학자 조너선 하이트Jonathan Haidt는 《정의로운 생각The Righteous Mind》이라는 제목의 책을 출판했다. 이 책은 맨큐의 '정당한 몫'에 대한 주장을 뒷받침하는 훨씬 더 많은 증거를 제시한다.

하이트와 동료 사회심리학자들은 미국과 유럽 이외의 국가들, 특히 인도, 브라질, 일본에서 살아본 다양한 경험을 가진 사람들이었다. 이들은 서구의 중도좌파들이 공정이란 개념의 일부만 이해하고 있다고 믿게 됐다. 이들이 점진적으로 발전시킨 공정에 대한 광범위한 개념은 30개 항목으로 구성된 도덕적 토대에 관한 온라인 설문지로 검증받았다. 이 설문에는 12만 명 이상이 응답했다.

설문 결과는 다음과 같다. 정치적 진보주의자들은 일반적으로 강한 공감과 함께 평등을 강조한다. 그래서 그들은 공정성이 "강자들에게 억압받거나, 희생당하거나, 지배받는 것처럼 보이는" 집단들을 포용하고 옹호하는 것을 의미한다고 믿는다. 이와 반대로 보수주의자들은 평등과 동정심이 불공평할 수 있다고 생각한다. 왜냐하면 평등과 연민이 한편으로는 열심히 일하는 것, 자기 통제, 개인적인 책임 그리고 다른 한편으로는 돈, 존경, 다른 보상 사이의 연결고리를 종종 깨뜨리기 때문이다. 공정에 대한 보수적인 개념은 평등이 아니라 비율에 초점을 맞춘다. "사람은 뿌린 대로 거두어야 한다. 열심히 일하는 사람들이 노동의 결실을 가질 수 있어야 한다. 게으르고 무책임한 사람들은 그 대가를 치러야 한다."

인류학자 크리스토퍼 보엠Christopher Boehm의 영향을 받은 하이트는 도덕의 기원은 "험담하기 좋아하고 징벌적이며 도덕주의적인 공동체에서 시작됐다. 이런 공동체는 언어와 무기를 통해 초기 인류가 공동의 도덕적 기준을 가지고 가해자를 처벌할 수 있게 됐을 때 생겨났다"라고 믿는다. 그는 또 처벌하려는 성향이 "광범위한 협력의 중요 요인"이라고 생각한다. 실험에서 사람들은 "비록 처벌을 통해 얻는 것이 없어도 이기적인 사람들을 처벌하기 위해 돈을 지불한다." 사람들은 남을 처벌하는 것이 기분 좋기 때문에 기꺼이 돈을 낸다. "우리는 사기꾼과 게으름뱅이가 '대가를 치르는 것'을 보고 싶어 한다. 인과응보의 법칙이 제대로 작동하기를 바라고, 그 법칙이 실행되도록 기꺼이 도우려고 할 것이다."

보수주의자들은 '사기꾼, 게으름뱅이, 무임승차자'가 어떤 식으로든 벌을 받을 것으로 믿는다. 그렇지 않으면 다른 사람들이 협력을 중단하고 사회 질서가 무너질 것이다. 하이트도 이런 의견에 동의하는 것 같다. "처벌은 좋은 덕목을 발전시키고 사회에 이득이 된다." 하이트는 진보주의자로서 책을 쓰기 시작했지만, 정치적 온건주의자 입장에서 책을 마무리했다고 말한다.[54]

우리의 복지 국가는 협잡꾼과 게으름뱅이들을 처벌하기 위해 무슨 일을 하고 있을까? 내가 보기에는 하는 일이 별로 없는 듯하다. 우리의 복지 국가는 너무 많은 사람에게 부당하게 혜택을 주고 있다. 2014년 회계감사원GAO은 전체 연방 기관이 1,250억 달러의 의심스러운 수당을 지급했다면서 부적절한 지급 건수가 최고치를 기록했다고 보고했다. GAO의 이런 수치는 과소평가된 것이다. GAO가 인정하는 것처럼 일반적으로 감사 보고서는 기관들이 사용한 것과 같은 데이터를 사용하는데, 때로는 이혼한 아버지와 어머니가 같은 자녀에 대한 자녀 세액 공제를 받는 것과 같은 행정적 오류를 발견하기도 한다.

GAO의 재무 관리 담당 국장인 베릴 데이비스Beryl Davis는 재무와 경영 성과 감사를 수행하는 직원들을 감독하고 정기적으로 의회에서 증언한다. 나는 2015년 11월 13일에 그녀와 면담할 기회가 있었다. 데이비스는 연방 정부가 여러 가지 이유로 부적절한 지급의 전체 범위를 파악하지 못한다고 말했다. 법적인 장벽 때문에 연방 정부가 주 정부의 새로운 복지 프로그램인 TANF(빈곤 가정을 위한 임시 지원)에 따른 부당한 지원 금액을 확인할 수 없다고 한다. 또한 어떤 해에는 사기 위험성이 있는 프로그램들조차 부당한 지급에 대한 추정치를 보고하지 않았다. GAO의 요약 보고에는 다른 기관이 부당하게 지급한 금액에 대한 추정치는 포함돼 있지 않다. 이런 기관들의 추정 방법이 예산국의 승인을 받지 못했기 때문이다. 여기에 더해 해당 기관의 감독관들은 일반적으로 다른 기관들도 통계적으로 타당성이 없는 추정 방식을 여전히 사용하고 있다고 보고했다.

신규채용자 국가정보망National Directory of New Hires, NDNH은 주 정부가 양육권이 없는 부모를 추적하고 자녀 양육 명령을 집행하기 위해 활용한다. 그리고 노동부도 실업보험을 청구하는 사람들의 고용 상태를 알아보기 위해 NDNH를 활용하고 있다. 2011년에 부당 지급 비율이 높아지는 것을 우려한 노동부는 주 실업보험 기관에 NDNH를 강화하라고 지시했다. 노동부는 일자리를 구한 사람들에게 실업보험금을 계속 지급하는 것이 부당 지급 사례의 주요 원인이라고 지적했다. 그러나 캘리포니아를 포함한 몇몇 주는 6년이 넘도록 노동부가 요구한 NDNH와 교차 검증을 실행하지 못했다. 2018년 부당 실업보험 지급률은 13%로, 무려 35억 달러를 초과 지급한 것으로 드러났다. 이는 노동부가 만성적인 과다 지급에 관해 '경종'을 울렸던 2010년(11.2%)보다도 높다.[55]

모든 '부당 지급'이 사기는 아니지만 분명히 많은 사람이 부정한 방법으로 지원금을 받아 간다. 오하이오주는 영양 보조 프로그램에서 부정 수급에 대한 철저한 조사를 벌였다. 주 감사관은 "상당수가 복지카드를 팔아치운 후에 분실했다고 거짓으로 신고하고 다른 카드를 발급받는다는 것"을 알게 됐다. 2011년 감사에서는 31만 장의 카드가 오하이오의 수급자들에게 재발급됐는데, 이 가운데 1만 7,000장이 열 번 이상 재발급받은 카드로 밝혀졌다. 주 당국은 이런 카드는 분실한 것이 아니라 판매된 것으로 의심하고 있다. 주 감사관에 따르면 부정 수급을 찾아내고 이를 근절할 수 있는 시스템이 없는 것으로 나타났다.[56]

몇 년 전에 메인주는 부정 수급자와 싸우기 위해 전자 복지카드에 사진을 인쇄하기 시작했다. 오바마 행정부는 메인주의 영양 보조 프로그램에 대한 지원금을 삭감하겠다고 위협하며 이 정책이 "엄격한 규제 효과"를 초래할 수 있다고 주장했다.[57] 그러나 메인주는 계속해서 개혁을 추진해왔다. "주 복지 기관은 4,000명에 가까운 복지 수혜자가 주 복권을 통해 2,200만 달러에 당첨됐다는 것을 발견했다. 그러나 이들 모두는 여전히 영양 보조 프로그램에 의존하고 있었다."[58] 한편, 연방 장애 수당을 받는 사람들의 수는 15년마다 두 배로 증가했고 수령자의 평균 연령도 감소했다. 사람들은 일단 장애가 생기면 좀처럼 일터로 돌아가지 않았다.

낭비 요소가 많은 주 정부의 인센티브 프로그램도 널려 있다. 복지에 의존하는 사람은 주 정부가 비용을 부담하지만 장애인 거주자는 모든 혜택을 연방 정부로부터 받는다. NPR에 따르면 주 정부는 "사람들이 연방 정부의 복지에 의존하도록 만들기 위해 민간 업체를 고용하고 있다. 이들 업체는 사람들이 장애 요인을 찾아내고 복지 신청에 필요한 서류를 준비하는 것을 돕는다."[59]

경제학자들은 정부 지출에서 낭비, 부정 지급, 남용에 대해 거의 이야기하지 않는다. 그보다는 낭비, 부정 지급, 남용 문제를 중점적으로 다루는 정치인들을 비웃으면서 이런 문제는 전체 재정 적자 문제를 해소할 만큼 중요하지 않다고 주장한다. 전체 예산에 비하면 규모가 크지 않다는 이유에서다. 그러나 경제학자들이 가장 좋아하는 빈곤 퇴치 프로그램 중 하나인 근로소득 세액 공제는 GAO가 지적한 정부의 광범위한 부적절 지급 목록에서 상위 3대 위반 사례 가운데 하나다. 2014년에 근로소득 세액 공제와 관련된 지급 규모는 660억 달러였는데 이 가운데 17%에 해당하는 180억 달러가 잘못 지급된 사례였다.[60]

하이트의 연구는 다양한 종류의 부정한 복지 수혜를 단속하는 것에 대해 국민들이 적극적으로 지지하리라는 점을 시사한다. 하지만 나는 부유층의 복지 남용을 단속한다면 훨씬 더 큰 정치적 지지를 얻을 것으로 생각한다. 국세청은 확인된 미납 세금의 60%가 회수되지 않았다고 밝혔다. 이는 주로 체납자들을 추적할 자원이 부족하기 때문이다. 이들 가운데 일부는 세금을 신고하지 않은 사람들이고, 또 일부는 여러 문서 대조 프로그램을 통해 탈세가 확인된 사람들이다. 세금을 내지 않은 사람들 가운데는 부자들도 많다. 소득이 10만 달러가 넘는 탈세자 가운데 56%가 처벌을 받지 않았다. 이런 행정 마비 사태는 정부 관료주의의 비효율성을 논했던 4장에서 이미 언급했다.[61]

래리 서머스는 기존 세법 준수를 강화하도록 국세청에 더 많은 자원을 투입하라고 요구하는 사람 중 한 명이다. 그는 "2020년에 국세청이 6,300억 달러가 넘는 체납 세금을 추징하지 못할 것"으로 추정했다. 서머스는 너태샤 사린Natasha Sarin과 함께한 연구에서 이런 세수 부족의 70%가 "상위 1%가 세금을 덜 내는 것에서 비롯된다고 주장했다. 이 연구는 미국의 세금 체계가 불공평하게 엘리트들에게 혜택을 주고 있다는 정당한 우려를 제기했다."[62] 사린과 서머스는 다음과 같이 주장했다.

— 더 집중적인 회계 감사를 실시하고, 국세청의 법 집행 능력을 최고 수준까지 높이고, 정부 기술에 대한 투자와 소득 신고 범위를 확대하면 앞으로 10년 동안 주로 초고소득자들로부터 1조 달러 이상의 세수를 확보할 수 있다. 이로 인한 세수 증가는 개인 최고 세율을 70%로 인상하는 경우의 세수 편익보다 더 클 것이다.[63]

낭비, 사기, 남용 문제를 없애는 것만으로 예산의 균형을 맞출 수 없겠지만 많은 예산을 절약할 수 있을 것이다. 그리고 더 중요한 것은 이것이 국민이 믿을 수 있는, 그리고 국민의 도덕 기준을 존중하는 세금과 복지 체계를 만드는 데 도움이 된다는 사실이다.

건국자들이 생각하는 재분배

분배에 대한 의견 불일치는 매우 근본적인 것처럼 보인다. 그래서 미국을 건국한 사람들이 만든 제도와 그들이 이런 견해 차이에 관해 어떤 말을 할 것인지를 집중적으로 살펴보려 한다.

미국의 건국자들로부터 통찰을 구하는 것은 전 세대를 통틀어 우리 세대에서 가장 크게 논란이 될 수도 있다. 남부 출신의 건국자들은 노예를 여전히 소유하고 있었으며, 조지 워싱턴만이 사망할 때 노예를 해방했다. 노예제도는 그들의 명성에 중대한 오점이 됐고 노예제도에 관한 타협안이 헌법에 반영됐다. 그러나 미국의 노예제도를 폐지한 데 공로가 가장 큰 에이브러햄 링컨은 미국의 건국자들을 존경했다. 사실 링컨은 노예제도를 도덕적으로 잘못됐다고 생각했지만, 노예제도에 대한 타협이 없었다면 제헌의회가 오랫동안 번영할 미합중국을 건설할 수 없었을 것으로 생각했다. 링컨이 쿠퍼 유니온Cooper Union 연설을 위해 수행한 법률 연구는 노예제도가 미국 전역으로 확산하지 못하게 하는 법이 헌법에 위배되지 않는다는 것을 보여주기 위한 것이었다. 링컨은 노예제도의 확산을 방지함으로써 "워싱턴, 제퍼슨 그리고 제임스 매디슨James Madison이 의도한 것처럼" 노예제도를 소멸시

킬 수 있을 것으로 생각했다.[64]

헌법은 연방 정부가 1808년부터 국제 노예무역을 금지할 수 있게 했다. 실제로 의회는 법을 통과시켰고 토머스 제퍼슨 대통령은 1808년 1월 1일 발효된 연방 노예무역 금지법에 서명했다.

비록 최근 몇 년 동안 건국자들의 사생활이 새로운 조사와 비난에 직면하긴 했지만, 그들이 미국 정부를 위해 제시한 틀은 어느 때보다 가치가 있어 보인다. 많은 사람이 트럼프 대통령이 삼권 분립을 무시하는 것을 보고 두려움을 느꼈고, 권력 분립이라는 원칙에 의존해 그를 견제했다. 또 트럼프가 종종 '가짜 뉴스'를 들먹였지만 사람들은 헌법이 보호하는 언론의 자유를 지지했고, 주 정부의 독립성을 훼손하려는 연방 정부의 시도에 저항하기 위해 연방 시스템에 의존했다.[65]

건국자들은 우리 앞에 놓인 문제에 대해 뭐라고 말할까? 미국을 건국한 세대의 경제사상에 관한 연구에서 마크 플래트너Marc Plattner는 다음과 같이 주장했다.

— 재산권에 대한 불가침은 건국 초기 헌정 시대의 모든 정치 사상가에게 받아들여졌다. 반연방주의자뿐만 아니라 헌법 지지자, 그리고 농업·상업·제조업을 옹호하는 사람들도 재산에 대한 불가침의 권리를 지지했다.[66]

같은 맥락에서 제퍼슨은 두 번째 취임 연설에서 권리의 평등은 "모든 사람이 공평하든 불공평하든 자신의 노력이나 아버지로부터 물려받은 개인의 재산을 유지하는 것을 의미한다"라고 말했다.[67] 건국 시대에 가장 중요한 정치 이론 가운데 하나인 〈연방주의자 논문 제10호 Federalist 10〉에서 제임스 매디슨은 자유와 인간 능력의 다양성이 경제적 불평등을 초래한다고 말했다. 부자들은 언제나 소수다. 대중에게 가장 큰 위험은 다수의 가난한 사람들이 힘을 합쳐 합법적으로 얻은 부자들의 이익을 속여서 빼앗거나 강탈하는 것이다.[68]

재산권에 대한 이런 굳건한 지지가 미국의 헌법을 만든 건국자들이 극단적인 부의 집중 문제에 관심이 없었다는 의미는 아니다. 이런 사실은 모든 재산을 장남에게 남겨주어야 한다는 장자 상속 제도에 대한 반대에서도 알 수 있다. 대부분의 건국자는 장자 상속 제도를 민주주의와 타고난 평등을 훼손할 수 있는, 세습 엘리트를 영구화하는 것이라고 비난했다. 제퍼슨은 버지니아주에서 장자 상속 제도를 폐지하는 데 앞장섰고, 제도를 폐지한 후에는 "사이비 귀족주의를 근절했다"라고 자랑했다.[69]

제퍼슨은 프랑스 주재 미국 대사를 지냈다. 그는 자신이 프랑스에서 목격한 것에 경악을 금치 못했고, 많은 부분을 장자 상속 제도 탓으로 돌렸다. 그는 "경작되지 않은 토지가 이렇게 많은 나라에서 왜 일할 생각이 있는 많은 사람이 구걸을 해야 할까?"라고 의아해했다.[70] 이런 불평등의 결과를 보면서 제퍼슨은 재산권이 지나치게 보호받아서 다른 자연권을 침해한다고 주장했다. 제퍼슨은 장자 상속 제도를 폐지하는 것 외에도 재산에 대한 누진세를 지지했다.

매디슨은 부의 심각한 불평등을 제퍼슨보다 더 호의적으로 봤지만 "지나친 부를 평범한 상태로 줄이고 극도의 빈곤을 안락한 상태로 만드는 법의 조용한 작동" 사례로 장자 상속 제도의 폐지를 지지했다.

매디슨은 벤저민 프랭클린이 "행복한 평범함"이라고 불렀던 건전한 중산층을 호의적으로 봤다.[71]

그 밖의 건국자 가운데 존 애덤스John Adams는 토지를 소규모로 분할 해 "모든 사회 구성원이 쉽게 소유할 수 있게" 해야 국가의 평화를 가 장 잘 달성할 수 있다고 생각했다.[72] 조지 워싱턴도 서부 토지를 광범 위하게 분할하는 것을 지지했다. 그는 미국이 "주인이 없는 풍부한 토 지를 분할하면 재산을 균등히 분배할 수 있고 생계 수단을 쉽게 확보 할 수 있기 때문에" 근면과 검소를 추구하는 사람들에게 훌륭한 나라 가 될 수 있는 동시에 최하위 계층의 행복에도 도움이 되는 국가가 될 수 있다고 생각했다.[73] 건국 시대에는 빈곤층을 지원하기 위한 공공과 민간 차원의 노력이 있었다. 제퍼슨은 법안을 만드는 데 앞장섰고, 애 덤스는 병들었거나 장애가 있는 선원들을 위한 의료비 지원 법안에 서명했다.

건국자들은 장자 상속을 폐지하여 상속되는 부의 규모를 통제하기 위해 싸웠고, 건전한 중산층이 발전하기를 바랐으며, 빈곤층과 장애 인을 위한 어느 정도 수준의 지원을 지지했다. 그러나 최종적으로는 자유를 지지했다. '인간 능력의 다양성'을 고려할 때 자유를 원한다면 부와 소득의 상당한 불평등을 예상하고 받아들여야 한다.

건국자들과 달리 경제학자 아서 오쿤은 시장이 창출한 소득이 '공 정하다'라거나 '당연하다'라고 간주할 수 없다고 믿었다. 그는 시민들 이 소득 재분배를 다음과 같은 방식으로 상상하면 도움이 될 것으로 생각했다. 예컨대 물질적으로 더 잘사는 사람들의 소득이나 재산으로 채워진 양동이를 상상해보라. 그리고 부자에게 더 많은 세금을 매기는 바람에 일과 투자에 대한 동기가 약해져 양동이가 샌다고 가정하자. 국민소득을 더 균등하게 분배하는 것은 나눠야 할 파이의 크기가 더 작아진다는 의미다. 오쿤은 재분배를 포기하기보다는 우리가 어느 정도 수준의 누수를 감내할 수 있을지를 고민해야 한다고 생각했다.

오쿤이 글을 쓰던 1974년에 하위 20% 가구의 평균 소득은 5,000달러였고 상위 5% 가구의 평균 소득은 4만 5,000달러에 달했다. 오쿤은 하위 20%의 소득을 늘리기 위해 상위 5%에게 4,000달러의 추가 세금을 부과하자고 말했다. 분배 과정에서 여러 누수 요인이 작용할 테니 하위 20%가 4,000달러를 전부 받지는 못할 것이다. 오쿤은 누수율이 60%가 되는 시점까지만 이런 소득 이전을 찬성할 것이라고 말했다. 다시 말해 하위 20%의 가정에 최소 1,600달러를 나눠줄 수 있다면 상위 5%에게서 4,000달러를 가져오는 방안을 지지한다는 것이다.

그런 다음 오쿤은 중상류층으로부터 돈을 받아 중하류층에 나눠주는 또 다른 소득 이전 방법을 생각했다. 그는 중산층 사이의 재분배도 좋아했지만, 부유층에서 빈곤층으로 재분배하는 방안을 훨씬 더 선호했다. 가구 소득의 상위 20%에 속한 사람들로부터 돈을 받아 하위 37%에 해당하는 사람들에게 나눠주자고 제안하기도 했다. 하지만 이는 누수율이 15% 이하일 때만 적용된다.[74]

오쿤의 두 번째 예시는 소득의 재분배를 원하는 욕구가 사회 구성원 모두의 소득에 영향을 미치리라는 사실을 보여준다. 가난한 사람들을 돕는 것은 정당한 공공정책이다. 부유층이 사회의 필요를 충족하기 위해 소득 가운데 더 높은 비율의 세금을 내야 한다는 것은 정당하고 건국 시대의 사상과도 일치한다. 그러나 이런 세금 부담을 모든 사람의 소득을 재분배하기 위한 정책 가운데 하나라고 부르는 것은 건국자들이 정의롭다고 생각했던 수준 이상으로 재산권을 침해하는 것이다.

정책에 부여하는 정당성도 중요하다. 우리는 복지 국가를 지지하지만, 재분배 국가에는 반대한다.

── 마크 플래트너의 주장처럼 정부가 재분배를 통해 국민의 소득 수준을 결정하는 정책은 애초에 소득을 얻은 사람들이 그에 대한 정당한 권리가 없을 때만 도덕적으로 정당화될 수 있다. 재분배는 '개인의 정직한 노력'이 아닌 정치 과정이 개인 소득의 중재자가 되게 하기 때문에 진정한 사유 재산의 개념을 훼손한다. (…) 명시적인 재분배 정책은 모든 사람의 소득을 정부의 지원금에 직접 의존하게 함으로써 필연적으로 사회를 양극화할 수밖에 없다. 사실상 모든 국민을 정부 보조금 수령자 또는 복지 수혜자로 만들 것이다.[75]

명시적인 재분배 목표는 소득 분배 체제의 틀을 짜는 사람들이 최소화하고자 했던 부자와 가난한 사람 사이의 갈등을 더 부추길 것이다. 그리고 오쿤의 생각에서 알 수 있듯이, 이런 갈등은 단지 부자와 가난한 사람 사이의 갈등이 아니라 중상류층과 중하류층 사이의 갈등도 유발할 것이다.

실제로 재분배 국가에서의 갈등은 계급에만 근거한 것이 아니다. 미국의 노예제 역사를 고려할 때 다음과 같은 여러 의문이 제기될 수 있다. 아프리카계 미국인에게도 추가적인 재분배 특혜가 주어져야만 할까? 조상이 노예였던 아프리카계 미국인에게만 그런 자격을 주어야 할까? 아메리칸 인디언이 조상인 사람들은 어떤가? 성차별의 역사를 고려할 때 여성 근로자에게 특별한 혜택을 제공해야 하는 걸까? 이런 질문과 갈등은 미국 사회의 정치화 현상과 마찬가지로 끝없이 증폭될 것이다.

그럼에도 재분배에 대한 열망은 점점 커지고 있다. 2020년 대선 후보들 가운데 가장 강력한 두 후보인 버니 샌더스와 엘리자베스 워런은 소득뿐 아니라 부유층의 재산에 대해서도 전례 없는 연방세 부과를 추진했다. 부자들에게 부과하는 부유세는 다른 나라에서도 시도됐지만 결과가 좋지 않았다. 1990년에는 부유한 선진국 12개국이 부유세를 부과했다. 하지만 2017년에는 4개국으로 줄었다. 이들 가운데 하나인 프랑스는 "부유세가 2000년부터 2012년까지 약 4만 2,000명의 백만장자가 프랑스를 떠나게 하는 데 일조했다"라는 이유로 부유세를 대부분 폐기했다.[76]

서머스는 샌더스와 워런의 제안에 따른 행정 비용과 규범 준수 비용이 상당히 과소평가됐다고 생각한다. 재산은 해외에 숨길 수 있고, 부유세는 복잡한 법적 장치를 통해 피할 수 있다. 대부분의 경제학자는 소득, 증여, 유산에 대한 누진세를 강화하는 것이 부유세보다 적은 비용으로 더 많은 세금을 걷을 수 있다고 생각한다.[77]

워런은 5,000만 달러 이상의 미국인 재산에 대해 연간 2%의 세금을 부과하자고 제안했다. 선거운동을 하면서 그녀는 억만장자에 대해 4%의 추가 부유세를 제안했다. 이 세금이 없다면 백만장자와 억만장자들은 그 돈을 "다이아몬드, 요트, 렘브란트 그림을 사는 데 쓸 것"이

라고 말했다.[78]

사실 억만장자들은 지출 대부분을 더 유용한 방식으로 사용한다. 라파엘 배지아그Rafael Badziag는 《10억 달러의 비밀The Billion Dollar Secret》을 쓰기 전에 21명의 억만장자를 면담했다. 그가 발견한 사실 가운데 하나는 억만장자들은 돈을 쓰는 것보다 버는 것을 더 즐긴다는 것이다. 그리고 대부분은 검소한 습관을 지니고 있다. 그들은 돈을 투자하고 창조하는 데 사용하는 것으로 생각한다. 대부분의 백만장자도 "자신의 소득 규모 안에서 지출하는" 것이 특징이다.[79]

이런 거부들의 직업윤리에도 특별한 점이 있었다. CEO들은 오랜 시간 일한다. 하버드대 교수들이 27명의 CEO를 대상으로 3개월에 걸쳐 하루 24시간 동안 15분 단위로 그들의 활동을 추적했다. 이들이 경영하는 기업의 연평균 매출은 131억 달러였다. 연구에 따르면 CEO들은 일주에 평균 62.5시간을 일하는 것으로 나타났다. 일반적인 미국인의 주당 평균 근무 시간은 44시간이다.[80]

가장 부유한 미국인들이 마구잡이로 소비하고 투자를 줄이게 하려면 투자 소득에 대한 세금을 높이면 될 것이다. 어쨌든 합법적으로 벌어들인 소득 대부분은 소득을 얻은 사람에게 돌아가야 하지만, 49%보다 높은 연방 세율은 이를 가로막을 것이다.

제프 베조스, 스티브 잡스, J. K. 롤링스는 대중이 분명히 가치를 인정하는 제품을 만드는 방법을 알고 있다. 그들이 얻는 이익은 소비자를 만족시킨 결과다. 만약 세금으로 그 이익의 일부를 떼어 간다면, 과연 의회가 더 좋은 곳에 투자할까? 2018년 조지타운대학교의 설문조사에 따르면 대중은 그렇게 생각하지 않는 것으로 나타났다. 이 설문조사는 일반 대중을 대상으로 20개 기관을 어느 정도 신뢰하는지 물었다. 조사 대상 기관에는 대형 은행, 노동조합, 대학, 주요 기업, 자선단체, 종교단체가 포함돼 있었다. 군대가 가장 높은 신뢰도를 기록했으며, 다음이 아마존, 그다음이 구글이었다. 행정부는 17위였고 의회는 최하위를 기록했다.[81]

부유층이 자녀에게 재산의 전부 또는 거의 전부를 물려주고자 하는 욕구를 법으로 막아야 하는지에 관해 생각할 때, 재분배는 훨씬 더 민감한 문제다. 거물급 기업인의 자녀들이 아버지와 어머니처럼 엄청난 부를 성취할 능력과 열정을 가지고 있는가에 관해 당연히 의문을 제기할 수 있다. 상속이 직업윤리에 미치는 영향에 대한 더글러스 홀츠이킨Douglas Holtz-Eakin, 데이비드 줄파이안David Joulfaian, 하비 로젠Harvey Rosen의 연구에 따르면 "약 15만 달러의 유산을 상속받은 사람이 2만 5,000달러 미만의 유산을 상속받은 사람보다 일하지 않을 확률이 약 네 배 더 높은" 것으로 나타났다.[82]

그러나 건국 당시에는 상속세에 대한 지지가 거의 없었던 것으로 보인다. 게다가 상속세를 걷기가 어려워 많은 국가에서 상속세를 포기했다. 그럼에도 〈이코노미스트〉는 상속세가 부유세나 높은 자본소득세 같은 세금보다 성장에 부정적 영향을 덜 미친다고 생각한다.[83] 상속세는 막대한 가족 재산이 여러 세대에 걸쳐 전수될 가능성을 줄여주는 기능을 할 텐데, 이는 미국 건국자 대부분이 기뻐할 결과다.

공화당은 상속세를 '사망세death taxes'라고 부르며 상속세를 완전히 없애버릴 의도인 것처럼 보인다. 공화당이 장악한 하원이 2015년에 연방 상속세를 폐지하는 법안을 통과시켰지만, 상원이 거부했다.[84] 공화당 의원들은 상속세를 폐지하려고 노력하는 과정에서 상속세가 소규모 농장과 기업에 특히 부담을 준다고 주장했다. 하지만 개인 재산 가운데 550만 달러에 대해 세금을 면제받기 때문에 2017년 기준으로 연방 유산상속세를 내야 하는 소규모 농장이나 기업은 80개에 불과했다. 수년에 걸쳐 상속세를 분할해서 낼 수 있게 하면 상속인이 주택과 사업체를 잃을 위험을 줄일 수 있다.[85]

나는 우리 사회 최상층의 막대한 부와 부의 극심한 편중이 많은 건국자를 놀라게 할 것으로 생각한다. 부의 분배는 그들의 시대보다 지금이 더 불평등하다. 한 연구 논문의 추정에 따르면 건국자들의 시대에는 상위 1%가 전체 부의 8%를 보유했다.[86] 오늘날에는 상위 1%가 전체 부의 20% 가까이를 소유하고 있다.[87] 현재 환경에서 건국자들은 상속세에 더 큰 관심을 기울일지도 모르겠다.

상속세에 관한 이런 주장 가운데 어느 것도 4장에서 제시한 친자본주의 주장에 이의를 제기하려는 것이 아니다. 자본주의 체제에서 소득과 부의 이동은 모든 계층의 사람들에게 물질적 혜택과 함께 혁신을 가져왔다. 건국자들은 우리의 부에 놀라겠지만, 헌법적으로 안전한 재산권을 보장받는 자본주의 시스템이 오늘날의 부를 창출했다는 사실에는 놀라지 않을 것이다.

이 책에서 나는 전체적으로 볼 때 경제학이 국내 공공정책에 대한 논쟁에 많은 도움을 줄 수 있다고 주장했다. 그러나 가장 중요한 형평성 문제인 소득 재분배에 관해서는 경제학자들 사이에서도 이견이 분분해 정책 입안자들에게 도움을 줄 여지가 크지 않다. 실제로 나는 재분배를 논의하는 데 경제학자들이 일반적으로 사용하는 공리주의적 견해조차 반대 입장을 고려하지 않는다고 생각한다.

하지만 경제학자들이 동의하는 형평성 문제도 많다. 정치인들은 이런 문제들에 관해 지금보다 더 많은 관심을 기울여야 할 것이고, 실제로도 그렇게 하고 있다. 이 가운데 두 가지를 살펴보자.

누가 혜택을 받고 누가 손해를 보는가

한편으로는 효율성과 성장 간의 갈등에 직면한 경제학자들의 이견만 강조하고 다른 한편으로는 저소득층을 돕는 데 집중하는 것은, 경제학자들이 중요한 여러 가지 형평성 문제에 공감한다는 사실을 간과하는 것이다. 첫째, 경제학자들은 기존 정책과 제안된 정책으로 실제로 누가 혜택을 받고 누가 손해를 보는지 파악하는 것이 중요하다는 데 동의한다.

이 장의 초안을 쓰고 있을 당시에 민주당 대통령 후보가 공립대학의 무상 등록금 정책을 지지했다. 무상 등록금을 지지하는 많은 사람은 상당수의 대학생이 중산층과 상류층 출신이어서 학비를 지원받을 필요가 없다는 사실을 알고 있다. 실제로 이 정책은 무상 등록금 제도가 없으면 대학에 등록하지 않을 학생들보다 등록금을 부담하더라도 대학에 진학하고자 할 학생들에게 훨씬 더 많은 혜택을 줄 것이다. 그러나 '모든 학생을 위한 무상 등록금 정책'을 찬성하는 사람들의 공통된 주장은 사회복지 정책은 모든 사람이 혜택을 받을 수 있기 때문에 인기가 높다는 것이다. 그래서 무상 등록금 정책도 모든 대학생에게 적용되면 당연히 인기가 높아질 것으로 생각한다.

경제학자들은 다음과 같은 질문으로 무상 등록금 제안을 비판한다. '대학 등록금을 저렴하게 만들기 위해 부유한 가정의 학생들에게 가장 큰 재정적 보상을 주는 장학금 프로그램을 만들어야 하는가?'

주로 부유한 가정의 자녀를 돕는 '인기 있는' 정책을 만들어서 형평성 측면에서 얻는 이득은 무엇일까? 형평성을 중시하는 경제학자들은 대학생들이 등록금보다 주거비, 식비, 전기요금 등에 더 많은 돈을 지출한다고 주장한다. 이들은 "등록금 지원이 필요 없는 중상위 소득 가구들에는 등록금을 지급하지 말고, 그렇게 절약한 돈을 저소득층 자녀들이 대학에 다니는 동안 사용하는 생활비로 지원하는 것이 어떨까?"라고 묻는다.[88]

형평성을 지향하는 경제학자들은 정부가 보조금으로 주는 돈은 궁극적으로 세금에서 나오기 때문에 이런 보조금이 미래의 경제 성장을 감소시키리라는 서실을 알고 있다. 경제학자들은 또 커뮤니티 칼리지의 경우 졸업하는 학생보다 중퇴하는 학생이 더 많다는 사실을 알고 있다. 이들 가운데 상당수는 우리가 대학생과 궁극적으로 대학에 너무 많은 보조금을 지급하고 있고, 이런 보조금 때문에 대학이 효율화에 대한 동기를 갖지 못한다는 성장 지향적 경제학자들의 의견에 동의한다. 많은 경제학자는 대학과 달리 왜 기술 교육에는 보조금을 지원하지 않는지 의문을 제기한다. 그리고 소비자 주권을 믿는 사람들과 마찬가지로 대부분은 빈곤층에 대한 지원은 보조금을 통한 교육이나 훈련보다 현금으로 지급하는 것이 더 낫다고 생각한다.[89]

나는 대부분은 아니더라도 많은 사람이 무상 등록금 정책을 좋아할 것으로 생각한다. 이들은 아마도 더 많은 사람이 더 많은 교육을 받도록 장려하는 보조금이 분명히 국가에 좋다고 믿을 것이다. 하지만 그것은 좌파와 우파 경제학자들이 모두를 위한 무상 등록금에 반대하는 이유를 이해하지 못한 결과다. 경제학자들은 누가 이득을 보고 누가 손해를 보는지를 고려해 무상 등록금 정책에 반대한다.

경제학자들은 가구 소득이 25만 달러 미만인 사람들에게 최대 5만 달러까지 학자금 부채를 탕감해주겠다는 엘리자베스 워런의 제안에 반대할 가능성이 크다. 브루킹스연구소의 경제학자 애덤 루니Adam Looney는 워런 의원의 제안에 따르면 상위 40%의 가구는 약 66%의 대출금 탕감 지원을 받지만 하위 20%의 학자금 대출 가구는 전체 지원 금액의 4%밖에 받지 못할 것으로 추정한다. 추가 교육 기회를 얻는 사람은 아무도 없는 채로, 더 부유한 대출자들이 지원금 대부분을 가져가리라는 뜻이다.[90]

경제학자들이 지지하는 많은 정책 아이디어가 대중과 언론, 정치인들에게 끔찍하게 들릴 수도 있다. 경제학자들은 수십 년 동안 직원들의 과세 대상 소득에서 제외하는 회사 부담 의료보험금을 제한하려고 노력했다. 다음은 제임스 카프레타James Capretta가 경제학자들의 공통적 견해를 요약한 것이다.

— 근로자는 현금으로 받는 임금에 대해서는 소득세income tax와 급여세 payroll tax를 납부하지만, 직장이 부담하는 건강보험에 대해서는 세금을 내지 않는다. 세금 부과에서 이런 차이는 회사가 건강보험에 관해 관대한 보상을 하게 한다. 과도한 회사 건강보험은 소비자가 더

많은 의료 서비스를 이용하게 함으로써 비용을 증가시킨다. 2008년 연구에 따르면 현금 보상처럼 회사의 건강보험에 온전히 세금이 부과될 경우 회사가 평균적으로 35% 더 많은 비용을 부담해야 하는 것으로 나타났다.[91]

중요한 것은 누가 이득을 보고 누가 손해를 보는지 이해하는 것이다. 즉 "이런 부가적인 혜택을 누리는 것은 가난한 사람들이 아니라 대체로 평균 이상의 소득을 가진 근로자와 경영진이다."[92] 이는 카터 행정부에서 여러 고위직을 역임한 경제학자 앨프리드 칸의 주장이다. 칸은 지나칠 정도로 관대한 의료보험에 제동을 거는 캐딜락 세금 Cadillac tax(일정 수준을 넘는 과도한 의료보험 지원에 대해 부과하는 세금-옮긴이)에 대한 지지를 얻으려고 노력했다. 하지만 또 다른 고위 관리는 칸이 "고통스러운 의료비 상승을 제한하려는 우리의 노력을 빈곤층이 감당하도록 요구하고 있다"라고 반박했다.[93]

대통령 선거에 출마했을 당시 버락 오바마는 존 매케인John McCain이 회사의 의료보험 혜택에 세금을 부과하겠다고 제안한 것을 비판했다. 그러나 시간이 지나면서 오바마 행정부는 개인당 1만 1,000달러, 가족당 3민 달리기 넘는 의료보험에 대해 캐딜락 세금을 부과하는 방안을 지지하는 쪽으로 선회했다. 이 세금은 2018년에 시작될 예정이었지만 보험 회사, 노조, 의료단체, 소비자단체의 압력으로 2022년까지 연기됐다. 레이건 대통령과 조지 W. 부시 대통령도 캐딜락 세금을 지지했지만, 2018년에 하원 공화당 의원들은 캐딜락 세금의 도입을 2023년까지 더 늦추려고 했다.

많은 사람은 세금에 대한 반대 로비가 강하기 때문에 캐딜락 세금이 실행에 옮겨지지 못할 것으로 보고 있다. 더 중요한 것은, 2장에서 살펴본 것처럼, 유권자들은 예산을 삭감하지 않아서 발생하는 기회비용을 분명하게 알려주지 않으면 건강과 관련된 기본적 요구에 대한 예산 삭감을 지지하지 않으리라는 것이다. 오바마 행정부 캐딜락 세금의 주요 부담자는 빈곤층이 아니었다. 캐딜락 세금은 부담적정보험법ACA의 일부로 주로 무보험자에게 보험 혜택을 제공하기 위해 만들어졌다.[94]

비슷한 맥락에서 레이건 행정부에서 일했던 하버드대학교의 경제학자 마틴 펠드스타인은 실업보험 수당에 소득세를 부과해야 한다고 주장했다. 1982년 가을에 이런 개혁안이 유출되자 반대의 목소리가 거세게 터져 나왔다. 레이건 대통령은 언론과 양당 의원들이 '추수감사절 칠면조'라고 불렀던 이 개혁안을 재빠르게 부인해야만 했다. 그러나 프린스턴대학교의 경제학자 앨런 블린더는 이 제안이 "대다수 경제학자의 동의를 얻을 수 있는 건전한 개혁"이라고 말했다.[95] 실업보험 급여 수준은 과거 소득 수준과 연계돼 있다. 고임금 근로자일수록 더 많은 실업 급여를 받고, 실업 기간이 몇 주에 불과하거나 배우자의 소득이 상당히 높은 경우에도 실업 급여를 받는다. 블린더는 실업보험 급여의 절반 이상이 중위 가구보다 소득이 더 많은 가정에 지급되고, 보험 급여의 15%는 미국 중위 소득의 두 배 이상을 버는 가정에 지급된다고 지적했다.[96]

실업보험 급여에 세금을 부과하자는 펠드스타인의 제안은 형평성을 가장 중요하게 생각하는 경제학자와 성장 및 효율성을 가장 중요하게 생각하는 경제학자 양쪽 진영의 지지를 얻고 있다. 형평성을 중시하는 경제학자들은 실업 급여에 세금을 부과하면 혜택의 분배가 저소득층에 유리하게 바뀔 것으로 생각한다. 가장 가난한 실업자는 누진 소득세에 따라 거의 또는 전혀 세금을 내지 않고, 가장 부유한 실업자는 상당한 액수의 세금을 내게 될 것이다. 효율성을 지향하는 경제학자들은 이 개혁안이 계속 실업자로 남아 있게 하는 보상 요인을 감소시킬 것으로 본다.[97] 블린더의 주장처럼 "이것은 가난한 사람보다는 부자들에 돌아가는 혜택을 줄임으로써 인센티브를 개선하는 사례로, 대부분의 공급자 관점 처방과는 다른 신선한 변화다."[98]

이런 사례에서 알 수 있듯이 정부 분배 정책의 결과는 겉보기와 다른 경우가 많다. 정책이 종종 미묘한 방식으로 인센티브를 변화시키기 때문이다. 예를 들면 특정 혜택을 제공하거나 세금을 내야 하는 기업이 실제 부담을 다른 곳으로 전가할 수 있다. 의회의 의원들은 고용주와 근로자가 사회보장과 의료보호제도의 부담금을 각각 어느 정도 부담할 것인지를 결정하는 데 많은 시간을 들이지만, 이런 결정은 경제에 거의 영향을 미치지 못한다. 브루킹스연구소의 연구가 지적한 것처럼 "경제학자들은 일반적으로 고용주가 부담하는 급여세는 궁극적으로 근로자가 세금이 없을 때 받을 수 있는 임금보다 더 낮은 임금을 받거나 근로자가 더 높은 가격으로 물건을 사는 형태로 부담한다고 믿고 있다."[99] 법인세에서도 부담 전가 현상이 발생할 수 있다. 이에 동의하지 않는 경제학자들도 있지만, 컬럼비아대학교의 글렌 허버드Glenn Hubbard는 "최근 연구에 따르면 법인세 부담의 상당 부분을 노동자가 부담하는 것으로 나타났다"라고 주장한다.[100]

이 때문에 경제학자들 사이에서는 몇몇 종류의 세금 부과에 관해 논란이 있다. 하지만 경제학자들이 좋은 정보를 제공할 수 있다면 까다로운 문제를 해결하는 데 도움이 될 것이다. 마찬가지로 부담을 다른 곳에 지우는 것이 너무 복잡해 대중이 이해할 수 없고, 후보자들의 선동이 정치적으로 이익이 된다면 그렇지 않을 수도 있다.

형평성과 가격 메커니즘

경제학자들 사이에서 폭넓은 공감대를 형성하고 있는 두 번째 분야는 유연한 시장 가격에 대한 개입을 포함하는, 정치적으로 인기가 있는 형평성 정책에 대한 반대다. 임대료 규제가 그런 정책 가운데 하나다. 그리고 저소득층의 임금을 시장 수준보다 훨씬 높게 인상하는 최저임금법도 경제학자 대부분이 반대하는 정책이다.

최근 몇 년 동안 미국의 많은 도시에서 임대료 규제 정책을 시행했다.[101] 경제학자들은 임대료 규제 정책이 경제적으로 어려움을 겪고 있는 사람들을 위한 맞춤 정책이 아니라고 생각한다. 뉴욕시는 수십 년 동안 임대료를 규제해왔다. 뉴욕시의 임대료 규제 정책을 적용받는 아파트에 거주하거나 거주한 적이 있는 사람들 가운데는 신디 로퍼, 미아 패로, 알 파치노 등 유명 연예인도 포함돼 있다. 1990년대 초에 패로의 아파트가 임대료 규제 대상에서 제외됐는데, 그와 동시에 아파트 임대료가 월 2,300달러에서 8,000달러로 상승했다.[102]

임대료 규제를 받는 아파트에 거주하는 저소득층은 이득을 볼 수 있지만 주택을 사려는 저소득층은 손해를 본다. 1990년 한 여론조사에 따르면 경제학자의 93%가 "임대료 상한제가 시장에 공급되는 주택의 양과 질을 감소시킨다"라고 생각하는 것으로 나타났다.[103] 주택 공급이 부족할 경우 가장 가난한 시민들은 주택을 사지 못하거나 질이 낮은 주택에 거주하게 될 것이다. 또한 임대료 규제는 집주인이 이윤을 유지하려고 주택의 유지·관리를 소홀히 하게 한다. 부동산 가치가 하락하고 걷히는 세금이 줄어들면 공적 서비스에 의존하는 빈곤층이 특히 큰 타격을 받는다.

임대료 규제법 시행에 들어가는 관리 비용도 중요하다. 항상 경비원이 있던 아파트 건물을 상상해보자. 임대료 규제가 시행될 경우 건물 주인은 경비원을 없애면 상대적으로 낮은 가격으로 아파트를 임대할 수 있다고 생각한다. 규제 당국은 경비원을 해고할 수 없다고 말한다. 그래서 건물 주인은 임금이 더 저렴한 경비원을 고용한다. 그는 지각이나 결근이 잦고 가끔은 술에 취한 상태로 근무하기도 한다. 이번에는 가구가 완비된 아파트를 생각해보자. 임대료 규제가 시행될 경우 건물 주인은 임대료를 낮추기 위해 가구를 수리하지 않거나 새로운 가구를 사지 않을 것이다. 이처럼 임대료 규제 정책을 성공적으로 시행하려면 많은 관리자가 필요하다. 임대인은 편법을 쓰고 싶은 마음이 강해질 테고, 임대 부동산이 흔한 게 아니므로 세입자는 신고하길 꺼리게 될 것이다.[104]

임대료 규제는 또한 주거 차별을 심화시킨다. 임대료를 제한하면 일반적으로 아파트가 부족해지므로, 집주인이 주도권을 쥘 수 있다. 그래서 만약 집을 보러 온 아프리카계 미국인이 마음에 들지 않으면,

집주인은 다른 사람에게 세를 주기로 약속했다고 거짓말을 할 수 있다. 반대로, 임대료 규제가 없다면 몇 달 동안 세입자가 없는 빈 아파트들이 생길 것이다. 집주인은 편견에 따라 행동하면 공실이 날 위험이 있기에 세입자가 마음에 들지 않더라도 받아들일 가능성이 커진다. 조금 더 일반적으로, 경제학자들은 저소득층의 주거 환경을 개선해야 한다면 그 비용을 왜 집주인이 부담해야 하는지 의문을 제기한다. 부자인 집주인은 많지 않다. 실제로 집주인이 임대 부동산을 직접 유지·보수하는 경우가 많다.

마찬가지로 대부분의 경제학자는 최저임금을 대폭 인상하는 것보다 어려움을 겪고 있는 가정에 소득을 제공할 더 좋은 방법들이 있다고 생각한다. 최저임금을 15달러로 급격하게 인상하려고 노력하는 몇몇 도시의 정책에 다수의 경제학자가 반대한다. 최저임금 인상이 저숙련 근로자의 고용 감소로 이어지는지에 대한 논쟁은 수십 년 동안 계속됐다. 모든 경제학자가 최저임금 인상으로 이득을 얻는 근로자가 손해를 보는 근로자보다 더 많다는 데는 동의한다. 하지만 손해를 보는 근로자는 모든 소득을 잃는 경우가 많다.

2015년부터 15달러의 최저임금을 단계적으로 도입한 시애틀시는 워싱턴대학교의 경제학자들을 고용해 새로운 정책의 결과를 평가했다. 보고서의 저자들은 과거 연구보다 더 개선된 방법을 도입해 개별 직원에 대한 데이터를 확보했다. 보고서에 따르면 저임금 직원은 평균적으로 한 달에 125달러의 손실을 본 것으로 나타났다(저자들의 두 번째 논문에서는 이 수치가 74달러로 수정됐다).[105] 이런 손실은 고용주가 근로자의 일자리나 근무 시간을 줄이고 신규 채용을 미루면서 발생했다.[106] 그러나 다른 연구에 따르면 최저임금 인상으로 인한 일자리 손실은 최저임금보다 더 높은 임금을 받는 일자리의 증가로 완전히 상쇄됐다.[107]

언론은 주로 일자리 감소와 임금 상승 사이의 상충 관계에 초점을 맞춰 보도한다. 하지만 최저임금 인상에는 긍정적 측면과 부정적 측면이 모두 존재한다. 한 연구에 따르면 최저임금을 10% 인상하면 고졸 이하 성인의 자살률을 3.6% 줄일 수 있는 것으로 나타났다. 또 다른 연구에서는 최저임금이 50센트 인상되면 범죄자들의 1년 이내 재범률이 2.8% 감소한다는 결과가 나왔다.[108] 그러나 최저임금의 급격한 인상을 우려하는 사람들은 임금이 오르면 결국 물가도 오를 것이며, 패스트푸드 식당과 월마트를 자주 이용하는 저소득층이 가장 큰 피해자가 되리라고 지적한다.

대부분의 경제학자는 최저임금이 급격하게 인상될수록 고용주들이 장기적으로 근로 시간이나 고용을 줄여 인건비를 억제할 가능성이 크다고 예측한다. 어떤 사람들은 애초에 왜 국가 차원의 최저임금이 필요한지 의문을 제기하기도 한다. 최저임금이 해당 지역의 시간당 중위 임금의 약 50%를 넘지 않으면 일자리 파괴 위험이 줄어든다는 연구 결과도 있다. 지역마다 중위 임금의 차이가 크기 때문에 지역별로 최저임금을 결정하는 것이 최선일 수 있다.[109] 주 정부와 시가 연방 정부가 요구하는 것보다 더 높은 최저임금을 법으로 정할 수 있는데, 이미 일부 지역에서는 이런 조치들이 어느 정도 시행되고 있다.

임대인이 임대료를 강제로 낮게 유지해야 할 때 임대료를 조정하는 것처럼, 고용주도 저숙련 근로자에게 시장 임금보다 더 많은 임금을 지급해야 하는 상황이 되면 임금을 조정한다. 이전에 근로자에게 저렴한 보험이나 일정액의 보육비를 제공했다면 이런 비급여 혜택을 중단할 수 있다. 더 중요한 것은 사내 교육을 중단할 수 있다는 것이다. 시애틀시의 연구를 담당했던 워싱턴대학교의 경제학자 가운데 한 명인 제이컵 비그도르Jacob Vigdor는 최저임금에 대한 규제가 젊은이들의 구직 기회에 부정적 영향을 끼침으로써 더 나은 보수를 받을 수 있는 일자리로 가는 사다리의 맨 아래 발판을 없애게 될지도 모른다고 우려한다.[110] 이에 관한 증거는 미국 건설 산업에서 찾을 수 있다.

— 건설 업계의 많은 고용주가 미숙련 근로자를 저임금으로 고용한 뒤 직무 교육을 실시하는 것이 비용이 적게 든다는 사실을 알게 됐다. 비숙련 근로자들은 당장은 임금이 낮지만 교육을 받기 때문에 미래의 기대 수입을 늘릴 수 있다.[111]

저명한 자유주의 경제학자 중에서도 최저임금을 15달러로 급격하게 올리는 것을 우려하는 사람들이 있다. 오바마 대통령의 경제자문위원회 위원장을 지낸 앨런 크루거Allen Krueger는 자주 인용되는 1994년 논문에서 뉴저지에서 최저임금의 인상이 식당 근로자들의 실업률 증가로 이어지지 않았다고 주장했다.[112] 그러나 그는 최저임금을 15달러로 인상하는 것은 "감수할 가치가 없는 위험"이라고 말했다.[113] 오바마 재임기에 또 다른 경제자문위원회 위원장이었던 크리스티나 로머Christina Romer도 저임금 근로자에게는 근로소득 세액 공제 한도를 높이는 것이 최저임금 인상보다 더 도움이 된다고 주장했다.[114]

최저임금의 대폭 인상에 반대하는 경제적 논거는 고용주가 직원에게 생활임금living wage(물가와 근로자의 부양가족 최저생계비를 고려해 최저 생활비를 보장해주는 개념-옮긴이)을 제공해야 한다는 주장에도 적용된다. 두 제안 모두 가난한 사람들을 위한 것이 아니다. 대부분의 혜택은 중산층 가정에서 생활비를 보조하는 배우자나 청소년에게 돌아간다. 예를 들어 노동통계국Bureau of Labor Statistics, BLS에 따르면 최저임금 근로자의 약 32%가 16~19세인 것으로 나타났다.[115] 가족을 부양하는 데 필요한 최저임금에 대한 논쟁은 이런 상황에 적용되지 않는다.

최저임금 인상이 고용주에게 실질적으로 인건비 절감을 위한 새로운 동기를 제공하는지에 관해서는 논란이 있지만 그 중요성만큼은 경제학자들 사이에 이견이 없다. 3장에서는 경제학자들이 대체로 동의하는 견해에 관해 설명했는데, 실제로 최저임금에 찬성하는 경제학자들도 최저임금이 시간당 25달러로 인상될 때 발생할 일자리 감소는 걱정하고 있다.

1970년대 에너지 가격 통제의 결과에 관한 흥미로운 이야기를 소개하겠다. 가격이 상승하면 일반적으로 공급 부족이 해소된다. 하지만 가격 인상이 불법이 되면 자원 할당에 대한 임의적인 결정에 따라 가격이 통제된다. 이런 자원 할당이 자의적이지 않은 것처럼 보일 수도 있지만, 불가피하게 자의적일 수밖에 없다. 예를 들면 1970년대에는 휘발유가 전년도 사용량에 따라 지역에 할당됐다. 이런 정책은 상당히 공평한 것처럼 보인다. 하지만 도시에 사는 사람들은 집으로 돌아갈 기름을 구하지 못할까 봐 주말에 농촌 지역으로 나들이 가는 것을 포기하기 시작했다. 그 결과 도시에는 휘발유를 사기 위해 긴 줄이 늘어섰고, 시골에는 휘발유가 넘쳐났다.

경제학자들은 가격 통제를 매우 일방적인 조치라고 생각한다. 그러나 경제학자들이 알고 있는 지식은 대학의 학과를 넘어 널리 알려지는 경우가 많지 않다. 최저임금 인상이 연방 차원에서 논의될 때 수십명의 증인이 증언하지만, 주류 경제학자는 소수에 불과하다. 일테면한쪽에는 미국 육류절단도축협회와 전국 교회협의회의 대표가 나오고 다른 쪽에는 사우스캐롤라이나 레스토랑협회와 미국 남성복 소매업협회의 대표가 증언하는 식이다. 의원들이 이 문제를 기업과 노동자사이의 단순한 형평성 문제로 보는 이유를 쉽게 알 수 있을 것이다.

학문으로서의 경제학에는 여러 약점이 있다. 하지만 시장이 어떻게작동하는지에 관한 이해 부족은 약점이 아니다. 경제학자들이 가격통제 정책은 임금 보조금이나 저소득층 주거 지원 같은 대안보다 비용이 많이 들고 효과도 떨어지며 공평하지도 않다고 생각한다면, 그외 사람들도 경제를 이해함으로써 경제학자들과 같은 생각을 할 수있을 것이다.

6
외부효과와 정부 개입

공공정책과 관련된 사람들에게 경제학 이론 가운데 외부효과보다 더 중요한 개념은 없다. 외부효과는 정부 개입을 정당화할 수 있는, 가장 널리 알려진 시장의 불완전성 가운데 하나다. 그래서 경제학자들은 "바람직한 정부 개입 범위"를 논의할 때 외부효과라는 개념에 초점을 맞춘다.[1] 정부의 역할이 정당화될 수 있다면 경제학자들은 외부효과의 개념을 활용해 어느 수준에서 정부가 책임을 져야 하는지 결정한다.

외부효과가 정부 개입을 정당화할 수 없는 이유

4장에서 외부효과는 다른 사람이나 기업 활동의 부차적인 산물로 발생하고, 가격 시스템을 통해 전달되지 않는 제삼자에 대한 비가격 효과라고 정의했다. 앞서 설명한 것처럼 외부효과는 어디에나 존재한다. 교육이나 새로 심은 꽃에서 발생하는 외부효과는 이익이 되지만, 심각한 대기 오염이나 바랭이 잡초 같은 외부효과는 비용을 발생시킬 수 있다. 정부 실패라는 유사한 개념은 경제학자들이 모든 외부효과에 정부의 개입이 필요하다고 생각하지 않는 이유를 설명하는 데 도움이 된다. 외부효과에 관한 연구의 다른 요인들은 외부효과를 바로 잡기 위한 정부의 개입과 관련해 신중한 접근법을 지지한다.

첫째, 재산권이 명확하게 정의돼 있고 관련된 사람들이 소수일 경우에는 정부의 개입 없이 사적인 행동으로 외부효과를 해결할 수 있다. 예를 들어 한 소매업자가 이웃의 낡은 상점이 자신의 사업에 피해를 준다고 생각한다면, 해당 상점을 매수하거나 수리 비용의 일부를 부담하는 데 동의할 수 있다.[2]

둘째, 유익한 것이든 해로운 것이든 가격 시스템을 통해 제삼자에게 미치는 많은 영향은 경제학자들이 정의하는 진짜 외부효과가 아니다. 진짜 외부효과는 시장의 가격 시스템이 비효율적으로 무너질 때, 즉 가격 시스템이 일부 사람들의 선호를 고려하지 않을 때 발생한다. 공장이 해로운 오염 물질을 강에 버리는 경우 공장의 투자자, 관리자, 해당 기업의 제품을 구매하는 소비자 가운데 누구도 하류에서 수자원을 사용하는 이들의 이익을 고려하지 않기 때문에 비효율적인 외부효과가 발생한다. 하류의 사용자에게 발생한 비용은 수익이나 제품 가격에 영향을 미치지 않는데, 시장의 가격 체계가 이런 상황을 가격에 제대로 반영하지 못하기 때문이다.

그에 비해 제조 업체가 생산량을 늘리고 가격을 낮춤으로써 경쟁 업체에 피해를 주는 경우, 이때 경쟁자에게 미치는 영향은 비효율적인 것이 아니므로 외부효과라고 하지 않는다. 이런 영향은 가격 체계의 외부가 아니라 내부를 통해 더 낮은 가격이라는 형태로 전달된다. 생산량을 늘렸던 제조 업체가 경쟁 업체에 미치는 악영향을 고려해 다시 생산량을 줄이고 가격을 인상해야 한다면, 경쟁 업체가 1달러의 이익을 얻을 때마다 고객은 최소 1달러의 손해를 보게 된다.[3] 헨리 포드가 마차 채찍 제조 업체들의 문을 닫게 했을 때 그 영향은 매우 심각했다. 하지만 포드와 그의 고객들은 채찍 제조 업체가 잃은 것보다 더 많은 것을 얻었으므로 비효율이 발생하지 않았다. 취향과 기술의 변화는 고용주, 직원, 주주, 심지어 소비자에게 유익한 영향과 해로운 영향을 끊임없이 미친다(예를 들면 많은 잠재 고객을 보유한 인기 있는 대형 레스토랑 체인이 충성도 높은 고객을 보유한 소규모 식당을 인수하는 경우). 이런 효과의 대부분은 가격 시스템을 통해 전달되므로 경제학자들이 정의하는 외부효과가 아니다.[4]

셋째, 원칙적으로 연관성이 있는 외부효과가 해당 사례에 대한 정부 개입을 정당화하지 못할 수도 있다. 당사자가 아닌 제삼자는 소음으로 부정적인 영향을 받기도 하고, 교육으로 긍정적인 영향을 받기도 한다. 그러나 이런 외부효과를 어느 정도 완화하기 위해 이미 소음 조례와 교육 보조금 같은 제도가 존재한다. 이런 대책에 무언가를 더해서 얻는 한계편익은 한계비용보다 더 적을지도 모른다.

마지막으로, 작은 외부효과를 고려하기 위한 정부의 개입이 정당화될 수 있는 경우는 거의 없다. 많은 집주인이 이웃의 부실한 마당 관리 탓에 매우 괴로워한다. 극단적인 사례를 들자면, 켄터키주의 랜드 폴Rand Paul 상원의원의 이웃은 이 문제로 시비를 걸고 폴의 갈비뼈를 부러뜨리기도 했다.[5] 내가 어렸을 때도 그런 일을 겪었는데, 어느 날 이웃집 주인이 찾아와 우리 마당에서 자기네 마당으로 잡초가 번져 간다고 항의했다. 날씨 좋은 날 그는 집 앞 잔디밭에서 크로켓 대회를 열곤 했는데, 이번에는 그 행사를 더 키우기로 하고 함께 양쪽 집 잔디밭의 잡초를 뽑았다. 며칠 후 더 넓어진 대회장에서 크로켓 경기를 즐겁게 치를 수 있었다. 두 집의 가족이 모여 재미나게 잡초를 뽑았는데, 만약 집 앞 잔디밭의 잡초를 의무적으로 제거해야 한다는 법이 있었다면 우리는 불필요한 부담을 느꼈을 것이다. 그리고 법 집행을 감시하기 위해 인력과 비용이 필요했을 것이다.

외부효과를 바로잡기 위한 정부의 개입은 거기에서 오는 편익이 비용을 초과하는 경우에만 정당화될 수 있다. 그리고 이런 편익과 비용이 4장에서 논의한 정부 실패의 유형에 영향을 받지 않고 완벽하게 실행되리라고 가정해서는 안 된다.[6]

바람직한 정부의 규모

어떤 경우에는 외부효과 개념이 정부 개입의 필요성에 대해 상당히 명확한 지침을 제공하기도 한다. 예를 들면 외부효과는 오염을 정화하고 기준을 지키는 데 자발적 행동은 적합하지 않다는 것을 보여준다.

1980년대에 화학제조업협회Chemical Manufacturers Association, CMA는 화학

업계가 환경을 깨끗하게 유지하기 위해 할 수 있는 일을 이미 하고 있으므로 정부가 환경 정화를 강요할 필요가 없다는 점을 대중에게 설득하기 위해 대대적인 광고를 게재했다. 화학 업계의 물 전문가인 켄 피섹Ken Ficek은 한 신문 광고에서 아내와 두 자녀가 낚시하는 모습을 배경으로 미소 짓고 있는 남자의 사진을 실었다. 피섹은 이 광고에서 화학 업계가 두 가지 방법으로 수질 오염을 통제하기 위해 노력하고 있다고 말했다. 첫째, 그는 지자체와 산업계에서 식수를 정화하고 폐수를 처리하는 데 사용하는 화학 물질을 개발하도록 도움을 주고 있다고 했다. 둘째, 그는 자신의 회사가 배출하는 물이 '우리 강에 안전한지'를 확인하는 일을 담당하고 있다고 말했다. 피섹은 화학 업계에는 1만 명의 전문가가 오염을 통제하는 일만 하고 있으며, 자신도 연방 정부가 주요 수질 법안을 통과시키기 훨씬 전인 20년 전부터 오염 방지를 위해 노력해왔다고 덧붙였다. 그러면서 화학 업계가 환경 보호를 위한 프로젝트에 153억 달러를 지출했다고 언급했다.

그가 전하는 기본적인 메시지는 간단하다. 화학 산업에 종사하는 기업주와 직원들도 우리와 같은 문제를 우려하고 있다는 것이다. 그들도 자신들이 만든 환경에서 살아가야 하기 때문이다. "저는 전국의 수질 개선을 위해 일하고 있습니다. 그리고 제가 사는 이 동네에서 우리는 모두를 위해 환경을 개선하는 일을 하고 있습니다." 피섹에 따르면 '우리 모두'가 깨끗한 환경을 원하기 때문에 정부에서 화학 업계에 오염 정화를 강제할 필요가 없다는 것이다. 자신들의 이익이 곧 우리의 이익이기 때문에 화학 업계가 자발적으로 오염 물질을 제거할 것이라는 주장이다.[7]

레이건 대통령 시절 환경보호국EPA의 초대 청장이었던 앤 고서치 버포드Anne Gorsuch Burford는 피섹의 주장에 설득당한 것 같다. 그녀와 최고위 보좌관들은 자발적인 조치를 지속적으로 강조했다. 1982년에 EPA는 '자발적인 환경법 준수'를 강조한 레이건 대통령의 민간 주도 태스크 포스로부터 칭찬을 받았다. 1983년 3월 그가 강제 사임된 이후에도 버포드의 법률 고문 로버트 페리Robert Perry는 언론과의 인터뷰에서 "미국을 정화하는 것은 자발적인 규정 준수"라고 말했다.[8]

버포드의 후임인 윌리엄 루켈스하우스William Ruckelshaus는 피섹의 주장에 동의하지 않았다. 그는 한 기업이라도 규정을 준수하지 않으면 (그리고 규정 준수에 들어가는 비용을 피함으로써 돈을 벌면) 경쟁 기업들도 규정을 준수하려고 하지 않기 때문에 "세상에는 자발적 규정 준수가 효과를 발휘하게 할 방법"이 없다고 말했다.

— 공기와 물, 토지 같은 공짜 외부효과를 보존하기 위해서는 모든 사람에게 같은 종류의 규제와 의무를 부과하는 경쟁 체제가 있는 경우에만 자유 기업 시스템이 작동할 수 있다. 따라서 규제가 있어야만 하고, 이런 규제는 효과적인 국가 규제 프로그램이어야 한다.[9]

외부효과 개념은 우리가 버포드와 피섹이 아니라 루켈스하우스의 편에 서야 한다는 것을 암시한다. 화학 회사의 소유주와 직원들은 우리와 정확히 같은 이해관계를 가지고 있지 않다. '우리의 강'에 버려지는 화학 물질 대부분은 화학 회사 직원의 집에서 멀리 떨어진, 다른 사람들이 사는 지역으로 가게 될 것이다. 화학 물질로 인한 모든 오염이 화학 공장 인근의 지역 사회에 남아 있더라도 공장 소유주와 직원은 지역의 이웃 주민과 이해관계가 다를 수 있다. 피섹이 지적한 것처럼 모두가 깨끗한 물의 혜택을 공유하지만, 오염 정화 비용은 이웃보다 사업주와 직원이 훨씬 더 많이 부담해야 할 것이다. 만약 화학 기업이 제조 공정에서 발생하는 오염을 줄이기 위해 많은 노력을 기울인다면 비용이 많이 들 것이다. 따라서 제품 가격을 인상해야 하고, 이는 해당 제품에 대한 수요 감소를 초래할 것이다. 그러면 기업의 수익도 감소한다. 사업이 잘 안되면 어떤 직원은 일자리를 잃고 어떤 직원은 임금이 깎이거나 동결될 것이다. 화학 회사들이 스스로 결정할 권한을 갖게 되면 특정 오염 물질의 정화 노력에 들어가는 비용(주로 경영진, 주주, 직원, 고객이 부담하는 비용)이 편익보다 크다는 결론을 내릴 수도 있다. 하지만 오염 물질을 정화했을 때 전체적인 편익은 화학 기업 종사자들이 누리는 편익보다 훨씬 클 것이다. 그리고 환경 오염과 연관된 지역 사회의 구성원들은 더 깨끗한 강이 주는 편익과 균형을 맞추기 위해 정화 비용을 부담할 필요가 없다.

오염으로 인한 비용과 오염을 정화함으로써 얻는 편익 대부분은 화학 기업이 아니라 외부에 돌아가기 때문에 일반 대중의 이익은 기업의 의사 결정 과정에서 무시될 가능성이 크다. 그렇지만 오염을 줄임으로써 지역 사회 전체가 얻을 수 있는 이점을 고려한다면, 오염 관리 노력을 의무화하는 것은 효율적이고 정당화될 수 있다.

버포드가 취임하기 훨씬 전부터, 단순히 외부효과 개념을 이해하는 것만으로는 자발적으로 오염을 줄일 수 없음을 암시하는 증거가 많았다. 1960년대 초 자동차 회사들은 배기가스 배출을 제한하겠다고 국민 앞에서 약속했지만 지키지 않았다. 1963년에 기다림에 지친 캘리포니아주는 자동차 회사가 제안한 배기가스 제어 시스템을 검토하고 인증하는 위원회를 설립했다. 또한 캘리포니아주 정부는 저렴한 비용으로 이용할 수 있는 두 종류의 실용적인 배기가스 감축 시스템을 인증하고, 1년 후부터 캘리포니아에서 판매되는 모든 신차에 이 장치를 장착하게 하는 법안을 통과시켰다. 이 법은 장비 제조 업체가 배기가스 감축 장치를 개발하게 하는 촉매제가 됐다. 캘리포니아주 정부는 1964년 6월까지 네 개의 장치를 인증했는데, 모두 독립적인 자동차 부품 제조사가 만들었다. 그리고 1966년형 자동차부터 배기가스 제어 장치가 의무적으로 장착됐다.

경제학자 로런스 화이트Lawrence White는 다음과 같이 썼다.

— 결과는 놀라웠다. 3개월 전인 1964년 3월에 자동차 회사들은 배기가스 제어 장치를 설치할 수 있는 가장 빠른 모델이 1967년형 자동차라고 주 정부에 보고했다(10년 전에는 정부 관리들에게 1958년부터 장치를 설치할 수 있다고 말했다). 6월에 이뤄진 장치 인증은 기술 개발 프로그램의 속도를 기적적으로 높여줬다. 1964년 8월에 자동차 회사들은 1966년형 자동차에 자체적으로 만든 배기가스 제어 장치를 장착할 수 있다고 발표했다.[10]

앞서 설명한 것처럼 제삼자에게 미치는 모든 해로운 영향이 비효율적인 외부효과는 아니다. 외부효과에 대처하기 위한 정부 개입의 적절한 한계를 이해하면 유익한 가짜 외부효과를 근거로 정부의 개입을 요구하는 잘못된 요청을 식별해낼 수 있다. "일반 민간 항공" 이익단체들은[11] 실제로 비행기를 이용하지 않는 대중에게 돌아가는 편익이 항공시설에 대한 지속적인 보조금을 정당화할 수 있다고 주장하기 위해 외부효과 개념의 긍정적 측면을 이용해왔다. 이들 이익단체가 주장하는 편익에는 연관 산업과 이에 따른 국내총생산에 대한 기여, 전쟁 시 국방력 강화, 우편 서비스, 재난 구호 활동 등의 이득이 포함된다.[12] 경제학자들은 이런 편익 가운데 어느 것도 일반 민간 항공을 지원하기 위해 국가 항공 시스템에서 발생하는 큰 비용을 대중에게 부담시키는 기존 정책을 정당화할 수 없다고 주장한다.

물론 비행기를 이용하지 않더라도 일부 미국인은 항공 우편과 신선한 하와이산 과일을 먹을 수 있는 편익을 누리는데, 이런 편익을 누리는 사람들이 그 대가를 지불해야 하는 것이다(내가 신선한 하와이 과일을 먹거나 어머니에게 항공 우편을 보낼 때 당신이 얻는 혜택은 없다). 하와이의 과일 생산자들은 항공편 덕에 시장이 더 커지는 반면, 현지 아이스크림 제조 업체들에겐 시장이 더 작아진다. 두 분야 모두 국내총생산에 기여하지만, 항공편으로 시장이 영향을 받았다고 해서 교통 보조금을 기대해서는 안 된다.[13] 한편 전쟁이 발발했을 때는 일반 대중도 공항과 항공 시스템의 편익을 누린다. 하지만 정부의 한 경제학자는 다음과 같이 주장한다.

— 이런 편익이 철강, 화학, 전자 등 다른 산업에서 얻는 부차적 편익과 본질이나 양에서 크게 다르다고 믿을 이유가 없다. 이런 산업 가운데 어떤 분야도 사업 비용의 일부를 연방 정부의 전체 세입 예산에

서 받아 가지 않는다.[14]

게다가 우리는 이미 광범위한 항공 시스템을 갖추고 있다. 항공 산업의 추가적인 발전을 위해 보조금 지급 여부를 고려할 때는 비행기를 이용하지 않는 대중에게 도움이 되는 국방과 재난 구호 편익만을 고려해야 한다. 분명히 이런 한계편익은 매우 작을 것이다. 아마도 항공기를 이용하지 않는 많은 사람이 추가로 부담해야 하는 소음 공해라는 외부 비용보다 더 적을 것이다.[15]

철도 승객에 대한 보조금도 상당히 많다. 암트랙의 북동회랑Northeast corridor 지역(보스턴에서 워싱턴 DC까지 인구밀도가 높은 지역-옮긴이) 노선은 운영 비용을 자체적으로 충당할 수 있다. 하지만 약 650킬로미터 미만의 다른 22개 노선은 그렇지 못하고, 이를 초과하는 18개 노선도 마찬가지다. 암트랙 노선에서 가장 긴 두 개의 노선인 사우스웨스트 치프와 캘리포니아 제퍼는 2011년에 각각 6,000만 달러 이상의 손실을 기록했다.[16] 제퍼의 승객 1인당 보조금은 약 130달러였다.[17] 운영 비용뿐만 아니라 철로 교체 같은 고정비까지 고려하면 손실은 훨씬 더 커진다.

레이건 행정부와 부시 행정부는 암트랙의 보조금을 완전히 삭감할 것을 제안했다.[18] 그리고 트럼프는 2019 회계연도 예산안에서 암트랙에 대한 보조금을 전년도 14억 9,500만 달러에서 7억 3,800만 달러로 삭감하려 했다. 하지만 의회는 결국 삭감하지 않았고, 오히려 보조금을 약간 늘렸다.[19]

철도 여행 승객에 대한 보조금을 지지하는 사람들은 추정된 외부효과를 정당성의 근거로 주장한다. 미국 연방상업위원회Interstate Commerce Commission, ICC는 1996년에 해체될 때까지 여러 종류의 외부효과를 근거로 정부 지원을 정당화했고, 많은 의원이 이를 계속 주장해왔다. 1978년에 ICC는 삭감안에 대한 대중의 반대는 "손익이라는 단순한 기준을 넘어서는 인간의 욕구가 비록 더 많은 연방 보조금을 의미하는 것이라도, 지속적인 시외 철도 승객 서비스에 대한 수요가 있다는 것을 입증하는 데 도움이 됐다"라고 말했다.[20] ICC는 다른 사례들에 관해 에너지 소비 감소, 고속도로 교통 체증 감소, 자동차 대기 오염 감소로 대중이 편익을 얻는다면서 외부효과의 정당성을 주장했다. 특정 노선에 대해서는 매우 구체적으로 외부효과를 언급했다. ICC는 열차가 '로키산맥의 심장'과 '눈 덮인 시에라 네바다' 등 경치가 장엄한 지역을 통과하기 때문에 시카고와 샌프란시스코 간 철도 서비스를 유지해야 한다고 주장했다.

제퍼는 암트랙에서 두 번째로 긴 노선으로 전체 길이가 약 3,923킬로미터에 달한다. 그리고 전체 노선의 여행시간도 51시간이 넘는다. 암트랙 웹사이트는 제퍼를 경치 좋은 노선으로 홍보하고 있다.[21] 그리고 탬파/세인트피터즈버그 지역으로 가는 열차는 "특히 철도 서비스에 대한 의존도가 높은 노인과 은퇴한 사람들이 많이 거주하는 지역"이기 때문에 필수적이고, 멕시코시티로 가는 암트랙은 라틴 아메리카에 대한 친선 정책에 중요하다고 이야기한다.[22]

외부효과 개념은 이런 논쟁을 선별하는 데 도움이 된다. 서비스 중단에 대한 대중의 항의가 손익이라는 기준이 불충분함을 시사하는 것은 아니다. 대중의 항의는 열차를 이용하는 사람들이 비용의 20%를 부담할 경우 철도 서비스를 지속하는 것이 이익이라는 사실만을 알려줄 뿐이다. 승객 대부분이 훨씬 더 큰 비용을 지불하더라도 여전히 혜택을 누린다면, 암트랙은 오래전에 요금을 인상했을 것이다. 일부 승객은 다섯 배의 요금을 기꺼이 부담할 수도 있겠지만, 이 역시 암트랙의 편익을 증명하는 것은 아니다. 망하는 기업들도 대개는 문을 닫을 때까지 일부 고객을 보유하고 있다. 단지 비용을 충당할 만큼 고객이 많지 않을 뿐이다.

에너지 소비 감소, 교통 혼잡 감소, 공해 감소는 모두 기차로 여행하지 않는 사람들에게도 편익을 준다. 그러나 외부효과는 기차 여행의 긍정적 효과에서 나오는 것이 아니라 더 많은 에너지를 소비하거나 더 많은 혼잡 또는 오염을 유발하는 다른 여행 방식의 부정적인 효과를 피하는 것에서 비롯된다. 에너지 소비, 혼잡, 오염을 줄이는 수단으로 기차 여행에 보조금을 지급하면 기차 요금이 서비스를 제공하는 한계비용보다 더 낮아지기 때문에 많은 사회자원을 철도 산업에 비효율적으로 투입하는 셈이 된다. 이는 철도 여행에 대한 보조금이 적절한 정책이 아니고 승용차 등 다른 유형의 여행에 따른 부작용을 해결하기 위한 세금이라는 것을 시사한다.

현재 암트랙에 대한 보조금은 심지어 차선의 정책으로서도 이런 외부효과를 근거로 정당화될 수 없다. 의회 예산국의 연구에 따르면 북동회랑 지역 이외의 여객 열차는 자동차보다 에너지 효율이 낮고 버스보다도 효율성이 훨씬 떨어진다. 보조금을 가장 많이 받는 열차는 북동회랑 지역 밖에 있어 고속도로 혼잡을 줄이는 데 거의 도움이 되지 않는다. 또 도시 간 철도 여행을 두 배로 늘리더라도 전체 도시 간

여행에서 기차가 차지하는 비중은 1% 미만이기 때문에 오염을 줄일 잠재력도 적다. 다른 사람들이 기차를 더 자주 이용할 때 나타나는 오염 감소 효과로 나머지 사람들이 얻는 혜택은 기차 여행자들이 얻는 혜택의 4분의 1도 안 될 것이다.

제퍼 열차에서 바라볼 수 있는 경치는 긍정적 외부효과가 아니다. 열차가 사라진다고 해서 협곡의 경치를 보는 편익이 사라지는 것은 아니기 때문이다. 아름다운 경치를 즐기는 것은 우리가 아니라 열차에 탑승한 사람들이다. 물론 그런 홍보 문구는 암트랙의 티켓 판매에 도움이 될 것이다. 하지만 제퍼는 시카고에서 샌프란시스코까지 약 3,923킬로미터를 가는 데 이틀이 넘게 걸린다. 보조금을 차치하더라도, 제퍼 노선을 운행하는 기차는 훨씬 적은 비용으로 더 빠르게 목적지에 도착할 수 있는 비행기와 경쟁할 수 없다.

내 제자 가운데 일부는 처음에는 철도 서비스에 의존하는 탬파/세인트피터즈버그의 은퇴자들에게 상당히 동정적이었다. 그러나 정부의 현물 지원을 지지하는 사람조차 보조금을 지지할 이유를 거의 찾지 못했다. 이 보조금(뉴욕에서 출발할 경우 승객당 100달러 이상)은 남녀노소, 빈부를 막론하고 기차를 이용하는 모든 사람에게 이득을 제공한다. 하지만 열차를 이용하는 승객 대부분은 노인이 아니다. 그리고 열차에 탑승한 노인의 상당수는 가난하지도 않다.[23]

가난한 시민들이 은퇴 후 기차를 타고 플로리다로 여행하는 경우는 거의 없다. 이런 은퇴자들은 버스를 이용할 수 있는 한 '딱히 기차에 의존적'이지도 않다. 최소한의 식량, 주거, 의료 서비스는 이제 모든 미국인의 천부적 권리일지도 모른다. 하지만 기회비용을 생각한다면, 나는 보조금에 대한 한계를 정하고 탬파/세인트피터즈버그로 가는 기차 노선에 보조금을 지급해서는 안 된다고 생각한다.

경제학자가 아닌 사람에게는 라틴 아메리카에 대한 친선 정책이 가장 어설픈 명분으로 보일 수 있다. 하지만 여기에는 진정한 외부효과가 있다(멕시코시티행 기차 운행 중단이 실제로 멕시코로부터 좋지 않은 감정을 불러일으킬 수 있다고 가정할 때). 실제로 기차를 타고 멕시코로 여행하는 이들뿐만 아니라 모든 사람이 멕시코와의 좋은 관계에서 편익을 얻는다. 이 노선에 대한 보조금을 계속 지원할 것인지를 고려할 때, 경제학자는 국무부에 멕시코와의 관계에 철도 보조금만큼 많은 도움이 되면서 더 적은 비용이 드는 다른 방법이 있는지 물어볼 것이다. 우선, 대안이 있다면 보조금은 정당화되지 않을 것이다. 그런데 만약 대안이 없다면 보조금으로 인한 기회비용과 멕시코와의 관계에서 발생하는 비용 가운데 어느 쪽이 더 큰지 판단해야 할 것이다.

외부효과 개념은 앞서 언급한 사례에서 정부 개입의 필요성에 대해 유용한 지침을 제공한다. 그러나 그 교훈이 명확하지 않은 경우가 종종 있다. 시장 실패의 문제는 산업 안전보다 환경 오염에서 훨씬 더 중요하다는 사실을 쉽게 알 수 있다. 오염 감소에서 오는 편익 대부분은 기업 외부의 사람들에게 돌아가는 반면, 산업 안전 개선에서 오는 편익은 기업의 직원들에게 돌아간다. 그럼에도 산업 안전 관리에 대해 외부효과에 근거한 주장을 펼칠 수 있다. 회사 직원의 친구나 친척을 제외하더라도 부적절한 산업 안전 조치 탓에 발생하는 높은 건강보험료와 생명보험료는 다른 사람들에게 영향을 미친다. 여기에 더해 어떤 사람들은 생면부지의 누군가가 업무 중 사망하거나 부상을 당했다는 소식을 접할 때 심리적 고통을 느끼기도 한다.

자동차 안전 장비 의무화를 담당하는 기관은 외부효과가 다른 장비 대신 일부 안전 장비의 의무화를 정당화하는 데 도움이 될 수 있다는 사실을 알게 될 것이다. 예를 들면 자동차에 듀얼 브레이크 시스템이나 좋은 타이어 같은 기능을 의무화하는 것이 접이식 핸들의 의무화보다 더 좋은 사례가 될 수 있다. 자동차 밖의 다른 운전자와 보행자는 더 좋은 브레이크 시스템의 편익을 누리지만 접이식 핸들이 주는 편익은 얻지 못한다. 운전자가 접이식 핸들이 더 안전하다고 느끼면 오히려 더 공격적으로 운전할 수도 있다. 그러면 다른 운전자와 보행자에게 부정적인 외부효과가 발생할 수 있다.

그러나 산업 안전 프로그램 같은 긍정적인 외부효과도 존재할 것이다. 경제학자들은 이런 종류의 경제적·심리적 외부효과를 해결하기 위해 보다 직접적으로 목표 지향적 정책에 관해 이야기할 가능성이 크다. 예를 들면 일부는 과속에 대한 더 엄격한 처벌과 알코올에 대한 더 높은 세금에 찬성한다고 주장한다.[24] 타인의 이익과 무관한 일(접이식 핸들을 구매하거나 야채를 더 많이 먹는 것)을 강요하기 위해 외부 비용(더 높은 건강보험료 등)을 사용하면, 사람들의 자유를 제한하게 된다며 반대하는 학자들도 있다.[25] 하지만 접이식 핸들의 의무화에 따른 외부효과를 완전히 부인할 수는 없다. 다른 조치보다 덜 시급하다는 걸 아는 것이 도움이 될 순 있지만, 이를 배제할 수는 없다.

미국 산업안전보건청Occupational Safety and Health Administration, OSHA이나 미국 고속도로교통안전국National Highway Traffic Safety Administration, NHTSA 같은 기관에 대해 논의하는 경제학자들은 시장이 먼저 스스로 안전을 개선

할 것으로 생각하는 경향이 있다. 근로자와 소비자는 안전한 일자리와 안전한 자동차를 원하기에 정부의 개입이 없더라도 일정 수준의 안전을 요구하고 받아낼 것이기 때문이다. 먼저 이런 주장을 한 후에 경제학자들은 앞서 설명한 긍정적 외부효과에 관해 이야기한다. 그러나 이런 정부 기관들은 이론적 근거가 무엇이든 계속 생존할 것이 확실하므로 정부 기관에 대한 이런 논의는 간략히 이뤄지고, 결론을 내리지 못하는 경우가 많다.[26] 그래서 경제학자들은 정부의 개입 결정을 받아들이고 정부에 더 효과적인 개입 방법을 제안하기 위해 계속해서 많은 노력을 기울이고 있다.

외부효과와 연방주의

이 문제에 관해 생각해본 대부분 경제학자는 중앙 정부, 지역 정부, 지방자치단체가 권력을 공유하는 연방 체제를 지지하는 것처럼 보인다. 경제학자들은 때때로 지방 권력을 유지해야 하는 전통적인 정치적 이유를 언급하기도 하지만 외부효과(또는 파급효과)라는 개념에 초점을 맞춘다.

가로등이나 경찰 서비스와 관련해서는 외부 편익이 있고, 화재나 소음 또는 쓰레기와 관련해서는 외부 비용이 발생한다. 이런 외부 편익과 비용 가운데 지역의 범위를 넘어서는 것은 거의 없다. 이는 지역이 모든 편익과 비용을 책임져야 한다는 의미다. 어떤 지역은 가로등과 경찰 서비스에 더 관심을 가질 것이고, 또 어떤 지역은 소음과 쓰레기 문제를 해결하는 데 관심이 더 많다. 시민들은 공공재에 대한 선호가 저마다 다르고 다른 사람들이 선호하는 공공재를 공유하는 커뮤니티에 살려는 경향이 있다. 지역 주민들은 중앙 정부가 모든 지역을 위한 획일적인 서비스를 제공하는 경우보다 지역에 특화된 조례나 규정을 마련할 때 더 큰 만족감을 느낄 것이다.[27]

경찰과 같은 서비스는 지방자치단체가 제공해야 하지만 수질 관리와 같은 그 밖의 서비스는 광범위하게 공유되는 편익을 창출하므로 주 또는 지역 정부가 제공해야 한다. 국방, 우주 탐사, 암 연구 같은 혜택은 연방 정부 차원에서 제공돼야 한다.[28] 수질 관리와 달리 이런 공공재에 대한 자금 지원의 편익은 단일 지역을 넘어선다. 그러나 이런 공공재 지원에 얼마의 예산을 쓸 것인지 결정할 때, 주 또는 지방자치단체는 해당 주민이 얻는 편익만 고려할 수 있다. 국가 전체가 누리는 편익이 비용보다 더 클 수 있지만, 많은 프로그램 전체에 들어가는 비용은 특정 지역이 누리는 편익보다 더 클 것이다. 따라서 연방 정부가 개입하지 않으면 이런 공공재는 최적 수준의 자금을 지원받지 못할 가능성이 크다.

대부분의 경제학자가 국가가 소득 재분배 복지 프로그램을 책임져야 한다고 생각하는 이유는 외부효과보다 인센티브가 더 잘 설명해준다. 몇몇 경제학자는 사람들이 낯선 타인보다는 이웃에게 베푸는 것을 좋아한다는 사실에 주목하며, 바람직한 수준의 소득 재분배에 관한 사람들의 선호도가 주와 지방에 따라 다르다고 주장한다. 따라서 국가, 주, 자치단체가 모두 재분배 노력에서 어느 정도의 역할을 담당해야 한다고 생각한다.[29] 그러나 경제학자들은 주나 자치단체가 상당히 높은 수준의 소득 재분배 정책을 실시하면, 일부 부자는 더 많은 세금을 피하려고 그 지역을 떠나고 일부 가난한 사람은 더 큰 복지 혜택을 이용하기 위해 그 지역으로 유입될 것이라고 강조한다. 지역의 1인당 평균 소득을 감소시키는 이런 결과를 방지하기 위해 주와 지방자치단체는 인센티브 효과를 상쇄시킬 수 있다면 대부분의 시민이 원하는 수준보다 복지 혜택을 조금 더 축소하려는 경향이 있다.[30]

인센티브에 기초한 이런 이론적 주장은 노숙자 문제를 다루는 정책에 실패했던 상당수의 너그러운 자유주의 도시들에서 정책으로 실행됐다. 다음의 기사 제목이 노숙자 관련 문제들을 잘 보여준다.

- 노숙자들, 호황을 누리는 도시가 잠자고 구걸하고 심지어 앉을 권리까지 불법화했다고 주장[31]
- 샌프란시스코, 노숙자에게 강경 대응 방침[32]
- 노숙자 수 증가에 따라 노숙자에게 더 강경하게 대응하는 도시들[33]
- 도시가 캘리포니아 낙원을 유지하는 비결: 노숙자 체포[34]
- 성난 도시들, 노숙자 억제와 추방 움직임[35]
- 버스로 쫓겨난 노숙자: 미국이 노숙자를 이송하는 방법[36]

복지 때문에 노숙자가 증가하는 문제는 최근 시애틀시가 보여준 것처럼 부유층이 그 지역을 떠나게 하는 것과 같은 또 다른 문제를 유발한다는 것이다. 시애틀시 의회는 대기업의 모든 직원에게 275달러의 인두세를 부과하는 법안을 통과시켰다. 그리고 이 세금을 통해 거뒤들인 돈을 노숙자 프로그램에 사용할 예정이었다. 시애틀에서 가장 큰 기업은 아마존이고 아마존의 설립자 겸 회장은 제프 베조스다. 그는 세계 최고 갑부 가운데 한 명으로 약 1,900억 달러의 순자산을 보유하고 있다. 세금안이 통과된 후 아마존은 즉시 본사 건물 근처의 고층 건물 공사를 중단하고 법안이 철회되지 않으면 다른 조치를 취할 것이라고 엄포를 놓았다. 실제로 법안은 취소됐다. 이 기사의 제목은 "아마존, 노숙자를 도와줄 수 있었던 작은 세금 무산시켜"였다.[37]

지자체가 다른 복지 서비스에서 효율적인 성과를 거두는 데 도움이 되는 주거 이동성은 소득 재분배 프로그램에서는 역효과가 날 수 있다. 그런데 재분배에 대한 책임을 국가 수준으로 올리면, 국경을 넘어 이동하는 이주민의 경우에만 혜택을 늘리거나 세금 부담을 줄일 수 있기 때문에 이런 부정적인 인센티브 효과를 대부분 상쇄할 수 있다.

이런 권한 배분 체제는 정부의 대부분 서비스가 시와 주 경계를 넘어 제공된다는 사실 때문에 상당히 복잡하다. 경찰 서비스의 편익 대부분은 비용을 지불하는 지역 주민들에게 돌아갈 것이다. 그러나 다른 도시들에서 후속 범행을 저지를 수도 있었던 도둑을 한 도시에서 잡으면 다른 도시들이 이득을 볼 수 있다. 또는 첫 번째 도시의 경계가 삼엄해 도둑들이 다른 도시로 도망가면 그 지역에서 비용이 발생할 수도 있다. 실제 사례도 있다. 캘리포니아가 사우스다코타주에서 수배된 남자의 범죄인 인도를 거부한 후, 사우스다코타주에서는 그에 대한 보복으로 사문서 위조, 강도, 절도 혐의로 기소된 93명을 기소하지 않고 캘리포니아로 이동하도록 방치했다. 이로써 캘리포니아

주민들은 확실히 피해를 봤다.[38] 그리고 이런 눈에 보이는 외부효과 외에도 사람들은 잔인한 범죄에 대한 기사를 읽을 때 심리적 고통을 느낀다. 이들 가운데 일부는 아마도 그런 범죄를 줄이기 위한 노력에 기꺼이 도움이 되고자 할 것이다.

관할 지역을 넘어서는 파급효과가 크지 않다면 경제학자들은 이를 무시하라고 권고한다. 두세 개의 관할 지역이 관련된 경우에 소방이나 대도시 교통 같은 서비스는 자발적 협약으로 문제를 해결할 수 있다. 그러나 파급효과가 크고 여러 관할 지역이 영향을 받는 경우에는 연방 또는 주의 공동 지원 프로그램을 통해 분권형 서비스 제공의 모든 이점을 유지하면서도 효율성을 달성할 수 있다. 경제학자들은 일반적으로 주 또는 국가가 해당 자치단체가 다른 자치단체에 제공하는 서비스의 가치에 따라 자치단체에 정부 보조금을 지급할 것을 제안하고 있다. 예를 들어 한 지자체 폐기물 처리장에서 발생하는 편익의 70%를 해당 지자체가 누리고 나머지 30%는 다른 지자체에 돌아간다면 그 지자체는 비용의 70%를 부담하고 나머지 30%를 정부가 부담하는 식이다.[39]

중요한 외부효과가 존재하는지에 대해 종종 합리적 이견이 있을 수 있는 것처럼, 중요한 편익이 도시와 주 경계를 넘어 확산하는지에 대해서도 논쟁의 여지가 있다. 그럼에도 외부효과 개념에서 파생된 원칙들은 특정 정부 기능에 대해 어느 수준의 정부에서 책임을 져야 하는지를 설정하는 데 도움이 될 수 있다.[40] 예를 들면 환경 오염에 대한 규제는 어느 수준의 정부가 담당해야 할까? 외부효과 분석에 따르면 오염의 유형에 따라 많은 것이 달라진다. 파급효과가 주 경계를 넘어서는 산성비에 대해 주나 지방자치단체가 대응책을 마련하기는 어렵다. 하지만 대부분의 소음 공해는 지역적이라는 특성이 있기 때문에 1970년대에 연방 정부가 소음 문제에 개입한 일은 정당화하기 어렵다.[41]

미국 정치에 대한 기초적인 지식만 있는 사람들도 공화당은 더 작은 연방 정부를, 민주당은 더 큰 정부를 원하는 경향이 있음을 알 것이다. 경제학자들의 외부효과 개념을 사용하면 공화당과 민주당 각각의 주장에서 가장 취약한 부분이 어디인지 알아낼 수 있다.

트럼프 행정부의 첫 번째 EPA 국장인 스콧 프루이트Scott Pruitt는 의회가 풍력과 태양 에너지에 대한 세금 감면 혜택을 폐지하기를 희망한다고 말했다. 아마도 대부분의 경제학자는 1세대 친환경 에너지에 대한 생산 보조금을 없애야 한다는 프루이트의 의견에 동의할 것이다(경제학자들은 또한 10년간 총 410억 달러에 달하는 화석 연료에 대한 세금 보조금 폐지도 강력하게 지지할 것이다).[42] 그 대신 경제학자들은 "새로운 세대의 기술을 더 잘 사용하고 비용을 줄이는 혁신에 초점을 맞춘 친환경 에너지 계획을 지지할 가능성이 크다."[43] 4장에서 논의한 주목할 만한 보조금 정책의 실패 사례를 제외하고도, 경제학자들은 풍력으로 에너지를 생산할 경우 일반 대중이 외부 편익을 누리지 못한다는 점을 상기시킬 것이다. 실제로 풍력은 발전에 사용되는 거대한 날개가 보기 흉한 해안선을 만들고 새를 죽이기 때문에 외부 비용을 발생시킨다. 사람들은 더 많은 철도를 이용해 다른 주로 이동하고 싶어 하지 않는 것 이상으로, 더 많은 풍력 발전을 원하지 않는다. 사람들이 원하는 것은 공해를 유발하는 화석 연료의 사용을 줄이는 것이다. 이런 목표는 전력을 사용하지 않는 다른 많은 방법을 통해 달성할 수 있다. 예를 들면 잘못된 길로 가지 않도록 GPS를 더 많이 사용하고 자동차를 덜 타는 것이다.

EPA 국장으로서 프루이트의 문제점은, 오염을 유발하는 기업들이 환경을 정화하도록 강제하는 데 관심이 없는 것처럼 보였다는 것이다. 그는 풍력과 태양광, 석탄과 석유가 시장에서 공평하게 경쟁하기를 원한다고 말하곤 했다. 그러나 석탄과 석유에 대한 보조금이 사라지고 오염 유발 기업들이 오염의 외부 비용을 부담하게 해야만 공정한 경쟁이 이뤄질 것이다.

프루이트는 또 자신의 가장 중요한 행정 원칙은 연방주의라고 말했다. "우리는 다시 한번 미국 전체 주에 관심을 기울일 것입니다. 나는 오클라호마, 텍사스, 인디애나, 오하이오의 주민들이 숨 쉬는 공기와 마시는 물을 걱정한다고 믿습니다. 우리는 이들과 적대자가 아니라 파트너가 될 것입니다."[44] 연방 정부는 기업이 아니라 주 정부의 의견을 존중할 것이라는 점을 제외하면, 이런 발언은 프루이트가 앞서 인용한 화학 기업의 광고에 동의한다는 점을 드러낸다. 모든 주의 주민들은 깨끗한 물과 공기를 원하기 때문에 주 정부가 환경 기준을 더 자주 설정할 수 있도록 허용해야 한다는 것이다. 문제는 프루이트가 언급한 주 대부분이 상당수의 오염 유발 기업을 가지고 있다는 것이다. 이런 주들은 대부분의 다른 주보다 오염 유발 산업에 대한 환경 정화 비용이 훨씬 더 높다는 점을 강조할 것이다.

부시 행정부는 또 연방 정부가 환경문제에 대해 주 정부의 환경 기관들과 더 많이 협력하기를 원했다. 그러나 당시 오염 유발 기업들이 많았던 오하이오주의 환경 정책은 '자발적인 규제 준수'였다. 이런 정책은 효과가 없었다. 한 연구에 따르면 "오하이오주의 공장과 정유시설의 72%가 수질오염방지법을 어겼고 33%가 청정대기법을 위반했다."[45] 이는 연방 EPA가 청정대기법의 선린 조항good neighbor provision(환경청과 주 정부가 주 사이의 대기 오염 문제를 다루게 한 조항-옮긴이)을 강제로 집행하지 않았기 때문이다.[46]

오염 문제와 별개로 경제학자들은 공화당원들이 일반적으로 연방 지출보다 주 정부와 지방 정부의 지출을 선호하기 때문에 소득 재분배 프로그램에 대한 지출이 적절한 수준으로 이어질 수 없다고 주장한다. 앞서 이야기한 것처럼 연방 정부가 깊이 개입하지 않는 한 소비자의 관점에서 충분한 소득 재분배가 이뤄질 가능성은 작다.

따라서 보수주의자와 공화당원들은 정책이 오염과 기타 문제에서 광범위한 외부 비용을 적절히 고려하지 못할 가능성이 크더라도 연방 정부가 주 및 지방 정부에 권한을 이양하는 것을 선호하는 경향이 있다. 반면 자유주의자들과 민주당원들은 정부가 해결할 수 있는 문제가 많다면서 대부분 문제를 연방 정부가 해결하기를 바란다. 외부효과와 그 범위는 거의 고려하지 않는다.

로널드 레이건 대통령이 제안한 1986년 예산안으로 인한 소란이 이런 견해 차이를 잘 보여준다. 당시 레이건이 지원한 대규모 감세 때문에 일정 부분 재정 적자가 커졌다. 레이건은 적자를 줄이기 위해 많은 프로그램에서 대폭적인 지출 삭감을 제안했다. 저소득층 의료보호 프로그램에 대한 주 정부의 연방 분담금을 삭감하는 등 그의 계획에는 대부분의 경제학자가 찬성하지 않는 부분도 분명히 포함돼 있었다. 경제학자들은 의료보호가 저소득층 시민을 돕는 재분배 프로그램이기 때문에 전부는 아니더라도 지원금 대부분을 연방 정부가 제공해야 한다고 생각한다. 그러나 레이건의 예산안에는 경제학자들이 애초에 연방 정부의 책임이 아니라고 생각하는 프로그램에 대한 연방 정부의 삭감안도 다수 포함돼 있었다. 예를 들면 레이건은 주 정부와 지방자치단체에 여러 목적으로 사용할 수 있도록 지원했던 740억 달러의 '연방 세수 공유 프로그램'을 3년에 걸쳐 완전히 없애려고 했다. 〈뉴욕타임스〉는 "시와 카운티 당국은 학교, 경찰 보호, 위생 개선 같은 기본 서비스를 위해 연방 지원금을 사용하고 있다"라고 지적했다.[47] 이는 실제로 정부가 제공해야 하는 기본적인 서비스다. 그런데 해당 도시와 카운티에 거주하지 않는 사람들은 혜택을 거의 받지 못하는 만큼, 왜 연방 정부가 개입해야 하는지 경제학자들은 의문을 제기하고 있다.

정부의 이런 선별적 책임 회피는 민주당 정치인들과 저명한 자유주의 칼럼니스트들을 분노케 했다. 마리오 쿠오모Mario Cuomo 뉴욕 주지사는 "주와 지방 정부가 연방 정부의 구명보트에 탈 공간이 없다는 말을 듣고 있습니다"라고 말했다. 그리고 다음과 같은 질문을 던졌다. "뉴저지 주민들이 아이오와의 농부들에게 지급하는 보조금에 돈을 쓰는 것이 옳은 것일까요? 아이오와 주민들이 뉴저지의 대중교통 시스템에 돈을 써야 하는 이유가 무엇일까요?"[48] 〈워싱턴 포스트〉 칼럼에서 메리 맥그로리Mary McGrory 역시 같은 맥락의 주장을 이어갔다.

── 기본적인 가정은 지역마다 요구가 다르다는 것이다. (…) 미시시피

는 홍수에 대처해야 하고 캘리포니아에는 물이 부족하다. 동부 주에는 경찰이 필요하고 서부 주에는 산림 관리인이 필요하다. 북부에는 제설기가 필요하고 남부에는 훈증기가 필요하다. 어쨌든 모두가 불평하지만 우리는 하나의 큰 국가이고, 국가가 균등하게 나눠주기 때문에 대체로 우리가 필요한 것을 얻을 수 있다.[49]

경제학자들은 아이오와주의 농부들에게 보조금을 지급해서는 안 되며, 특히 뉴저지 주민들이 아이오와의 농부들에게 보조금을 지급할 필요는 없다고 말할 것이다. 훈증기는 예상보다 일찍 찾아오는 서리를 막기 위해 과일나무 사이에 설치하는 난방 장치다. 모든 정부 차원에서 이런 방식으로 과일 농가를 지원해야 하는 이유가 무엇일까? 북쪽에는 제설차가 몇 대 정도 필요할까? 모든 지방 정부가 자체적으로 비용을 부담한다면 눈이 내린 후 몇 시간 내에 주요 도로의 제설을 마무리하고, 통행량이 적은 도로는 하루나 이틀 안에 눈을 치울 수 있을 정도의 제설차를 확보할 것이다. 연방 정부가 제설차 비용을 지원한다면 지방 정부는 거의 비용을 부담하지 않게 된다. 그래서 불과 몇 시간 안에 '모든 도로'의 눈을 치울 수 있을 만큼 충분한 제설기를 요청하는 건 아닐까?

결과적으로 모든 것이 공정하게 분배되지는 못한다. 영향력이 있는 중진 의원들은 초선 의원들보다 훨씬 더 많은 연방 예산을 자신의 지역구에 배정받을 것이다. 더 강력한 로비스트를 고용한 프로그램이 불평등하게 더 많은 혜택을 가져갈 것이다. 그리고 정치에 대한 대중의 냉소주의는 점점 더 커질 것이다.

추가 논의

외부효과 개념은 공공정책 문제에 대한 이익단체의 이기적인 입장에 어떤 약점이 있는지를 밝히는 데 도움이 될 수 있다. 외부효과에 대한 고찰은 때때로 명백한 외부 비용(예를 들면 공해 문제)에 직면할 때 자발적 행동과 시장의 힘에 의존해 해결하자는 주장을 거부해야 한다는 사실을 알려준다. 다른 한편으로 외부효과를 제대로 이해하면 가짜 외부 편익(예를 들면 항공과 철도 운송의 이익)에 근거한 보조금 지급 주장의 허구성을 밝혀낼 수 있다. 비록 외부효과의 개념이 정부의 적절한 역할에 대한 결정적인 지침을 제공하지는 못하지만, 무엇이 문제인지 정확히 파악함으로써 논쟁을 구조화할 순 있다.

외부효과 개념은 매우 유용하지만, 동시에 매우 골치 아픈 개념이기도 하다. 외부효과는 곳곳에 퍼져 있고 눈에 보이지 않는 경우가 많다. 따라서 반드시 중요한 것과 중요하지 않은 것을 구별하는 현명한 판단이 필요하다.

적합한 분석의 틀이 지역, 주 또는 국가가 아니라 국가 사이의 정책일 때도 있다. 지구온난화가 특히 그렇다. 국제기구는 규정이나 세금 또는 정책 등 탄소 감축을 강제할 능력이 없다. 그래서 무임승차자 문제가 만연해 있다. 미국이 탄소를 크게 줄이면 감축 비용도 미국이 부담하게 된다. 이때 다른 나라는 자체적으로 탄소 감축 정책을 시행하든 하지 않든 감축의 혜택을 공유한다. 다른 나라들이 약속을 지키게 하는 것은 매우 어려운 문제다. 따라서 지구온난화로 인한 피해를 완화하고 지구온난화를 크게 줄일 수 있는 다양한 신기술에 적극적으로 투자하는 것은 단기적으로 매우 중요하다(1장 끝부분에 있는 각주에서 이 문제와 관련해 기회비용이 여전히 중요한 이유를 설명했다).

부록: 비용-편익 분석

지금까지 경제학자들이 외부효과 개념을 사용하여 정부를 위해 어떻게 의제를 설정하는지 설명했다. 그러나 돈을 쓰기 전에 더 많은 과정을 거쳐야 한다. 외부 비용을 줄이기 위한 모든 제안은 비용-편익 분석(편익-비용 분석이라고도 한다)이라는 검증을 통과해야 한다.

편익 결정은 보통 두 단계를 포함한다. 첫 번째 단계는 정부 프로그램의 효과(예를 들면 구조된 인명의 수 또는 절약된 이동 시간)를 추정하는 것이다. 그런 다음 이런 효과를 돈으로 평가한다. 편익(그리고 비용)을 추정할 때는 평균이 아닌 한계수치를 살펴보는 것이 중요하다. 예를 들면 주간 고속도로 시스템의 확장을 고려할 때 의사 결정권자는 기존의 주간 고속도로에서 1,000마일, 즉 약 1,600킬로미터를 기준으로 얼마나 많은 생명이 구조됐고 몇 분의 이동 시간이 절약됐는지가 아니라 1,000마일의 고속도로를 추가로 건설하면 몇 명이 구조될 것인지를 알고 싶어 할 것이다. 고속도로(경찰서 또는 응급 의료시설 등)는 일반적으로 가장 큰 효과를 낼 수 있는 곳에 우선적으로 건설되기 때문에 그다음 우선순위의 위치에 건설되는 프로그램의 한계편익은 일반적으로 과거에 해당 프로그램이 제공한 평균 편익보다 적을 것이다.

때로는 비용-편익 분석이 비교적 간단할 수도 있다. 예를 들면 '우리 기관이 사무실을 임대해야 할까, 아니면 같은 면적의 공간을 구매해 유지하는 것이 비용을 절감하는 것일까?' 같은 결정이다. 하지만 일반적으로 비용-편익 분석 계산은 이보다 훨씬 더 어렵다. 혹시 당신이 다음과 같은 질문을 떠올렸을지도 모르겠다. 도대체 경제학자들이 깨끗한 공기에 어떻게 가치를 매길 수 있을까? 그리고 수많은 정부 기관이 생명을 구하고 있는 것일까? 그렇다면 경제학자는 정부 기관이 구한 생명에 대해 어떻게 가치를 계산할 수 있을까?

경제학자들은 수십 년 동안 이런 문제를 해결하기 위해 노력해왔고, 적어도 가치에 근접하는 몇 가지 기발한 아이디어를 생각해냈다. 대기 오염에 관해서 우리는 식물과 물질에 미치는 오염 피해의 감소 가치 또는 가시성의 향상에 대한 가치를 추정할 때 재산 가치를 분석할 수 있다. 오염은 재산 가치를 감소시킨다. 경제학자들은 고용 센터에 대한 접근성, 부동산의 구조적 특성과 지역 사회적 특성 같은 나머지 변수들을 모두 통제한 상태에서 대기 오염 수준이 다른 단일 도시 지역 간(또는 도시 간)에 부동산의 가치가 얼마나 차이가 나는지를 살펴볼 수 있다. 예상한 대로 오염이 더 적은 지역의 부동산 가치가 더 높았다.

일반적인 통계 문제 외에도 이 과정에서 지금까지 명확하지 않은 한 가지 문제는 깨끗한 공기를 통해 개선된 건강의 가치가 재산 가치 결과에도 반영되느냐 아니냐다. 건강에 미치는 몇 가지 영향(예를 들면 눈에 대한 자극과 호흡 곤란)은 쉽게 감지할 수 있고, 아마도 부동산 가치에 반영될 것이다. 그러나 일부 주요 오염 물질은 색깔이나 냄새가 없'다. 이런 오염 물질과 기타 오염 물질이 장기적으로 건강에 미치는 영향은 오염된 지역의 주거용 부동산을 사는 사람들에게는 잘 알려지지 않기가 십상이다. 그러나 대부분이 건강에 대한 이런 부정적 영향 가운데 일부를 알고 있기 때문에 단순히 부동산의 가치 차이에서 발생한 편익에 사망률 감소로 얻은 편익을 더한다면 이중으로 계산하는 셈이 될 것이다.[50]

그렇다면 오염 감소로 인한 사망률 감소는 어떻게 평가할 수 있을까? 우선 경제학자들이 오염 감소를 통해 구한 생명의 가치에 관해 이야기할 때, 한 남성이나 한 여성을 구하는 것이 얼마의 가치가 있는지에 관해 이야기하는 것이 아니라는 점을 강조하고 싶다. 코로나바이러스로 많은 사람이 사망했지만, 발병 초기에 미국의 모든 기관이 채택한 정책은 사망 위험에 처한 모든 사람에게 인공호흡기와 병상을 신속하게 제공한다는 것이었다.

대부분 기관의 인명 구조 프로그램은 수천 명의 사망 위험을 조금이라도 줄이는 것이 목표다. 경제학자들은 특히 업무 중 사망 위험을 제거하기 위해 근로자가 얼마를 지불할 것인지를 계산하는 방법을 선호한다. 어떤 직업에 종사하는 1만 명의 근로자가 각각 1만분의 1의 확률로 업무 중 사망한다고 가정해보자. 여기에 더해 사망 위험을 영구적으로 제거하기 위해 1만 명이 각각 900달러를 지불할 것이라고 가정해보자. 1만 명의 근로자가 각각 900달러를 내면 900만 달러다. 따라서 위험 감소 프로그램의 혜택은 900만 달러가 된다.

근로자가 이런 위험을 잘 모른다고 생각하는 사람도 있을 것이다. 그러나 더 위험한 직무를 수행하는 근로자들의 임금 프리미엄은 다양한 직종에 대한 연구에서도 거의 동일하게 나타난다. 이는 근로자가 자신이 감수하는 위험을 알고 있고, 더 위험한 일을 할 때는 추가적인 임금을 요구한다는 것을 암시한다. 예를 들면 동물원에서는 코끼리를 돌보는 일이 가장 위험한데, 필라델피아에서 이 일을 하는 근로자는 1,000달러의 위험수당을 받는다.[51] 2016년 현재 미국 교통부는 최신 경제 연구와 거의 일치하는 1,000만 달러에 조금 못 미치는 통계적 생명 가치value of statistical life(사망 위험 감소를 위해 사회 구성원이 지불하고자 하는 화폐적 가치-옮긴이)를 사용한다.[52]

통계적 생명 가치 평가 방식은 연방항공청FAA, 고속도로교통안전국 NHTSA, 식품의약국Food and Drug Administration, FDA 등 연방 기관에서 활용되고 있다.[53]

캐스 선스타인Cass Sunstein은 하버드대학교의 저명한 법학 교수다. 오바마 첫 번째 임기의 행정부에서 정보 규제 담당 국장으로서 연방 정부 대부분의 부서와 기관이 제안한 비용-편익 분석을 감독했다. 그리고 나중에 비용-편익 분석에 관한 책을 저술하기도 했다.

선스타인은 제안된 규제를 평가하고 규제가 시행된 후에 가치를 재평가하는 방법을 강력하게 지지한다. 큰 틀에서 볼 때 그는 공화당(레이건, 부시)과 민주당(클린턴, 오바마) 행정부 모두 비용-편익 분석을 지지했다고 주장한다. 비용-편익 분석에 대한 초당적 지지는 그가 비용-편익 분석이 "미국이라는 규제 국가의 비공식적 헌법의 일부가 됐다"라고 믿을 정도로 강력했다.[54]

비용-편익 분석에 대한 지지를 보여주는 신호 가운데 하나는 비용-편익 분석이 대법원 의견에 자주 등장한다는 사실이다. 2015년에 대법원은 행정 기관이 규제 여부와 방법을 결정할 때 비용을 고려해야 한다고 선언했다. 진보 성향의 엘리나 케이건Elena Kagan 대법관은 반대의견에서도 비용-편익 분석의 중요성을 지지했다. 그녀는 "나는 EPA가 비용을 전혀 고려하지 않았다면 발전소 규제가 합리적이지 않을 것이라는 다수의 의견에 분명히 동의합니다"라고 말했다.[55]

2018년에 출간된 선스타인의 《비용-편익 혁명The Cost-Benefit Revolution》은 트럼프 행정부에서 비용-편익 분석이 어떻게 실행될 것인지에 관해 조심스럽게, 그러면서도 낙관적으로 전망했다. 그는 하나의 새로운 규제가 시행될 때마다 두 개의 규제를 폐지해야 한다는 트럼프의 규칙을 좋아하지 않았다. 어쨌든 트럼프는 비용-편익 분석을 강력히 지지하는 오바마의 행정 명령을 폐기하지 않았다. 그리고 성과가 거의 없고 비용이 많이 들어가는 규제를 걸러내기 위해 사후 비용-편익 분석을 지지했다.

그러나 책이 출간된 후에 선스타인은 트럼프가 기업들조차 더는 반대하지 않는 오바마 행정부의 여러 규제를 철폐했기 때문에 트럼프의 규제 의제는 "망신거리"라고 비판했다.[56] 이는 정당한 비판이다. 트럼프 행정부에서는 이미 실행된 기업 시스템의 변경에 따른 비용, 즉 '매몰비용'을 마치 미래의 결정과 관련이 있는 것처럼 다뤘다. 게다가 트럼프의 분석은 간접 비용을 고려하면서 간접 편익은 고려하지 않았다. 약간 과장된 표현이기는 하지만 한 비평가는 트럼프의 비용-편익 분석을 '비용-무익cost-nothing 분석'이라고 비꼬았다.[57]

나는 선스타인의 책이 상당 부분 옳다고 생각한다. 그는 자신의 가치를 보여주기 위해 모든 환경 정책을 지지하거나 반대하는 사람들의 경향을 강력히 반대한다. 선스타인은 구체적인 정책에 대한 지지는 이념이 아닌 사실, 다시 말해 편익이 비용을 초과한다는 사실에 근거해야 한다고 생각한다. 다음 장에서 강조하겠지만, 그는 또 비용 대비 편익 비율이 우호적이라고 해서 그 정책이 채택되면 사회적 복지도 반드시 증가한다는 의미는 아니라고 생각한다.

게다가 그는 중도좌파 민주당원이지만 좌파가 집권할 때 비용-편익 분석이 특히 중요하다는 점을 인정한다.

— 좌파가 집권하는 시기에는 근로자 안전, 식품 안전, 환경 등 특정 종류의 규제가 강화될 가능성이 크다. 고위 관료들은 규제가 마치 나쁜 사람(기업)으로부터 좋은 사람(국민)으로 권력이 권력을 이전하는 방법이라도 되는 것처럼 '우리 대 그들'의 관점에서 규제 문제를 생각할 것이다.[58]

선스타인은 3장의 서두에서 언급한 찰스 슐츠의 주장을 다시 반복한다.

— 공격적인 규제의 진짜 피해자는 근로자(혜택이나 일자리를 잃게 되는), 소비자(상품에 대해 더 많은 돈을 지불하거나 일부 상품에 대한 접근권을 잃게 되는), 소규모 기업(규제가 가혹한 세금이나 진입 장벽으로 작용할 수도 있는)이 될 수도 있다.[59]

그러나 선스타인의 책에서 한 가지 약점은 중요한 편익 측정에 대해 경제학자들 사이에 심각한 이견이 있다는 사실을 전혀 언급하지 않았다는 것이다. 그는 오로지 이익단체와 정치인, 특히 의회의 정치인들만이 비용-편익 분석의 성공을 방해하는 것처럼 서술했다. 실제로 지난 10년 동안 편익을 추정하는 새로운 방법들이 등장했지만, 저명한 비용-편익 이론가들과 이를 적용하는 전문가들은 새로운 편익 추정 방법을 강력히 반대해왔다.

비용—편익 분석을 둘러싼 새로운 논란들

요즘 연방 규제를 연구하는 사람이라면 누구나 규제 영향 분석Regulatory Impact Analysis, RIA을 접하게 될 것이다. 이런 공식화된 비용-편익 분석은 "경제적으로 중대한 규제economically significant regulations"의 영향을 평가하기 위해 연방 기관이 만들었고, 각종 기관이 각종 규제를 효율적으로 설계하는 데 도움을 준다.[60] 일부는 RIA의 효용성에 관해 의구심을 제기한다. 규제를 제안하는 기관이 규제를 검토하고 평가하는 외부 기관의 참여 없이 자체적으로 분석을 실행하기 때문이다. 이런 비용-편익 분석은 최선의 정책을 선택하는 데 초점을 맞추는 것이 아니라 "종종 소송을 대비해 방어적인 자세로 기관이 작성한 수백 또는 수천 쪽에 달하는 법률 문서 역할을 한다."[61] 그러나 기관의 비용-편익 분석은 검증 없이 작성됐고, 제안된 규제가 공표될 수 있도록 하려는 목적 때문에 항상 어느 정도는 방어적인 문서의 성격이 강했다.

기관의 비용-편익 분석에 대한 이런 비판은 RIA로 이어진 1993년 클린턴 대통령의 행정 명령에서 비롯된 것이 아니다. 역사적으로 소비자 주권은 비용-편익 분석의 기본 원칙이었다. 분석가들은 새로운 프로그램에서 예상되는 편익을 얻기 위해 미국의 시민·소비자가 얼마를 지불할 것인지를 파악하기 위해 최선을 다했다. 하지만 이제 더는 그렇지 않다.

4장에서 설명한 것처럼, 행동경제학은 경제학 분야에서 성장하는 학파다.[62] 행동경제학은 먼 미래의 편익을 평가하는 경우처럼 사람들이 비합리적인 행동을 하는 상황이 있다는 사실을 보여준다. 오바마 행정부부터 이런 일반적인 연구 결과는 무엇이 소비자의 편익에 부합하는지에 관해 소비자의 판단 대신 전문가의 판단을 채택하는 정당성의 근거로 사용됐다. 여기에 더해 미국 밖에 있는 사람들이 얻은 편익도 미국 시민에 대한 편익과 같은 수준으로 평가됐다. 일반적으로 이 두 가지 변화는 매우 유감스러운 일이다.

미국인들은 다른 나라 사람들의 이득을 미국 시민이 얻은 이득과 동등하게 간주하지 않는 것으로 나타났다. 여론조사 기관인 퓨리처치센터Pew Research Center는 2019년 공개 설문조사에서 응답자들에게 13개의 서로 다른 정책 분야에 관해 더 많은 예산을 지출해야 하는지 어떤지를 물었다. '세계 빈곤층에 대한 지원' 항목은 35%가 지출을 늘려야 한다고 답하면서 13개 분야 가운데 12위를 차지했다. 그러나 이 항목에 대해 지출을 줄여야 한다고 응답한 비율도 28%에 달했고, 이는 지출을 줄여야 한다는 항목 가운데 찬성 비율이 가장 높았다.[63]

다음 장에서는 진화심리학과 소비자의 행동이 실제 선호도를 반영하는 건 아니라는 점을 논할 것이다. 그러나 최근의 비용-편익 분석가들은 이런 영역 외에 많은 영역에서도 비합리성이 있다고 가정한다. 경제학자 테드 게이어Ted Gayer와 킵 비스쿠시는 이런 최근 경향에 대한 대표적인 비판론자다.

— 이런 비합리적 현상이 존재한다고 해서 이것이 모든 경제 상황에서 보편적이고 중대한 결과를 초래한다는 의미는 아니다. 공해의 외부효과가 사소한 것인지 중대한 것인지 평가하고 싶은 것처럼, 비합리적인 행동이 정부 개입을 정당화하는 근거로 사용된다면 그런 현상의 존재와 규모를 모두 분석하고 기록하는 일은 꼭 필요하다.[64]

규제의 편익을 정당화하기 위해 활용한 많은 사례에서 RIA는 소비자가 비합리적으로 행동한다는 가정을 뒷받침하는 증거를 제시하지 못했다.[65] 예를 들어 의류 건조기와 실내 에어컨에 대한 에너지 기준 의무화의 경우, 추정 편익의 각각 79%와 70%가 소비자의 비합리적 행동을 바로잡는 것에서 나왔다.[66] 이런 규제는 소비자가 구매하고 싶어 하지 않을 것이라고 분석가들이 믿는 '에너지 효율이 나쁜 제품'의 판매를 금지함으로써 소비자의 선택권을 제한한다.

1993년 클린턴 대통령의 연방 규제에 관한 행정 명령은 이런 유형의 정부 개입을 비난한다.

— 클린턴 대통령의 행정 명령은 연방 기관은 법률에 따라 요구되거나, 법률을 해석하는 데 필요하거나, 공공의 건강과 안전, 환경 또는 국민의 복지를 보호하거나 개선하는 민간 시장의 중대한 실패 같은 강력한 공공의 필요성이 있을 때만 규제를 공표해야 한다고 적시하

고 있다.[67]

연방 정부의 직원은 소비자에게 적합한 제품을 선택한다는 결론에 어떻게 도달할 수 있을까? 부분적으로는 평균적인 소비자에게 가장 적합한 정책에 초점을 맞추는 것이다. 그러나 시장은 평균적인 소비자들로만 구성된 것이 아니다. 그래서 슈퍼마켓 진열대에 수십 종류의 시리얼과 우유가 진열돼 있는 것이다. 소비자들은 내구재에 대해서도 폭넓은 선택권을 갖고 싶어 한다.

게이어와 비스쿠시가 실시한 설문조사에서 85% 이상의 소비자가 에너지 효율이 높은 세탁기를 의무화하는 규제에 반대하는 것으로 나타났다. 에너지 효율과 저렴한 작동 비용에 관해 설명한 후에도 70% 이상의 소비자가 여전히 이 규제에 반대했다. 에너지부는 많은 소비자가 실제로 일주일에 세탁하는 평균 횟수보다 더 높은 기준으로 분석했기 때문에 에너지 효율이 높은 세탁기를 구매함으로써 얻는 소비자의 비용 절감 가치는 에너지부가 생각한 것보다 훨씬 낮았다.[68]

1년에 3주 정도 방문하는 별장에서 사용할 세탁기를 원하는 소비자를 생각해보라. 그가 에너지 효율이 낮아도 가격이 저렴한 세탁기를 선호하는 것은 상당히 합리적이지 않은가? 2018년도의 한 조사에서 미국의 신용카드 보유자 중 대금을 연체한 사람이 46%로 나타났는데, 이들도 마찬가지다.[69] 신용카드 연체 이자율이 약 17%에 달하는 상황에서 경제적으로 압박을 받는 소비자는 에너지 효율이 낮더라도 더 저렴한 세탁기를 구매하고 싶어 할 것이다.[70] 불행하게도, 고급 제품에 주력하는 제조 업체들이 "에너지 효율이 나쁜 가전제품"에 대

해 노골적으로 판매 금지 로비를 벌인 것도 규제가 도입되는 데 영향을 미쳤다.[71]

역사적으로 경제학자들은 에너지 효율 의무화에 반대하는 대신 소비자 주권을 존중하는 정보 기반 접근 방식을 제안해왔다. 에너지 효율화를 통한 비용 절감에 대한 정보가 소비자 구매에 영향을 미친다는 증거도 있다. 연방 RIA는 종종 정보 기반 접근 방식의 가능성을 고려하지 않기 때문에 잠재적 규제의 편익을 계산할 때 정보 기반 접근법의 효용성을 고려하지 않는다.

두 가지 연방 프로그램이 에너지 효율의 혜택에 관한 정보를 제공하는 방식으로 에너지 효율이 높은 가전제품에 대한 소비자의 관심을 높이려 하고 있다. 자발적 프로그램인 "에너지 스타" 표시는 대부분의 동급 제품보다 에너지 효율이 높은 제품(심지어 건물까지)에서 찾아볼 수 있다.[72]

이런 정보 제공 프로그램이 미국, 유럽, 한국에서 소비자들이 에너지 효율이 높은 제품을 구매하도록 유도했다는 증거가 있다.[73] 미국에서는 에너지 효율성 안내 표시가 에너지 비용이 낮은 주보다 높은 주에서 에너지 효율이 더 높은 제품을 더 많이 구매하게 한다. 이는 일부 소비자가 내구재를 구매할 때 장기적인 비용에 더 관심을 둔다는 증거다.[74]

결론적으로 수십 년 동안 비용-편익 분석은 잠재적인 정책에 대한 선택권을 제공하고 평가할 때 유용하게 사용됐다. 다양한 종류의 이익을 옹호하는 사람들이 가득한 미국의 정치 과정에서 오랜 시간에 걸쳐 검증된 비용-편익 연구를 통해 경제학자들은 손해보다는 이득이 되는 일을 더 많이 했다.

그러나 최근 10여 년 동안은 그렇지 않았다. 트럼프는 비용과 편익에 대한 냉정한 분석에는 관심이 없었다. 트럼프 행정부가 실시한 상당수의 비용-편익 분석은 기업 편향적이었다. 더 놀라운 사실은 캐스 선스타인이 객관적인 비용-편익 분석에 관심을 표명했음에도 그와 그의 후임자 시절의 결과가 매우 실망스러웠다는 점이다. 오바마 행정부의 분석에 참여한 비용-편익 분석가들은 경제학자들의 핵심 원칙인 소비자 주권에 별로 신경 쓰지 않았다. 앞서 살펴본 것처럼 미국인들은 다른 나라 사람들이 미국 납세자의 돈에 대해 자신들만큼 많은 권리를 가지고 있다는 데 동의하지 않는다. 또한 에너지 비용에 대한 충분한 정보를 알게 된 다음에도 소비자는 어떤 가전제품을 구매할지 합리적으로 결정할 수 없다는 주장에도 동의하지 않는다.

과거에는 비용-편익 분석을 통해 비용이 편익을 크게 초과하는 프로그램은 추진을 늦추거나 심지어 중단시킬 수 있었다. 선스타인의 표현에 따르면 기관의 제안이 "대중의 지지를 받는" 경우에도 마찬가지였다. 하지만 이제 더는 그렇지 않다. 비용-편익 분석 분야에서 존경받는 학자 중 한 명인 테드 게이어는 새로운 방법들이 "전통적인 비용-편익 분석의 효용성을 크게 떨어뜨렸다"라는 말로 오바마 행정부 시대를 간결하게 평가했다.[75]

THE
ECONOMIST'S
VIEW
OF THE WORLD

3부

경제학의 한계

7
경제학자가 생각하는 개인의 행복

평가경제학Evaluative economics에서는 일반적으로 개인의 복지는 소비자 주권을 통해 가장 잘 구현할 수 있다고 가정한다. 소비자는 대안을 평가하고 자신의 효용을 극대화할 가능성이 가장 큰 선택을 한다. 하지만 소비자에게 무엇이 소비자 복지를 극대화할 수 있는지 알 수 있을 만큼 충분한 정보를 시장이 제공하고 있을까? 만약 정보가 충분히 제공된다면, 소비자는 무엇이 자신을 행복하게 해줄 것인지에 관한 생각을 바꿀까? 많은 소비자가 현재와 다른 선호도를 갖게 되기를 간절히 바라고 있을까?

소비자 선택과 소비자 행복

경제학자가 아닌 대부분 사람은 기업이 교묘한 광고를 통해 소비자들이 현명하지 않은 선택을 하도록 유도한다고 생각한다. 일부 경제학자는 이런 생각에 동의하지만 그 잘못이 소비자 자신에게 있다는 것을 알고 있다. 이와 관련한 행동경제학자의 주장에 관해서는 이 장 뒷부분에서 간략하게 설명할 것이다.

대부분의 경제학자는 시장에 소비자들이 이용할 수 있는 좋은 정보가 없는 것이 아니라 너무 많다는 사실에 놀란다. 제조 업체는 저렴한 가격이나 자사 제품의 매력적인 기능 그리고 비교우위를 광고한다. 품질에 대한 단서는 기업이 평판 좋고 성공한 브랜드 이름을 가졌는지 또는 품질이 좋기로 유명한 백화점에 상품이 입점해 있는지를 보면 알 수 있다. 이런 정보는 지난 수십 년 동안 소비자들에게 제공돼 왔다.[1]

하지만 디지털 혁명으로 관련 정보가 몇 배나 증가했다. 온라인 검색은 더 빠르게, 더욱이 매장을 방문하지 않고도 훨씬 더 많은 정보를 알 수 있게 한다. 최근에 여행 가방을 구매할 때 나는 여러 사이트에서 크기와 무게 등 다양한 정보를 비교할 수 있었다. 나보다 먼저 특정 가방을 산 구매자들이 가방에 대한 평가와 장단점에 관한 글을 써놓았다. 구글에 '여행 가방 리뷰'라고 입력하면 검색 결과 첫 페이지에 〈컨슈머 리포트〉부터 〈여행과 레저〉, 〈굿 하우스키핑〉, 〈와이어커터〉, 〈업그레이드 포인트〉, 〈USA 투데이〉, 〈비즈니스 인사이더〉의 평가가 표시된다.

정보가 넘쳐나는데도 소비자는 완벽한 정보를 얻을 수 없다. 하지만 경제학자들은 소비자들이 완벽한 정보를 원해서는 안 된다고 주장한다. 정보를 생산하고 소비하는 데 시간과 비용이 들어가기 때문이다. 이에 따르면, 불완전한 정보를 가진 소비자는 정보에 대한 기대 가치가 획득 비용을 초과할 것으로 판단하는 경우에만 더 많은 정보를 찾는 게 바람직하다. 경쟁에 대한 압박감 때문에 기업들이 더 많은 관련 정보를 제공하지만 중요한 안전 정보를 언제나 제공하는 것은 아니다.

브라운앤드윌리엄슨 담배회사Brown and Williamson Tobacco Corporation는 '팩트Fact'라는 이름의 담배가 심장병과 관련된 연기로부터 소비자를 더 잘 보호해준다고 홍보하려는 광고대행사의 제안을 거부했다. 윌리엄슨의 내부 문서에 따르면 "담배 연기 문제가 정부 조사나 언론 보도를 통해 대중에게 알려지기 전까지" 유해 물질이 적은 담배 연기의 이점을 광고하는 것은 전략적 가치가 거의 없었다. 광고대행사가 계속 설득했지만 윌리엄슨은 단호하게 광고 아이디어를 거절했다. 그런 이점을 내세우려면 먼저 "흡연이 심혈관계 질환에 미치는 영향에 대한 명백한 언급이 필요하기 때문에" 역효과를 부른다고 생각했다.[2]

경쟁적인 시장이 소비자에게 중요한 정보를 제공하지 않을 경우 정부가 개입할 근거가 될 수 있다. 흡연뿐만 아니라 담배의 타르와 니코틴 수치의 감소에는 정부의 정보 제공이 어느 정도 역할을 했다. 개별 기업들은 많은 소비자가 회사의 자체적인 실험이 공정하지 않다고 생각하리라는 점을 알기 때문에 회사들이 중요한 제품 특성에 대한 검사 절차를 개발할 동기가 충분하지 않을 수도 있다.

미국 성인 3분의 2와 어린이 3분의 1이 과체중 또는 비만이다. 그래서 정부는 비만 퇴치를 위한 다양한 프로그램을 요구했다. 예를 들면 지금은 많은 식당에서 메뉴 옆에 칼로리 총량을 표시해야 한다. 안타깝게도, 연구에 따르면 이런 규정이 더 건강한 음식의 선택으로 이어진다고 믿을 만한 근거는 많지 않다. 한 연구에 따르면 뉴욕시가 메뉴에 칼로리 표시를 의무화한 후, 식당 손님의 25%가 정보를 확인한 후 칼로리가 낮은 음식을 선택했다고 답했다. 하지만 실제는 달랐다. 메뉴에 칼로리 표기를 의무화하기 전과 후에 손님들이 주문한 총칼로리는 변하지 않았다.[3] 30개 도시에서 실시한 메뉴 칼로리 표기 의무화에 대한 대규모 연구에 따르면, 의무화 규정이 비만에 미치는 영향은 거의 없는 것으로 나타났다. 예를 들어 175센티미터 성인 남성의 체중은 약 86.18킬로그램에서 85.95킬로그램으로 미미하게 감소했을 뿐이다.[4]

정보 제공 노력과 다양한 프로그램이 있지만 미국의 비만율은 계속 증가하고 있다.[5] 그 결과 공중보건 옹호자들은 정부가 소비자에게 해롭다고 생각되는 행동을 예방하도록 권고한다. 예를 들어 제공하는 음식의 양을 줄이면 소비량이 줄어든다는 증거가 있다. 탄산음료는 열량이 높고 영양분은 없다. 그래서 전 뉴욕 시장 마이클 블룸버그 Michael Bloomberg는 2012년에 16온스(약 473CC)를 초과하는 큰 컵으로 탄산음료를 판매하지 못하도록 제안했다.[6]

경제학자들은 이런 프로그램의 결과에 대해 회의적이다. 우선, 매장에서는 여전히 16온스 컵 두 개를 한 개 가격에 판매하는 행사를 할 수 있다. 또한 경제학은 소비자 주권에 가치를 두기 때문에 경제학자들은 강제보다는 설득, 즉 의무화보다 세금을 통한 설득을 선호하는 경향이 있다.

특히 금융 기관들은 방대한 양의 정보를 의무적으로 제공해야 한다. 10년 전에 내가 새로운 투자 회사에 계좌를 개설했을 때 그 회사는 거의 500페이지에 달하는 작은 글씨로 된 '중요 공지 사항' 소책자를 보내줬다. 은행 계좌를 개설할 때도 수백 페이지에 달하는 작은 글씨로 된 책자를 네 권이나 줬다. 한 은행은 법으로 의무화된 자세한 전자 금융 이체 설명서가 소비자에게 정말 유용한 정보를 제공하는지에 관해 의구심을 가졌다. 이 은행은 설명서 중간에 들어 있는 엽서에 'Regulation E'라고 적어서 엽서를 은행으로 반송하면 10달러를 준다는 문구를 삽입했다. 하지만 설명서를 받은 11만 5,000명 가운데 단 한 명도 엽서를 보내지 않았다.[7]

때로는 정부의 정보 요구 사항이 쓸모없는 것을 넘어 해로운 경우도 있다. 캘리포니아의 커피 판매점들은 이제 컵에 암 경고 문구를 표시해야 한다. 판사가 주요 커피 판매점을 상대로 소송을 제기한 비영리단체의 손을 들어줬기 때문이다. 캘리포니아 주민발의안 제65호에 따라 기업은 발암 물질을 공개해야 한다. 세계보건기구World Health Organization, WHO의 한 지부에서 커피에 '암을 유발할 가능성이 있는 물질'인 아크릴아미드가 포함돼 있다고 지적했기 때문이다. 그러나 2017년에 201개의 연구를 종합적으로 검토한 결과, 커피를 마시는 것이 최소 다섯 종류의 암 발생 위험을 낮추는 것과 관련이 있다는 결론이 내려졌다.[8]

이 책의 초판을 집필할 당시 경제학자들 사이에서는 연방 정부가 연비, 충돌 안전성, 모델별 유지·보수 비용에 대한 정보를 담은 〈카북 The Car Book〉을 계속 발행해야 하는지에 대한 논란이 있었다. 지금은 정부가 그런 책을 발간해야 한다는 주장을 펼치기가 훨씬 더 어려울 것이다. 이런 정보와 기타 여러 기능에 대한 정보는 〈컨슈머 리포트〉 같은 사이트에서 확인할 수 있기 때문이다.

정부가 새롭고 개선된 〈카북〉을 제공하더라도 몇 년 전 내 친구가 내린 구매 결정에 중요했던 것과 같은 정보가 포함될 가능성은 거의 없다. 그는 막다른 골목에서 후진하거나 이리저리 움직이지 않고 곧장 유턴할 수 있는 자동차를 원했다. 이것은 차의 회전 반경이 11미터 미만이어야 한다는 의미다. 그는 온라인 검색을 통해 해당 기준에 따라 구매 가능한 모든 차의 순위를 매긴 데이터베이스를 찾아냈다.

제품에 대한 많은 소비자 정보는 기업의 광고에서 나온다. 현대의 경제학자들은 광고의 지지자들이다. 경제학자들은 광고가 독점력을 창출하는 데 도움이 될 수 있지만, 독점력을 무너뜨리는 데도 도움이 될 수 있다는 사실을 발견했다. 또한 신제품을 대대적으로 광고하면 생산과 유통 과정에서 규모의 경제를 실현하여 가격을 낮출 수 있다. 이미 시장에서 자리를 잡은 성숙한 제품도 규모의 경제를 달성하는 데 도움이 될 수 있다.

아스피린을 포함해서 주방 세제나 시리얼처럼 광고 때문에 소비자 가격이 인상되는 것처럼 보이는 경우도 있다. 하지만 많은 실증 연구에서 광고가 오히려 가격을 낮춘 사례가 발견됐다. 광고는 고객을 '미리 붙잡아 두는' 방식으로 서비스를 줄이고 가격을 낮추는 할인점 영업을 할 수 있게 한다. 1970년대에 장난감에 대한 대대적인 광고가 시작됐을 때, 판매량이 증가함에 따라 소매 업체의 가격이 낮아지고 이윤이 감소했다. 안경 공급 업체를 대상으로 한 연구에 따르면 광고를 많이 했을 때 가격이 더 낮아진 것으로 나타났다.

대부분 경제학자는 허위 광고를 금지하는 법이 있어야 한다는 데 동의할 것이다. 그러나 광고가 허위인지 아닌지에 관해서는 의견이 다를 수 있다. 켈로그Kellogg는 카시Kashi 시리얼 제품이 "모두 천연 성분만" 포함하고 있다고 주장한 것에 대해 벌금을 냈는데, 이 시리얼에는 '천연 성분' 가운데 세 가지 합성 성분이 포함돼 있었다.[9] 어떤 시리얼 제품에 "열두 가지 필수 비타민과 미네랄"이 포함돼 있다고 주장할 수 있지만, 그 양은 한 사람이 필요로 하는 양의 극히 일부에 불과할 수도 있다.[10]

정보의 경제학에 관한 연구는 대부분 이론적인 수준에 머물러 있고 현실에서 정책 문제에 대해 유용한 비용-편익 연구를 도출하지 못했다. 예를 들면 '정보와 규제 관련 정책의 복지 비교'를 목적으로 작성된 한 논문은 "적절한 평가를 위해서는 소비자 취향에 대한 상당한 정보가 필요한데 이런 정보는 현실적으로나 원칙적으로 획득하기 어렵다"라고 결론 내렸다.[11]

앞서 언급한 바와 같이 경제학자들은 일반적으로 제품을 완전히 금지하는 것보다 소비자에게 위험성을 알리는 정보를 제공하는 방식을 선호한다. 그러나 소비자가 모든 위험한 식품 첨가물에 대해 스스로 결정하기를 기대하는 것은 합리적이지 않다. 스티븐 켈만은 우리가 식품의 일부 성분이 안전한지 아닌지에 대해 모르는 것이 얼마나 많은지 알려준다.

— 독자는 식품에 함유돼 있을 수 있는 다음 네 가지 물질(헥사메타인산 칼슘, 메틸파라벤, 안식향산나트륨, 트라이클로로에틸렌) 가운데 어떤 물질이 다른 세 가지 물질보다 훨씬 더 위험한지 구별할 능력이 있는지 스스로 물어볼지도 모른다. (…) 만일 알고 있다면 그 물질의 다양한 함량과 관련된 위험성을 얼마나 잘 이해하고 있다고 확신할 수 있을까? 5피피엠의 헥사클로라이드 벤젠은 많은 양일까, 적은 양일까? 냉동 달걀에 포함된 박테리아 수가 1그램에 100만 마리라면 우리가 걱정해야 하는 것일까?[12]

모든 제품의 위험성을 자세히 표시하면서 정보를 제공하는 건 가격을 높이는 요인이 될 뿐 아니라 이를 모두 읽으려면 소비자가 상당한 시간을 소비해야 한다. 따라서 경제학자 리처드 넬슨은 경제학에 대한 비판론자인 쿌만과 같은 결론을 내린다.

— 일반적으로 길고 완전한 라벨을 작성하고 읽는 데 비용이 너무 많이 들어간다는 사실을 누구나 인정할 것이다. 불완전하고 빠르게 읽을 수 있는 라벨 표시 체제에서 안전을 확보하려면 특정한 제품 제한이나 규제가 필요하다. 이때의 비용은 더 저렴하고 일반적인 정보 전달 방식으로 상쇄할 수 있을 것이다.[13]

변화하는 취향과 선호도

경제학자의 평가 분석 모형에서 더 중요한 문제는 취향의 변화를 만족스럽게 다룰 방법을 찾지 못한다는 것이다. 취향의 변화와 관련하여 경제학자들 사이에서 가장 많은 지지를 받은 접근법은 (1만 3,000개의 논문에서 인용한) 문제를 무시하거나 회피하는 방식으로 문제를 해결하는 것이다. 켈빈 랭커스터Kelvin Lancaster는 효용은 상품 자체가 아니라 상품의 특성이나 속성에서 나온다고 주장한다.

— 이 분석 모형에서 전체 과정은 매우 간단하다. 신제품은 단순히 기존의 소비 기술consumption technology(소비자가 제품을 구매하고 사용하는 과정을 나타내는 기술적인 시스템-옮긴이)에 하나 이상의 소비 행위를 더하는 것을 의미한다. 이런 소비 기술(또는 소비 기술의 일부)과 새로운 상품과 관련된 소비 행위의 본질적인 특성을 고려하면, 단순히 이것을 기존 소비 기술에 적용함으로써 소비자의 행위가 어떻게 변화할지를 예측할 수 있다.

랭커스터는 계속해서 소비자가 오래된 상품을 새로운 것으로 대체할 때 "자신이 좋아하는 특성 조합에 더 효율적으로 도달할 수" 있기 때문에 복지가 개선된다고 주장한다.[14] 랭커스터는 자신의 모형이 예측에 어떻게 이용되는지에 관해 자세한 예시를 제공하지 않았다. 그런 예측을 시도해보면 그 이유를 쉽게 알 수 있다. 예를 들어 개인용 컴퓨터는 어떻게 기존의 '소비 기술'에 통합되는 것일까?

많은 소비자가 주로 게임을 하기 위해 컴퓨터를 구매한다. 이들 가운데 일부는 컴퓨터를 모노폴리 게임보다 더 선호할 수 있고, 또 어떤 사람들은 오래된 오디오보다 더 좋아할 수 있다. 그리고 또 어떤 사람들은 TV보다 컴퓨터를 선호할 수도 있다. 완전히 다른 소비자 집단이 컴퓨터를 자녀를 위한 교육용 기기로 생각할 수도 있고, 서류 보관함보다 개선된 기기 정도로 여길 수도 있다. 이런 모든 소비자는 컴퓨터가 제공하는 특성을 각각 다른 방식으로 정의할 것이다.

경제학자들은 경제학의 기본 가정을 위협하지 않는 방식으로 세상의 모든 일을 해석하는 경향이 있다. 따라서 일반적인 경제학자들은 개인의 취향 변화처럼 보이는 것이 단지 변하지 않은 근본적 선호를 더 잘 충족시켜주는 상품을 구매하는 방향으로 변화한 것이라고 주장할 것이다.

제품 A를 자주 구매하던 사람이 갑자기 구매를 중단하고 그 대신 제품 B를 자주 구매하기 시작하면(예를 들어 술 대신 종교 서적을 구매하는 것), 경제학자들은 그가 이제 더 많은 정보와 경험을 갖게 됐기 때문에 "변하지 않은 기본 성향에 맞춰" 더 "정확하게" 물건을 주문할 수 있다고 주장한다.[15] 정보나 상품의 특성뿐만 아니라 취향 자체가 때때로 변한다고 주장한다면, 경제학자들은 마지못해 인정할 수도 있다. 하지만 그들은 자유시장 체제의 장점 가운데 하나가 시장이 그런 취향 변화를 맞추기 위해 공급자가 신속하게 대응하게 하는 동기를 제공하는 것이라고 이야기한다.

이 시점에서 경제학자들은 "현재 선호를 진짜 선호로 받아들이는 것이 합리적이며, 소비자의 과거 선호를 기준으로 삼는 것은 어리석은 일이다. 그리고 미래에 선호가 어떻게 변할지 알 방법도 없다"라고 말할지도 모른다. 논란의 여지가 있지만 대부분의 경제학자는 현재의 선호가 실제 시장에서 소비자의 행동에 반영된다고 가정한다. 경제학자들은 시장에서 '현시 선호revealed preference'를 직접 관찰할 수 없을 때만 '명시 선호stated preference'를 고려한다.

하지만 사람들이 자신의 진짜 취향을 반영하는 것이 아니라고 생각할 만한 온갖 종류의 중독적인 행동이 있다. 사람들은 종종 자기 자신과 전쟁을 벌이는 것처럼 보이기도 한다. 이런 갈등을 되돌아보면서 이성적인 해결 방식이 더 좋고 식욕이나 동물적 열정의 유혹은 더 나쁘다고 결론 내리는 경우가 많다. 우리의 더 이성적인 자아는 때때로 더 강한 열정의 편에 설 수도 있다. 그리고 우리에게 이기적 계산보다는 사랑이나 동정심으로 행동하라고 말할 수도 있다. 하지만 우리의 이성적 자아가 이런 행동을 자주 허용한다는 점에서 이성은 단지 편협한 계산 이상의 어떤 것일 수도 있다.

정기적으로 음식이나 술, 담배, 마약, 도박에 빠지는 많은 사람은 그렇게 하는 자신을 싫어하고 그런 행동을 중단하고 싶어 한다. 도박에 대해 생각해보자. 도박중독자단체Gamblers Anonymous는 현재 미국에 700만에서 1,000만 명의 강박성 도박 중독자가 있는 것으로 추정한다. 많은 도박꾼이 도박 때문에 자신과 가족의 삶이 망가진다는 사실을 인정한다. 도박 중독에서 벗어난 한 도박꾼은 아내가 유산한 날에 아내를 병원에 데려다줄 '시간'이 없었다고 이야기했다. 하지만 그는 그날 밤 경마장에 갈 시간은 있었다. 그는 "알링턴에서 찰스 타운까지 시속 150킬로미터로 달려가 여덟 번째와 아홉 번째 경마에 참여했습

니다. 한 달 안에 내야 하는 청구서 대금을 내는 데 6~9개월이 걸리곤 했죠"라고 말했다.[16]

이런 사람들 가운데 상당수는 이성적이고 고차원적인 측면이 있기에 어떤 외부 개입이 소비자 주권을 침해한다고 생각할 이유가 없다. 딸과 2년 동안 근친상간 관계를 이어온 한 아버지는 "잘못된 일이라는 것을 알았습니다. 그 일이 끝났을 때 자신이 싫었습니다. 그리고 다시는 하지 않겠다고 말했지만 의지가 없었습니다"라고 말했다.[17]

흡연은 덜 끔찍한 사례지만, 담배를 피우는 대부분 사람은 흡연을 나쁜 습관으로 생각한다. 3,400만 명의 미국인이 여전히 담배를 피우고 있다. 2018년, 이들 가운데 55%가 금연을 시도했지만 7.5%만이 성공했다.[18] 내가 대학원생 시절에 실시한 비공식 설문조사에 따르면 흡연자 대부분은 금연을 위해서 금전적 부담도 꺼리지 않는 것으로 나타났다. 이타카와 필라델피아의 흡연자 50명에게 다음과 같은 질문을 했다.

— 연방 정부가 일정 금액의 세입을 늘려야 하는데 소득세 인상과 담뱃세 인상 중 하나를 선택하고자 합니다. 어느 쪽을 인상해도 전체 인구로부터 들어오는 세수가 같다면, 어떤 세금을 인상하는 것을 선호하십니까?

흡연자 가운데 30명은 담뱃세 인상을, 11명은 소득세 인상을 선호했으며 9명은 어떤 것을 올려도 상관이 없다고 답했다. 담뱃세 인상 지지자 가운데 10명은 자발적으로 몇 가지 이유를 이야기했다. 4명은 담배에 세금이 부과되면 "내가 담배를 끊을 것"이라거나 "사람들이 담배를 끊을 것"이라고 말했다. 그리고 6명은 다음과 같은 의견을 제시했다. "담배는 없어도 되는 습관이다. 줄여도 손해 볼 것은 없다." "담배에 돈을 쓸 필요가 없다." "항상 담배를 끊어야겠다고 생각한다." "내가 잘못하는 것이니까 담배를 끊을 수도 있다."

MIT의 경제학자 조너선 그루버Jonathan Gruber는 이런 응답을 통해 드러난 흡연자들의 실제 선호에 주의를 기울였다. 금연을 시도하는 흡연자들은 자신이 계속 담배를 피울 경우 더 창피함을 느끼게 하려고 때때로 다른 사람에게 자신의 금연 결심에 관해 이야기한다. 하지만 사람들은 거짓말을 하고 몰래 담배를 피울 수 있다. 그는 경제학자들이 "담배에 더 높은 세금을 부과하는 것이 흡연자의 삶을 더 좋게 만드는 것"이라는 사실을 이해하기를 바란다. 흡연자들이 일시적인 쾌락에 저항하고 "민간 시장을 통해서는 달성할 수 없는 자제력을 갖도록 정부가 돕기 때문이다."[19] 유럽의 데이터를 사용한 논문에 따르면, 식당과 술집에서 금연을 실시하자 일부 흡연자가 담배를 끊게 됐고 금연했을 때 더 행복해진다는 사실을 발견했다.[20]

많은 사람이 없애고 싶어 하는 또 다른 강박은 자신이 가진 것보다 더 많은 돈을 소비하려는 경향이다. 영향력 있는 저널리스트 어빙 크리스톨Irving Kristol은 "할부로 사는 것보다 더 비난받아 마땅한 유일한 것은 할부 판매다. 할부 판매는 '무책임'을 부추긴다"라며 자신의 젊은 시절을 회상했다.[21] 그런 시대는 지났다. 빚이 많은 사람에게 조언해주는 업체들이 있긴 하지만 좋은 친구가 해주는 조언과는 다르다. 최고 우대 금리가 16.5%였던 1970년대에 샬러츠빌의 한 라디오 방송국은 연체자를 위한 한 금융 회사의 통합 대출 광고를 내보냈다. 이 회사는 고객에게 수백 달러의 현금을 제공하겠다고 약속했는데, 그 광고는 "당신은 항상 꿈꿔왔던 휴가를 갈 자격이 있습니다"라는 말로 끝난다.

기업들은 거의 또는 전혀 광고를 하지 않아도 사람들이 살 상품을 가장 자주 그리고 가장 빠르게 만들어내지만, 이는 상품에 대한 지나친 강조로 이어진다. 하지만 우리는 상품의 유혹에 쉽게 빠지는 것을 후회하는 것 같다. 미국인의 84%는 "대부분 사람이 필요 이상으로 물건을 많이 산다"라고 믿고 있으며, 49%는 자신도 그렇다고 답했다. 응답자의 79%는 "사람들에게 기본적인 필수품을 가지고 사는 방법을 가르치는 것"에 더 중점을 두어야 한다고 답했고, 17%는 "더 높은 생활 수준에 도달하는 것"이 우선이라고 생각했다. 또 76%는 "비물질적인 경험에서 즐거움을 얻는 법을 배우는 것"을 강조한 반면, 17%는 "더 많은 상품과 서비스로 우리의 욕구를 충족시키는 것"이 더 중요하다고 응답했다.[22]

'자기만족self-satisfied'이라는 용어는 종종 비판적 의미로 사용된다. 많은 사람이 자신의 행동을 통해 '드러나는' 선호에 전적으로 만족하는 것은 아니다. 그들은 더 좋은 친구, 더 좋은 부모, 더 좋은 교사, 더 좋은 남편이 되고 싶어 한다.

사람들은 체중 감량부터 TV 시청 대신 독서나 여행에 더 많은 시간을 할애하는 것까지 다양한 방법을 통해 자신을 발전시키고 싶어 한다. 평균적인 미국인은 하루 2.8시간 동안 TV나 영화를 본다(여기에 더해 페이스북에 하루 50분을 쓴다).[23] TV 시청자를 대상으로 한 설문조사에 따르면 많은 사람이 지루함을 느끼는 것으로 나타났다. 한 설문조사의 책임자는 적지 않은 수의 시청자가 '강박적'이라고 이야기했다. 응답자들은 'TV를 시청할 때 다른 일을 하고 싶지만 시선을 뗄 수 없다고 느낀 적이 있습니까?', '얼마나 자주 그런 느낌을 받습니까?'라는 질문을 받았다. 24%가 '가끔'이라고 답했고, 12.5%가 '거의 항상'이라고 응답했다. 하지만 이들은 계속 TV를 시청하고 있다.[24]

이번 장에서는 '선호'가 자신이 생각하기에 가장 좋은 것이고 행복을 극대화하는 것을 의미한다면, 사람의 행동이 반드시 선호를 나타내는 것은 아니라고 주장했다. 시장에서 관찰된 행동은 그 사람이 공동체를 위해 최선이라고 믿는 것과는 훨씬 동떨어져 있을 수 있다. 강력한 시장 예찬론자인 제임스 뷰캐넌은 다음과 같은 사실을 인정했다.

— 사회적 선택에 대한 참여의식은 개인의 행동에 중대한 영향을 미칠 수 있다. 다른 사람을 대표하는 개인은 단순히 자신을 위해서가 아니라 집단을 위해 선택한다는 것을 깨닫게 되면 다른 선호 척도에 따라 행동할 가능성이 커지는 것처럼 보인다. (…) 그의 정체성은 더 넓어지는 경향이 있고, '가치관'이 여러 대안의 순서를 결정하는 데 영향을 미칠 가능성도 더 커질 것이다. 하지만 시장 선택에서는 개인의 '취향'에 따라 결정을 내릴 수 있다.[25]

앞서 설명한 사례는 더 깊은 곳에 내재된 선호도를 반영하지 않는 행동이다. 은퇴를 대비해 저축을 하거나 건강을 위해 몸무게를 줄이는 것과 같은 긍정적인 선호도가 있는데, 이는 많은 이들의 행동에 반영되지 않는다. 진화심리학은 이런 예외적인 사례를 이해하는 데 강력한 분석 틀을 제공한다.

진화론자들은 인간이 수렵 채집 사회에서 성공했던 방식으로 행동하는 경향이 있다는 증거를 제시하지만, 오늘날의 세계에서 반드시 그렇지는 않다. 예를 들면 수렵 채집 사회에서는 은퇴를 위해 저축하는 것이 거의 의미가 없었다. 사람들은 훨씬 일찍 죽었다. 그리고 어딘가에 돈을 맡기고 수십 년 후에 이자와 함께 돌려받을 방법도 없었다.

현대 세계는 인간의 역사에 비해 짧은 시간 동안 존재했기 때문에 우리의 사고방식은 현재 상황에 적합하게 진화하지 못했다. 따라서 사람들은 지금 당장 혜택을 받고 싶어 하는 경향이 강하다. 여러 실험에 따르면 많은 사람이 다음 주에 1,100달러를 받기보다 지금 1,000달러를 받는 게 좋다고 답했다. 그런데 한 연구에서 은퇴 계좌에 너무 많은 돈을 넣고 있다고 답한 직원은 1%에 불과했고, 31%는 저축률이 적당하다고 답했으며, 68%는 저축률이 너무 낮다고 답했다.[26]

진화심리학자들은 또 현대 사회에서 너무 적게 먹는 사람들보다 너무 많이 먹는 사람들이 훨씬 더 많을 것으로 예측한다. 수렵 채집 사회에서는 적절한 먹을거리를 늘 찾으리라고 기대할 수 없었다. 음식을 발견히면 즉시 먹는 것이 가장 좋은 방법이었다. 오늘날 선진국에는 식량이 풍부하지만, 눈앞에 있는 음식을 먹으려는 성향을 극복하기 어렵다. 그 결과 비만이 만연하게 됐고, 뉴트리시스템Nutrisystem과 웨이트와처스Weight Watchers 같은 기업이 과식하려는 성향을 극복하는 데 도움이 되는 다이어트 프로그램을 제공하고 있다.

행동주의 경제학자이자 노벨 경제학상을 받은 리처드 탈러Richard

Thaler와 하버드 로스쿨 교수인 캐스 선스타인은 이런 두 가지 부적응을 극복하는 방법을 연구해왔다. 그들은 유명한 저서《넛지》에서 기업이 직원들을 위해 퇴직 계좌 가입을 기본 선택으로 권장해야 한다고 제안한다. 직원들은 은퇴 계좌에서 탈퇴할 수 있는 선택권을 가지고 있고 이를 통해 현재 소득을 늘릴 수 있다. 연구 결과에 따르면, 자동 가입이 되면 계좌를 유지하겠다는 응답이 선택권이 주어지면 적극적으로 가입하겠다는 응답보다 훨씬 더 많았다. 즉 자동 가입을 기본값으로 정해놓으면 사람들이 은퇴에 대비한 저축을 더 많이 하게 될 것이다. 이는 넛지의 유무와 관계없이 직원 대부분이 원하는 상황이다. 마찬가지로 직원 식당에서도 과일과 샐러드는 눈높이에 맞춰 맨 앞줄에 놓고 케이크와 쿠키는 맨 뒤쪽에 배열할 수 있다. 이렇게 하면 강제로 권하지 않더라도 자연스럽게 더 건강하고 체중 감량에 도움이 되는 식단을 선택하는 경향이 있다.[27]

탈러와 선스타인은 자신들을 '자유주의적 가부장주의자libertarian paternalist'라고 부른다. 그들은 선택권을 존중하기 때문에 자신들을 자유주의자라고 생각하는 한편, 그들은 자신들의 판단에 따라 "사람들의 삶을 더 오래, 더 건강하게, 더 좋게 만들기 위해 행동에 영향을 미치려고 노력하기 때문에" 스스로 가부장주의자로 여긴다.《넛지》에 관한 미묘한 논의에서 철학자 윌 윌킨슨Will Wilkinson은 탈러와 선스타인이 가부장주의자라고 생각하지 않기에 책의 많은 부분에 동의하는 것처럼 보인다. 윌킨슨은 진정한 가부장주의자들은 도움을 받는 사람들이 도움을 받을 것인지 아닌지를 스스로 결정하도록 내버려 두지 않는다고 지적한다.[28]

행동경제학자들이 때때로 경제학의 중요한 규범적 기준인 소비자 주권을 완전히 포기했다는 견해도 있다. 6장 부록에서 비판한 최근의 비용-편익 분석이 그런 사례처럼 보인다. 하지만 탈러는 대표적인 행동경제학자이고 그의 책《넛지》는 소비자 주권이라는 개념을 옹호한다.

《넛지》에 대한 견해와 상관없이 진화심리학은 경제학에 영향을 미친다. 밀턴 프리드먼의 아들이자 자유주의자인 데이비드 프리드먼David Friedman은 진화론적 힘이 실제로 사람들을 더 좋은 판단에 반대되는 방향으로 움직이게 한다고 생각한다.[29]

행동주의 경제학자들은(예를 들면 탈러) 왜 사람들이 미래의 가치를 그렇게 많이 할인하고 다이어트에 대한 의지력이 그렇게 약한 것인지에 관해 진화심리학자보다 관심이 더 적다. 그러나 그들은 이런 인간의 성향을 잘 알고 있다. 인간의 근시안적 성향은 많은 행동주의 경제학자가 전통적인 경제학자들보다 소비자 주권이라는 규범적 원칙을 덜 중요하게 생각하는 이유를 설명하는 데 도움이 된다.

행동주의 경제학자들은 인간의 근시안적 성향이 가져오는 흥미로운 정책적 결과도 고려한다. 예를 들면 미국의 저축률 하락은 주택과 같은 비유동성 자산에 대한 대출을 훨씬 쉽게 만든 새로운 금융 상품의 증가로 일정 부분 설명할 수 있다.[30] 그렇다고 해도 경제가 좋지 않을 때 사람들은 미래에 대해 더 걱정하고 더 많이 저축한다는 점에서 소비자들이 저축에 대해 완전히 비합리적인 것은 아니다.[31] 코로나19 팬데믹 초기에 미국 가계의 저축률은 7.5%에서 33.5%(2020년 4월 기준)로 상승했다.[32]

이기적인 경제학자들

경제학에 대한 또 다른 심각한 비판은 경제학이 사람들을 더 이기적으로 만든다는 것이다. 실제로 그렇다는 몇 가지 증거도 있다. 하지만 경제학자가 경제학을 공부하면서 더 이기적인 사람이 되는 법을 배운 것이 아닐 수도 있다. 어쩌면 경제학자가 되기로 선택한 사람들이 원래부터 더 이기적인 성향이었을지도 모른다. 결국 인생에서 가장 좋은 것이 공짜라고 생각한다면, 경제학을 전공하고 싶지 않을 것이다. 학습 때문이거나 성향 때문이라고 주장하는 학자들 모두 각각의 견해를 뒷받침하는 통계적 증거를 제시했다.[33]

하지만 두 부류의 학자들이 동의하는 한 가지 사실이 있다. 즉 경제학자들이 더 이기적이라는 것이다. 무작위로 선정된 경제학 대학교수 1,000여 명에게 매년 자선단체에 기부하는 금액을 물었더니 약 9%가 전혀 기부하지 않는다고 답했다. 이는 다른 직업에 비해 두 배 이상 높은 수치다. 또한 "일반적으로 소득이 더 높은데도 경제학자들은 시청자들에게 기부금을 받는 TV 프로그램이나 자선단체에 기부하는 금액의 중앙값이 가장 적었다."[34]

대부분 사람이 거의 언제나 이기적이라는 가정은 경제학 서적에 잘 나타나 있다. 고든 툴록은 다음과 같이 표현했다.

— 시장과 정부의 기능을 일정 기간 지켜본 경제학자들은 대부분 사람이 거의 언제나 수요 곡선을 가지고 있고, 수요 곡선에서 가장 큰 부분을 차지하는 것이 자신의 이기적인 욕망이라고 생각하는 경향

이 있다.[35]

그리고 많은 사람은 소득을 창출하고 이를 통해 재화를 얻는 것이 이기적인 욕망 가운데 가장 중요한 부분이라고 생각한다.

경제학자들은 때때로 겉으로 보기에 이타적인 행동이 다른 사람을 도와줌으로써 자신의 기분이 좋아지기를 바라는 간접적인 이기심일지도 모른다고 이야기한다. 그들은 이런 주장이 인간의 대부분 행동을 설명할 수 있을 정도로 이기심을 광범위하게 정의한다는 사실도 알고 있다.[36] 그래서 일부 학자는 덜 고상하고 더 편협한 이기심에 대한 정의를 찾고 있다.

윌리엄 브라이트William Breit는 부자에 대한 반감이 가난한 사람들에 대한 동정심만큼이나 재분배에 대한 욕구를 쉽게 설명해준다고 말한다. 그는 이런 설명과 그 밖의 가능한 설명에 대해서도 논의하지만, 중산층이 "폭동, 약탈, 방화, 기타 다른 범죄"를 피하려는 이기적 욕구 때문에 부자에게서 빼앗아 가난한 사람들에게 주고 싶어 한다는 이론에 가장 매력을 느끼는 것 같다.[37] 브루스 볼닉Bruce Bolnick은 자선 활동을 통해 사람들이 사회적 압박, 심리적 불쾌감, 종교적인 양심의 고통 같은 비용을 피할 수 있다고 주장한다. 그는 자선 활동의 "겉으로 드러난 비합리성"은 이런 종류의 비용을 피하려는 시도로 볼 수 있다고 생각한다.[38]

사람들에게 가장 중요한 것이 돈이라면 미시경제학이 가장 강력한 힘을 발휘할 수 있다. 기업 소유주에게는 이익이 가장 중요하기 때문에 경제학자는 가격 상승에 대한 반응에 관해 유용한 예측을 할 수 있다. 사람들이 금전적 이득을 중요하게 생각한다고 가정하면 정부 프로그램의 혜택을 추정하기가 훨씬 더 쉬워진다. 반면 사람들이 공공의 이익에 부합한다고 생각하는 프로그램에 찬성표를 던지거나 자신보다 타인에게 직접적인 혜택을 제공하는 프로그램을 지지하는 경우, 예측과 비용–편익 계산은 상당히 어려워진다.[39]

툴록은 절도범이 "직업을 현명하게 선택"한 것인지 아닌지를 알고 싶어 한다. 그는 돈이 사람들에게 중요하고 불법 소득도 합법 소득과 동일하게 생각한다고 가정하면 절도범이 직업을 이성적으로 선택했는지 아닌지를 판단할 수 있다고 주장했다. 때때로 '양심'이나 범죄에 따른 '평판'이라는 비용은 계량화할 수 없는 요소로 언급되지만, 경제학자들의 결론에는 거의 영향을 미치지 못한다.

탈세와 같은 범죄의 경우 툴록은 이런 비용이 완전히 무시될 수 있다고 생각한다. 그는 개인이 소득의 특정 부분에 대한 탈세를 시도할 것인지 아닌지를 결정하는 데 필요한 조건을 설명하면서 하나의 공식을 제시했다. 이 공식에 따르면 "적발될 가능성과 적발됐을 때 내야 하는 벌금을 곱한 값이 표준 세율보다 낮으면 탈세를 시도하는 것이 현명하다."[40]

사람들이 관심을 갖는 것이 돈이라고 가정할 수 있다면 우리는 일부 정부 프로그램의 외부효과에 관해 상당히 정확한 추정치를 얻을 수 있다. 예를 들어 경제학자인 W. B. 아서_W. B. Arthur_가 저명한 학술지 〈미국 경제학 리뷰_American Economic Review_〉에 발표한 논문은 한 가지 중요한 논점을 담고 있다. 생명의 가치에 대한 기존의 지불 의사 추정치는 인명 구조 프로그램이 다른 사람에게 미치는 외부효과를 고려하지 않기 때문에 부적절하다는 것이다. 하지만 이는 사람들이 동료 시민의 생명을 구했다는 사실에서 느끼는 심리적 기쁨을 고려하지 않은 결론이다. 아서가 염두에 둔 것은 다음과 같다.

— 현재 통용되는 지불 의사의 개념은 프로그램의 수혜자와 가족들이 증가한 비용을 기꺼이 지불할 의사가 있다면, 수명을 70년에서 80년으로 연장하는 것을 지지한다는 뜻이다. 그러나 이는 생명의 연장이 사회 전체에 비용을 부담시킨다는 사실을 간과한 것이다. 더 오래 사는 사람들은 더 오래 자원을 소비하며, 이런 추가적인 소비에 들어가는 비용은 더 젊은 노동인구의 생산을 통해 뒷받침돼야 한다. 회계 처리를 제대로 하려면 나이 든 세대에서 젊은 세대로 이전되는 비용 부담을 포함해야 하며, 이 경우 젊은 층의 사회보장 부담이 더 커질 것이다.

아서는 여기서 평등에 대한 중요한 의문을 제기했다.

— 사망 위험성의 변화가 인구 전체에 불균등한 영향을 미치거나 사망률이 갑자기 변하게 되면 일부는 수명 연장과 생산 증가의 혜택을 누리지만, 나머지 사람들은 소비 비용을 부담할 수 있다. 예를 들어 갑작스러운 사망률 개선은 나이 든 사람들에게 뜻밖의 행운이 될 수 있다. 이들은 이전 세대에 대한 재정적 부담을 지지 않으면서도 늘어난 수명을 누릴 수 있기 때문이다.[41]

존 모럴John Morrall은 산업안전보건청OSHA에 대한 분석에서 아서와 비슷한 논리를 펼쳤다. 모럴은 피해자와 그 가족 외의 사람들도 산업재해로 인한 사망과 부상을 예방하고 싶어 한다는 주장을 받아들인다. 이런 사망과 부상으로 인해 다른 사람들이 사회보장, 복지, 산재보상, 의료보호제도에 더 많은 비용을 지불한다는 사실을 알기 때문이다.

모럴은 몇 가지 흥미로운 '정책적 시사점'을 제기한다. 면직물 근로자의 치명적이지 않은 호흡기 질환에 들어가는 비용이 건설 근로자의 사망 사고에 따른 비용보다 더 크기 때문에 사회는 호흡기 질환에 들어가는 비용을 줄임으로써 '더 큰 재정적 이익'을 얻을 수 있다. 그렇다면 비금전적 이익, 즉 충분히 예방할 수 있었던 업무 중 사망에 관해 알게 된 선량한 사람들이 겪는 정신적 고통은 어떨까?

경제학자가 아닌 일부 사람들은 이런 심리적 외부효과 비용도 매우 크다고 생각했다. 그러나 모럴은 이런 고려 사항이 산업 보건 안전 프로그램을 통해 얻는 근로자의 직접적인 혜택과 업무 중 질병과 부상으로 인한 사회적 비용을 줄이기 위해 대중이 부담하는 재정적 이해관계에 비해 더 중요하다는 것이 입증돼야 한다고 결론 내렸다. 모럴은 이런 심리적 외부효과는 "사소하거나 모호한 것"이라고 생각한다.[42]

많은 경제학자에게 사람들이 이기적이라는 가정은 매우 자연스럽다. 경제학자들은 돈이 많으면 더 많은 상품과 서비스를 구매할 수 있기 때문에 언제나 돈이 많은 것이 적은 것보다 좋다고 생각한다. 한 예로 나는 수십 년 전 고액 연봉을 받는 한 경제학자와 함께 아들들의 축구 경기를 지켜보고 있었다. 대화 도중 그가 이런 말을 했다. "시골 가게에 가면 계산대 옆에 동전이 담긴 작은 접시가 있는데 '필요하면 조금 가져가고, 필요 없으면 놓고 가세요'라는 안내문이 붙어 있더라고요. 나는 언제나 가져갑니다. 누가 돈을 남겨두고 가겠어요?"

과학적 중립성을 통한 논란 회피

경제학자들이 아서와 모럴의 분석을 쉽게 거부할 수 없는 이유 가운데 하나는 경제학을 과학으로 만들려고 했기 때문이다. 취향을 구분하기 시작하면 매우 복잡하고 어려운 상황에 직면하게 될 것이다. 사람들이 동의하지 않을 것이고, 비용-편익 분석은 시작도 하지 못할 것이다. 취향에 관해 논쟁하는 것은 가치에 대해 논쟁하는 것과 같다. 이것은 경제학이나 사회과학을 발전시키는 방법이 아니다.

버지니아대학교에서 대학원생들에게 기본 경제 원리를 가르칠 때 내가 사용한 교재 가운데 하나는 리처드 립시Richard Lipsey와 피터 스타이너Peter Steiner가 쓴 입문서였다.[43] 저자들은 책의 첫 부분에서 "기본적 사실문제에 관한" 긍정적 진술과 "가치판단에 근거한" 규범적 진술을 구분했다. 그리고 본문 전체에 걸쳐 많은 가치판단이 검증할 수 있는 사실적 가정에 기반을 두고 있다는 점을 잘 보여준다(예를 들면 임대료 규제가 가난한 사람들에게 더 저렴한 가격에 더 괜찮은 주택을 제공하기 때문에 좋다고 생각하는 사람이 많다).

그럼에도 립시와 스타이너는 "합리적인 사람들"이 단순히 "의견이 다르다는 사실에 동의하는" 가치 불일치의 사례를 제시한다. 그 책에서 한 사람은 우리가 중국인을 포함한 모든 인간에게 자선을 베풀어야 한다고 믿지만, 다른 사람들은 "내 도덕 원칙에 따르면 기독교인에게만 자선을 베풀어야 하므로 중국인에게 자선을 베풀어서는 안 된다"라고 말할 수 있다고 주장한다. 립시와 스타이너는 "양쪽 모두 자선에 대한 자기 생각을 고집한다면. 둘 다 완벽하게 합리적이라고 할지라도 어느 쪽이든 오류를 인정하도록 강요할 고상한 방법은 없다"라고 말한다.[44]

하지만 왜 두 번째 사람은 기독교인에게만 자선을 베풀어야 한다고 말하는 것일까? 아마도 그 자신이 기독교인이고 자선에 대한 자기 생각이 예수의 가르침에 대한 올바른 해석이라고 이해하기 때문일 것이다. 그렇다면 다음 단계는 예수의 가르침을 검토하는 것이어야 한다. 실제로 예수의 가르침은 사람들이 기독교인에게만 자선을 베풀어야 한다는 견해를 지지하지 않을 수도 있다. 이 시점에서 합리적인 사람이라면 의견이 다르다는 데 동의하는 것이 아니라 두 번째 사람의 가치판단이 비합리적이라는 데 동의할 것이다.

노벨 경제학상 수상자이자 경제학 분야에서 가장 사려 깊은 비판론자로 꼽히는 아마르티아 센Amartya Sen은 가치판단은 상상할 수 있는 모든 상황에 적용될 수 있어야 기본적이라 할 수 있다고 주장한다. 대부분의 가치판단은 기본적이지 않고, 증거와 논의를 통해 다룰 수 있다. 여기에 더해 일부 가치판단은 명백히 기본적이지 않다고 입증될 수 있지만, 이를 증명할 수 있는 확실한 방법은 없다. 예를 들어 존스는 스미스가 기본적 가치라고 생각한 것이 사실은 기본적인 것이 아니라고 설득할 수 있는 주장이나 가설적 상황을 언제든지 만들어낼 수 있을지도 모른다. 따라서 센은 "가치판단에 대한 유익하고 과학적인 논의의 가능성을 배제하는 것은 불가능해 보인다"라고 결론 내렸다.[45]

경제학자들은 선호를 자신들이 발견한 그대로 받아들임으로써 까다로운 문제를 피하고 싶어 한다. 가치판단을 거부하면 논란이 되는 가치판단을 피할 수 있다는 것이 경제학자들의 기본적 믿음인 것처럼 보인다. 그러나 이는 해법이 될 수 없다. 아서의 연구 결과, 많은 젊은 노동자들이 노인이 죽으면 자신들의 복지가 향상된다고 믿는다는 사실을 발견했다고 가정해보자. 그리고 한편으로는 65~75세의 사망 위험을 줄이는 데 특히 효과적인 건강 프로그램에 대한 비용-편익 분석을 수행 중이라고 가정해보자. 이 프로그램에는 상당한 비용이 들어가지만 노인 자신은 물론이고 친구, 가족, 선의의 일반 대중이 밝힌 지불 의사가 비용을 충당할 수 있을 것처럼 보인다. 그러나 아서가 언급한 사회보장기금의 손실을 더하면 비용이 편익을 초과하게 되고, 결국 이 프로그램은 폐기된다. 이것이 논란을 불러일으키진 않을까?

수명 연장으로 손해를 보는 사람이 하루빨리 유산을 물려받고 싶어 하는 탐욕스러운 상속인이거나, 주로 흑인에게 나타나는 유전병에만 도움을 주는 프로그램을 못마땅하게 생각하는 백인 인종차별주의자라고 가정해보자. 이 두 부류를 제외한 모든 사람의 관점에서는 공공 이익에 부합하는 프로그램인데도 이제 더는 공공의 이익에 부합하지 않는다고 결론을 내려야 할까?

아마도 탐욕스러운 상속인이나 인종차별주의자들 가운데 일부는 자신의 이득을 이유로 공공정책에 영향을 미쳐서는 안 된다는 걸 인정할 것이다. 예를 들면 어떤 사람들은 부자 삼촌이 죽으면 자신의 복지가 향상될 것으로 믿지만 삼촌이 죽기를 바라지 않을 수도 있다. 그리고 부자인 삼촌이 죽기를 바라는 사람들 가운데 일부 역시 그런 바람이 공적으로 인정받아서는 안 된다고 생각할 수도 있다.

형사 사법 프로그램은 가치판단을 내릴 의지보다 가치판단을 내리지 못하는 것이 더 논란의 여지가 있다는 또 다른 사례를 보여준다.

— 한 연구는 도둑질을 저지르던 사람에게 직업 훈련을 받게 함으로써 도난 사건을 줄인 직업 훈련 프로그램의 편익은 직업 훈련생 이외의 사람들에게는 이득으로 간주돼야 하지만, 그 가치의 일부는 절도를 통해 더 이상 소득을 얻지 못하는 훈련생에게 비용으로 간주돼야 한다고 주장했다. 도난 사건의 감소로 인한 사회적 이익(직업 훈련생의 비용과 다른 모든 사람의 이익 간 차이)은 도난품 판매, 도난당한 재산의 손상 그리고 합법적 소유권 상실과 관련해 발생하는 재산 가치의 감소다.[46]

다시 말해 도난당한 재산의 사회적 비용은 그 물품이 도난품인 것으로 알려지거나 손상돼 범죄자가 피해자만큼의 가치를 얻을 수 없는 경우에만 발생한다.[47] 예를 들면 현금을 도난당하는 사건은 비용-편익 경제학자들에게는 아무런 비용도 발생시키지 않는다. 버지니아주 샬러츠빌에서 한 시각장애인은 3개월 동안 세 번이나 지갑을 도난당했다. 이때 시각장애인이 입은 손실은 도둑이 얻은 이익과 균형을 이룬 것으로 볼 수 있다. 다른 실용적 연구에서도 이 문제를 같은 방식으로 다뤘고, 이 방법론은 최고의 경제 이론가들로부터 지지를 받고

있다.[48]

이런 실용적 방법론은 그 자체가 논란의 여지가 있을 수 있다는 사실을 조금도 알리지 않은 채 있는 그대로 제시되는 경우가 많다.● 이런 경제학자들은 자신들이 배운 것을 그대로 적용하고 있는 것이다. 이들은 사람들의 선호를 불편부당하고 개인에 대한 판단을 내리지 않는 방식으로 다룬다. 그러나 나머지 대부분 사람은 부도덕한 행위에 비판적이지 않고 도덕적 판단을 내리지 않는 사람은 범죄를 옹호하는 사람이라고 생각할 것이다. 제프리 세지위크Jeffrey Sedgwick는 범죄자를 가리키는 더 오래된 용어인 '법 밖에 있는 사람outlaw'에 주목했다. 법을 어기는 사람은 자신을 법의 바깥에 그리고 법을 어기는 동안 사회 밖에 두는 것이다. 따라서 법 밖에 있는 범죄자가 불법 행위를 통해 얻는 이득은 사회의 복지를 판단할 때 무시해도 무방하다.[49]

일부 경제학자는 선의와 좋은 성품을 가진 사람들이 느끼는 즐거움을 제대로 이해하지 못하는 것 같다. 앞서 언급한 것처럼 고든 툴록은 도둑질에서 오는 편익이 비용을 초과한다면 도둑질을 해야 한다고 주장했다. 그러나 툴록은 사람들이 법을 어길 때 '양심' 비용을 증가시키기 위해 사회가 개인을 '교화'하는 일에 관심을 가질 수 있다는 점을 인정했다. 여기에 더해 툴록은 교화가 "경찰과 교도소를 사용하는 것보다 범죄율을 낮추는 데 비용이 더 적게 들어가는 방법"으로 입증

● 이 책의 초판에서 이 논의에 대한 독자들의 반응은 다양했다. 한 행정대학원 학생은 대부분의 경제학자가 이렇게까지 생각하지 않을 것이기 때문에 경제학자들이 비용―편익 연구에서 도둑에 대한 편익을 포함할 것이라고 암시하는 것은 불공정하다고 생각했다. 한 똑똑한 경제학자는 내가 도둑에 대한 모든 편익을 제외하는 것을 믿을 수 없다고 말했디. 그는 도둑이 자녀를 먹여 살리기 위해 부자의 물건을 훔치는 어머니일 수도 있다는 점을 상기시켜줬다.

되는 경우에만 타당한 선택이라고 주장했다.[50]

그러나 다음과 같은 견해도 고려해야 한다. 낯선 사람이 잃어버린 지갑을 그대로 돌려주면 경찰이 도둑을 잡은 후 지갑을 돌려주는 것보다 기분이 더 좋다. 우리가 정직하고 친절한 사람들 사이에서 살고 있음을 보여주기 때문이다. 툴록의 주장은 이런 점을 간과하고 있다. 실제로 훈육에 의존할 경우 툴록이 가장 중요한 문제점으로 지적한 것은 "제대로 훈육받지 않은 사람"이 "잘 훈육받은 사람보다 확실한 이득을 얻는다"라는 것이다.[51] 양심 비용은 오로지 '훈육'을 받은 사람만이 느끼기 마련인데 개인이 언제 세법을 위반해야 하는가에 관한 조언을 할 때는 양심 비용을 무시하므로, 툴록은 양심 비용이 사회적으로 유용하더라도 부자연스럽거나 비합리적이라고 주장했다.

하지만 부끄러움을 느끼는 동물인 인간에게 양심의 가책은 부자연스러운 일이 아니다. 그리고 아마도 사회적 동물인 인간에게는 옳은 일을 했을 때 얻는 즐거움이 자연스러운 것일지도 모른다. 예를 들어 아리스토텔레스가 말하는 신사gentleman는 이타적인 사람이 아니다. "(그는) 자신의 가치관과 원칙을 지키며 살기를 바라는 사람이다. 그는 과거 행동에 대한 즐거운 기억 때문에 기꺼이 그렇게 한다. 그는 자신의 선함을 알고 있으며, 그런 인식은 그 자체로 즐거움을 준다."[52]

물론 일부 경제학자는 형사 사법 분야에서 자신들의 모델이 산출한 결과에 당혹스러워한다. 예를 들어 리처드 넬슨은 범죄 비용에 대한 경제학자들의 관점이 대부분 사람에게 "너무도 터무니없는" 것처럼 보이리라고 정확하게 지적한다. 하지만 그는 정당한 이익에 대한 자신의 '편견'을 몇 개의 짧은 문장으로만 설명했다.[53]

불법적인 취향이라는 조금 더 폭넓은 문제에 관해 비용-편익을 분석한 에즈라 미샨Ezra Mishan의 책은 끝에 첨부된 주석에서 타인의 행운에 대한 부러움이나 다른 인종 집단 구성원과의 교제에 대한 불쾌감 때문에 발생한 손실은 비용-편익 계산에서 제외해야 한다고 주장한다. 미샨은 때때로 암묵적인 윤리적 원칙이 효용 계산보다 우선돼야 한다고 주장한다. 그러나 미샨처럼 취향의 윤리적 측면에 관해 판단을 내릴 수 있고 기꺼이 그럴 수 있는 경제학자들조차 주석에 있는 그의 생각이 본문에 영향을 미치지 않도록 하려고 한다. 예를 들면 미샨은 생명을 구하는 프로그램의 가치에 대해 논의할 때 주석에 관해서는 언급하지 않은 채, 다른 사람의 사망으로 재정적 또는 심리적으로 이득을 볼 사람들의 선호를 포함할 필요성에 관해 이야기했다.[54]

더 고매한 취향

앞 단락에서는 공공 프로그램을 고려할 때 죽음을 바라거나 범죄를 찬양하는 성향을 인정해서는 안 된다고 주장했다. 그렇다면 더 고상하거나 더 좋아 보이는 취향은 어떤가? 고상한 취향은 어떤 식으로든 강조되거나 적극적으로 권장돼야 하는 것일까? 대부분의 현대 경제학자는 "아니요"라고 말한다.

나는 앞서 대부분의 경우 기업은 소비자가 원하는 상품과 서비스를 결정하는 데 도움이 되는 유용한 정보를 제공한다고 주장했다. 그러나 상품과 서비스에 대한 과도한 광고로 발생하는 정보 편향이나 복지 손실의 가능성 같은 더 중요한 문제는 주류 경제학에서 거의 주목받지 못하고 있다. 좋은 친구, 행복한 결혼 생활, 잘 자란 자녀, 지역 사회의 발전, 훌륭한 인격을 가진 사람들로부터 받는 존경 등 비경제적인 행복의 원천은 얼마든지 있다.

이윤을 추구하는 기업들로서는 고객들이 이처럼 다양한 행복의 원천에 많은 관심을 기울이도록 권장할 이유나 동기가 없다. 이런 요소를 강조하는 광고는 사람들이 구매할 수 있는 상품을 제공하는 기업의 광고에 가려 거의 무시당한다. 예를 들어 멋진 해변의 탁자에 앉아 있는 은퇴한 미식축구 스타가 잘생긴 친구들과 맥주를 마시며 파티를 즐기는 이미지는 그 브랜드의 맥주가 파티를 더 즐겁게 해준다고 암시한다. 또 다른 광고는 올바른 주름 개선 크림을 사용하면 파티에 초대받을 수 있다고 선전한다.

한 끔찍한 OTT의 광고는 한적한 여름날의 부유한 동네 모습을 보여준다. 어린 딸은 바닥에 분필로 그림을 그리고 있고, 옆의 잔디밭에서는 아빠와 아들이 캐치볼을 하고 있다. 그러다가 갑자기 시끄러운 진동과 함께 붉은색 메르세데스-벤츠 차량이 동네를 질주하는 바람에 가족의 평화로운 시간이 방해받는다. 이 광고는 시청자에게 안주하지 말라고 경고하며 끝난다. "메르세데스-벤츠, 최고가 아니면 만들지 않는다."[55]

에즈라 미샨은 《경제 성장의 대가 The Costs of Economic Growth》에서 상업 광고는 우리의 감각을 자극하고 탐욕, 허영, 욕망을 반복적으로 이용한다고 지적한다. 기업 광고는 "평범하고 물질적인 것"을 강조하기 때문에 취향이 "더 좋은 방향으로" 발전하도록 영향을 미치려는 비상

업적 노력을 통해 균형을 이뤄야 한다고 주장한다.[56]

경제학자들은 미샨의 주장과 유사한 주장에 대해 특유의 감정적 반응을 보일 수 있다. 로버트 솔로Robert Solow는 "광고를 통한 욕구 창출에 대한 분석적 주장과 자신의 취향이 중산층보다 우월하다고 믿는 정교한 주장 사이의 경계는 매우 미묘하다"라고 주장한다.[57] 윌리엄 보몰William Baumol은 "나는 (미샨과 마찬가지로) 시토프스키Scitovsky의 견해에 결코 동의할 수 없다. 그런 생각은 최악의 경우 고상한 취향과 선행에 대한 그들만의 기준을 강요하는 사람들에게 무제한의 권위를 부여하기 때문이다"라고 말한다.[58]

주로 신학자와 경제학자가 아닌 사람들로 구성된 연구단체의 연구 성과를 담은 책에서 윌리엄 비크리William Vickrey는 적어도 이 문제에 관심이 많은 것 같다.

— 광고는 거의 필연적으로 개인의 근본적인 선호를 바꿔놓을 수 있다. (…) 개인의 의견, 선호, 이상을 바꾸는 것을 목표로 고안된 활동은 광범위한 가치 척도에서 어떤 위치를 차지할까? 우리는 다양한 종류의 교육과 선전 활동에 얼마나 많은 노력을 투입해야 하는지에 관한 결정이 상업적 또는 징서적 이해관계가 있는 사람들의 재정적 지원에 따라 결정되도록 방치할 수 없다.

이는 재정 지원을 받을 수 있는 아이디어나 프로그램의 능력이 아이디어 전파의 중요성을 결정하는 주된 척도가 될 수 있다는 사실을 암시한다. 이런 주장은 절대적 기준으로서 도덕적으로는 옹호할 수 없고 대안이 없는 경우에만 실용적 기준으로 용납될 수 있을 뿐이다. 그러나 개인의 취향이나 생각에 영향을 미치는 활동을 부분적으로 또는 전체적으로 경제학 이외의 사회적 가치를 결정하는 방법과 함께 고려하지 않는다면 다른 대안은 없는 것 같다.[59]

비크리의 결론은 다소 모호하다. 이보다는 "소비자의 관심사를 고려하기도 하고 그렇지 않기도 하는 정부 당국은 적정 규모보다 많은 공익적 프로그램을 요구하기 때문에 광고와 오락에 배정되는 시간이 상당히 적을 가능성이 크다"라는 딘 워체스터Dean Worcester의 결론이 더 일반적이라고 할 수 있다.[60] 이와 유사하게 로버트 아야니언Robert Ayanian도 "분명히 미국 사회에서 대다수의 광고는 미국 국민이 원하고 필요로 하는 상품에 관한 것이다"라고 말했다.[61]

상업 광고가 많은 소비자에게 상품과 서비스가 인간의 행복에 미치는 영향의 중요성에 대해 과장된 생각을 갖게 한다는 주장에 경제학자들은 왜 그렇게 방어적일까? 여기에는 여러 가지 이유가 있다. 첫째, 경제학자가 되고 싶어 하는 사람들은 평가경제학에서 정책에 관해 이야기할 수 있는 가장 좋은 말이 '정책이 바로 소비자들이 원하는 것'이라는 사실을 매우 빨리 알게 된다. 이런 생각에 동의하지 않는 사람은 다른 직업을 선택할 가능성이 크다. 따라서 경제학계에는 공공정책에 대한 기준으로 소비자 주권을 지지하는 사람들이 훨씬 더 많다.

둘째, 경제학자들은 소비자의 취향이 안정적이고 실제적이라고 가정할 수 있다면 자신들이 정책 입안자들에게 많은 도움을 줄 수 있음을 입증할 수 있다고 생각한다. 반면에 경제학자가 이런 가정을 포기하면 경쟁 시장과 경제학에서 사용하는 다양한 분석 방법의 가치에 의문을 제기하게 된다. 소비자 주권을 신뢰한다면, 경제학자들이 비효율성을 발견할 때 매우 우려해야 한다. 하지만 일방적 선전으로 소비자의 취향이 왜곡되고 불균형해지면 경제적 효율성은 훨씬 덜 중요해진다. 실제로 경제적 효율성이라는 의미 자체가 모호해진다. 두 명의 사려 깊은 주류 경제학자는 소비자 취향을 "신고전주의 경제학의 아킬레스건"이라고 불렀다.[62] 그러니 경제학자들이 이런 약점을 매우 강력하게 보호하는 것도 놀라운 일이 아니다.

셋째, 인센티브에 관한 장에서 설명한 것처럼 자기중심적인 이기적 행동을 가정하면 좋은 공공정책을 제시할 수 있다. 오염을 줄일 합리적 방법을 제시하는 책에서 찰스 슐츠가 경제적 인센티브로 정책의 방향을 바꾸는 데 초점을 맞춘 것은 옳았다. 그러나 책 중간에서 경제적 인센티브를 찬양하면서 철학적 주장을 펼친다. "경제적 인센티브는 사회 발전에 필요한 동기 부여의 원동력으로, 동정심·애국심·형제애·문화적 연대의 필요성을 줄여준다." 슐츠는 계속해서 "공공의 이익을 증진하기 위해 물질적 이기심이라는 '근본' 동기 부여 요인을 활용하는 것이 아마도 인류가 이룩한 가장 중요한 사회적 발명일 것이다"라고 주장한다.[63] 그는 이타주의는 사회가 무분별하게 고갈시켜서는 안 되는 희소한 자원이라는 케네스 애로의 주장을 제시한다.

하지만 로널드 샤프Ronald Sharp가 주장한 것처럼 이기적인 경제적 인센티브 모델은 우리 사회생활의 많은 부분과 맞지 않는다.

— 우정이라는 행동을 호의, 선의, 감정 또는 더 일반적으로는 우정 자

체와 같은 한정된 자원이나 공급을 소비함으로써 고갈되는 것으로 이해하면 안 된다. 우정은 자신의 자본을 늘리거나 줄이려는 생각이 전혀 없는 기부 행위다. 역설적으로 자본을 늘리는 것과 같은 결과를 가져올 것이다. 우리는 우호적인 감정을 느끼면 그것을 다 소모하는 것이 아니라 반대로 그 감정을 강화한다. 키케로Cicero는 "친절을 되돌려주는 것보다 더 생산적인 즐거움은 없다"라고 말했다.[64]

여러 연구 결과도 키케로의 말을 뒷받침한다. 친절을 갚는 행위는 이전에 베푼 친절을 되돌려받는 것보다 더 큰 기쁨을 가져다준다.[65] 애국심·형제애·문화적 연대를 바탕으로 경제를 운영할 수는 없지만, 그렇다고 이런 감정을 꼭꼭 숨길 필요는 없다. 일반적으로 이런 좋은 감정을 보여주는 것이 그런 감정을 더욱 확산시킨다는 증거가 있다. 예를 들어, 차를 타고 가다가 타이어가 펑크 나 고립된 운전자를 누군가가 도와주는 장면을 본 사람은 타이어 교체에 어려움을 겪고 있는 또 다른 운전자를 발견했을 때 도울 가능성이 더 크다.[66]

케네스 애로는 경제학자가 자신을 "합리성의 수호자, 다른 사람에게 합리성을 부여하는 사람 그리고 사회에 합리성을 처방하는 사람"으로 생각한다고 말한다.[67] 그러나 경제학자들은 실제로 이성이 그렇게 강력하다고 생각하지 않는다. 예를 들면 이성은 인생에서 좋은 것이 무엇인지 결정할 수 없다. 좋은 것은 개개인의 독특한 선호에 달렸다. 따라서 독특한 선호가 우리를 움직이게 한다면 이성은 취향이나 선호의 원천이 될 수는 없다.

취향은 단순히 서로 다른 성격이나 자의적이고 설명할 수 없는 서로 다른 선호의 문제가 아니다(당신은 바닐라 아이스크림을 좋아하고 나는 초콜릿을 좋아한다). 어떤 경우에는 취향을 평가하기도 하는데 특정 취향을 '저급하다', '조잡하다', '잔인하다', '악의적이다'라고 표현하는 것이 공정한지, 아니면 '고상하다', '교양 있다', '학식 있다', '계몽적이다'라고 칭찬할 만한 가치가 있는지에 관해서는 이견이 있을 수 있다. 그러나 대부분의 경우 그런 차이는 발생하지 않을 것이다. A는 특정 취향이 '잔인하고 사악하다'라고 말하지만 B는 '계몽적이고 교양 있다'라고 주장할 정도로 의견이 갈리는 경우는 없다.[68]

많은 사람이 때때로 현재와 다른 취향을 가졌으면 좋겠다고 생각한다. "내가 피아노 교습을 좀 더 진지하게 받고 연주법을 제대로 배웠으면 좋았을 텐데" 또는 "셰익스피어를 좋아하는 법을 배웠으면 좋겠다" 같은 말을 한다. 여기서 '배우다'라는 동사가 중요하다는 데 주목하자. 흔히 셰익스피어의 작품들이 매우 어렵다고 알고 있지만 운 좋게도 올바른 선생님을 만났다면 셰익스피어를 깊이 이해할 수 있을 것이다. 그리고 정말로 운이 좋다면 셰익스피어가 세계적인 천재라는 사실도 배우게 될 것이다.

예를 들면 폴 캔터Paul Cantor는 도쿄에서 열린 세계 셰익스피어 대회에 참석했을 때 "체코의 한 학자가 여러 나라에서 온 청중에게 슬라브 언어권에서 셰익스피어에 대한 다양한 인식에 관해 영어로 연설하는 교훈적인 장면"에 관해 설명했다. 그는 한 서평에서 "그 학자는 셰익스피어를 단순히 이해만 한 것이 아니라 《맥베스》라는 작품이 가진 영향력에 대한 진정한 통찰을 제시했다"라고 이야기했다.[69] 캔터는

"내가 알기로는 오늘날 셰익스피어 희곡의 영원한 의미나 가치에 의문을 제기하는 사람들은 영어권 세계의 문학 교수들뿐이다"라고 주장한다.

문화뿐만 아니라 일반적인 모든 활동을 제대로 즐기려면 지식이 필요하다. 한 무리의 친구들은 존과 함께 고급 중국 식당에 가는 것을 좋아한다. 존이 친구들의 모든 취향을 알고 있어서 그들이 좋아할 만한 음식을 더 잘 골라줄 수 있기 때문이다. 야구 경기를 보고 싶을 때 그 무리는 크리스와 함께 간다. 야구에 관한 한 모르는 게 없기 때문이다. 배낭여행을 갈 때는 니컬러스를 꼭 부른다. 니컬러스는 여행 경험이 정말 풍부하기 때문이다.

즐거움을 주는 다양한 활동의 우선순위에 관해 합의에 도달할 가능성은 한 가지 활동을 하는 사람들 사이에서 합의에 도달할 가능성보다 작다. 개인들의 특성과 역량이 다르고, 누구도 자신 있게 여러 활동의 순위를 정할 만큼 모든 경쟁자를 잘 알 순 없기 때문이다. 그러나 '조잡한'과 '교양 있는' 같은 단어를 사용하는 데 혼란이 없다는 것은 우리가 모든 선택이 동등하다고 가정하는 허무주의에 빠지는 것을 방지해준다. 레오 스트라우스Leo Straus는 다른 맥락에서 다음과 같이 주장했다. "구름에 가려진 두 산 중 어느 산이 더 높은지 결정할 수는 없겠지만, 적어도 두더지가 파놓은 흙 두둑보다 높다고 결정할 수는 없는 걸까?"[70]

존중할 만한 측면이 전혀 없는 문화는 거의 없다. 우리는 이런 측면에 주의를 기울임으로써 다양성을 실현할 수 있다. 하지만 어떤 문화도 다른 문화보다 본질적으로 우월하지 않다고 믿는 척할 필요는 없다. 우리 지역 사회와 전국의 고등학생들은 이제 이런 '진실'을 '이해'하는 것이 성공적인 교육의 척도라는 말을 듣고 있다.[71] 쿠바나 아이티에서 미국으로 헤엄쳐 오려는 사람들이나 베트남에서 배를 타고 오려는 난민들에게 본질적으로 우월한 문화가 없다고 이야기해보라. 1989년 중국의 톈안먼 광장과 2019년 홍콩에서도 미국 국기가 걸려있었다. 생명, 자유, 행복 추구에 대한 열망은 단지 서구만의 가치는 아니다.[72]

정치 이론가 조지프 크롭시Joseph Cropsey가 주장한 것처럼 소비자 주권, 개인주의, 고유한 존재로서 우리 각자의 중요성은 인간 존엄성의 토대가 될 수 없다. 인간을 존엄하게 만드는 것은 "인간이 아닌 존재와 인간이 공유하는 관계에서 비롯된다. (…) 인간의 존엄성은 개개인이 아니라 공동으로 소유하고 있는 인간의 공통적 본성이며, 단순히 개인을 구별하는 것이 아니라 인간을 인간이 아닌 존재보다 우월하게 만드는 요인이나 특성에 내재돼 있다."[73]

인간을 다른 사회적 동물보다 우월하게 만드는 것은 무엇일까? 동물학자 제인 구달Jane Goodall은 1988년에 방영된 PBS의 〈마인드The Mind〉라는 프로그램에서 "인간을 현재로부터 해방해 과거와 미래에 대해 생각할 수 있게 한 것"이 바로 언어라고 이야기했다. 아리스토텔레스도 언어가 결정적 요인이라고 이야기했다. 언어가 사람들이 함께 잘 살아가는 데 필요한 정의에 관한 논의를 가능케 하기 때문이다. 정의는 아리스토텔레스가 이야기하는 네 가지 주요 덕목 가운데 하나다. 나머지 세 가지는 용기, 절제, 신중함 또는 실용적 지혜다. 아리스토텔레스는 이런 덕목에 대한 합의가 쉬워야 하고, 행복해지려는 사람이라면 각각의 덕목을 최소한 일정 수준 정도는 갖춰야 한다고 생각했다.

— 주변에서 윙윙거리는 작은 파리처럼 사소한 것을 두려워하고, 지나치게 먹고 마시는 것을 자제하지 못하며, 하찮은 일로 소중한 친구를 죽이고, 지적 능력과 관련해 (사물에 대한 잘못된 인식으로) 어린아이나 미치광이처럼 지각이 없거나 완전히 속아 넘어가는 사람은 누구도 축복받은 사람이라고 부르지 않을 것이다.[74]

좋은 삶을 살기 위해 어느 정도의 용기가 필요하다는 것은 정말 단순한 사실이다. 쇼핑몰을 걸어가면서 겁에 질린 여덟 살짜리 아이를 상상해보라. 그는 계속 뒤를 돌아본다. 엄마가 "그만 돌아봐"라고 하자 아이는 엄마에게 "칼을 든 남자가 저를 찌르려고 할 수도 있어요"라고 말한다. 엄마는 "그래, 그럴 수도 있지만 그럴 가능성은 거의 없단다"라고 말하지 않을까? 엄마는 이어서 "이 쇼핑센터에서는 그런 일이 일어난 적이 없어"라며 아이를 안심시킬 것이다.

이런 잠재적인 위험을 무시할 용기가 없다면 의미 있는 삶을 살 수 없다. 어떤 사람이 탐욕스럽고 술에 취해서 사소한 일로 친구를 죽인다면 다시는 친구를 사귀지 못할 것이다. 항상 친구의 이익보다 자기 이익을 우선하는 무례한 사람과 친구가 되고 싶어 하는 사람은 아무도 없을 것이다. 의미 있는 삶을 살기 위해 친구가 필요하지 않을까?[75]

이성은 실용적인 지혜를 위해 분명히 필요하다. 미친 사람은 자신을 행복하게 해줄 결정을 내릴 수 없다. 이성을 잃는다는 것은 끔찍한 일이 아닐까? 최근에 나는 자기 어머니가 "내가 널 얼마나 오래 알고 지냈지?"라고 물어봤다는 한 남성의 얘기를 들었다. 주디는 한쪽 다리를 잃어도 여전히 주디다. 하지만 이성을 잃으면 어떻게 될까? 1846년 에이브러햄 링컨은 같은 고향 출신의 한 똑똑한 청년이 미쳐 버렸을 때 시를 썼다. 시의 일부를 소개하면 다음과 같다.

— 그리고 여기 더 두려운 것이 있으니

　　무덤 속에 있는 것보다 -

　　이성을 잃은 인간의 모습,

　　하지만 비참한 삶만이 남아 있을 뿐.[76]

　　존 스튜어트 밀은 고차원적 즐거움과 저차원적 즐거움의 차이에 대해 길고 흥미로운 주장을 펼쳤다. 그는 "인간은 종종 본질적 약점 때문에 덜 가치 있다는 것을 알면서도 더 가까운 곳에 있는 만족을 선택한다"라고 이야기했다.[77] 그러나 주류 경제학자들은 저명한 스튜어트 밀의 이런 주장을 즉각 반박한다. 마틴 브론펜브레너Martin Bronfenbrenner 는 이 문장이 포함된 밀의 긴 구절을 인용하면서 이 문장이 "잘난척하는 우월감, 지적 속물근성, 그리고 제러미 벤담Jeremy Bentham이 이른바 독단적 주장이라고 일컬은 것을 정교하고 어렵게 섞어놓은 혼합물"이라고 했다.[78]

　　밀은 어떤 삶의 방식을 장려하는 것일까? 그는 불만족스러운 삶에는 두 가지 중요한 원인이 있다고 생각했다. '이기심'과 '지적 성장의 부족'이다. 오늘날의 경제학자들은 이기심이 인간을 움직이고, 이는 불가피하다고 생각한다. 그리고 취향에 대한 경제학자들의 중립적 태도는 지적 성장에 구체적인 도움을 주지 못한다는 것이다. 브론펜브레너는 자신만의 조언을 거의 하지 않는다. 그는 "저렴한 문화 활동을 즐기도록 대중에 대한 홍보와 계몽"을 선호한다. 어떤 일이 있더라도 '쓸모없는 지식인'이 되는 것은 피해야 한다. 확실히 우리는 소크라테스 같은 지식인을 원하지 않는다.

행복으로 가는 길

대부분의 경제학자는 1인당 소득이 증가하면 사람들의 행복감이나 삶의 만족도가 높아진다고 가정한다.[79] 그런데 일부 경제학자는 이런 가정에 이의를 제기해왔다. 예를 들면 일부 연구에서는 같은 사회 안에서 더 부유한 사람들이 더 행복하다고 주장한다. 경제 성장이 계속된다고 해도 사람들이 더 행복해지는 것은 아니다. 더구나 적당히 발전한 국가에서 사는 사람들이 매우 발전한 선진 국가의 사람들보다 덜 행복한 것도 아니다.[80]

경제 성장에 따른 이득에 회의적인 경제학자들은 인간이 쾌락의 쳇바퀴 안에 있다고 이야기한다. 소득의 증가와 그에 따른 행복은 일시적이어서 다시 이전 수준으로 돌아가는 경향이 있다는 것이다. 그러나 최근의 일부 연구는 쾌락의 쳇바퀴 이론이 틀렸다고 주장한다. 이 학자들은 때때로 더 많은 데이터를 사용해 부유한 국가의 사람들이 부유하지 않은 국가의 사람들보다 더 행복하며 실질소득이 증가함에 따라 전체 국민이 더 행복해진다고 말한다.[81]

대부분 선거에서 경제 성장에 대한 관심이 높다는 점을 고려할 때, 실질소득의 증가가 행복의 증가를 가져오는지에 관해서는 논쟁의 여지가 없는 것 같다. 우리는 자신이 당선되면 임금이 인상되지 않도록 열심히 노력하겠다고 약속하는 정치인을 본 적이 없다! 그러나 일부 연구에 따르면 미국을 포함한 많은 국가에서 실질소득의 증가가 행복을 증가시키지 않는 것으로 나타났다.[82]

로버트 프랭크는 소득과 행복 증가 사이의 연관성이 크지 않다고 생각하는 경제학자 그룹을 이끌고 있다. 프랭크는 애덤 스미스의 명성을 인정하지만 찰스 다윈Charles Darwin이 더 가치 있다고 믿는다. 실제로 프랭크는 다윈이 경제학의 진정한 창시자라고 생각한다. 다윈은 인생에 행복을 가져다주는 것이 절대적 소득이나 지위가 아니라 상대적 소득과 지위라는 것을 알았기 때문이라는 것이다.

프랭크는 개인에게 유익한 것이 반드시 집단에도 좋은 것은 아닐 수 있다고 주장한다. 아이의 유치원 입학을 늦게까지 미루는 것은 아이가 스포츠에서 뛰어난 능력을 발휘하는 데 도움이 된다. 하지만 운동선수 자녀를 둔 모든 부모가 똑같이 행동한다면 아무런 이득이 없을 것이다. 한 취업 지원자가 경쟁에서 이기기 위해 비싼 정장을 샀는데 다른 경쟁자도 똑같이 비싼 정장을 산다면 돈을 쓸데없이 썼다고 볼 수 있다. 이웃에게 자랑하려고 더 비싼 자동차를 사더라도 1년 후에 이웃이 똑같은 모델의 최신형 자동차를 산다면 이득이 거의 없을 것이다. 더 멋지게 보이려고 성형 수술에 많은 돈을 썼는데 경쟁자들도 똑같이 성형한다면 어떤 이점도 얻지 못할 것이다.

프랭크는 지역 최고의 경쟁 업체를 이기기 위해 '경쟁 상품'을 출시하는 것은 결과적으로 비생산적이라고 생각한다. 경쟁자들은 당신을 능가하기 위해 노력할 것이고, 전체적으로 볼 때 소수만 정상에 오를 수 있다. 프랭크는 부유층에 매우 높은 누진 소비세를 부과하고 여기서 얻은 세금을 사회 기반시설, 공원, 기타 공동 소비재 같은 비경쟁 재화를 개선하는 데 사용하자고 제안한다. 부자들은 세금을 더 많이 내더라도 여전히 부자일 것이기 때문에 더 많은 세금이 실제로 피해를 주지는 않을 것이다. 그의 경쟁자도 많은 세금을 내기 때문에 그는 여전히 최고의 지위를 유지할 수 있을 것이다.

프랭크는 흥미로운 주장을 하면서 경제학자들이 더 많은 관심을 기울여야 하는 중요한 논점을 지적한다. 하지만 그는 자신의 주장에 도움이 되는 사례만을 선택했다.[83] 다른 사례들은 프랭크의 주장에 의문을 제기한다. 한 지역 사회에서 높은 지위를 원한다면 부유층과 경쟁할 필요가 없는 농촌 마을로 이사하는 것이 어떨까? 두 지역에 모두 좋은 학교가 있는데도 아주 좋은 동네에 있는 작은 집이 덜 좋은 동네에 있는 같은 크기의 집보다 더 비싼 이유는 무엇일까?

외모를 최대한 가꾸기 위해 성형 수술을 하고 옷에 더 많이 지출하는 경우, 이런 노력이 커뮤니티 전체에 해를 끼치는 이유는 무엇일까? 많은 사람이 당신을 모방하면 커뮤니티 전체가 이익을 얻지 않을까? 남루한 이웃들에 둘러싸여 있는 것보다 옷을 잘 차려입고 매력적인 사람들과 함께 도시의 거리를 걷는 것이 더 즐겁지 않을까?

나는 절대소득과 상대소득이 모두 행복에 중요하다고 생각한다. 앞서 소개한 여러 훌륭한 연구에 따르면 절대소득의 증가가 중요하다는 것을 알 수 있다. 게다가 사람들은 21세기 자본주의가 만들어낸 좋은 것에 익숙해져서 감사하는 마음이 줄어든 것이 분명하다. 1940년의 스물한 살짜리 대학생이 2020년의 스물한 살짜리 대학생의 아파트를 방문했다고 가정해보자. 그는 중앙난방과 에어컨, 전자레인지, 훌륭한 음질과 깨끗한 화질을 자랑하며 160개 채널이 나오는 대형 컬러TV 같은 것을 보고 매우 놀랄 것이다. 그리고 물론 언제 어디서나 사용할 수 있는 스마트폰도 있다. 스마트폰은 외부 어디로든 가져갈 수 있고 옛날처럼 여러 명이 함께 쓰던 공중전화와는 차원이 다르다. 스마트폰은 개인용 컴퓨터라고도 불린다. 저녁 식사를 예약할 수 있고 레스토랑으로 가는 길도 알려준다. 스마트폰으로 게임도 하고 멀리 떨어진 곳에 있는 친구에게 메시지를 보내면 즉시 답장을 받을 수 있다.

월 윌킨슨은 "현대적 위생과 의학이 등장하기 전에는 많은 사람이 약한 세균 감염에도 고통받았고, 치통과 기타 만성 질환에 수시로 시달렸다"라고 주장했다. 그는 "시간이 지나면서 우리는 이런 심각한 문제에 관심을 덜 기울이게 됐다. 마틴 셀리그먼Martin Seligman의 말처럼 '이런 습관화 과정은 바뀔 수 없는 삶의 신경학적 진실'이기 때문이다. 인간의 신경은 새로운 사건에 반응하도록 연결돼 있다."[84]

경제적 행복과 별개로 지속적인 경제 성장은 사회적 건강과 정치적 건강에도 도움이 된다. 이는 더 큰 관용, 공정성, 민주적 가치와 관련이 있다. 또한 공적 지원을 받는 교육과 빈곤 감소에 대한 지출을 늘리려는 시민의 의지와도 연관돼 있다.[85] 래리 서머스는 느린 성장률이 선진국의 "암담하고 제대로 기능하지 않는" 정치를 설명하는 데 유용하다고 생각한다.[86]

경제적 복지가 제공하는 이점이 있긴 하지만, 많은 사람이 행복에 더 큰 영향을 미치는 비경제적 재화를 위해 일부 경제적 이득을 포기한다는 사실을 보여주는 연구 결과도 급증하고 있다. 이런 조짐 가운데 하나는 선을 위해 의도적으로 낮은 수익성을 감수하는 벤처기업 투자가 증가하고 있다는 점이다.

사회책임투자Socially Responsible Investment, SRI가 현재 미국에서 전문 투자기관이 운용하는 펀드의 5분의 1을 차지한다는 몇몇 증거도 있다. 2012년의 9분의 1보다 크게 증가했다. SRI의 기준을 준수하는 투자기관들은 재생 에너지와 제3세계 개발 분야에 투자하고, 담배 회사나 환경을 심하게 오염시키는 기업에는 투자하지 않는다. 모건스탠리Morgan Stanley의 조사에 따르면 밀레니얼 세대는 다른 세대에 비해 사회적으로 책임 있는 기업에 관심이 더 많기 때문에 이런 움직임은 앞으로 더 커질 것으로 보인다.[87]

행복에 대한 관심은 우리를 경제학에서 심리학과 정치철학으로 이끈다. 방향을 바꾸기 전에 행복에 관한 경제학적 연구가 많지 않다는 사실을 인정해야 할 것이다. 물론 로버트 프랭크와 그를 비판하는 사람들은 경제 성장이 행복을 가져오는지에 관심이 많다. 인상적인 젊은 학자인 저스틴 울퍼스Justin Wolfers와 벳시 스티븐슨Betsy Stevenson은 항상 흥미로운 주제에 관해 연구하는데 행복도 그중 하나다.

프린스턴대학교의 앨런 크루거는 행복에 관한 글을 가끔 쓴다. 다트머스대학의 데이비드 블랜치플라워David Blanchflower의 연구는 정말로 행복에 초점을 맞추고 있다. 하지만 행복에 관한 경제학자들의 연구는 예컨대 긍정심리학 분야의 연구에 비하면 매우 적다. 2000년에 논문

데이터베이스 플랫폼 사이크인포PsycINFO는 '긍정심리학'이라는 단어가 제목에 포함된 39개의 논문을 보여줬다. 2017년에는 관련 논문이 550개로 늘었다. '행복'에 대한 유사한 검색은 70건에서 194건으로 증가했고, '웰빙'에 대한 검색도 334개에서 1,598건으로 증가했다.[88]

심리학자들이 수행한 행복에 관한 대부분 연구에서 가장 중요한 것은 친구, 배우자, 종교 기관, 자선단체, 친목단체와의 연결이다. 행복 교수로 불리는 하버드대학교의 댄 길버트Dan Gilbert는 다음과 같이 이야기한다.

── 우리는 인간의 행복을 가장 잘 예측하는 지표가 인간관계, 그리고 가족 및 친구들과 보내는 시간이라는 사실을 알고 있다. 이것은 돈보다 훨씬 더 중요하고 건강보다 조금 더 중요하다. 데이터가 이런 사실을 보여준다.[89]

또 다른 연구자들은 "사회적 유대관계가 좋고 건강에 좋지 않은 생활 습관(예를 들면 흡연, 비만, 운동 부족 등)을 가진 사람들이 사회적 유대는 약하지만 건강한 생활 습관을 지닌 사람들보다 실제로 더 오래 산다는 것"을 발견했다.[90] 강한 유대관계는 흔히 생각하는 것보다 훨씬 드물다. 연구에 따르면 미국 성인의 47%가 외로움을 느끼며, 외로움을 느끼는 사람의 사망률은 하루에 담배 15개비를 피우는 사람의 사망률과 비슷하다.[91]

트위터 사용자들에 관한 한 연구에서 600만 개의 게시물을 조사한 결과 사람들은 '바라다' '원하다', '사랑하다'와 같은 단어를 가장 많이 사용하는 것으로 나타났다. 더 좋은 친구, 건강, 장기적인 관계에 대한 갈망도 있었다. 모든 트윗 중에서 가장 슬프고 가장 빈번한 트윗은 "나를 정말로 좋아해 주는 사람이 있었으면 좋겠어요"였다.[92]

외로움을 해결할 수 있는 큰 잠재력을 보여준 활동 가운데 하나는 바로 자원봉사였다. 자원봉사는 경제학자들이 일반적으로 이해하는 좁은 의미의 이기심으로는 설명되지 않는다. 하지만 자원봉사는 봉사하는 사람과 도움을 받는 사람 모두의 행복을 확실히 증대시킨다. 공감은 우리 안에 내재돼 있다. 공감은 단순히 다른 사람의 인정을 받기 위해 꾸며낸 계략이 아니다. 스탠퍼드대학교의 연구원들은 자기공명영상MRI을 이용해 사람들이 다치는 모습을 볼 때 뇌의 반응을 관찰했다. 그런 장면을 보는 사람들의 MRI 사진은 "고통을 직접 경험한 사람들의 사진"과 매우 비슷했다.[93] 여기에 더해 이타주의 개념을 이해하기엔 너무 어린 아이들도 다른 사람이 고통을 느낄 때 속상해하면서 "고통받는 사람을 돕거나 위로하려고 노력"하는 것으로 나타났다.[94]

설문조사 결과에 따르면 자원봉사자는 자원봉사를 하지 않는 사람보다 매우 행복할 확률이 42% 더 높은 것으로 나타났다.[95] 14만 6,000명이 거주하는 한 지역 사회에서는 600명 이상이 자원봉사를 하고 있다. 100명은 밀즈 온 휠즈Meals on Wheels 프로그램에 참여하고 있다. 이들은 스스로 요리를 할 수 없거나 혼자 사는 노인들에게 따뜻한 식사를 배달해주는 일에 일주일에 몇 시간씩 참여하거나 교통비를 기부한다.

한 자원봉사자는 "내가 담당하는 구역에 있는 사람들과 정이 많이 들었습니다. 시작하자마자 푹 빠졌어요. 이제는 정말 봉사가 기대됩니다"라고 말했다. 74세의 또 다른 자원봉사자는 "나는 18곳을 돌아야 하는데 모두가 이야기를 나누고 싶어 합니다. 그들을 방문하는 사람이 저 혼자인 경우가 대부분입니다. 그들이 얼마나 고마워하는지 볼 수만 있다면 당신은 내가 왜 2년 동안 이 일을 하고 있는지 이해할수 있을 것입니다"라고 이야기했다.[96]

이 프로그램은 일반적으로 경제학자들이 비판하는 현물 보조를 통한 재분배 정책의 완벽한 사례다. 경제학자들은 다음과 같이 주장할지도 모른다. "왜 노인들에게 따뜻한 식사를 배달하는 것 같은 작은 일을 담당하는 별도의 관료 조직이 필요한가? 도대체 따뜻한 식사가 왜 특별한가? 이 프로그램에 들어가는 예산을 노인들이 원하는 대로쓸 수 있게 돈으로 주면 어떨까? 노인들이 따뜻한 식사를 원하면 그돈으로 냉동 조리식품을 사 먹을 수 있을 것이다. 그렇게 하고도 돈을좀 남길 수 있지 않을까?"

이 분석은 많은 것을 놓치고 있다. 자원봉사자들이 노인들에게 선사하는 가장 중요한 것은 따뜻한 식사가 아니라 인간적인 접촉과 누군가가 관심을 보여준다는 감정이다. 자원봉사자들은 관료보다 더 설득력 있게 이 일을 해낼 수 있다. 조금 더 일반적으로, 자원봉사자가많다는 것은 관료주의와 세금으로 인한 비효율적인 비용을 지출하지않고도 더 많은 공공 이익을 확보할 수 있다는 것을 의미한다. 그리고사람들이 다른 사람에게 즐거움을 주면서 자신들도 즐거움을 얻는다면 사회에도 분명한 이익이 된다.

자원봉사는 정부가 약간의 지원을 하면 극적으로 증가할 수 있다. 조지 H. W. 부시 행정부가 이를 입증했다. 1991년 연두교서에서 부시는 미국인들이 지역 사회에서 '천 개의 빛Thousand Points of Light' 자원봉사 프로그램에 참여함으로써 의미를 찾을 수 있다고 주장했다. 1995년에 〈LA타임스〉는 지원금 대부분이 컨설턴트와 화려한 회의를 개최하는 행사에 사용됐다며 연방 기금을 지원받은 포인트오브라이트Points of Light 국립재단에 대해 상당히 비판적인 기사를 썼다. 하지만 지역 차원에서의 결과는 매우 고무적이었다.

부시는 연설에서 포인트오브라이트를 자주 언급했는데 이 프로그램은 언론의 상당한 관심을 끌었다. 부시는 에이즈에 걸린 영아를 돌보거나 성인 문맹 퇴치 등의 프로그램에 참여한 일일 자원봉사자들을 직접 칭찬했다. 그는 재임 시절에 1,020개에 달하는 '일일 포인트오브라이트' 편지에 서명했으며 사망할 때까지 계속해서 포인트오브라이트의 자원봉사자나 기관의 노력을 칭찬하는 편지에 서명했다.[97] 미국의 자원봉사는 1974년 이후 감소 추세였지만 갤럽 조사에 따르면 부시 대통령 재임 기간에는 23% 증가한 것으로 나타났다.[98]

대다수 사람은 성인이 되면 대부분 시간을 직장에서 보낸다. 경제학자들은 보통 일과 여가를 서로 충돌하는 것으로 생각한다. 우리는 돈을 벌기 위해 일하고 그 돈으로 여가를 즐길 수 있다. 하지만 5장에서 살펴본 것처럼, 더 실증적인 경제학자들은 정부의 지원금을 받더라도 실업은 사람을 비참하게 만든다는 사실에 주목하고 있다.

아서 브룩스Arthur Brooks는 일과 여가가 상반된다는 생각에 반대하는 경제학자 가운데 한 명이다. 그는 미국인의 89%가 자신의 직업에 '매우 만족'하거나 '어느 정도 만족'한다고 답했다는 사실을 증거로 제시한다. 심지어 자신을 노동 계급이라고 밝힌 사람 가운데 87%는 자신의 직업에 '매우' 또는 '어느 정도' 만족한다고 답했다. 원하는 만큼 편안하게 살 수 있는 충분한 돈이 있어도 계속 일하겠느냐는 질문에 미국인의 69%가 그렇다고 응답했다. 브룩스는 다음과 같이 주장한다.

— 소득, 학력, 나이, 성별, 가족 상황, 종교, 정치 성향 등 모든 면에서 똑같은 두 명의 근로자가 있지만 한 명은 자신의 직업에 만족하고 다른 한 명은 그렇지 않다고 상상해보라. 첫 번째 사람이 인생에서 매우 행복하다고 답할 확률이 두 번째 사람보다 28%p 더 높다.[99]

그렇다면 무엇이 좋은 직업일까? 유럽사회조사European Social Survey, ESS에 따르면 보수가 높은 직업을 가진 사람들이 더 행복하지만 "직업의 다양한 요인이 행복에 대한 강력한 예측 지표로 나타났다." 간략하게 말하면 일과 삶의 균형이 첫 번째였고, 그다음은 직무의 다양성과 새로운 것을 배우는 기회였다.[100]

잠시 개인적인 이야기를 한 다음 내 경험을 반영하는 다른 증거를 제시하도록 하겠다. 프린스턴대학교에서의 특별한 경험이 나의 선호와 인생을 바꿔놓았기 때문이다.

내가 어렸을 때는 아버지와 삼촌, 그리고 그들의 친구들까지 내가 아는 대부분 남자가 사업에 종사했다. 나는 고등학교 때 B+ 학점을 받았고 대학에서는 B-에서 C+ 정도의 학점을 받았다. 프린스턴에 입학할 수 있었던 이유는 학년 회장을 맡았고 고등학교 스포츠에서 꽤 좋은 성적을 거뒀기 때문이다. 프린스턴에서 다양한 과목을 들었지만 학업적으로 성취한 것은 별로 없었다.

하지만 나는 운이 좋았다. 프린스턴은 모든 학부생에게 졸업 논문을 쓰게 한다. 나는 그런 학교 정책이 맘에 들지 않았지만 졸업을 하려면 반드시 논문을 써야 했다. 그래서 대학 교육에 대한 연방 정부의 지원금에 관한 논란을 주제로 학사 학위 논문을 썼다. 형이 워싱턴 교외에서 직장에 다니고 있었기 때문에 방학 때는 형과 함께 지냈다. 도서관에서 의회가 어떤 일을 하는지에 관한 자료를 찾았고, 의회와 관련해서 깊이 있는 인터뷰도 했다. 그리고 내가 연구하는 문제에 관한 로비스트의 흥미로운 자료도 얻을 수 있었다. 놀랍게도 내 졸업 논문은 A를 받았고 역사학과 최우수 논문상 후보에 올랐다. 나는 내 논문이 매우 자랑스러웠다.

좋은 논문을 쓴 덕분에 코넬대학교에서 펠로십을 받을 수 있었다. 그리고 석사 과정에서 영향력 있고 따뜻한 품성을 지닌 경제학자 앨프리드 칸으로부터 배울 수 있는 큰 행운을 얻었다. 칸은 나에게 응용규범 미시경제학applied normative microeconomics(경제적 공정성과 관련하여 가치 또는 규범적 판단을 연구하는 경제학의 한 분야-옮긴이)의 유용성에 대해 깊은 인상을 심어줬다. 나는 지금도 여전히 규범경제학의 효용성을 높이 평가한다.

이후에는 훨씬 더 운이 좋았다. 한 친구가 자유주의 교육이 무엇인지에 대해 잘 알고 있는 훌륭하고 탁월한 스승인 앨런 블룸Allan Bloom의 학부 과정을 들어보라고 권했다. 블룸은 훌륭한 정치철학 서적을 소개해줬고, 이를 계기로 정치철학을 본격적으로 공부하기 시작했다. 블룸의 가르침을 통해 응용경제학이 공리주의의 한 분야라는 것을 알 수 있었다. 정치사상에 관한 획기적인 역사를 공부하면서 나는 공리주의가 논쟁적인 여러 세계관 가운데 하나일 뿐이지 가장 영향력 있는 세계관은 아니라는 것을 알게 됐다.

버지니아대학교로 왔을 때도 여전히 운이 좋았다. 정치학과는 내가 정치학 분야에서 표준이 아니었던 과목을 가르칠 수 있게 해줬다. 내 경력 덕분에 재능 있는 학생들을 가르치며 그들과 친구가 될 수 있었고, 두 권의 책을 출간해 내가 존경하는 사람들에게 호평을 받았다. 그 과정에서 또 많은 것을 배웠다. 나는 어릴 적 어른들을 모범으로 삼아 사업에 뛰어든 것보다 내 경력과 인생이 훨씬 더 행복해졌다고 확신한다. 프린스턴의 졸업 논문이 이 모든 것을 가능케 했다.

내가 프린스턴을 졸업한 지 30년이 지난 지금 졸업 논문 의무화 제도가 프린스턴 학생, 교직원, 동문 사이에서 논쟁의 중심이 됐다. 은퇴한 역사학과 석좌교수인 로런스 스톤Lawrence Stone은 〈프린스턴 동문 주간지Princeton Alumni Weekly〉에 졸업 논문 의무화를 폐지해야 한다는 내용의 기고문을 실었다. 스톤 교수는 졸업 논문을 지도하는 데 시간이 너무 많이 들어가고 대부분 학생이 논문 작성에 관심이 없는 것 같다고 지적했다. 그는 논문을 쓰는 대신 졸업생들이 팀을 짜서 토론을 벌이게 하자고 제안했다.

이 제안 때문에 동문 주간지 편집자는 11통의 편지를 받았는데 모두 반대한다는 내용이었다. 자신을 나약하고 게으르다고 소개한 한 학생은 운동 연습이나 큰 파티에 가기 전에 두세 시간 시간을 때우려고 세미나 수업을 많이 들었다고 말했다. 그는 논문을 쓰면서 "생애 처음으로" 지속적인 분석과 자기 성찰을 하는 시간을 참고 견뎌냈다고 했다. 그 결과 "자랑스러워할 만한 졸업 논문"을 쓸 수 있었다는 말로 편지를 마무리했다.

편지들 가운데 가장 눈에 띄는 것은 조지 P. 슐츠George P. Shultz와 저명한 물리학자 시드니 드렐Sidney Drell의 편지였다. 닉슨 대통령 시절 노동부 장관을 지냈고 레이건 정부에서 국무부 장관을 역임한 슐츠는 언론에서 "편안하고 느긋하며 부드러운 말투에 안정적이고 사려 깊은" 인물로 묘사되곤 했다.[101] 그러나 그는 스톤 교수의 제안에 격분했다. 두 사람은 편지에서 졸업 논문 쓰기가 프린스턴대학교의 교육에서 가장 좋았던 부분이었다고 강조했다.

— 논문 쓰기 경험은 새로운 세계로 가는 문을 열어준 열쇠였다. 대학원 진학의 동기를 부여하고 경력을 쌓아가는 토대가 됐다. (…) 졸업 논문 제도를 폐지해서는 안 된다. 과거의 우리와 마찬가지로 논문을 쓰기 전에 자신들이 무엇을 놓치고 있는지 모르는 대다수 학생을 포기하고 싶지 않다면 졸업 논문 제도를 없애서는 안 된다.

몇 달 후 스톤 교수는 자신의 제안을 철회하는 편지를 보냈다. 그는 그렇게 많은 학생이 강압에 의해서 논문을 썼지만, 논문 쓰기를 통해 많은 것을 배웠고 "자신들이 성취한 것을 영원히 자랑스럽게 생각한다"는 사실을 전혀 몰랐다. 그로부터 1년 후 슐츠와 그의 아내는 프린스턴대학교에 공공정책 분야의 졸업 논문을 지원하는 기금을 조성하기 위해 100만 달러를 기부했다.[102] 이 일화는 취향이나 선호도 변화의 중요성을 잘 보여준다. 또한 배움이 행복으로 가는 길에서 중요한 부분이 될 수 있다는 증거이기도 하다.

20세기를 대표하는 철학자 가운데 한 명인 로버트 노직Robert Nozick은 1974년에 《무정부, 국가, 유토피아Anarchy, State and Utopia》를 출간했다. 이는 자유주의를 철학적으로 가장 잘 옹호하는 책 가운데 하나로 알려졌다. 15년 후 노직은 이전 책이 매우 부적절하다고 생각한다면서 《성찰하는 삶Examined Life》이라는 책에서 다음과 같이 설명했다.

— 청소년기나 젊은 시절에 형성된 완전히 성숙하지 않은 세계관이 우리의 삶을 이끌 경우 무엇인가를 놓치게 된다. (…) 성찰과 반성은 단지 삶의 다른 구성 요소에 관한 것이 아니라 나머지 요소와 함께 삶 속에 더해지는 것이다. 그리고 성찰과 반성은 삶의 모든 부분을 이해하는 방식을 변화시키는 새로운 틀을 요구한다.[103]

노직은 《성찰하는 삶》이 "현재 인생에서 중요한 것이 무엇인지"를 반영한 책이라고 말한다. 그는 시간이 지나면 당연히 현재의 생각이 변할 것으로 생각한다.[104] 철학자와 프린스턴대학교의 동문은 학습과 성찰이 자신의 삶을 어떻게 변화시켰는지 되돌아볼 수 있다. 배움이 취향의 변화를 가져온다는 것을 알기 위해 프린스턴 학위나 철학 박사 학위가 필요한 건 아니다.

약 3,200만 명의 미국 성인이 문맹이다.[105] 수십 년 전에 샬러츠빌의 〈데일리 프로그레스Daily Progress〉에는 미국 문맹자원봉사자협회 Literacy Volunteers of America 샬러츠빌 지부가 글 읽는 방법을 가르쳐주기 전까지 문맹이었던 40세 남성에 관한 기사가 실렸다. 그는 "이제 나는 어디서나 책을 읽을 수 있습니다. 이전에는 알지 못했던 것들에 관해 배우고 있습니다"라고 말했다. 그는 특히 역사를 좋아했다. 그는 1920년대에 관한 책을 읽고 있었는데 "다른 시대에 관해서도 읽을" 계획을 세워두고 있었다.[106]

배움은 또한 일을 잘하는 즐거움을 알려준다. 제빵사가 빵을 잘 굽고 에어컨 수리 기사가 수리를 잘하도록 도와준다. 두 직업 모두 고객으로부터 감사와 존경의 표시로 큰 미소를 받는다. '노력해서 얻은 성공'은 특히 보수가 많지 않은 여러 직업에서 행복을 가져다주는 것으로 밝혀졌다. "자기 직업에서 성공했다고 느끼는 미국인은 그렇지 않은 사람보다 전반적으로 매우 행복하다고 답할 확률이 두 배나 높다."[107]

지난 수십 년 동안 사회과학 분야에서 가장 흥미로운 발전 가운데 하나가 긍정심리학의 성장이다. 긍정심리학은 인간의 밝은 면에 초점을 맞춘다. 우리는 가족과 친구가 행복에 매우 중요하다는 것을 알고 있다. 하지만 그 밖에 또 무엇이 있을까? 긍정심리학의 지지자들은 고양감, 경외심, 동경, 감사와 같은 개념을 꼽는다.

조너선 하이트는 이 분야에서 가장 뛰어난 연구자로, 특히 고양감에 주목한다. 그는 한 실험에서 일부 학생에게 인간의 '더 높은' 또는 '더 좋은' 본성이 발현된 특정 시기에 관해 생각해보라고 요청했다. 그리고 다른 학생들에게는 '목표를 향해 잘 나아가고 있었던 특별한 시점'에 대해(이는 분명히 행복감을 불러일으키는 상황으로 알려졌다) 생각해보라고 했다. 두 집단은 서로 다른 '신체적 감정과 동기유발 효과'를 보고했다.

— 고양감을 느낀 참가자들은 특히 가슴이 따뜻해지고 기분 좋거나 '짜릿한' 물리적 느낌을 받을 가능성이 더 컸다. 그리고 다른 사람을 돕고 싶고, 스스로 더 나은 사람이 되고 싶고, 다른 사람들과 어울리고 싶다고 보고할 가능성이 더 컸다. (…) 행복은 사람들이 자기 이익을 추구하도록 활력을 불어넣는 반면 고양감은 사람들의 마음을 열고 다른 사람에게 관심을 돌리게 하는 것 같았다.

하이트의 또 다른 학생 그룹은 테레사 수녀에 관한 10분 분량의 동영상을 본 후 고양감을 느꼈다. 고양감에 대한 이런 연구 결과는 인도와 일본의 소규모 집단 연구에서도 똑같이 나타났다.[108]

심리학자들의 관심을 끌기 시작한 또 다른 감정은 경외심으로, 그랜드캐니언 등 자연의 경이로움을 포함하여 여러 가지 요인으로 유발될 수 있다. 하지만 우리의 연구에서는 인간의 경이로움에 대한 경외심에 초점을 맞추어야 할 것이다. 애덤 스미스는 《도덕감정론》에서 우리가 경외심을 느끼는 사람을 다음과 같이 설명했다.

— 가장 완벽한 미덕을 지닌 사람, 우리가 자연스럽게 가장 사랑하고 존경하는 사람은 인간 본연의 이기적인 감정을 완벽하게 통제하고 다른 사람의 진짜 감정과 동정심에 깊이 공감하는 사람이다. 부드럽고, 상냥하고, 온화한 미덕에 더해 위대하고, 경외심을 불러일으킬 정도로 존경할 만한 성품까지 모두 갖춘 사람은 우리의 가장 숭고한 사랑과 존경을 받기에 매우 적합한 사람임이 분명하다.[109]

스미스는 아마도 사람들이 부드럽고 상냥한 미덕의 아름다움을 이해한다고 말할 것이다. 그렇더라도 "자치와 자기 통제, 용기, 관대함, 자기 결정력" 같은 고대 덕목의 중요성을 이해하기는 훨씬 어렵다.[110] 어쨌든, 곰곰이 생각하면 누구든 커다란 개인적 희생을 치르더라도 옳은 일을 하는 사람들을 존경할 수 있다.

스미스의 덕목에는 아리스토텔레스의 덕목인 신중, 절제, 용기, 정의가 포함돼 있다. 《도덕감정론》의 마지막 두 권인 제6권과 제7권에서 스미스는 고결한 성품을 강조한다. 한 평론가는 "스미스는 고대 그리스 윤리의 부흥을 기대하는 것 같다"라고 이야기했다.[111] 스미스는 인격과 아리스토텔레스의 논의를 중점적으로 다루는 '덕윤리' 학파의 성장을 기뻐할 것이다. 덕윤리학은 공리주의 같은 결과주의 체계와 의무론 같은 오랜 도덕 체계에 이의를 제기한다.

냉소주의자들은 '가장 완벽한 미덕을 가진 사람'은 존재하지 않는다고 말한다. 스미스조차 그런 사람은 결코 볼 수 없으리라고 말할지도 모른다. 완벽함을 찾기란 쉽지 않다. 하지만 최고를 지향함으로써 더 좋은 것을 알 수 있다. 우리가 동경하고 존경하는 사람들은 이런 덕목 가운데 많은 부분을 가지고 있다. 나는 어렸을 때도 존경할 말한 친구들을 발견할 수 있었다. 어린 시절 동네에서 친구들과 야구를 할 때면 세이프인지 아웃인지에 대한 논쟁이 곧잘 벌어지곤 했다. 그런데 언젠가부터 우리는 조니 클레멘트Johnny Clement가 최종적으로 결정해야 한다는 데 모두 동의했다. 그가 가장 공정하다는 걸 알게 됐기 때문이다.

우리는 최선의 경우 조니 클레멘트와 비슷한 성인이 되고 싶어 한다. 그렇게 노력하는 과정에서 우리는 스미스가 말하는 '공정한 관찰자impartial spectator'의 도움을 받는다. 자신의 행동을 반성하고 침착하고 객관적인 사람이 되고자 노력하면 공정한 관찰자가 우리 안에 나타난다. 스스로 공정한 관찰자이자 평가를 받는 사람이 되는 것이다.[112]

익명의 한 재치꾼이 말했듯이 "인생에서 성공의 비결은 정직과 공정한 거래다. 당신이 그렇게 보일 수 있다면 성공할 수 있다." 스미스는 이 말이 재미는 있을지언정 사실이 아니라고 말할지도 모른다. 그런 상황에서는 우리 안의 공정한 관찰자가 입을 다물지 않을 것이다. 예를 들어 부당한 칭찬을 받으면 마음이 편하지 않다. 공정한 관찰자는 자신을 속이려고 할 때 우리를 괴롭히기에 우리가 정직해질 때까지 진정으로 행복하지 못할 것이다. 스미스는 "우리는 사랑받기를 원할 뿐만 아니라 사랑스러워지기를 바란다"라고 말했다. 물론 대부분 사람은 외부의 개입 없이도 자신의 과거 행동이 잘못됐다는 사실을 깨닫고 이를 바로잡기 위해 노력할 수 있다.[113]

추가 논의

정보와 취향 변화에 관한 주류 경제학은 경제학이 중점적으로 다루는 문제에 유용한 지침을 거의 제공하지 못하고, 가장 중요한 문제들을 외면하고 있다. 많은 미국인은 생각보다 더 많이 소비하고 저축은 너무 적게 한다. 또 많은 미국인이 자신이 과체중이라고 생각하고 덜 먹기를 바란다. 흡연자 대부분은 담배를 끊고 싶다고 말한다. 이런 사례에서는 현시 선호에 관한 경제학자의 방법론이 진짜 선호를 반영하지 못하는 것이 분명하다.

사람들은 종종 열정과 이성적인 해법 사이에서 내적 갈등을 겪는다. 앞서 말했듯이 샐러드를 맨 앞에 놓고 케이크를 맨 뒤에 놓는다면, 건강하게 먹는 데 약간의 영향을 줄 것이다. 은퇴 계좌를 자동 가입으로 설정하면, 저축하고 싶다는 생각을 자극할 것이다. 《넛지》의 공동 저자 가운데 한 사람은 저명한 경제학자다. 이 책은 소비자가 원하는 것을 할 수 있게 하는 사소한 변화를 사려 깊은 방식으로 다루고 있다. 소비자들이 합리적 사고를 통해 문제를 해결하게 하자는 것이다. 그런데 내 생각에는 이 책이 수많은 대학에서 경제학 강의의 참고 교재 목록에 포함돼 있진 않을 것 같다.

미국인의 47%는 자신이 외롭다고 답했는데, 이는 엄청난 비율이다. 이들 가운데 많은 사람이 자원봉사자들이 큰 기쁨을 느끼고 외로움을 덜 느낀다는 사실을 알고 있는지 궁금하다. 조지 H. W. 부시 전 대통령은 약간의 기부금을 통해 이런 사실을 수백만 명의 미국인에게 알렸다. 그의 넛지 덕분에 자원봉사를 시작한 사람들이 고마워하고 있다는 사실은 의심의 여지가 없다.

경제학자들은 경제적 효율성을 옹호하며, 편익이 비용을 초과하는 프로그램을 지지한다. 그리고 그들은 오로지 형평성을 고려함으로써만 어떤 제안이 적합한지 아닌지를 평가할 수 있다고 믿는 경향이 있다. 경제학자의 이런 견해는 소비자 주권에 대한 믿음에서 비롯된다. 소비자가 비용을 기꺼이 치를 의사가 있다면 원하는 것을 얻어야 한다. 이것이 바로 민주주의가 아닐까?

꼭 그렇지는 않다. 뷰캐넌의 말처럼 시민으로서 우리는 가치를 기준으로 행동하고, 소비자로서 우리는 취향에 따라 행동한다. 하지만 모든 선호도를 똑같이 취급하는 것은 탐욕스러운 상속인의 희망이 노인을 위한 수명 연장 프로그램에서 비용이 편익을 초과하도록 만들 수 있다는 것을 의미한다. 대중이 이런 방법론의 세부 사항을 알게 된다면 이를 받아들일 수 있을지 매우 의문이다.

내 귀에는 벌써 강력한 반대의 목소리가 들린다. "누구의 취향이 더 고상한지 결정하는 문제를 본격으로 다룰 필요가 있습니까?" 물론 어떤 취향이 더 고상한지 결정하기 위해 본격적으로 논의할 필요는 없다. 그 대신 사람들에게 자신의 취향에 관해 순서를 정하도록 요청할 순 있다. 예를 들면 자원봉사에 시간을 투자하는 것이 밤마다 맥주를 마시는 것보다 더 고상한 취향인지 아닌지 물어볼 수 있다. 나는 사람들이 이기적인 욕망보다 이타적인 취향을 더 높게 평가할 것으로 생각한다.

경제학자들은 개인에게 돌아가는 편익은 이기적인 것이라고 가정한다. 보다 근본적으로, 대부분의 경제학자는 이기적인 욕망이 인간 행동을 지배한다고 믿는 것 같다. 그러나 우리는 임금 인상과 경제 성장을 통한 경제력 증가가 행복을 달성하는 최고의 방법은 아니라는 것을 알게 됐다. 친구, 가족과 따뜻한 관계를 유지하고 지속적으로 무엇인가를 배우는 것이 더 좋은 방법이다.

이 장에서 강조하고 싶은 부분이 있다면 존 스튜어트 밀의 세계관과 마틴 브론펜브레너의 세계관을 비교한 것이다. 밀은 훌륭한 철학자였을 뿐만 아니라 뛰어난 정치경제학자였다. 그의《정치경제학 원리》는 지난 40년 동안 가장 중요한 경제학 교과서였다. 이 책에서 그는 데이비드 리카도David Ricardo와 애덤 스미스의 사상을 확장했다. 밀은《정치경제학 원리》를 통해 규모의 경제, 기회비용, 무역에서의 비교우위 등 오늘날에도 여전히 중요한 경제 원칙을 발전시키는 데 기여했다.[114]

브론펜브레너는 더 고상한 취향을 선호한다는 밀의 주장을 반박하면서 밀이 "잘난척하는 우월감"과 "지적 속물근성"을 지녔다고 비난했다.[115] 그러나 밀은 오늘날 행복에 관한 연구자들보다 시대를 앞선 학자로 더 좋게 이해될 수 있다. 밀은 사람들이 더 만족스러운 삶을 살기를 바랐고 이를 가로막는 중요한 장애물이 이기심과 지적인 수양의 부족이라고 믿었다. 오늘날의 많은 경제학자가 브론펜브레너의 주장에 동의하는 것도 놀라운 일은 아니다. 그들은 이기심이 인간을 움직인다고 믿고, 더 고상한 취향(학습)을 개발하고 장려하는 것은 과학적 중립성이라는 자신들의 금과옥조를 위반하는 것으로 생각한다.

경제학자들은 두 가지 관점에서 틀렸다. 우리는 이기심을 줄이는 것과 지속적인 학습이 모두 행복을 향해 나아가는 중요한 단계라는 것을 확인했다. 이기적인 동기가 우리를 지배하지 않는다는 것을 보여주는 한 가지 주요 지표는 정치적 목적을 달성하기 위해 경제적 이익을 포기하는 투자자들이 증가하고 있다는 사실이다. 그리고 경제적 성공이 결코 행복으로 가는 가장 확실한 길은 아니라는 것이다. 좋은 친구와 사랑하는 가족이 행복의 지름길이다.[116] 이기심 때문에 친구를 잃고 사랑하는 가정이 망가진다. 이타주의와 연민은 이런 덕목을 고갈시키는 것이 아니라 더 많이 드러나게 한다. 아리스토텔레스와 스미스는 이런 덕목을 실천해 습관화하라고 권장한다. 그리고 칭찬을 추구하는 것보다 칭찬받을 가치가 있는 일을 하는 것이 더 중요하다고 주장한다.

많은 현대 경제학자가 밀의 정치경제학은 진짜 경제학이 아니라고 주장한다. 그러나 우리는 밀의 생각과 똑같은 주장을 주류 경제사상의 역사에서 찾아볼 수 있다. 인성에 관한 애덤 스미스의 관심은《국부론》과《도덕감정론》에서 찾아볼 수 있다. 스미스는 그 시대의 제조 공정이 평범한 노동자를 '어리석고 무식하게' 만들 수 있다고 우려했다.

— 우리 시대의 생산 공정은 보통의 노동자들이 이성적인 대화를 즐기거나 대화에 참여할 수 없을 뿐만 아니라 관대하고 고상하고 친절한 감정을 표현하거나 이해할 수 없게 한다. 그래서 결과적으로 개인 생활 가운데 많은 평범한 의무에 관해 공정한 판단을 내리지 못하게 한다. (…) 인간의 지적 능력을 적절히 사용하지 못하는 사람은 겁쟁이보다 더 멸시당할 수 있고, 인간 본성의 훨씬 더 본질적인 부분에서 심각한 장애가 있는 것처럼 보일 수 있다. 국가가 하류 계층의 국민에 대한 교육을 통해 아무런 이득을 얻지 못한다고 해도, 이들을 교육받지 못하도록 내버려 두어서는 안 된다는 주장은 여전히 주목할 가치가 있다.[117]

스미스의 사상이 시대에 뒤떨어졌다고 생각한다면 밀의 후계자이자 '신고전주의의 아버지'로 여겨지는 앨프리드 마셜Alfred Marshall의 말을 들어보자. 마셜은 "한 가족이 가지고 있는 소득과 기회를 올바르게 사용하는 능력은 그 자체로 가장 가치 있고 모든 사회 계층에서 흔히 찾아볼 수 없는 종류의 부다"라고 말했다.[118] 그는 계속해서 "모든 개인이 소득을 소비하는 방식이 전체 복지에 미치는 영향에 관한 논의는 경제학을 생활 방식에 적용하는 가장 중요한 접근법 가운데 하나다"라고 주장했다.[119]

마셜은 "지혜롭게 준비된 위엄wisely ordered magnificence", 즉 공원이나 예술품 수집처럼 타인에게 도움이 되는 공익적 지출을 권장했다. 이런 지출은 "한편으로는 개인의 허영심 그리고 다른 한편으로는 부러움에 얽매이지 않고 사회 전체가 활용할 수 있는 더 고상한 형태의 즐거움을 풍부하게" 제공할 수 있을 것이다.[120]

영국인인 마셜은 기사 작위를 수여하거나 영국 여왕 기업상 등을 제정해 공공에 도움을 주는 행동을 장려하라고 제안했다. 그는 인간은 일반적으로 생각하는 것보다 훨씬 더 이타적인 봉사를 할 수 있고 "경제학자의 최고 목표는 잠재된 사회적 자산을 가장 빨리 개발하고 가장 현명하고 효율적으로 활용할 방법을 찾아내는 것"이라고 굳게 믿었다.[121]

마셜과 동시대 인물인 P. H. 윅스티드P. H. Wicksteed는 특별한 종류의 기쁨이 미래의 즐거움을 위한 능력을 증가시킨다는 점에 주목하면서 취향을 더욱 세밀하게 구별했다. 지적·문학적·예술적·과학적 즐거움은 어느 시점에서 "고통스러운 노력과 절제"를 필요로 한다. 더 많은 시간과 노력을 들여 이런 활동에 참여할수록 "즐거움을 추구하는 능력"은 증가한다. 그러나 대부분의 다른 활동은 그렇지 않다.

윅스티드는 마셜과 마찬가지로 사람들이 지출 행태를 바꾸도록 유도할 수 있다면 개인의 복지가 향상될 수 있다고 믿었다. 그러나 그는 상업 활동이 종종 잘못된 변화를 가져온다고 지적했다. "절제되지 않은 경제적 활동은 악행을 저지르는 집단뿐만 아니라 미래에 대한 부정적 영향을 고려하지 않고 오늘의 즐거움을 마지막 한 방울까지 더 즐기는 방식으로 살아가는 사람들이 자연스럽게 늘어나도록 할 것이다."[122]

이후에도 A. C. 피구A. C. Pigou는 선구자적 저서《후생경제학Economics of Welfare》에서 소비 행태가 도덕이나 인성 발달에 '긍정적' 또는 '부정적' 영향력을 미칠 수 있다고 주장했다. 그는 문학과 예술에 근거한 만족이 "일차적 욕구와 관련된 만족보다 윤리적으로 우월하다"라고 단언했다. "자연이나 예술에서 아름다움을 느끼는 사람은 성격이 단순하고 성실하며 잘 통제된 열정과 공감 능력을 갖추고 있다. 이런 사람은 그 자체로 세상의 윤리적 가치에서 중요한 구성 요소다."[123]

마지막으로 시카고대학교의 영향력 있는 교수이자 1930~1940년대에 자유시장의 확고한 지지자였던 프랭크 나이트Frank Knight의 견해를 살펴보자. 나이트는 특히 다양하고 더 고차원적인 욕구에 대한 갈망에 관해 깊은 통찰력을 제공했다.

— 상식 있는 개인이 실제로 원하는 가장 중요한 것은 단순히 기존의 욕구를 충족시키는 것이 아니라 더 많고 더 좋은 욕구에 대한 만족이다. 개인이 가장 시급하게 원하는 것은 교육받지 않은 선호가 요구하는 것이 아니라 사회 규범에 따라 원해야 한다고 생각하는 것이다. 실제 욕구와는 대조적으로, 원해야 하는 것을 갈망하는 이런 감정은 교육을 잘 받은 사람들보다 비판적 사고를 하지 않는 사람

들에게 더 강하게 나타난다. 교육을 받은 사람들은 취향에는 좋고 나쁜 것이 없다는 '관용적인(경제적인)' 태도를 유지한다. 진정한 성취는 욕구의 수준을 높이는 것, 다시 말해 취향을 함양하는 것이다. 그리고 이 모든 것은 사후에 생각하는 제삼자가 아니라 행동하는 사람에게 유효하다는 것을 다시 한번 강조하고 싶다.[124]

나이트는 판매 기술과 광고가 사람들의 취향에 미치는 영향력을 우려했다.

— 윤리적 관점에서 볼 때 올바른 욕구의 생성은 단지 욕구를 충족시키는 것보다 더 중요하다. 이런 사실과 관련해서 우리는 기업이 변화의 특성보다 욕구가 변한다는 사실 자체에 더 관심이 있고, 더 쉽고 저렴하게 발생하는 변화에 주로 영향을 미친다는 것을 관찰할 수 있다. 일반적인 도덕 교육은 인간 본성에 긍정적 영향을 미치기보다 타락시키기가 더 쉽다는 것을 알려준다. 현대 마케팅 방식이 취향을 만들어가는 경향을 살펴보면 이런 주장을 확인할 수 있을 뿐 아니라 이기주의적인 기업 활동에 대한 부정적 판단을 입증할 수 있을 것이다.[125]

판매 수완과 경쟁의 중요한 부정적 결과 가운데 하나는 '공짜 상품'의 가치를 제대로 평가하지 않게 만드는 것이다. 따라서 이런 부작용은 "행복은 물질적 만족보다 정신적 풍부함과 비물질적인 것에서 즐거움을 찾는 능력, 특히 물질적 만족보다 동료들에 대한 애정에 의존

한다는 널리 받아들여지는 믿음을 훼손하는" 경향이 있다.[126]

과거의 위대한 인물들을 길게 인용한다고 해서 그들이 여기서 논의되는 서로의 주장에 대해 동의한다는 걸 의미하는 것은 아니다. 하지만 내가 인용한 위대한 경제학자들의 공통된 메시지는 경제학이 자본주의와 시장이 가져온 성장의 가치를 인정하는 것에서 나아가, 경제학의 약점을 이해함으로써, 취향의 수준을 높이고 이를 대중의 이익에 부합하고자 만들어야 한다는 것이다.

이런 거장들에 견줄 수 있는 현대의 경제학자들은 어디에 있는 것일까? 이 장의 앞부분에서 살펴본 바와 같이 아마르티아 센은 가치에 대한 유익하고 의미 있는 논의를 신봉하고 가치가 변할 수 있다고 생각한다. 그는 또 개발도상국에서 진정으로 의미 있는 선택을 하려면 더 많은 교육이 필요하고, 이것이 새로운 취향으로 이어질 수 있다고 생각한다.[127] 아서 브룩스는 자유와 시장을 사랑하지만 인간이 이기심으로만 움직인다는 이기적 가정은 인간 행동의 많은 부분을 정확하게 반영하지 못하고 행복으로 이어질 가능성이 거의 없다고 생각한다.

디어드레 매클러스키는 이기심이 아니라 생각이 사람을 움직인다는 것을 보여준다. 그의 많은 저서는 자유, 윤리, 평등이라는 우리의 높은 목표가 자본주의 또는 (매클러스키가 선호하는 용어인) 자유 기업을 통해 촉진된다는 것을 설명한다. 러스 로버츠는 이콘토크에서 다양한 저자와의 인터뷰, 애덤 스미스에 관한 글을 통해 미시경제학에 대한 애정과 미시경제학의 한계를 넘어서는 덕목의 중요성을 보여준다. 로버트 프랭크는 자신이 제안한 부유층에 대한 높은 소비세 부과가 사회 기반시설과 공원 같은 더 많은 공공 소비재의 제공으로 이어질 것으로 생각한다.

지식의 한계 탓에, 내가 이 책에서 언급해야 할 많은 학자를 틀림없이 지나쳤을 것이다. 하지만 경제학 분야의 대표적인 학자들에게 뛰어난 업적을 남겼을 뿐만 아니라 많은 경제학자의 관심사를 대변하는 현대 경제학자 30명의 이름을 이야기하라고 하면 내가 열거한 인물 가운데 누구도 고려 대상에 포함되지 않을 것이다. 내가 언급한 학자들조차도 과거 세대의 중요한 경제학자들만큼 영향력이 있진 않다.

과거의 중요한 경제학자들(그리고 아마도 그들의 가장 뛰어난 제자들)은 사람들에게 고차원의 즐거움과 저차원의 즐거움이 있다는 것을 알려주는 것이 자신들의 임무 가운데 하나라고 생각했다. 고차원의 즐거움에는 이성, 그리고 때때로 매우 힘든 지식 습득 과정이 필요하다고 강조했다. 그리고 우리는 지금보다 더 세련된 취향을 갈망하며, 이런 열망은 종종 나쁜 것에 순응하고 돈으로 살 수 있는 물질의 중요성을 지나치게 강조하는 이윤 추구 기업에 의해 방해받는다는 것을 상기시켜줬다. 오늘날의 경제학자들은 이런 생각을 지지하기보다 맞서 싸워야 한다는 직업적 의무감을 느낄 가능성이 더 크다.

이런 뚜렷한 차이는 경제학의 본질과 학생들을 가르치는 방법의 변화를 반영한다. 오늘날의 경제학은 훨씬 더 전문적이고 서로 분리돼 있지만, 과거의 경제학자들은 경제학을 벗어나 다양한 분야를 폭넓게 공부했다. 그들은 토머스 칼라일 같은 사람이 경제학자들이 '돼지 철학'을 설파한다고 이야기했을 때 그의 비판에 대응할 필요성을 느꼈다.[128] 과거의 경제학자들은 더 넓고 더 깊이 공부했기 때문에 경제적 인간이 인간의 모든 면을 정의하는 것이 아니라는 사실을 간과할 가능성이 거의 없었다.

오늘날 경제학을 공부하는 대학원생은 최근의 경제학과 수학 이외의 과목을 깊이 있게 공부하는 경우가 거의 없다. 그래서 어쩌면 공리주의를 신봉하는 현대 철학자들조차 고차원의 즐거움과 저차원의 즐거움을 구별하는 밀의 생각에 동의한다는 사실을 알지 못할 수도 있다. 이들은 어떤 즐거움은 다른 즐거움보다 더 중요하다고 생각하지 않는 벤담의 견해에 동의하지 않을 가능성이 크다.[129] 또한 과거의 위대한 경제학자들이 앞서 언급한 경제학자들과 비슷한 견해를 가지고 있었다는 사실도 모를 것이다. 경제사상사나 정치경제학 강좌는 좋은 직업을 얻기 어렵기 때문에 수강생도 거의 없다.

이전 장에서 활용한 전문적인 연구 결과를 통해서도 알 수 있듯이, 최근 경제학 분야가 발전하면서 결실을 봤다는 점을 부정하고 싶지는 않다. 그럼에도 경제학에서 대부분의 흥미로운 분야는 전문적 분석을 요구하지 않으며, 실제로 새롭지도 않다. 시장과 경제적 인센티브의 영향력을 이해하기 위해 애덤 스미스의 사상과 이론보다 더 많은 것을 배울 필요도 없다.《국부론》에서 시장, 중앙 정부, 지방 정부의 역할에 대한 현대 경제학의 견해를 대략 살펴볼 수 있기 때문이다.

경제학을 더 '과학적'으로 만들려는 현대적 프로젝트의 가장 해로운 영향 가운데 하나는 "경험적으로 검증할 수 없는" 모든 생각을 무시하는 경향이 있다는 것이다.[130] 과거의 경제학자들은 좋은 경제학은 좋은 정치학과 마찬가지로 과학이 요구하는 만큼의 경험적 증거가 부족한 것도 받아들일 수 있다는 사실을 알고 있었는데 말이다.[131]

8
누가 논의와 변화를 이끌 수 있는가

경제학자의 관점

후생경제학자들과 비용-편익 경제학자들은 좋은(소비자가 선호하는) 정책을 권장한다. 이들은 정책 결정 과정이나 정치 제도의 바람직한 특성에 관해 공개적으로 가르치지 않지만, 암묵적인 원칙은 있다. 외부효과가 존재하고 선호도가 다르기 때문에 개인의 선호도를 종합하고 평가하는 일종의 정치적 과정이 필요하다는 것이다. 하지만 소비자는 명확한 선호도를 가지고 있는 것으로 추정한다. 미샨의 주장처럼 "비용-편익 분석이나 기타 자원 배분 연구에 사용되는 모든 경제 데이터는 (…) 결정을 내리는 시점에 어떤 것이 자신에게 얼마의 가치가 있는지에 관한 개인의 추정치만을 최종 결과로 받아들인다는 원칙에 기초한다."[1] 게다가 소비자는 자신이 원하는 것을 알고 있을 뿐만 아니라 원하는 것을 얻어야 한다. 윌리엄 보몰에 따르면 "공공 개입의 형태는 대중의 욕구 측면에서 매우 명확하게 계획될 필요가 있다."[2]

7장에서 살펴본 것처럼 응용경제학에서 대중의 욕구는 시장의 결정을 근거로, 그런 결정이 없을 경우 공공 여론조사를 통해 정부가 제공하는 재화에 대한 선호를 추론함으로써 결정된다. 이는 결정에 앞서 토론과 숙의에 참여하는 것이 공공정책을 개선하는 데 아무런 도움이 되지 않는다고 가정하는 것이다. 따라서 이는 대의정치 기관의 중요한 기능과 주장 가운데 하나를 무시하는 것이다.

게다가 숙의와 별도로 후생경제학과 비용-편익 경제학은 독립적인 대표자나 정치적 리더십이 개입할 여지가 없다. 이 분야 경제학자들은 공공정책이 소비자의 '지불 의사willingness to pay'에 근거해야 한다고 주장함으로써 소비자의 뜻을 따르는 수동적 대표자가 바람직하다는 것을 암묵적으로 가정한다.[3] 즉 정치적 판단이나 리더십이 필요하다면 그것은 오늘날 소비자의 정책 욕구를 실현하기 위한 가장 좋은 전술적 방법을 찾는 것뿐이다.

이런 질문에 대해 대다수 공공선택 정치경제학자의 명시적 가르침은 비용-편익 경제학자들과 크게 다르지 않다. 좋은 대표자는 소비자의 선호를 집계하는 사무원과 같다.[4] 그럼에도 비용-편익 경제학자들은 경제학 연구에서 권장하는, 소비자가 원하는 것을 기꺼이 실행하는 좋은 대표자가 있다고 가정하는 것 같다. 반면 공공선택론을 연구하는 경제학자들은 그런 대표자는 존재하지 않는다고 확신한다.

공공선택 경제학자들은 대표자들이 광범위한 공공의 이익보다 개인의 경제적 이익과 정치적 이익을 추구한다고 믿는다.[5] 초기의 공공선택론 연구는 대표자들이 재선을 위한 이기적 욕망 때문에 유권자들이 원하는 것을 어느 정도 제공하게 되리라고 주장했다.[6] 그러나 이후 논문에서는 유권자들의 합리적 무지rational ignorance(특정 정보를 얻기 위해 치러야 하는 비용이 해당 정보를 통해 얻을 것으로 기대되는 수익보다 클 경우 차라리 정보를 습득하지 않고 무지한 상태를 유지하려는 경향-옮긴이)가 정치인들이 특별한 이해관계를 가진 비효율적 법안을 지지하게 하고, 이를 통해 정치적으로 이익을 얻는다고 강조했다. 이런 합리적 무지는 정치인들이 정부로부터 혜택을 바라는 이익단체의 돈으로 자신들의 이익을 추구할 수 있게 한다.[7] 심지어 공공선택론을 주장하는 학자들은 비용-편익과의 이념적 유사성을 입증하기 위해 대표자들이 유권자들의 요청대로 행동하지 않는 경우를 비판하는 '책임 회피'라는 용어를 만들기도 했다.[8]

앞서 언급한 것처럼 대의민주주의를 옹호하는 전통적 주장 가운데 하나는 단순한 의견의 집합보다 더 나은 정책을 생산하는 숙의의 잠재력에 초점을 맞췄다. 공공선택 이론을 기반으로 하는 경제학자들은 대표자들이 편협한 자기 이익에 지배된다고 가정하기 때문에 의회 같은 대의 기관에서 숙의(예를 들면 혜택에 근거한 합리적 추론)가 거의 이뤄지지 않는다고 믿는다.

대의 기관의 목적과 결과에 대한 그들의 견해에 비추어 볼 때, 일부 공공선택 경제학자가 미국 의회와 같은 대의 기관들이 개선될 여지가 있을지 궁금해하는 것은 놀라운 일이 아니다. 몇몇 학자는 우리가 입법부의 결정보다 국민(주민)투표에 더 많이 의존해야 한다고 말했다. 예를 들면 제임스 밀러James Miller는 연방통상위원회Federal Trade Commission, FTC 위원장이 되기 10여 년 전에 유권자들이 가정용 컴퓨터를 이용해 공공 문제에 대한 자신의 결정을 직접 등록할 수 있게 하자고 제안했다. 유권자가 특정 사안에 관해 투표할 수 있을 정도로 충분한 지식을 갖추고 있지 않다고 생각한다면, 그 문제에 관해 더 많이 알고 자신을 대신해 투표할 것으로 생각되는 사람에게 대리 투표를 위임할 수 있을 것이다.[9] 고든 툴록 같은 경제학자들은 밀러의 제안을 지지했고, 다른 경제학자들은 다양한 형태의 국민투표와 '직접민주주의' 방안을 제안했다.[10]

이런 초기 아이디어는 최근 경제학에 새로운 활기를 불어넣었다. 위키피디아는 "자발적인 직접민주주의의 한 형태인"인 유동적 민주주의liquid democracy(자신의 투표권을 신뢰하는 다른 유권자에게 위임하거나, 반대로 위임받을 수 있게 함으로써 대의민주주의 한계를 극복하려는 운동-옮긴이)에 관해 자세하게 설명한다.[11] 제임스 그린-아미태지James Green-Armytage가 대리 투표의 실행 가능성에 대한 논쟁을 다시 불러일으켰고,[12] 다른 학자들은 이런 체제가 효과적일 수 있는 조건을 연구했다.[13]

일부 공공선택 경제학자는 더 직접적인 형태의 민주주의를 지지하지만, 밀러의 시스템이 제대로 작동할 수 있을 만큼 모든 사람이 충분한 정보를 얻기 위해서는 막대한 비용이 들어갈 것으로 생각한다. 예를 들면 데니스 뮬러Dennis Mueller, 로버트 톨리슨Robert Tollison, 토머스 윌릿Thomas Willett은 컴퓨터가 투표 비용을 줄였지만 기술이 공공 이슈의 복잡성을 증가시켰다고 지적한다. 일반 대중이 합리적 수준의 정보를 바탕으로 투표하는 데 필요한 전체 시간은 적어도 이전 시대와 비슷하다. 이들 세 경제학자는 분업을 통해 정보에 기반한 의사 결정에 드는 시간적 비용을 줄일 수 있기 때문에 정부의 대의제 시스템을 더 좋아한다. 하지만 국회의원을 선출하는 것이 아니라 투표권자 전체에서 무작위로 국회의원을 추첨하는 더 민주적인 형태의 대의제를 제안한다.[14]

더 최근에는 브라이언 캐플란 같은 경제학자들이 기존의 통념에 이의를 제기하면서 앞서 논의한 유권자의 합리적 무지와 관련해 합리적 비합리성rational irationality이라는 새로운 관점을 제시했다. 이는 낮은 정치 참여 비용이 조직적으로 편향된 투표를 조장한다는 의미다. 이보다 앞서 일부 공공선택 경제학자는 유권자의 합리적 무지가 정책 전반에 걸쳐 무작위로 분포돼 있고, 충분한 정보를 가진 유권자들이 선호하는 정책이 채택될 때까지 실수가 상쇄되리라고 주장했다. 캐플란은 합리적 무지는 무작위적인 것이 아니라 특정 방향으로 편향돼 있다고 생각한다.

한 표가 결정적인 영향을 미치는 경우는 거의 없기 때문에 유권자들은 일반적으로 소비 시장에서 활용하는 논리적 분석을 하지 않는다. 그 대신 얼마나 현실적인지와 관계없이 자신들이 좋아하는 세계관에 더 매력을 느낀다. 경제적 측면에서 볼 때, 정치 분야는 비합리적인 행동이 비용을 낮춘다는 점에서 상당히 특이하다. 이 때문에 시민들은 다른 상황에서는 분명히 침묵할 착각과 추정을 아무런 거리낌 없이 즐긴다.[15]

1996년 캐플란은 경제에 대한 미국인과 경제학자의 인식 조사를 통해 자유무역, 가격 통제의 비효율성, 노동력 절감 기술 등 대중이 경제학자들의 공통적인 견해를 일상적으로 거부하는 몇 가지 분야를 찾아냈다. 4장에서 설명한 것처럼 경제학자들은 경제 성장과 더 높은 생활 수준이 노동력을 절감하는 기술에 달렸다고 믿는다.

대중은 종종 이런 기술에 회의적이다. 4장과 5장에서 경제학자들이 시간이 지남에 따라 자본주의 체제가 평균적인 미국 가정의 실질 소득을 증가시켰다고 생각하는 이유에 관해 설명했는데, 대중은 이런 주장에 의구심을 품는 것 같다. 1996년에 지난 20년 동안 평균적인 가구 소득이 생활비보다 더 빠르게 증가했는지를 물었더니, 대중의 70%가 '아니다'라고 응답했다. 반면 경제학자 가운데는 단지 22%만 '아니다'라고 답했다. 최근 휘발유 가격 인상이 정상적인 수요와 공급의 결과인지 아니면 석유 회사가 더 큰 이윤을 추구한 결과인지에 관해서는 대중의 73%가 석유 회사가 더 큰 이윤을 추구했기 때문이라고 답했고, 경제학자는 85%가 수요와 공급의 결과라고 응답했다.[16]

캐플란과 마찬가지로 광범위한 유권자 무지가 가져올 영향력에 관해 고민하는 법학 교수인 일리야 소민Ilya Somin은 풋 보팅foot voting(유권자들이 지자체를 자유롭게 이동하면서 개인의 선호에 따라 투표하는 행위–옮긴이)을 권장하면서 유권자의 비합리성에 대처하는 방법으로 분권화를 제안했다. 시민들이 다양한 공공정책 법안을 제정하는 관할 지역으로 직접 이주하는 방식으로 정책에 대한 지지 의사를 표현할 경우, 많은 정보를 알고 있고 합리적인 공공정책의 '소비자'가 되기 위해 시간과 자원을 투자할 가능성이 커진다. 하지만 캐플란과 마찬가지로 소민도 자신들의 삶에 지대한 영향을 미치는 대부분의 정책에 관해 무지한 대중의 요구에 정부가 더 적극적으로 반응하게 하는 데는 회의적이다.[17]

캐플란의 주장은 소비자와 마찬가지로 유권자가 정책을 결정해야 한다는 경제학자들의 전통적 관점, 즉 유권자의 선호와 욕구가 우리의 정치 생활을 지배해야 한다는 견해에 대한 비판과 다름없다.

시민의 정치적 역할

양쪽의 차이점이 있지만, 대부분의 비용-편익 경제학자와 공공선택 경제학자는 선출된 대표자가 아니라 평범한 미국인들이 결정하는 공공정책을 추구한다. 〈연방주의자 논집Federalist Papers〉의 주장처럼 미국 건국자들은 역사와 인간 본성에 관한 연구를 통해 직접민주주의가 안정적이고 효과적인 정부를 만들지 못했고 앞으로도 만들지 못할 것으로 생각했기 때문에 직접민주주의 형태를 거부했다.

그리스와 이탈리아의 고대 공화국은 "계속 혼란스러웠고 (…) 폭정과 무정부라는 양극단 사이를 끊임없이 오가는 상태였다." 그들의 "겉모습"은 우리보다 더 민주적이었지만, 그들의 "정신"은 소수가 독점하는 과두 체제에 더 가까웠다. 국민 전체가 의사 결정을 할 때, 유능한 웅변가는 열정에 호소하여 "마치 왕권을 한 손에 쥔 것처럼 완벽하게 통치할 수 있었다."[18]

건국자들은 사람들이 어디에서나 "갑작스러운 열정"과 "일시적인 오류와 착각"에 빠지기 쉽다고 믿었다. 따라서 "공화주의의 원칙은 공동체의 신중한 판단이 통치를 위임한 사람들의 행동을 통제해야 한다고 규정하지만" 이것이 "모든 갑작스러운 열정의 변화에 무조건 따라야 한다"는 의미는 아니다. 국민의 '이익'은 때때로 그들의 '성향'과 상반되기 때문에 선택된 시민들로 구성된 매개체(대의 기관)를 통해 대중의 견해를 검증하고 전파하는 것이 바람직하다. 이런 매개체는 "국가의 진정한 이익을 가장 잘 분별할 수 있는 지혜를 가지고 있고 애국심과 정의에 대한 사랑 때문에 일시적이거나 편파적인 고려에 희생될 가능성이 가장 작기 때문이다."[19]

제임스 매디슨과 알렉산더 해밀턴Alexander Hamilton은 민주주의의 진정한 친구는 민주주의의 과잉을 막아 민주주의를 보존할 수 있는 대의 기관을 지지할 것으로 믿었다.[20] "거칠고 격렬한 열정"과 "야만적인 폭도"를 비난한 링컨도 이런 견해에 전적으로 동의했다.[21] 제퍼슨도 국민이 대표자들에게 지시할 권리를 옹호하고 정부에 대한 국민의 통제를 강조했지만 능력이 뛰어난 사람들이 공직을 맡는 정부를 지지했다. 국민은 "선하고 현명한 사람"을 선출할 수 있는 "유능한 판사"였다. 그러나 "사회를 구성하는 수많은 개인은 평범한 수준 이상의 지성을 요구하는 업무를 수행하는 데 적합하지 않기 때문에" 대표자들의 독립적인 판단이 매우 중요하다.[22]

제퍼슨은 "가난한 사람들을 보살피는 일, 도로 관리, 경찰, 선거, 배심원 지명, 작은 사건에 대한 사법 행정"처럼 일반 대중이 "가장 적합한(가장 관심이 있는) 자치 분야"가 있다고 강조했다.[23] 미국의 헌법이 제정된 이후 거의 반세기 만에 미국을 방문한 프랑스의 정치가 알렉시 드 토크빌은 이런 지역적 문제를 다루는 수많은 공직에 진출하는 문제에 관한 시민들의 광범위한 관심을 높이 평가했다.

그는 더 높은 수준의 직접민주주의에 대해 경고하면서도 주민 회의와 기타 지방자치단체가 자유의 보루라고 생각했다. 그러나 토크빌은 공공선택 경제학자와는 완전히 다른 이유로 대중의 참여를 지지했다. 광범위한 대중의 참여는 편협한 이기심의 표출이 아니라 오히려 이기심을 완화하는 수단이라고 생각했다. 미국에서 지방 정부는 "가능한 한 많은 사람이 공동의 이익에 관심을 가지고 참여할" 방법을 제공했다. 사람들에게 자유를 맛보게 하는 동시에 자치의 기술을 가르쳤다.[24]

지난 50년 동안 정치인들은 대중의 약점에 관한 솔직한 공개 토론에 거의 참여하지 않았다. 스콧 워커Scott Walker 전 위스콘신 주지사는 건국의 아버지들은 "오늘날 우리가 소중히 여기는 자유를 위해 목숨을 건 평범한 사람들"이었다고 말했지만, 현대 미국 시민 가운데 헌법의 초안을 만들 의지(또는 능력)를 가진 사람은 거의 없다.[25] 그런데 지미 카터 전 대통령은 취임 연설에서 미국 국민이 마치 신적인 존재인 것처럼 이야기했다.

━ 여러분은 저에게 막중한 책임을 맡겼습니다. 국민과 가까이 지내고, 국민의 기대에 부응해야 하고 국민의 모범이 돼야 한다는 것입니다. (…) 여러분의 능력이 나의 약점을 보완할 수 있고, 여러분의 지혜가 나의 실수를 크게 줄여줄 수 있습니다.[26]

도널드 트럼프는 취임 연설에서 자신이 공화국의 대통령이 아니라 직접민주주의의 수장이라고 생각하는 것 같았다. 트럼프는 자신의 취임식이 "미국 국민이 다시 이 나라의 통치자가 된 날"로 기억될 것이라면서 대통령의 취임 선서를 "모든 미국인에 대한 충성 맹세"라고 설명했다.[27] 그러나 이는 사실이 아니다. 실제로 연설 직전에 실시한 취임 선서에서 그는 "미국 대통령의 직무를 성실히 수행하고, 미국의 헌법을 보존하고 보호하고 수호하기 위해 최선을 다할 것입니다"라고 했기 때문이다.

하지만 정치인과는 별개로 많은 지식인은 여전히 대중의 지혜에 대한 건국자들의 회의론을 공개적으로 지지한다. 좌파와 우파의 저명한 언론인들은 민주적 통치를 위해 대중에 대한 의존도를 더 제한해야 한다고 주장해왔다. 조지 윌George Will은 보수 정치인들이 대법원의 독립성을 훼손하는 방안을 제안한 것을 비판했다. 예를 들면 테드 크루즈Ted Cruz 상원의원은 판사를 대상으로 국민 소환 투표를 실시하자고 제안했다. 윌은 대법원에 포퓰리즘적 정서를 주입하는 것은 권력 분립을 통한 제한된 정부limited government의 원칙을 무시하는 것이라고 주장했다.[28]

노벨상을 받은 경제학자이자 좌파 성향의 거물급 학자인 폴 크루그먼은 대부분 경제학자의 견해에 동의하지 않는 것처럼 보인다. 그는 고위 공직자의 의무는 "국가를 더 나은 방향으로 변화시키는 것"이라고 주장하면서 선출직 공직자들은 항상 국민의 통제를 받아야 한다는 생각을 지지하지 않았다.[29] 최근 루스 베이더 긴즈버그Ruth Bader Ginsberg 대법관은 대법관의 수를 늘리자는 진보주의자들의 주장에 반대했다. 법관의 수가 증가하면 정치·사회적으로 중대한 변화를 지지하는 대중의 생각을 견제할 가능성이 작아지기 때문이다.[30]

미국 대중의 정치 지식을 검증하는 여론조사 결과는 이런 견해를 뒷받침한다. 2011년에 많은 미국인은 오바마 대통령 첫 번째 임기의 대표적 입법 성과 가운데 하나인 부담적정보험법(오바마케어)에 관해 사실과 허구를 구분하지 못했다. 70% 이상 정답을 맞힌 미국인은 4분의 1에 불과했고, 3분의 1은 정답률이 절반도 되지 않았다. 예를 들어 열 명 가운데 거의 여섯 명은 오바마케어의 등장으로 민간 보험과 함께 정부가 운영하는 보험이 생겨났다고 생각했지만, 실제로는 그렇지 않았다.[31]

같은 해 〈뉴스위크〉가 1,000명을 대상으로 기본적인 시민 의식에 대한 설문조사를 실시했는데, 29%만 현 부통령의 이름을 맞혔다.[32] 외교 정책 관련 질문에서도 결과는 비슷했다. 2009년 〈유럽 커뮤니케이션 저널European Journal of Communication〉에 실린 연구에 따르면, 미국이 8년 동안 싸우고 있는 테러단체인 탈레반Taleban에 대해 미국인의 58%만 설명할 수 있는 것으로 나타났다. 그리고 미국 국민의 3분의 2 정도는 교토 의정서가 기후변화 조약이라는 것을 알지 못했다. 2009년 연구에서 미국인은 모든 조사 항목에서 유럽인보다 뒤떨어진 것으로 나타났다.[33]

토크빌은 민주주의가 "미래를 위해 현재의 욕구"를 자제하는 데 심각한 어려움을 겪고 있다고 생각했다. 이런 악습은 외교와 공공정책 시행을 위험에 빠뜨린다. 민주주의가 더 직접적일수록 위험도 그만큼 더 커진다.

— 때때로 대중의 권위가 국가 재정에 미칠 수 있는 끔찍한 영향력은 가난한 시민을 구제하거나 대중에게 놀이나 연극 같은 즐거움을 선사하기 위해 공공재정을 소진했던 고대의 일부 민주 공화국에서 분

명하게 볼 수 있다.[34]

최근 몇 년 동안 미국의 대통령과 의회는 공공재정을 활용해 훌륭한 성과를 거두지 못했다. 그러나 이는 상당 부분이 대중의 비합리적인 압력의 결과다. 2012년에 실시된 퓨리서치센터의 여론조사에 따르면 미국인들은 '경제'와 '일자리' 같은 광범위한 범주에 이어 '재정 적자'를 정책 우선순위에서 세 번째 중요한 문제로 꼽았다. 그러나 정부가 지출을 줄일 수 있는 18개 분야에 관해 질문한 결과, 미국인들은 이 가운데 16개 분야에서 재정 지출 축소에 반대했다. 다시 말해 예산 지출 확대에 찬성하는 응답자의 비율이 예산 삭감을 지지하는 응답자의 비율보다 높았다. '세계 빈곤 지원'과 '실업 지원' 분야에서만 예산 지출 감소를 지지하는 사람들이 예산 확대를 선호하는 응답자보다 많았다.[35] 그러니 국회의원 등 대중의 의견을 대변하는 선출직들이 국가의 공공재정을 책임감 있게 다루지 않는다고 해도 그렇게 놀랄 일이 아니다.[36]

대표자, 정책 논의 그리고 정치적 리더십

툴록은 "너무도 분명하게 드러나는 유권자들의 무지에 관한 정치학자들의 전통적인 대응 방식은 유권자들에게 더 많이 배워야 하는 의무에 관해 가르치는 것이었다"라고 말했다.[37] 이와는 반대로 적어도 미국에서 유권자의 무지에 대한 전통적인 대응 방식은 대표 선출이었다. 해밀턴과 매디슨이 자세하게 설명한 새로운 정치 과학에서도 '유권자의 무지를 치료하는 방법'은 바로 '대의제' 정치였다. 앞서 언급한 것처럼, 미국의 건국자들은 선출된 대표자는 일반 유권자보다 더 현명하고 더 도덕적일 것으로 기대했다. 또한 헌법에 따라 만들어진 막강한 권력을 가진 선출 공직은 상당히 긴 임기가 정해져 있기 때문에 "분별력 있는 지혜와 사회의 공동선을 추구할 수 있는 덕목을 갖춘" 유능한 사람들에게 매력적일 것이다.[38]

물론 미국을 세운 사람들은 "현명한 정치인들이 항상 국정의 주도권을 차지하지는 않으리라는 사실을 알고 있었다."[39] 그러나 자신들이 세운 거대한 시장경제 국가가 평범한 대표자들이 존경할 만한 덕목을 갖춘 정치가처럼 행동하도록 장려할 것으로 생각했다. 작은 국가에서는 정파나 이익집단이 많지 않기에 한 정파가 다수를 차지해 소수를 억압하기 쉽다. 그러나 대규모 시장경제 국가에서는 개별 선거구 안에서도 제한적이고 구체적인 이해관계가 매우 다양하게 존재한다.

— 선거에서 승리하기 위해 후보자는 다양한 이해관계에 호소하고 폭넓은 대중의 지지를 얻어야 한다. 이런 선거에서 승리하는 데 필요한 능력은 제도가 요구하는 온건하고 균형 잡힌 대표성을 갖춘 후보가 당선되는 방향으로 이끈다. 또한 그런 지역구 출신의 대표자는 어느 한 단체에 얽매일 필요가 없고, 오히려 여러 정파와 집단이 혼재하는 상황에서 정치적 능력을 발휘할 여지가 있다.[40]

단일 정파가 지배하는 선거구의 대표조차 자신이 원하는 것의 일부라도 얻으려면 다른 선거구의 대표와 협력해야 한다는 사실을 곧 알게 된다. 따라서 거대한 공화제 국가의 입법 과정은 다른 사람들의 필요와 "전체 공동체의 영구적이고 집단적인 이익"을 모두 고려하는 성향을 발전시킨다.[41]

건국자들은 민주적인 대표자들은 지역 사회의 "신중한 분별력"을 따라야 한다고 생각했다.[42] 다만 신중한 분별력은 심사숙고의 과정이 없으면 알 수 없다고 생각했다. 1796년 매디슨은 "입법 기관으로서 하원은 이성적으로 사고하고 심사숙고해야 한다. 입법에는 숙의 과정이 내재돼 있기 때문이다"라고 말했다.[43]

숙의 과정은 대중의 견해를 "정교하게 만들고 논의 범위를 확장"할 수 있다. 우드로 윌슨Woodrow Wilson도 주장한 것처럼, 이런 과정은 이해관계나 집단적 선호도에 대한 단순한 협상을 넘어서는 것이다.

— 집단적 합의는 개별 의견의 합이 아니다. 즉 사람들의 수를 더한 것이 아니다. 실제 만남을 통해 다양한 견해를 종합해 탄생한 것이다. 많은 생각, 다양한 개성, 수많은 경험이라는 중요한 실체로 구성된, 살아 있는 것이다. 숙의 과정은 실제 회의를 통한 접촉, 얼굴을 맞댄 토론, 그리고 입소문과 다양한 생각에 대한 직접적인 토론 과정을 통해서만 이뤄질 수 있다.[44]

윌슨의 관점에서 이런 숙의 과정은 더 좋은 정책을 만들어낼 뿐만 아니라 입법 논의가 "여론을 조성하고 선도하는" 중요한 원천이기 때문에 중요했다.[45] 윌슨에게 이런 여론 선도 과정은 정치적 리더십의 본질이었다. 이 때문에 그는 대부분의 경제학자가 관심을 두지 않는 정치인의 기술, 즉 정치적 언어 구사력을 강조했다. 국민은 근본적인 가치관과 열망을 가지고 있지만, 정치가는 명확한 아이디어·정책·프로그램을 통해 대중의 열망에 일관된 방향을 제시해야 한다. 한 논평가가 지적한 것처럼 이런 시스템에서 공화주의 정치 제도와 정치가들은 "대중의 요구를 단순히 반영하는 것이 아니라 여론을 조성하는 존재가 된다. (…) 그런 민주주의는 국민의 대리인이자 교육자 역할을 한다."[46]

링컨도 리더십과 정치적 수사가 중요하다는 것을 발견했다.

— 여론의 지지를 얻으면 어떤 일도 실패할 수 없다. 여론의 지지가 없으면 어떤 일도 성공할 수 없다. 따라서 여론을 조성하는 사람은 법령을 제정하거나 결정을 내리는 사람보다 더 영향력이 크다. 그는 법령과 결정이 실행되게 할 수도 있고 불가능하게 할 수도 있다.[47]

링컨은 정치인으로 사는 동안 타고난 재능인 수사적 표현력을 활용해 대중의 부당한 열정을 진정시키려고 노력했다. 노예와 노예제 폐지론자들에 대한 보복이 일상화되던 1830년대에 링컨은 "법에 대한 존중을 국가의 정치적 신조"로 만들려고 노력했다.[48] 남북전쟁이 막바지에 이르자 그는 "누구에게도 악의를 품지 않고, 모두에게 선을 베푸는" 정책으로 복수심에 불타는 열정에 맞서 싸웠다.[49] 당연히 링컨은 스티븐 더글러스와의 격렬한 논쟁에서 소비자 주권(더글러스의 표현을 빌리자면 '국민 주권')이 공공정책을 위한 충분한 원칙이 아니라는 사실

을 시민들에게 끊임없이 상기시켰다.[50]

링컨은 독립선언서의 원칙은 피지배자의 동의에 의한 정부뿐만 아니라 생명, 자유, 행복 추구권에 대한 개인의 양도할 수 없는 권리를 존중할 것을 요구한다고 강조했다.[51] 그는 북군이 지배하는 지역 밖에 거주하는 사람들이 노예제에 찬성했는지 아니면 반대했는지에 관심을 둘 수밖에 없다고 말했다. 도덕적으로 무관심한 입장을 채택하는 것은 "이기심 외에는 올바른 행동 원칙이 없다"라는 해로운 믿음을 정치체제에 자리 잡게 할 것이다.[52]

이 장의 서두에서 후생경제학자들과 비용-편익 경제학자들은 정책 과정보다는 정책의 본질에 관심을 둔다고 언급했다. 그러나 앞서 살펴본 것처럼 이들에게 좋은 정책의 본질은 단지 소비자가 원하는 것일 뿐이다. 링컨은 일생 대부분을 이런 믿음과 싸웠다. 그는 문제의 본질에 대한 원칙적인 관심이 필요하다고 생각했다. 좋은 정책은 여론을 무시하지 않지만, 좋은 목적도 무시하지 않는다. 이는 대중의 강력한 정서와 성향을 때로는 정책이 지향해야 할 방향이 아니라 위험 신호로 여겨야 한다는 뜻이다.

역사적으로 유명한 미국 정치인들의 이런 견해는 고루한 것이 아니다. 최근의 일부 정치학자는 입법에서 숙의의 중요성, 대표성에서 독립적 판단의 중요성, 대중 연설을 통한 교육과 지도의 중요성을 계속 강조한다.[53] 노벨 경제학상을 받은 경제학자 아서 루이스Arthur Lewis는 자신의 저서에서 경제 발전에 관해 내가 지금까지 논의한 경제학과 동떨어진 주장을 했다. 그는 시민들이 정치인을 "자신들의 생각과 얼마나 가까운지에 따라" 판단한다고 지적하면서 과거 정치인들의 견해를 옹호했다. 그러면서 "위대한 정치 지도자는 위대한 작곡가처럼 평가받는다. 즉 사람들은 음악을 듣고 작곡가를 평가하는 것과 마찬가지로, 업적을 보고 정치인을 평가한다"라고 말했다.[54]

1961년에 V. O. 키 주니어v. o. Key Jr.가 획기적인 저서인《여론과 미국 민주주의Public Opinion and American Democracy》를 출간했을 때, 그는 무지한 대중 여론이 정책에 미치는 영향력 때문에 민주주의의 미래에 절망감을 느꼈다고 밝힌 월터 리프먼Walter Lippmann 같은 사람들에게 답변할 필요가 있다고 느꼈다. 키는 대중이 실제로 충분한 정보를 갖고 있다고 믿었기 때문에 덜 비관적인 것이 아니었다. 오히려 대중이 "정부가 행동할 수 있는 재량권이나 공개 토론이 진행될 수 있는 범위"를 결정하는 투표나 그 외의 일에 참여하는 역할에 만족한다고 생각했기 때문에 비관적이지 않았다. 이는 여론 지도층과 정치 활동가들이 전반적으로 책임 있게 행동할 여지를 남겼다.[55]

존 케네디John Kennedy는 선출된 대표의 적절한 독립성에 관해 논의할 때 매디슨, 윌슨, 링컨보다 훨씬 더 적극적인 태도를 보였다. 그는 "우리가 선출된 이유를 입증하는 정치적 판단력을 제대로 행사하려면 때때로 유권자의 의견을 이끌고, 알리고, 바로잡고, 심지어 무시해야 한다"라고 말했다.[56] 선출된 대표가 임기 동안 독립적 판단력을 행사하는 것이 정당하다고 믿는다면, 여러 정책 분야에서 비용-편익 경제학자들이 제시하는 것과 다른 결과가 나타날 수 있다.[57]

예를 들어 인명 구조 프로그램을 생각해보자. 한 경제학자는 개별 납세자가 자신의 세금을 다양한 정부 보건 프로그램에 어떻게 분배할지 결정할 수 있게 하자고 제안했다.[58] 이런 이슈가 생기면 언론은 필연적으로 일부 환자 집단의 어려움을 다른 환자 집단보다 더 많이 공론화한다. 재정 지원의 필요성을 효과적인 방식으로 공론화한 집단은 똑같이 재정 지원이 필요한 다른 집단보다 더 많은 민간 기부를 받게 될 것이다. 소비자의 지불 의사에 따라 결정되는 공공정책은 후원자들에게 어려움이 알려지지 않은 사람들에 대한 의도치 않은 불공정을 바로잡는 것이 아니라 오히려 문제를 더 키울 것이다.

인명 구조 프로그램을 위한 정책은 시민들 사이에 존재하는 선의와 결집력에도 영향을 미칠 수 있다. 토크빌은 결집력이 없는 사회는 정치적 자유를 지킬 수 없다고 믿었기 때문에 미국식 개인주의와 물질주의의 원자화 효과atomizing effect(현대 사회에서 각 개인이 원자처럼 낱낱의 개체로 고립된 채 살아가는 현상-옮긴이)를 우려했다. 에즈라 미샨은 삶의 가치에 대한 연구에서 원자화 과정이 이미 진행되고 있다고 추정한다. "심리적 상호의존성이 점점 약해지면서 사망에 따른 상실감(심리적 외부 비용)도 감소할 것이다."[59] 7장에서 논의한 W. B. 아서의 연구는 노인이 일찍 사망하면 젊은이의 복지가 개선되는 지점까지 원자화 과정이 이미 진행됐다고 가정한다.

국민의 선호가 이런 방식으로 냉담함이나 무관심으로 바뀌면, 우리를 대표하는 정치인들은 생명에 대한 가치를 하향 조정해야만 할까? 생명에 대한 경외심과 동료 시민에 대한 관심이 민주주의에서 정치적 가치라고 믿는다면, 정치인은 자원봉사와 자선 기부를 장려하는 것처럼 국민의 공감력을 높이고 공공의 이익을 더 생각하도록 이끌어갈 수도 있다.

숙의의 장점은 이론과 실제에서 모두 명확하게 드러난다. 캐플란의 공공선택론 주장을 비판하는 사람들은 유권자의 비합리성이 "최근 몇 년 동안 어리석은 국가적 논쟁"을 촉발했을지 모르지만 "어리석은 국가 정책"으로 이어진 경우는 상대적으로 적었다고 주장한다. 많은 유권자가 경제적으로 비생산적인 이데올로기를 품고 있다는 점을 고려하면 미국은 놀라울 정도로 시장과 무역에 우호적이다. 일부에서는 이런 불일치를 신중한 정책 입안자들이 여론에서 쭉정이를 걸러내는 작업, 즉 좋은 것은 취하고 나쁜 것은 버리는 일을 느리고 불완전하나마 최선을 다해 수행하고 있다는 증거로 본다.[60]

추가 논의

대부분의 경제학자는 공공정책에 대한 시민들의 견해가 정책 결정에서 가장 중요한 요인이 돼야 한다고 생각하는 것 같다. 이들에게는 모든 것이 일반 시민의 정치적 역량에 달렸다. 이는 소비자의 정치에 대한 지식이 부족한 경우가 많다는 것을 경제학자들이 알고 있다는 점에서 역설적이다. 대부분 미시경제학자는 소비자가 대중에게 인기 있는 가격 통제나 환경 프로그램의 실제 효과에 대해 명백히 잘못된 정보를 가지고 있는 사례를 지적할 수도 있다.

경제학자들은 소비자의 선호도는 시장에서 가장 정확하게 드러난다고 믿는다. 그래서 민간 재화를 통해 드러난 선호를 기반으로 추정한 편익 추정치를 선호한다. 그러나 이런 추정치를 구할 수 없는 경우에는(실제로 구할 수 없는 경우가 대부분이다) 상당수의 경제학자가 여론조사를 수용한다.[61] 7장에서 제시했듯이, 경제학자들은 어떤 사람들은 '무지'라고 부르는 것을 또 어떤 사람들은 '지혜'라고 부른다고 주장하는 경향이 있다. 그리고 민주주의를 소비자 주권과 동일시하기에 종종 진정한 민주주의는 직접민주주의 이외에 대안이 없다고 믿는 경우가 많다.

4장에서는 공공선택 경제학자들이 대중의 정치적 무지가 합리적이어서 변하기 어렵다고 믿는 이유를 설명했다. 일부 공공선택 경제학자는 이 문제를 해결하기 위해 민간 부문이 더 많은 정부 기능을 수행하게 하고 중앙 정부의 그 외 기능을 분권화하는 것 같은 제도적 개혁을 제안했다.[62] 이런 제안은 유용하지만 이들조차 공공선택 이론이 밝혀낸 정보에 대한 대중의 놀라운 무지 문제의 지극히 일부만 다뤘다는 점을 인정할 것이다.

정치적 무지라는 문제가 상당히 난해한데도 공공선택 경제학자들은 현대 경제학의 기본 전제를 재평가하지 않았다. 다른 경제학자들과 마찬가지로 이들도 소비자 주권이라는 개념에 관해 개인적 애정이나 직업적인 이해관계를 가지고 있다. 그리고 앞서 살펴본 것처럼 공공선택 경제학자들은 더 직접적인 형태의 민주주의를 선호하는 경우가 많다. 나는 이런 직접적 형태의 민주주의가 일반 시민의 정치적 무지로 인한 위험을 극적으로 증가시킬 수 있다고 생각한다.

툴록은 국민발의와 국민투표가 한 번의 투표로 정부 활동 전체에 대한 의견을 표명하는 현재 제도보다 유권자의 의사 결정을 더 쉽게 해줄 수 있다고 생각했다. 따라서 이런 변화가 유권자를 위한 정보 불균형 문제를 실질적으로 완화할 수 있다고 결론 내렸다.[63] 그러나 한 개인의 투표가 결과를 결정할 가능성은 발의안에 대한 직접 투표가 후보자를 선출하는 투표보다 더 크지 않을 것이다. 따라서 국민발의 과정이 일반 유권자에게 정치적으로 훨씬 더 흥미롭게 보이지 않는다면, 앞서 설명한 정치적 무지의 문제를 해결하지 못한 상태로 정책을 결정하게 될 것이다.

국민발의와 국민투표를 실행하는 주에서는 유권자들이 정치에 대한 간헐적인 관심과 초보적 지식만 가지고 있는 것으로 나타났다. 예를 들면 캘리포니아에서는 보통 자금력이 풍부한 특수 이익단체들이 발의안을 국민투표에 부치는 데 필요한 청원 서명 운동을 이끌고 있다. 어떤 기자는 지하철역에서 바쁘게 출근하는 이들에게 서명을 요청하는 세 가지 청원서가 들이밀어졌다고 보도했다.[64] 캘리포니아의 한 여론조사 기관은 복잡한 석유 절약 문제에 관한 청원서에 서명한 사람들을 대상으로 조사를 실시해 다음과 같은 흥미로운 결과를 얻었다.

— 이들 가운데 대부분은 청원서에 서명한 사실조차 기억하지 못했다. 그리고 서명한 사람 대다수는 청원서에 서명한 일과 당시 주 전체를 시끄럽게 했던 석유 관련 논란을 연관시키지 못했다. 그리고 놀랍게도, 청원에 서명한 사람들 가운데 절반은 그 안건을 국민투표에 부치는 데 반대했다.[65]

정치학자 레이먼드 울핑거Raymond Wolfinger는 국민발의 문제에 관해 시민들을 교육하기 위해 발간된 공식 안내서를 "결코 이해할 수 없는 50~60쪽 분량의 장문"이라고 표현했다. 울핑거는 자신도 캘리포니아의 공식 안내서를 읽지 않았고, 누가 발의안에 찬성하는지 반대하는지 확인하는 것 외에는 안내서를 읽는 사람을 보지 못했다고 말했다.[66] 여론조사 전문가인 머빈 필드Mervin Field는 캘리포니아 주민들 사이에서 국민발의 절차가 인기가 있다고 언급했지만, 이 문제에 관한 유권자들의 지식에 대해서는 다음과 같이 말했다.

— 유권자들은 투표 전날에도 대부분의 안건에 관해 명확한 의견을 가지고 있는 경우가 거의 없다. 많은 사람이 쟁점을 제한적으로 알거나 심지어 잘못 알고 있는데, 이런 유형의 의견은 대규모 선전과 감정적 호소에 따라 빠르게 바뀔 수 있다.[67]

일부 투표 발의안이 길고 복잡하다는 점을 고려할 때, 유권자들이 제대로 알지 못한다는 점이 어느 정도는 수긍이 간다. 2000년부터 2006년까지 캘리포니아에서는 46개의 발의안이 국민투표에 부쳐졌다. 이 가운데 15개는 5,000단어 이상이었고 8개는 1만 단어가 넘을 정도로 길었다. 어떤 경우에는 발의안 문구가 너무 복잡하고 혼란스러워 유권자들이 의도치 않게 자신의 선호와 반대로 투표한 사례도 있었다.[68]

이런 어려움은 '입법의 공급'이라는 측면에서 유권자 무지의 또 다른 결과를 보여준다. 발의안은 일반적으로 시민이 주도하기 때문에 연구나 초안 작성 단계에서 완성도 부족으로 어려움을 겪는다. 주 의회는 연구와 전문 인력, 관련 당사자의 증언, 그리고 수년간의 법령 제정으로 축적된 전문 지식을 활용할 수 있지만 국민투표 발의안 제안자는 이런 자원을 가지고 있는 경우가 거의 없다. 동성 결혼과 같은 공공 도덕이나 사회 정책의 문제에서는 직접 입법 절차가 적절할 수도 있다. 대부분의 공공정책 이슈는 어느 정도의 복잡성과 입법에 전념하는 대표 기관에서만 구할 수 있는 기술적 전문성이 필요하기 때문이다. 하지만 소위원회의 업무에 의존하는 국회의원들조차 표결해야 하는 법안에 대한 지식이 너무 부족하다고 자주 이야기한다. 그러니 다른 일을 하면서 생계를 유지해야 하는 시민들에게는 정보와 지식 부족 문제가 더욱 심각할 수밖에 없다.[69]

해당 문제에 대한 유권자의 지식이 기초적이거나 거의 없는 경우 유권자가 전문가에게 대리 투표를 위임할 수 있게 하자는 밀러와 그린-아미태지의 제안은 문제 해결에 거의 도움이 되지 않을 것이다. 예를 들면 유권자가 경제를 거의 알지 못할뿐더러 배우고 싶다는 욕구나 동기가 없다면, 유권자의 위임을 받겠다고 서로 경쟁하는 '전문가들' 가운데 누군가가 의미 있는 선택을 하리라고 기대하긴 어렵다. 어쩌면 그들은 선택을 받고 나면 유권자에게 자기 의견을 설득하려 할 것이다.

우리의 현재 정치 과정에서도 때때로 그런 대표자가 선출된다. 하지만 선거가 끝나면 대통령과 국회의원은 자신의 공약이나 정책을 다시 생각해볼 시간이 있다. 그리고 보통은 저명한 경제학자들에게 도움을 요청한다. 벤 버냉키Ben Bernanke, 래리 서머스, 그레고리 맨큐 같은 저명한 경제학자들은 전문가에게 투표권을 위임하자고 주장하는 밀러의 정치체제에서도 정책 입안 과정에 참여하기는 쉽지 않다는 사실을 깨달았을 것이다.

국민발의의 가장 큰 약점은 합의를 끌어내지 못한다는 것이다.[70] 선거 후 입법 과정은 적어도 소통과 합의의 기회를 제공한다. 타협에 도달하면 법안을 반대하는 사람들조차 자신의 의견이 어느 정도 받아들여졌다고 느낀다. 하지만 국민발의와 국민투표는 국민을 찬반 진영으로 가르는 경향이 있다.[71] 법안 통과는 51%로 충분하지만, 링컨이 강조한 것처럼, 법령이 시행되려면 이보다 훨씬 많은 선의와 협조가 필요한 경우가 많다.[72]

국민발의를 확대하자는 제안과 달리 국민의 대표를 무작위로 선출하는 제도는 일종의 입법적이고 통합적인 절차가 될 수 있다. 그러나 이렇게 선발된 대표자가 일반 유권자보다 정치에 더 많은 관심을 가질 것 같진 않다. 수많은 이슈와 복잡한 법률 용어에 둘러싸인 대표자들은 아마도 참모들이 제안하는 대로 행동할 것이다. 임기가 정해져 있다 보니 쟁점을 숙지할 이유도 없을 것이다. 쟁점을 잘 파악한다고 해도 의원들의 소득은 대체로 영향을 받지 않겠지만, 특별한 이해관계가 있는 법안에 대한 표결은 소득에 영향을 미칠 수 있다. 사람들은 대표자들이 법안 표결에서 표를 주는 대가로 나중에 좋은 일자리나 그 밖의 혜택을 약속받을지도 모른다는 의구심을 품을 수 있다. 실제로 기존에 낮은 급여를 받던 대표자들에게 이런 유혹은 정말 강력할 것이다. 제비뽑기 방식의 대표제를 지지하는 사람들은 이런 잠재적 문제를 알고 있지만 제도적인 해결책은 제시하지 못한다. 그저 특유의 모호한 태도로 "로비 압력으로부터 의원들을 격리하고 정보를 바탕으로 투표하게 하는 조치를 취할 것"이라는 말만 할 뿐이다.[73]

대표를 무작위로 선출하는 제도는 국민의 대표자를 일반인처럼 만들 것이다. 이런 제도는 대부분의 미국인이 정부와 거의 관계를 맺지 못해 정치적 영향력을 상실하게 된다는 의미다.[74] 선거운동도, 선거도, 대표들의 지역구 방문도 없을 것이다. 재선에 도전할 일이 없는 의원들은 일반 시민들로부터 받은 우편물에 관심을 기울이지 않을 것이다.

의회를 연구하는 학자들은 시민들이 완전하게 이해하지 못한 정책에 관해 대표자들이 자신들의 의견에 동의해주는 것보다는 양방향 소통을 할 수 있는, 좋은 성품과 훌륭한 판단력을 가진 대표자를 원한다고 주장한다.[75] 무작위로 선출된 입법부는 시민들에게 이런 서비스를 지금보다 더 적게 제공하게 될 것이다. 그리고 일반적인 유권자는 선거를 통해 선출한 대표자가 귀족이라고까지 생각진 않더라도 여전히 평균보다 더 나은 인격을 지녔다고 여길 것이다.

물론 공공선택 경제학자들은 이를 부정한다. 그들은 대표자들을 상당히 이기적인 존재로 보는 경향이 있다.[76] 즉 재선에 성공할 수 있는 집단에 호의를 베풀고, 자신들을 위해 기부금을 모금하거나 이해관계가 있는 기업에 편익을 제공하는 사람들이라고 생각한다. 실제로 이런 행동이 일상적으로 벌어지고 있기도 하다. 그러나 공공선택 경제학자들은 대표자들에 관한 이런 견해의 적절성이나 포괄성을 뒷받침하는 체계적인 증거를 제시하지 못하고 있다. 실제로 이 주제에 관한 체계적 연구에 따르면, 놀랍게도 이데올로기가 경제적 이기심보다 의회 투표에 더 큰 영향력을 미치는 것으로 나타났다.[77] 그런데도 대부분의 공공선택 경제학자는 대표자들이 다른 모든 사람과 마찬가지로 편협하고 이기적이라고 가정한다. 그리고 그들이 합리적이라면 자기이익에 따라 행동할 것이라고 추론한다.

의회의 행태에 관한 연구 결과는 더 복잡하다. 일부 학자는 재선에 대한 욕구가 대부분의 의회 행동을 설명한다고 생각한다.[78] 그러나 다른 학자들은 많은 의원이 포괄적인 정책 관심사 때문에 특정 위원회를 찾는다고 주장한다.[79] 의회 내에서 권력을 추구하는 의원들은 재선에 도움이 되는 위원회를 자발적으로 떠나 하원 규칙위원회House Rules Committee처럼 재선에 도움이 되지 않는 위원회에서 활동하기도 한다.[80] 의회의 규정과 관습은 때때로 재선 욕망을 충족시키는 것이 아니라 억제하기 위해 만들어진 것처럼 보인다.

법안에 대한 깊이 있는 논의가 의회에서 중요하다는 증거도 있다.[81] 버나드 애스벨은 에드먼드 머스키 상원의원을 1년 이상 매일 따라다니며 상원이 실제로 어떻게 운영되는지 관찰했다. 그는 진정한 상원의원의 힘은 "자기 일을 열심히 하면서 그 일에 관해 잘 아는 것"에 달렸다고 생각하는 의원들을 발견했다.[82] 또 위원회의 영향력은 공정성과 정확성, 올바른 판단력에 대한 신뢰성이나 철저함, 이해력과 같은 특성에 의존한다는 사실도 알게 됐다.

한 로비스트는 최근 열린 소위원회의 법안 최종 심의를 보고 놀랐다면 이렇게 말했다.

— 위원회의 전체 운영은 생각보다 훨씬 더 세밀했습니다. (…) 위원회가 비공개로 진행되면 의사 결정이 훨씬 더 빨라질 것으로 생각했죠. 의장이 안건을 상정하고 모두가 이미 마음을 정했거나 거래를 한 후에 투표할 것으로 생각했습니다. 하지만 그렇지 않았어요. 정말로 안건을 논의하고 결정을 내리는 절차와 과정을 거치더군요.[83]

로비와 관련해 애스벨은 로비의 99%는 "파티, 주말 모임, 밀실 거래가 아니라 사실과 논리를 통해 설득하려는 노력"이라고 스스로 판단했다. 애스벨은 또 상원의 각종 위원회 위원들이 반대편의 주장에 열려 있고 "깨끗한 대기와 관련된 법안을 만드는 전문적인 문제"에 깊이 관여하고 있다는 사실에 놀라움을 표했다.[84]

최근에는 양극화 탓에 의회의 생산성과 초당적 협력 성향이 약해졌지만, 깊이 있는 논의의 사례는 많다. 2013년에 〈워싱턴 포스트〉는 당시 대부분의 이민 관련 법안을 담당하는 하원 법사위원회 위원장이었던 버지니아주의 밥 굿라테Bob Goodlatte 공화당 의원에 대해 보도했다. 〈워싱턴 포스트〉에 따르면, 동료 의원들은 굿라테의 전문성과 깊이 있는 논의를 통한 점진적인 법안 통과 노력을 존경했다.[85]

하원 예산위원회와 세입세출위원회 위원장을 역임한 공화당의 폴 라이언 전 하원 의장은 그가 하원에 처음 입성했을 때 이념적 경쟁자인 민주당의 바니 프랭크Barney Frank 의원에게서 받은 조언을 기억하고 있다. "효과적으로 일하고 싶다면 제너럴리스트가 되지 마세요. 자신을 너무 얇고 넓게 만들지 마세요. 두세 가지를 전문으로 하고 계속 연구하면서 그 문제에 관해 누구보다 잘 알아야 합니다. 관련 위원회에 참석해 그 문제에 관해 알아야 할 모든 것을 파악한 다음에야 해당 분야의 정책 수립을 시작할 수 있습니다."[86] 라이언은 하원에서 최고의 예산 정책 전문가 가운데 한 명인 그의 조언을 마음에 깊이 새겼다.

정치학자 댄 팔라졸로Dan Palazzolo가 소개한 또 다른 사례도 있다. 민주당 의원 가운데 헨리 왁스만Henry Waxman 의원은 "감독권과 입법권을 활용해 막강한 기업들이 전파한 잘못된 정보와 맞서 싸웠다."[87] 이런 정치인들은 법안을 심의할 때 심사숙고하는 의사 결정 방식의 영원한 가치와 중요성을 잘 보여준다.

조지프 베셋Joseph Bessette은 이런 결과를 뒷받침하는 설득력 있는 증거를 제시한다. 그는 제2차 세계대전 이후 1980년까지 29건의 정책 입법 사례를 연구한 결과, 본회의 또는 위원회에서 '숙의 과정'이 많은 법률의 통과에 중요한 역할을 했다고 결론 내렸다. 그는 통과 가능성이 매우 작았던 1964년의 저소득층 식료품 지원법Food Stamps Act을 예로 들었다. 베셋은 하원에서 열정적인 연설, 위원회 청문회의 높은 참석률, 오랜 전통에 대한 호소, 이념적 논쟁, 다양한 통계의 활용 등을 숙의 과정의 증거로 제시했다. 그는 식료품 지원법의 통과는 "행정부가 제안한 프로그램이 좋은 공공정책이라는" 대다수 하원 민주당 의원들의 "이성적 판단" 덕분이라고 결론 내렸다.[88]

경제학자들은 의회에 관한 이런 연구를 거의 참조하지 않는다. 국회의원들에 관한 경제학자들의 생각은 대부분 데이터가 아닌 추론에서 비롯된다. 이와 마찬가지로 유권자의 무지 문제도 추상적이고 개념적인 방식으로 다뤄진다. 뷰캐넌과 캐플란은 일부 여론조사 결과를 체계적으로 연구한 몇 안 되는 공공선택 경제학자들이다. 이 중에서도 뷰캐넌은 세수를 초과해 지출하는 성향이 있는 의회를 저지하려고 헌법 개정을 제안한 몇 안 되는 학자 가운데 한 명이다. 그의 제안은 대부분 분야에서 대중의 지지를 받았다.[89]

미국의 건국자들과 토크빌은 직접민주주의를 실험한 결과를 연구했기 때문에 직접민주주의가 우려스럽다고 생각했다. 경제학자들은 이런 역사를 다르게 해석하는 것이 아니라 단지 간과할 뿐이다. 매디슨과 토크빌뿐만 아니라 리프먼과 키 역시 국민의 정치적 무지와 강한 열정이 민주주의 체제를 무너뜨릴 수 있는 강력한 위협이라고 생각했다. 경제학자들은 이런 저자들의 글을 거의 인용하지 않는 것은 물론 읽지도 않을 것이다. 경제학자들은 정치적 무지를 흥미롭긴 하지만 분석하기 까다로운 문제로 생각하는 경향이 있다.

매디슨은 당시 일부 주에서 6개월의 짧은 의원 임기 때문에 발생하는 불안정성과 "불행"에 관해 논의했다.[90] 제퍼슨은 연방 권력을 견제하는 강력한 주 정부가 되려면 임기가 더 긴 소수의 의원이 필요하다면서 매디슨의 주장에 동의했다.[91] 그러나 경제학자 제임스 밀러는 대표자를 즉각적으로 소환할 수 있게 하자고 제안했다.[92] 라이언 애머처 Ryan Amacher와 윌리엄 보이스 William Boyes도 매디슨이나 제퍼슨의 주장에 반대하면서 국민의 대표를 더 자주 선출해야 한다고 주장했다.[93]

이들은 케네스 그린 Kenneth Greene, 하디 살라비타바르 Hadi Salavitabar와 함께 대의민주주의는 작은 정부 체제보다 이질적이고 커다란 정부 체제에서 더 잘 작동한다는 매디슨의 주장을 검증했다고 밝혔다.[94] 그러면서 현대 경제학자들이 이질적인 대규모 정부가 아니라 동질적이고 분권화된 정부가 유권자들의 요구에 가장 잘 대응한다고 주장했다는 데 주목했다. 그리고 유권자의 견해에 가장 잘 반응하는 관할 지역의 유형을 찾는 방식으로 주장을 검증했다. 그 결과 규모가 크고 이질적인 관할 지역의 대표자들은 주민의 정치적 견해를 잘 수용하지 않고 독립적으로 행동한다는 사실이 밝혀졌다. 이에 경제학자들이 옳고 매디슨은 틀렸다고 결론 내렸다.

그러나 매디슨의 이론에 대한 검증은 원래의 주장을 오해한 것이다. 매디슨은 규모가 큰 공화국의 대표자들이 국민의 정치적 견해에 더 잘 반응한다고 주장한 적이 없다. 다만 대표자들이 다수 집단의 변덕에 신속하게 대응하지 않기 때문에 거대 공화국에서 소수 집단이 편하게 살 수 있다고 이야기했을 뿐이다. 규모가 큰 공화국에 관한 매디슨의 이론은 제퍼슨의 주장과 비슷했다. 작은 사회에서는 갈등이 너무 "파괴적이고 격렬"해지기 쉬우므로, 대규모의 공화국에서만 의회의 다수 집단이 "지역 이기주의와 특정 이해관계"에 얽매이지 않을 가능성이 있다는 것이다.[95]

대표성에 관한 학계의 고전적 논쟁에서는 대표자를 단순한 대리인으로 보는 견해와 독립적인 수탁자로 보는 견해가 있다.[96] 대표성에 관한 글을 쓴 경제학자들은 이런 논쟁을 이해하지 못하는 것 같다. 밀러는 "이상적인 대표성"은 대표에 대한 즉각적인 소환 요구라고 생각한다.[97] 그리고 애머처와 보이스의 경우 유권자의 요구에 관해 "관심을 덜 보이는" 것은 "대표성이 떨어지는" 것을 의미한다.[98] 비용-편익 연구에 관한 글을 쓴 경제학자들은 이 주장에 전적으로 동의하는 것처럼 보인다. 예를 들면 토머스 셸링Thomas Schelling은 공공정책에서 소비자 주권은 "대표가 없으면 세금도 없다"라는 원칙에서 파생한 것이라고 말했다.[99]

경제학자들은 자신들이 국민을 대변한다고 주장한다. 하지만 정작 국민은 자신들이 직접 통치하고 싶은지에 관한 확신이 없다. 국회의원이 자기가 내린 최선의 판단을 따라야 하는지 아니면 지역구 주민의 정서와 의견을 따라야 하는지에 관한 대중의 생각은 대략 반으로 갈려 있다. 2013년에 의회에 대한 대중의 지지율은 역사적으로 낮은 수준을 기록했다. 의회 자체에 대한 신뢰도는 10%에 불과했고, 자신들이 뽑은 의원을 지지한다고 답한 비율도 17%에 그쳤다.[100]

이런 일방적 불신에 대한 이유로 28%는 타협 부족, 21%는 지지부진한 안건 처리를 꼽았다. 이는 합의에 이르기 위해 타협하고 견해 차이를 극복하는 의원들의 무능력에 대중이 실망했다는 사실을 시사한다.[101] 특히 이런 교착상태의 근본 원인이 깊은 이념적 분열이라는 점을 고려할 때 이런 조사 결과는 대중이 신탁 통치 형태, 즉 대표자들이 자신들의 현명한 판단에 따라 결정을 내리는 것을 선호한다는 증거처럼 보인다.

그러나 이보다 전인 2008년의 여론조사는 다른 결과를 보여줬다. 당시 미국인의 94%는 선거뿐만 아니라 어떤 결정을 내릴 때마다 여론을 고려해야 한다고 생각했다. 그리고 81%는 지도자가 의사 결정 과정에 여론조사를 활용해야 한다고 믿었다(반면 18%는 선출직 공무원이 '스스로 옳다고 생각하는 일'을 하는 데 오히려 여론조사가 방해된다고 생각했다).[102]

이처럼 상반되는 조사 결과는 미국 정부 입장에서는 매우 난감한 요구다. 의원들은 심사숙고하면서 타협할 수 있는 대표자이자 유권자의 견해를 따르는 대표자로서의 역할을 동시에 수행해야 한다. 다른 많은 문제와 마찬가지로 이 문제에서도 미국 대중은 두 가지 역할을 모두 원하는 것 같다.

현재 우리의 대의제 정치는 제도 자체가 대표하는 대중에게 잘 맞는 것 같다. 대중은 정치 문제에 대한 관심과 지식이 거의 없다. 그러나 투표를 연구하는 사람들은 유권자들이 정당과 후보자에 대한 호불

호를 이야기할 때 정치 문제에 지식을 가지고 있다는 몇 가지 증거를 제시한다. 때때로 사람들은 자신에게 중요한 정책 이슈에 대한 후보자(또는 정당)의 견해를 근거로 투표하기도 한다. 하지만 이보다는 후보자의 경험, 성실성, 판단력, 리더십 역량에 대한 평가를 근거로 투표하는 경우가 훨씬 더 많다.[103]

존 스튜어트 밀처럼 정치적 문제에 관한 후보자의 견해보다 능력을 더 중요하게 생각하는 유권자는 대표자가 국민에게 책임을 지지만 임기 동안 독립적 판단을 할 수 있는 상당한 여지를 주는 제도와 더 잘 어울린다.

———— (미국의 정치 제도는 200년이 넘도록 상당히 잘 작동해왔고) 시간이 지나면서 세월이 모든 것에 부여하는 신뢰와 존중을 누리고 있다. 정치 제도에 대한 이런 존중이 없다면 가장 현명하고 자유로운 정부조차 필요한 안정성을 확보하지 못할 것이다.[104]

이 인용문의 공저자 중 한 명인 제임스 매디슨은 자유 정부의 위대한 사상가들의 글을 읽고, 현대와 과거의 경험을 성찰하며, 관련 문제의 모든 측면을 신중하게 고려한 후에야 비로소 새로운 정치 과학을 천명했다. 그에 비해 헌정 체제의 개혁을 제안하는 경제학자들이 공표한 새로운 정치 과학은 이런 기준을 충족하지 못한다.

9
결론

경제학자들은 대부분의 시간을 시장에서 인간 행동을 연구하는 데 쓴다. 이들은 자신들이 관찰하는 대부분의 것을 물질주의적 동기와 편협한 이기심을 통해 설명할 수 있다고 생각한다. 그리고 자유시장과 유연한 가격 체계를 통해 이런 동기들이 가치 있는 상품과 서비스의 효율적 생산으로 이어진다고 주장한다. 경제학자들은 시장 밖의 세계를 연구하기 시작하면서 시장에서 얻은 통찰을 다른 분야에 적용해왔다.

그러나 이런 통찰이 언제나 그대로 적용되는 것은 아니다. 일부 경제학자는 이런 불일치를 발견하고 의아스럽게 생각했다. 예를 들면 그들은 자선 활동의 '명백한 비합리성'을 설명하고 싶어 한다. 그러나 이런 비합리적인 일들은 일반적으로 분석을 통해 설명할 수 없기 때문에 경제학자들은 개인의 정책 선호도를 금전적 이기심과 동일시하게 된다. 이 기준에 따르면 사회보장세social security taxes를 내는 모든 시민은 노인이 일찍 사망하면 이득을 보는 것으로 간주된다.

경제학자들은 물질적 동기가 명백히 존재하지 않는 경우에도 종종 물질적 동기가 있다고 가정한다. 반면 그 외 대부분 사람은 때때로 물질적 동기가 있어도 이를 무시하곤 한다. 여론조사에 따르면 미국인의 약 절반은 자신이 필요 이상으로 너무 많이 소비한다고 생각하며, 4분의 3은 비물질적인 경험에서 즐거움을 얻는 방법을 배워야 한다고 생각한다. 초기의 일부 경제학자는 더 고상한 취향이나 선호도에 대한 갈망을 중요하게 생각했지만, 오늘날의 경제학자들은 그런 갈망을 무시하는 경향이 있다.

경제학자들은 취향과 선호도를 있는 그대로 받아들임으로써 까다로운 가치판단을 피하고 싶어 한다. 이런 열망과 별개로 선호도를 편견 없이 다루는 것도 논란을 피할 수 없다. 특히 비용과 편익을 따지는 경우에 이런 방식은 때때로 범죄자가 범죄 행위를 통해 얻는 이득이나 인명 구조와 관련하여 악의적인 사람이 부담하는 비용을 다른 것보다 더 중요하다고 강조할 수 있다.

돈과 편협한 이기심이 개인의 행복으로 가는 길이라고 할지라도 사회의 행복을 위해서는 더 많은 것이 필요하다. 이기심을 매우 창의적으로 활용한다고 해도 무임승차로 인한 모든 비효율을 극복할 수는 없다. 하지만 윤리, 선의, 예의는 가능하다. 시민으로서의 책임감을 상기시키고 이타적인 행동의 사례나 경험을 통해 행동을 더 좋은 방향으로 바꿀 수 있다는 몇 가지 증거도 있다. 그러나 경제학자들은 이런 혜택이 자신들이 정의하는 사회적 복지를 달성하는 데 중요하다고 해도 경제학 밖의 요인을 통해 사회적 혜택을 얻을 가능성은 대체로 무시한다.

아마도 당신은 어떤 취향이 다른 취향보다 대체로 더 좋다고 간주할 수 있다는 내 주장에 의구심을 품을지도 모르겠다. 하지만 가치 평가에 외부효과를 적용하면 당신도 생각이 바뀔 것이다.

투견은 50개 주에서 모두 중범죄지만 "미국 전역의 모든 지역 사회에서 계속 벌어지고 있다."[1] 〈핏독Pit Dog〉이라는 소식지는 투견 애호가들에게 다음과 같이 최신 정보를 제공한다.

── 스카우트Scout가 15분 동안 엎드린 자세를 유지하고 가끔 핥기 위해 멈췄다가 다시 벅Buck을 물기 시작한다. 마이크Mike는 스카우트에게 벅을 죽이라고 부추긴다. (···) 퀴니Queenie는 앞다리를 잃었지만 여전히 다른 개와 같은 속도로 움직인다. (···) 앞다리를 펄럭거리며 걷는 퀴니는 마치 물개처럼 보이기도 한다.[2]

투견을 즐기는 취향을 저급하다고 말하는 것이 공정할까? 투견에 열광하는 사람들을 보면서 우리 아이들은 저런 쾌감을 느끼지 않게 키우고 싶다고 결론을 내리면, 간섭이 되는 걸까?

경제학자들은 짐승 같은 잔인한 짓 때문에 발생하는 부정적인 외부효과뿐만 아니라 시민의 의무와 선의로 발생하는 긍정적인 외부효과도 무시하는 경향이 있다. 이런 외부효과들이 돈과 이기심을 강조하는 세계관에 의문을 제기하고, 자신들의 경험적 연구를 복잡하게 만들기 때문이다. 하지만 아마도 가장 중요한 이유는 경제학의 교육 방식일 것이다. 경제학자들의 교육 방식에서는 눈에 보이지 않는 외부효과를 찾으려 하지 않기 때문에 그런 외부효과와 마주쳤을 때 그 중요성을 평가할 능력이 없다.[3]

케네스 볼딩은 젊은 경제학자들이 자신들만의 데이터를 거의 수집하지 않는 이유가 오늘날 경제학을 전공하는 대학원에서 데이터 수집 방법을 거의 가르치지 않기 때문이라고 설명했다. 볼딩은 세상과 직접 마주치지 않고 세상이 어떻게 움직이는지 결론을 내리는 것이 얼마나 위험한지를 다음과 같이 지적했다.

— 예컨대 경제학이 이룩한 성과 때문에 경제학의 주제가 자연과학자들이 연구하는 시스템보다 훨씬 더 복잡하다는 사실을 간과해서는 안 된다. 그리고 우리의 가장 정교한 모델조차 우리가 설명하고자 하는 시스템의 복잡한 현실에 대한 가장 조잡한 첫 번째 근사치에 지나지 않을 수 있다는 점을 인정해야 한다. 우리가 학생들에게 불투명 유리를 통해 보는 것처럼 불분명하다는 이유로 현실을 무시하라고 가르친다면, 훌륭한 가치를 지닌 무엇인가를 잃게 될 것이다. 과거의 위대한 경제학자들은 현실에 대한 직관적인 이해력을 갖추고 있었다.[4]

볼딩이 지적한 것처럼 오늘날 실제 세계를 연구하는 많은 사람은, 심지어 정책 분석가들조차, 놀라울 정도로 세상과 동떨어져 있다. 특정 복지 프로그램을 연구하는 사람조차 도움을 받을 대상자를 인터뷰하고 수혜자의 생활이 어떤지 직접 파악하려고 노력하는 경우가 거의 없다. 더군다나 이런 연구 결과를 인용하는 이들도 거의 없다.

가장 중요한 정치적 문제에 관해 글을 쓰는 사람들도 사안의 중요성을 인식하지 못하고, 겸손함과 신중함을 갖추지 못한 경우가 많다. 이들의 글은 인간의 본성이나 역사의 교훈을 거의 반영하지 않는다. 이런 연구나 글에는 시리아나 레바논에서 벌어지는 '폭력적'이고 '격변하는' 정치적 분열과 갈등에 대한 고민이 담겨 있지 않다. 또 어떤 정치 제도가 합의로 이끌고 법치를 지지하는지도 묻지 않는다. 과거에 독일에서 히틀러가 초창기에 얼마나 비이성적인 인기를 끌었는지 이야기하지 않고, 소비자 주권 이상의 기준을 찾는 대법원의 판례도 언급하지 않는다. 실제로 이런 문제에 관해 성찰한 정치 사상가의 연구를 다루는 경우도 드물다.

수학과 같은 일부 과목에 대한 지식은 이론적으로만 갖춰도 충분하다. 하지만 사랑과 같은 지식은 경험이 필요하다. 어떤 대학생이 열두살짜리 신동에게 미적분 문제에 대한 도움을 요청하는 것은 합리적일 수 있지만, 연애 문제라면 다른 사람에게 조언을 구해야 할 것이다. 정치와 공공정책은 수학보다는 사랑에 가깝다. 정치 제도를 언제, 어떻게 바꿀 것인지와 같은 일반적인 질문에 대한 좋은 답변조차 해당 정권에 대한 경험과 역사적 지식에 근거한 판단이 필요하다.

그러나 앞의 7장과 8장에서 제기한 비판 때문에 경제학자들이 이전 장에서 우리에게 가르쳐준 교훈의 중요성을 잊어서는 안 된다. 이 책의 핵심 메시지는 경제학에 반대하는 것이 아니다. 대부분 사람은 경제학자들이 자기 분야를 더 많이 공부해야 한다고 생각하지만, 나는 경제학자들이 다른 분야의 책을 더 많이 읽어야 한다고 생각한다.

무엇보다도 경제학자들은 우리에게 시장을 존중하라고 가르친다. 토머스 셸링이 말했듯이 "경제학자와 다른 사람들의 차이를 가장 잘 보여주는 것은 시장 시스템에 대한 믿음이다."[5] 경제학자들은 기업가가 자기 이익만 추구한다고 생각하면서도 시장의 보이지 않는 손이 사회의 이익을 증진하는 방향으로 기업가를 이끈다는 애덤 스미스의 주장 역시 여전히 유효하다고 본다. 실제로 경제학자들은 이윤을 추구하는 기업가들이 자선 활동과 관계없이 공공의 복지를 증진한다는 사실을 일부 기업가보다 더 확신하고 있다. 볼딩의 주장처럼 경제학은 "사람들이 일상적인 활동, 거래와 금융, 은행가와 사업가의 경제적 생산성의 가치를 이해할 수 있도록 도와준다."[6]

인간의 본성이나 좋은 정체 제도에 대한 경제학자들의 주장을 따라야 할 이유는 없지만 시장은 또 다른 문제다. 경제학자가 갖춘 전문성이 있다면 그것은 바로 시장의 작동 방식에 관한 지식이다. 경제학자들은 민간 부문에서 기업의 경영자와 소유주가 소비자 수요에 효율적으로 대응할 때 보상을 받는다는 사실을 알고 있다. 이들은 정부에는 효율성을 촉진할 만큼의 강력한 메커니즘이 없다고 생각한다. 이런 포괄적인 판단이 전적으로 옳다는 증거는 없다. 그러나 4장에서는 이런 주장이 단지 이론만이 아니라 경제학자들이 두 가지 배분 방식을 비교해 효율성을 적절히 평가했다는 설득력 있는 증거가 제시됐다. 자유주의와 보수주의 경제학자 모두가 이런 시장 친화적인 판단을 공유한다는 사실은 경제에 관한 지식이 적고 회의적인 경제학자가 아닌 사람들을 안심시켜준다.

하지만 이것만으로는 충분하지 않다. 경제학자가 아닌 사람들은 늘

의구심을 품고 있다. 그들은 이윤, 중개인, 투기꾼들 때문에 고민한다. 그리고 이런 우려에 대한 답은 4장에서 간략하게 언급했다. 하지만 민간 부문에서 실패는 언제든 발생할 수 있다는 점에서 나의 짧은 답변은 결론이 될 수 없다. 경제학자가 아닌 사람들은 정부가 민간 부문의 실패를 방지할 순 없었는지 궁금해한다. 또 정부가 흥미로운 기회를 포착하고 어떻게든 그런 기회를 활용할 순 없는지 의문을 품는다. 민간 부문의 실패에 관해 경제학자들은 정부보다 시장의 실패가 더 적으리라고 주장할 수 있을 뿐이다. 민간 부문에서는 잘못을 저지른 사람들이 손해를 보기 때문이다. 일반적으로 경제학자들은 공공 부문의 경우 정부가 혁신을 위한 환경을 전반적으로 개선할 수는 있지만 미래에 크게 성공할 제품을 발견하고 지원하는 것은 불가능하다고 말한다.

로버트 새뮤얼슨은 "정부는 세법을 통해 위험을 감수하는 분위기를 조성하는 데 도움을 줄 수 있다. 그리고 인간 본연의 탐욕과 미국인의 근면성을 이용해야 한다. 그렇게 할 수 없다면 방해하지 말고 물러나라"라고 말했다.[7] 그 외 여러 경제학자의 주장을 인용하더라도 회의적인 사람들을 설득하긴 어려울 것이다. 경제학자들은 이런 사실을 깨닫고 설득을 포기했다. 앨버트 리스Albert Rees는 "우리 경제체제에 관해 대중이 가지고 있는 적대감의 상당 부분은 무지에서 비롯된다"라고 말한다.[8] 찰스 슐츠는 "경제학자를 제외하고(물론 모든 경제학자가 그런 것은 아니지만) 다른 어떤 사람도 시장 시스템이 어떻게 작동하는지 제대로 이해하는 사람은 없다"라고 점점 더 확신하게 됐다고 말한다.[9] 알랭 엔토벤Alain Enthoven은 정부에서 경제학자들이 맡아야 하는 역할에 관해 다음과 같이 이야기했다. "우리가 적용하는 경제 이론은 대부분이 대학교 2학년 과정에서 배운 것이다. 박사 학위가 필요한 이유는 많은 경제학자가 대학원을 마칠 때까지 자신이 배운 것을 믿지 않기 때문이다."[10] '당신이 더 많은 것을 알게 되면 내 의견에 동의할 것'이라는 주장은 독자들에게 모욕감을 불러일으킬 것이다. 하지만 나는 그렇게 말하고 싶어 하는 경제학자들의 마음을 이해할 수 있다. 사회의 모든 분배 문제와 시장이 이를 해결하는 방식을 체계적으로 연구한 대부분 사람은 시장을 더 존중하게 된다.[11] 나는 단지 경제학자가 아닌 독자들에게 이 주장을 직접 검증해보라고 요청할 뿐이다.

경제학자들이 시장에 대해 옳다면, 시장의 분배 메커니즘을 더 존중하는 것은 가치 있는 재화, 서비스, 여가의 증가를 의미할 것이다. 이는 그 자체로 중요한 편익이지만, 어쩌면 가장 중요한 편익이 아닐 수도 있다. 경제가 잘 작동하면 전체 시스템에 대한 신뢰가 쌓이면서 정치적으로도 안정된다. 효율성을 높이고 경제 확장을 촉진하면 근로자와 노인의 생활 수준이 향상되고, 국방력이 강화되며, 환경도 깨끗해진다. 일반적으로 이런 상황에서는 정치적 견해 차이를 관리하기가 더 쉬워진다.

더 구체적인 문제에 관해 경제학자들이 제공하는 건전한 조언 대부분은 시장에 대한 지식에서 나온 것이다. 경제학자들은 시장을 연구하면서 자원은 희소하지만 목적은 여러 가지라는 사실을 알게 됐다. 따라서 비용에 대한 걱정은 곧 다른 부문이 포기한 편익에 관한 우려인 것이다. 정책 목표를 달성하기 위해 열심히 일하는 헌신적인 공공 전문가들은 때때로 이런 기회비용을 생각해야 한다.

시장에 대한 연구를 통해 경제학자들은 지출 결정은 한계비용과 한계효용을 고려해야 하므로 일의 내재적 중요성만 보고 결정해서는 안 된다는 사실도 알게 됐다. 공공 부문의 우선순위를 정하는 사람들은 이를 기억할 필요가 있다. 물론 시장은 인간 활동을 생산적 방식으로 조정하는 물질적 동기의 힘을 보여준다. 상당수의 새로운 규제 프로그램이 목표를 달성하기 위해 세부적인 법률과 규정에 의존한다. 하지만 경제학자들은 규제 대신 경제적 인센티브를 활용할 경우 우리가 더 깨끗한 공기, 더 안전한 근로 환경, 더 낮은 비용을 달성할 수 있다는 것을 분명하게 보여준다.

시장에 대한 연구는 또 외부효과와 공공재 또는 공동 소비재라는 매우 유용한 개념의 발전으로 이어졌다. 처음에 경제학자들은 모든 부문에서 생산은 한계비용이 최종 소비자의 편익과 같아지는 시점까지 지속되기 때문에 경쟁 시장이 효율적인 결과를 낳는다고 판단했다. 그러나 마셜과 피구는 일부 사회적 생산 비용이 기업의 공급 곡선에 반영되지 않고, 일부 사회적 편익이 소비자의 수요 곡선에 반영되지 않는 사례에 주목했다. 그리고 시장 실패와 정부의 기능에 대해 유용한 연구가 이어졌다.

경제학자들은 시장이 희소한 자원을 가치 있는 재화와 서비스에 할당하는 효율적인 메커니즘이라는 것을 알고 있다. 그리고 물질적 동기가 시장을 움직이는 원동력이라는 사실도 알고 있다. 경제학자들은 시장경제 메커니즘의 효용성과 시장을 움직이는 힘에 관한 연구를 통해 공공정책의 심의에 도움을 준다. 따라서 시장경제 메커니즘과 물질주의적 동기에 대한 경제학자의 애착은 충분히 이해할 수 있다.

그러나 건전한 정치체제에는 효율적인 경제 그 이상이 필요하다. 자유 경쟁 시장이 경제의 효율성을 창출하지만, 정치에서는 건전성을 규칙적으로 만들어내는 자동 메커니즘이 존재하지 않는다. 건전한 정치체제는 강력한 정치적 열정을 다룰 방법을 갖춰야 한다. 해를 끼치지 않는 시장의 수요와 달리 정치적 열정은 때때로 파괴적일 수 있기 때문이다. 또 합의를 이끌고 윤리적 기준을 강화하는 제도도 장려해야 한다. 건전한 정치체제는 편협한 이기주의가 계속 우위를 차지하지 못하게 하고 덜 편협해지도록 독려해야 한다. 그리고 시장이 돈으로 살 수 있는 것을 통해 인간이 행복해지는 것이라고 지나치게 강조하지 못하도록 보완할 방법을 찾아야 한다.

경제학 연구가 고상하고 저속한 취향이나 비윤리적 취향에 관한 일반적인 견해를 반영할 것이라고 기대해서는 안 된다. 경제학은 불확실성이 많으면 금전적 이득을 강조하고, 눈에 보이지 않는 이득을 무시하는 경향이 있다. 경제학은 편협한 이기심에 초점을 맞추기 때문에 특별한 형태의 명예를 통해 군인의 용기와 같은 덕목을 육성할 필요성이나 인간의 더 좋은 본성에 호소해 윤리, 예의, 이타심을 장려하는 방법은 연구하지 않을 것이다.

그러나 개인적 선호에 반응하는 시장에 대한 존중(4장)과 사람들이 번영할 수 있도록 도와주는 노력과 덕목(7장) 사이에 반드시 모순이 있는 것은 아니다. 애덤 스미스가 우리의 길을 밝혀주는 안내자 가운데 한 사람이 될 수 있다. 우리는 정실 자본주의가 아니라 자유 기업을 통해 스미스, 마셜, 나이트가 추구했던 더 높은 목표에 더 가까이 다가갈 수 있다. 정실 자본주의는 불공정하기 때문에 우리를 더 높은 목표에서 멀어지게 한다. 경제 성장은 풍요와 여유를 가져다주며, 이 두 가지 모두 인간의 번영과 양립할 수 있다.

이 책의 초판을 집필했던 1985년에는 다른 학문의 성과를 근거로 경제학을 비판할 수 없었다. 하지만 이제 더는 그렇지 않다. 지금은 고양감·경외감·감탄·감사 등의 감정을 고려하는 긍정심리학, 인간의 인격과 덕목에 초점을 맞추는 덕윤리학 같은 학문의 혜택을 누리고 있다. 이런 분야의 책을 읽는 경제학자들은 스미스, 마셜, 나이트가 추구한 경제학으로 돌아갈 방법을 찾을 수 있다.

경제학적 안목을 높여줄 책들을 읽으라고 얘기하면 대부분 수학에 자신이 없어서 엄두가 안 난다는 말을 제일 먼저 한다. 하지만 그렇게 겁먹지 않아도 된다. 계량경제학econometrics 정도면 충분하다. 그 밖에 긍정심리학,[12] 덕윤리, 경제학, 정치철학의 역사를 읽는 것도 도움이 된다.

이 책은 현재 정책에 초점을 맞춘 것이 아니다. 2020년 대통령 선거가 끝나고 며칠 후에 집필은 마무리했지만, 2021년 가을까지 출판하지 않을 예정이었다. 선거가 치러진 해에 진행된 정치권의 논의가 반드시 다음 해 의회에서 논의될 내용을 예견하는 것은 아니기 때문이다. 최근 선거는 팬데믹 때문에 불확실성이 더욱 커졌다. 나는 2021년 하반기쯤이면 코로나19 팬데믹이 끝나고 경기 침체에서 벗어나기를 바란다. 그럼에도 2020년 내내 모든 민주당 의원과 점점 더 많은 공화당 의원이 산업 정책에 많은 관심을 보였기 때문에 이 문제가 주목받을 가능성이 크다.

조 바이든의 산업 정책에는 오바마도 재임 기간에 지지했던 국토 횡단 고속철도 시스템이 포함돼 있다. 앞서 우리는 캘리포니아의 새로운 고속철도 시스템이 막대한 예산만 낭비하고 성과를 거의 거두지 못했다는 사실을 살펴봤다. 전국을 가로지르는 고속철도망은 더 많은 비용을 빨아들이고 더 큰 문제를 발생시킬 가능성이 크다.[13] 바이든은 또 미국산 원자재와 제품에 4,000억 달러를 지출하려고 한다. 그는 제조업 일자리를 창출하기 위해 일자리를 해외로 이전하는 기업에 특별세를 부과하는 대신, 제조업을 해외에서 다시 미국으로 이전하는 기업에 세액 공제 혜택을 주겠다고 제안했다.[14]

마르코 루비오Marco Rubio와 조시 홀리Josh Hawley 같은 공화당 상원의원들은 제조업 일자리를 미국으로 다시 가져오자는 트럼프와 바이든의 제안을 적극 지지했다. 조시 홀리는 경제적 성과를 추구하려는 정부의 노력에 한껏 기대를 걸고 있다. 그는 지난 30년 동안 근로자의 평균 임금이 실질적으로 인상되지 않았다는 암울하고 부정확한 통계를 제시하며 주장을 펼쳤다.[15]

미국기업연구소의 경제학자 마이클 스트레인Michael Strain은 저서 《아메리칸드림은 죽지 않았다The American Dream Is Not Dead》에서 지난 30년 동안 일반 근로자의 실질임금은 34% 증가했다면서 홀리 상원의원의 주장을 바로잡았다.[16] 모든 경제학자는 기본적으로 미국산 제품을 의무적으로 구매하자는 운동에 반대한다. 스트레인은 경제학자의 비판을 다음과 같이 요약했다.

—— 미국산 제품 구매 의무를 포함한 보호주의와 산업 정책은 소비자

물가와 기업이 생산에 사용하는 제품 가격을 올려 국내 경쟁력을 떨어뜨린다. 부패와 정실주의를 조장하고 정부의 조달 비용이 올라가면서 납세자의 부담을 증가시킬 수 있다. 이런 움직임은 외교 마찰을 일으키고, 마찰은 보복으로 이어질 수 있다. 중국과의 무역 전쟁은 경제 전반에 걸림돌로 작용할 뿐만 아니라 혜택을 주려고 하는 제조업 고용에 오히려 타격을 줄 수 있다.[17]

'부패와 정실주의'를 언급하면서 스트레인은 산업 정책에는 4장에서 자세히 논의한 효율성뿐만 아니라 형평성 문제도 있다는 것을 시사했다. 우리는 경제학자들이 소득 분배 또는 수직적 형평성vertical equity(소득이 더 많은 사람이 세금을 더 많이 내야 한다는 이론-옮긴이)이라고 부르는 문제에 관해 서로 다르게 생각한다는 사실을 확인했다. 그러나 수평적 형평성horizontal equity(소득과 자산이 비슷한 사람들은 비슷한 세금을 부담해야 한다는 이론-옮긴이)을 위반하는 사례는 훨씬 더 쉽게 찾아볼 수 있다. 다른 모든 요인이 동등하다면 경제학자들은 모두가 수평적 형평성을 지지한다. 산업 정책은 정부가 일부 기업과 산업에 보조금을 지급하고 다른 산업을 무시하는 결과를 유발한다. 4장에서 예를 들어 설명한 것처럼, 솔린드라는 다른 배터리 제조 업체가 받지 못한 보조금을 받았다. 솔린드라를 선택하는 과정에서는 경쟁이 없었는데, 이런 형태의 보조금 지급은 수평적 형평성에 어긋난다.

경제학자들은 지난 40년에 걸친 미국 산업 정책의 실패를 오랫동안 기억하고 있다. 영국의 최근 연구에 따르면 미국 기업에 대한 보조금은 "거의 완전한 실패"였다. 런던정경대학교의 두 경제학자는 자동차, 항공, 선박 건조, 공작기계, 전자공학, 컴퓨터, 섬유 분야의 보조금 정책이 실망스러운 결과를 냈다고 보고했다.[18]

스트레인은 중간 임금 수준의 제조업 일자리가 전체 고용에서 차지하는 비중이 줄어들고 있으며, 이런 일자리가 대부분 선진국에서 감소 추세라고 밝혔다. 그러면서 "새로운 중산층이 그 자리를 대신하고 있다. 가장 빠르게 성장하는 직종에는 보건의료 기술자, 냉난방 기술자와 설치 기사, 컴퓨터 지원 전문가, 자기 계발 교육자 등이 포함돼 있다"라고 덧붙였다.[19]

산업 정책을 위한 4,000억 달러 외에도 바이든은 "국내 혁신을 촉진하고 국내 생산을 지원하기 위한" 연구개발에 3,000억 달러를 지원하겠다고 제안했다.[20] 4장에서 언급했듯이 많은 경제학자는 연구개발, 특히 기초 연구에 대한 연방 정부의 지원 확대를 지지할 것이다. 벤저민 존스Benjamin Jones와 래리 서머스는 아인슈타인의 일반 상대성 이론이 GPS의 기초가 됐다고 말했다. "(…) 기초 연구와 최종적인 응용 분야 사이의 연관성은 넓고 깊어 예측하기 어렵다."[21]

주류 경제학이 바이든 정부에 얼마나 큰 영향을 미칠까? 주간지 〈이코노미스트〉는 대통령 선거 한 달 전에 바이든이 대통령에 당선되면 부유층과 기업에 대한 세금이 완만하게 오르고 특히 "친환경 인프라와 산업 정책에 대한 공공 지출이 2~3% 증가할 것"으로 예상했다.[22] 〈이코노미스트〉는 석탄 사용을 줄이려는 환경보호국EPA의 권한을 제한하는 것과 같은 트럼프 행정부의 가장 "무모한 규제 결정"이 철회되기를 희망했다. 그러나 통제 불가능한 "좌파 진영의 (규제 찬성) 지명자들"이 기업에 심각한 피해를 줄 수도 있다고 우려했다. 또 바이든의 산업 정책이 구시대의 산업을 보호하면서 해외 기업과의 건전한 경쟁을 가로막아 고립시킬 것이라고 걱정했다.

이 책의 주제와 관련해 〈이코노미스트〉는 "바이든의 오랜 정치 경력에서 경제적 원칙에 대한 그의 열정을 정확하게 찾아볼 수 없다"라고 지적했다. 이런 주장에 대한 증거는 스티븐 브레이어Steven Breyer가 대법관으로 지명됐을 때 바이든이 위원장이었던 인준 청문회에서 찾을 수 있다. 브레이어는 대법원에서 경제학에 가장 정통한 대법관이다. 그는 위험 규제에서 한계비용과 한계편익을 고려해야 한다고 주장한 저서《악순환의 고리 끊기Breaking the Vicious Circle》를 출간한 후에 청문회에 참석했다. 실제로 그는 위험을 완전히 제거하겠다는 "끈질긴 목표 추구"를 미국 위험 관리 관행의 세 가지 중요 문제 중 하나로 꼽았다. 브레이어에게 질의한 공화당과 민주당 의원들 가운데 바이든이 "사법적 의사 결정에서의 경제 모델" 활용에 가장 비판적이었다.[23]

그럼에도 바이든은 주류 경제학에 적어도 트럼프보다는 더 많은 관심을 기울일 수밖에 없을 것이다. 트럼프는 임기 동안 주류 경제학자가 아닌 래리 커들로Larry Kudlow와 피터 나바로Peter Navarro로부터 경제에 관한 조언을 받았다. 많은 경제학자가 규제가 너무 많다고 생각했고, 트럼프는 그 가운데 일부를 폐지함으로써 규제가 확대되지 않도록 조치했다. 일부 경제학자는 트럼프의 공로를 인정하기도 한다. 하지만 나는 트럼프가 어떤 규제를 없애고 어떤 규제를 유지해야 하는지에 관해 경제학자들로부터 거의 조언을 받지 않았다고 생각한다. 일례로 FDA의 규제 완화로 복제 의약품 경쟁이 치열해졌고, 처방 약품의 소비자 물가지수는 46년 만에 처음으로 하락했다.[24]

트럼프가 경제적 분석은 물론 정책을 시행해야 하는 사람들에게 먼저 알리지도 않고 정책에 대한 지지를 표명한 분야도 많다. 2020년 9월 26일에 이 글을 쓰면서 나는 경제적 분석 없이 오로지 트럼프의 지시에 따라 연방 정부가 노인 의료보호에 가입한 3,300만 명에게 200달러 상당의 약품 할인 카드를 보내기로 했다는 기사를 읽었다. 백악관 내부 관계자는 이것이 아직 "막판 조율 중인 사안"이라고 말했다. 약품 할인 카드에 들어가는 예산은 이르면 2022년에 재정적 난관에 직면해 예산 집행이 불가능할 수도 있는 노인 의료보호 예산에서 조달할 것으로 보인다. 어쨌든 2020년 10월 15일 현시점까지 트럼프의 의약품 할인 카드에 대한 지시는 실행에 옮겨지지 않았다.[25]

마지막 생각

시장과 보이지 않는 손이 만든 놀라운 결과에 대한 애덤 스미스의 설명에 관해 19세기 들어 의문이 제기되기 시작했다. 많은 경제학자는 새로운 생산자가 쉽게 진입하고 소비자가 완벽한 정보를 가지고 있다면, 수요와 공급이 경제적 효율성을 창출할 수 있다고 주장했다. 그러나 많은 시장에서 신규 생산자의 진입이 쉽지 않고, 소비자는 생산자만큼 제품 결함을 잘 알지 못한다. 따라서 기업이 시장 지배력을 갖게되고, 이런 상황은 시장의 효율성에 의문을 제기한다. 결국 완전한 경쟁이나 완벽한 정보란 있을 수 없기 때문에 시장에는 '불완전성'이 존재한다.

경제사학자로 시작해 다방면에 박식한 인물로 유명한 디어드레 매클러스키는 "잠시 주목을 끌었지만 결코 측정된 적이 없는 시장의 불완전성" 가운데 108개를 열거했다. 이런 불완전성은 지난 200년 이상에 걸쳐 축적돼왔다![26] 일부 새로운 경제학자가 정부의 개입이나 통제를 받지 않는 시장은 사회에 바람직한 결과를 만들어내지 못할 것으로 생각하는 것도 당연하다. 그러나 매클러스키는 막강한 시장 지배력이나 불완전한 소비자 정보 때문에 소비자 후생이 나빠졌음을 입증하는 자료는 아직 나오지 않았다고 지적한다. 이런 많은 불완전성은 단지 어둠을 드리우는 비구름으로 남아 있을 뿐이다.

정부가 이런 상황을 개선할 수 있을까? 일부 경제학자는 그렇게 할 수 있다고 생각한다. 그러나 이 책에서 설명한 것처럼 시장을 개선하려는 정부의 성과는 그리 좋지 않다. 오히려 실패 사례가 수도 없이 많다. 컴퓨터 판매를 독점한 IBM에 대한 반독점 소송은 결국 실익이 없다는 이유로 취하됐다. 1969년부터 1982년까지 이 소송은 수만 건의 증거와 3,000만 장에 달하는 문서 기록을 남겼다.[27] 소송을 포기할 때쯤에는 많은 소규모 회사가 소형 컴퓨터를 개발해 판매하고 있었고, 외국 회사와의 경쟁도 치열해졌다.

정보 문제를 예로 들어보겠다. 내가 처음 경제학을 공부하던 시절에는 조지 애컬로프George Akerlof가 1970년에 발표한 〈중고차 시장: 품질 불균형과 시장 메커니즘〉이라는 논문이 대부분 경제학 강의 계획서에 포함돼 있었다. 이 논문은 2001년에 애컬로프가 노벨 경제학상을 받는 데 도움이 됐을지도 모른다. 예를 들어 애컬로프는 자동차 딜러는 일반적으로 차량이 충돌 사고를 당했거나 렌터카로 사용됐는지 어떤지를 알지만, 잠재 고객은 그런 정보를 모른다는 점에 주목했다. 애컬로프가 논문을 쓴 이후 50년 만에 연방 정부는 딜러가 고객에게 더 많은 정보를 제공하도록 의무화하는 법률을 통과시켰다.

그러나 시간이 지나면서 민간 부문은 정부가 요구하는 것보다 훨씬 더 많은 정보를 제공해왔다. 예를 들어 카팩스Carfax 같은 기업들은 사고나 렌터카 사용 여부에 더해 구매하려는 차량의 주행거리, 유지·보수, 이전 소유자 수에 대한 기록까지 제공한다. 7장에서 설명한 바와 같이, 이제 자동차 제조 업체는 판매 차량에 대해 일부 고객이 중요하다고 생각하는 난해한 정보를 온라인으로 찾아볼 수 있게 해줬다.

그렇다면 시장의 이런 불완전성을 고려할 때 시장 결과에 대해 어떻게 생각해야 할까? 매클러스키는 1800년에는 한 마을의 잡화점이 진정한 독점력을 가지고 있었다고 주장한다. 실질적인 경쟁을 유도하기 위해 다른 마을로 장을 보러 가는 것이 너무 어려웠기 때문이다. 교통수단이 발달하면서 1900년에는 독점력이 줄어들었고, 1950년에는 독점력이 훨씬 더 약해졌다. 교통수단의 발달에 정보 혁명까지 가세하면서 거실을 떠나지 않고도 여러 상품을 비교해 살 수 있게 된 오늘날에는 독점력의 정도가 훨씬 더 약해졌다.

더 중요한 것은 1800년에는 미국의 1인당 소득이 하루 약 3달러였는데 2010년에는 120달러로 증가했다는 사실이다.[28] 경제학자 벤저민 존스와 래리 서머스도 같은 주장을 하지만 "현재 미국의 1인당 소득은 1820년 수준의 25배에 달한다"라는 약간 다른 생활 수준 자료를 제시한다.[29] 이런 성장은 "거래를 통해 상품과 서비스가 개선"되게 하는 "상당히 경쟁적인 시장"의 결과다.[30] 민간 기업이 가득한 '상당히 경쟁적인 시장'은 그렇게 나쁜 것이 아니다.

내 말은 아무것도 바꾸지 말라는 것이 아니다. 나는 시장에는 경제 활동을 얼마나 효율적으로 조직화하는지에 관해 놀랍고 뛰어난 무언가가 있다는 폴 크루그먼의 주장에 전적으로 동의한다. 또한 형평성을 우려한다면 탈세를 없애는 것부터 시작해야 한다고 얘기한 래리 서머스의 의견에 찬성한다. 미국기업연구소의 마이클 스트레인과 브루킹스연구소의 리처드 리브스Richard Reeves는 각자의 저서《아메리칸 드림은 죽지 않았다》와《드림 호더스Dream Hoarders》에서 고려할 가치가 있는 몇 가지 개혁안을 제시했다. 조금 더 야심 찬 제안 가운데는 조너선 그루버와 사이먼 존슨Simon Johnson의《미국의 도약Jump-Starting America》이 흥미롭다.[31]

개선 가능성에 대한 나의 제안이 모호하다는 당신의 생각은 옳다. 다시 이야기하지만 이 책은 현재의 정책 논쟁에 초점을 맞춘 것이 아니다. 설사 그렇다고 하더라도 책이 당신 손에 들릴 시점이면 쟁점이 달라져 있을 것이다. 어쨌든 나는 이 책에서 논의할 수 있는 것보다 더 많은 생각과 분석을 하지 않고서는 특정 정책을 지지하지 않을 것이다. 내가 말할 수 있는 것은 스트레인, 리브스, 그루버는 더 많은 생각과 분석할 가치가 있는 제안을 하는 사려 깊은 경제학자들이라는 점이다.

경제적 불평등에 대해 논의할 때는 조금 더 냉정해질 필요가 있다고 생각한다. 5장에서 보여주고자 한 것처럼 경제적 불평등은 주류 언론에서 말하는 것보다 훨씬 더 복잡하다. 코로나19는 경제에 큰 타격을 입혔다. 특히 저소득층 근로자들에게 큰 충격을 줬다. 하지만 시간이 흐르면 코로나19는 지나갈 것이다. 마이클 스트레인의 연구에 따르면 코로나19가 발생하기 전 4년 동안 소득 하위 10% 계층의 주당 평균 소득은 20% 증가했다. 이는 "중위 소득 증가율보다 30% 정도 더 빠른 속도다." 따라서 소득 불평등은 "더 증가하지 않았거나 감소 중일 수도 있다."[32]

더 넓은 관점에서, 소득 불평등이 적을 때 사람들이 더 행복하다는 증거가 있을까? 아서 브룩스는 그 대답이 '아니요'라는 것을 보여준다. 사람들은 경제적 계층 이동성이 높은 나라에서 더 행복하지만 소득 형평성이 높은 나라에서 더 행복하지는 않았다.[33] 이것은 그리 놀라운 일이 아니다. 빌 게이츠나 제프 베조스, 오프라 윈프리 같은 엄청난 거부들이 미국인이 아니라 스위스인이라면 미국의 소득 형평성이 더 높아질 것이다. 그러면 우리가 정말 더 만족하면서 잘 살까?

노벨 경제학상 수상자인 윌리엄 노드하우스의 연구에 따르면, 혁신으로 증가한 복지 가운데 2.2%가 혁신가들에게 돌아가고 나머지 97.8%의 혜택을 소비자들이 누린다.[34] 이것이 매우 불공평한 것처럼 보이는가? 나는 자유 기업 또는 자본주의를 판단할 때는 긴 안목을 가져야 한다는 디어드레 매클러스키가 옳다고 생각한다. 장기적 관점에서 자본주의를 생각할 때 나는 감사함을 느낀다. 우리가 자유라는 첫 번째 원칙에 기반한 경제와 정치체제에서 살아간다는 것은 정말 커다란 행운이다.[35] 또한 덕윤리학을 통해 감사가 미덕임을 알게 됐고,[36] 긍정심리학을 통해 감사하는 마음이 사람을 행복하게 해준다는 사실을 알게 돼 기쁘다.[37]

│ **감사의 글(초판)** │

이 책에 훌륭한 점이 있다면 그것은 1960년대 코넬대학교에서 시작됐다고 말하고 싶다. 행정학 석사 과정을 밟던 나는 코넬대학교의 경제학과에 마음이 끌렸다. 그곳에서 앨프리드 칸과 로버트 킬패트릭 Robert Kilpatrick으로부터 규제경제와 공공재정 분야가 정책의 본질적 문제를 체계적이고 명료한 방식으로 다룬다는 것을 배웠다.

몇 년 후에 우연히 만난 자리에서 칸은 내가 쓰고 있던 원고를 읽고 평가해주기로 했다. 며칠 후 그에게 500쪽 분량의 원고를 보냈는데 그는 아무런 불평을 하지 않았다. 그리고 바쁜 와중에도 내게 매우 도움이 된 22쪽 분량의 자세한 평론을 써줬다. 지미 카터 행정부에서 그와 친했던 사람들은 코넬대학교에서 그가 활기찬 에너지와 넘치는 재치, 지성으로 매우 유명한 인물이었다는 사실에 그리 놀라지 않을 것이다. 하지만 그들은 놀라울 정도로 너그러운 칸의 품성에 관해 나보다 더 잘 알지 못할 것이다.

코넬에서 경제학 공부가 끝날 무렵에 나는 운 좋게도 또 다른 전설적인 인물인 앨런 블룸을 만났다. 그는 플라톤의《국가》에 대한 연구를 끝내고 루소의《에밀》에 대한 연구를 시작하던 참이었는데, 이런 훌륭한 교수님과 함께 공부하게 된 것은 나의 특권이었다. 오늘날 훌륭한 인문대학의 학생들과 달리 나는 이런 책들을 읽어본 적이 없었고, 실제로 다른 중요한 책들도 읽어보지 못했다. 블룸으로부터 경제학자들의 세계관보다 더 폭넓은 세계관을 배웠다. 내가 정치철학 분야의 훌륭한 책들 가운데 블룸이 아는 것의 절반만큼만 알았더라도 이 책은 훨씬 더 좋아졌을 것이다.

나는 석사 학위를 받은 후에 미국 예산국의 찰스 슐츠 아래서 일했다. 경제학자들의 세계관이 과거의 계획예산 제도를 기초로 발전한 여러 연구를 통해 정부에 영향력을 미치기 시작한다는 사실을 그곳에서 처음으로 알게 됐다.

코넬로 돌아와서 정치학 박사 학위를 취득할 때는 리처드 페노Richard Fenno, 앨런 신들러Allan Sindler, 월터 번스Walter Berns와 함께 연구할 수 있는 행운을 누렸다. 나는 이 책에서 경제학자들의 견해를 가능한 한 그들의 언어로 표현하려고 노력했는데, 이는 의회에 생동감을 불어넣는 페노의 방법론에 경의를 표하기 위해서다. 신들러와 번스는 각자 다른 방식으로 정치학에서 미국 정치 문제를 신중히 분석할 수 있도록 중요한 모형을 제공해줬다. 신들러는 내 박사 학위 논문심사위원회의 위원장이었고, 그 후로도 오랫동안 다양한 방법으로 나를 도와줬다.

이렇게 많은 내용을 다루는 원고는 여러 부분에서 나보다 더 전문적인 지식을 갖춘 교정자들의 친절함이 없다면 실수로 가득할 것이다. 에드워드 밴필드Edward Banfield, 로런스 브라운Lawrence Brown, 도나 호손 카르파뇨Dona Hawthorne Carfagno, 제임스 시저James Ceasar, 워드 엘리엇Ward Elliot, 조지프 골드버그Joseph Goldberg, 윌리엄 존슨William Johnson, 앨프리드 칸, 칸즈 로드Carnes Lord, 하비 맨스필드 주니어Harvey Mansfield Jr., 에드거 올센Edgar Olsen, 제임스 폰투소James Pontuso, 에이브럼 슐스키Abram Shulsky, 앨런 신들러, 에런 윌다프스키Aron Wildavsky, 릴랜드 예거Leland Yeager에게 깊이 감사드린다. 그리고 익명의 몇몇 독자가 초고의 전부 또는 상당 부분을 읽고 의견을 줬다. 나는 이들의 의견이 이 책을 더욱 좋게 만들었다고 생각한다. 당연하게도, 이 책에 부족한 점이 있다면 전적으로 내 책임이다.

1983년과 1984년의 행정대학원 학생들 역시 큰 도움을 줬다. 대학원생들과 함께 모든 원고를 읽어준 유일한 사람인 아내 다이애나 애커스 로즈Diana Akers Rhoads에게 감사한다. 그녀는 탁월한 편집자이지만 이것은 그녀의 장점 가운데 극히 일부에 불과하다.

케이시 둘리Cathy Dooley, 짐 크레인Jim Crane, 록산느 화이트Roxanne White는 중요하지만 빛나지 않는 일을 즐겁고 성실하게 해준 연구 조교들이다. 특히 바버라 매콜리Barbara McCauley는 꼼꼼히 타자 작업을 해줬다. 그리고 교육문제연구소, 이어하트 재단Earhart Foundation, 버지니아대학교의 고등학문연구소Center for Advanced Studies at the University of Virginia는 이 책을 쓸 수 있도록 1년 동안 펠로십을 제공해줬다. 대학의 소규모 장학위원회와 정치외교학과는 이 원고를 타이핑하고 복사하는 데 자금을 지원해줬다.

그리고 마지막으로 콜린 데이는 처음부터 많은 도움을 준 유능한 편집자로, 그와 함께 작업할 수 있어서 무척 즐거웠다. 그 외에도 탁월한 편집자인 메리 바이어스Mary Byers를 비롯해 케임브리지대학교 출판사의 여러 직원에게 큰 도움을 받았다.

| 감사의 글(최신판) |

친구이자 경제학 분야의 동료인 윌리엄 존슨은 40년 넘게 경제학에 대한 나의 성가신 질문을 잘 참아주었다! 그는 자신의 분야에서 무슨 일이 일어나고 있는지 놀라울 정도로 많은 것을 알고 있다. 윌리엄은 원고 전체를 읽고 큰 도움이 되는 강력한 비평을 해줬다.

경제학 분야의 또 다른 친구이자 동료인 에드거 올센은 정책 분석 커뮤니티에 대한 폭넓은 지식을 공유해줬고, 특히 주택과 관련한 연구는 이 책에서 형평성에 관해 설명하는 데 많은 도움이 됐다.

그레고리 맨큐, 디어드레 매클러스키, 폴 드라고스 알리기카Paul Dragos Aligica, 타일러 카우언, 존 메리필드John Merrifield는 원고 전체에 대해 폭넓은 의견을 제시해줬다. 마음속 깊은 고마움을 전한다.

운 좋게도 나는 장래가 촉망되는 학부 우등생들이 있는 버지니아대학교에서 경력을 쌓을 수 있었다. 더 좋았던 점은 최고의 인재들을 연구 조교로 참여하도록 설득할 수 있었다는 것이다. 대부분의 글쓰기와 집중적인 연구가 이뤄졌던 지난 2년 동안 특히 세 명의 조교가 큰 도움을 줬다. 브룩 핸더슨Brooke Handerson은 응용경제학에 대한 데이터와 지식을 활용해 여러 방식으로 도와줬으며, 특히 경제적 인센티브에 관해 논하는 '3장'의 초고를 대부분 작성했다. 코너 딕슨Corner Dixon은 재산권과 소득 분배에 대한 건국자들의 견해에 관한 진정한 전문가로서 특별한 도움을 줬다. 특히 경제학자와 이기심에 관한 연구에서 전문성을 보여줬다.

물리학과 수리 경제학을 전공한 레베카 해링턴Rebecca Harrington은 다양한 방식으로 다재다능함을 보여줬다. 그녀는 수십 개의 이콘토크 녹취록과 프린트해서 죽 이어붙이면 몇 미터에 달할 기사를 정리하고 주석을 달아줬다. 또한 전문가 독자들이 제안한 변경 사항을 반영하기 위해 일부 문장을 다시 썼으며, 출판사의 요청으로 원고를 급히 수정해야 하는 급박한 상황일 때는 꼭두새벽까지 나와 함께 일했다. 매우 재능 있는 여성인 그녀는 지루한 작업에도 언제나 넘치는 에너지와 할 수 있다는 정신 그리고 밝은 미소를 잃지 않았다.

로즈 장학생인 러셀 보그Russll Bogue는 내가 처음에 썼던 '8장'을 완전히 새롭게 다시 썼다. 미카엘라 코너리Micaela Connery의 석사 논문은 자원봉사의 중요성과 조지 H. W. 부시 대통령의 자원봉사 관련 운동에 대한 확신을 갖게 해줬다. 웬디 모리슨Wendy Morrison은 기회비용과 인프라에 관한 연구를, 벤 구스타프슨Ben Gustafson은 형평성과 가정용 제품의 에너지 효율에 관한 연구를 도와줬다.

앤 마리 헬름Anne Marie Helm, 브래들리 캐처Bradley Katcher, 알렉산더 메지크Alexander Mezick, 메리 히콕Mary Hickok, 앤디 보이어Andy Boyer는 연구

초기에 다양한 과제를 도와줬다. 자료 제공에 도움을 준 리 코폭Lee Coppock, 켄 엘징가Ken Elzinga, 아델 모리스Adel Morris, 앤디 레텐마이어Andy Rettenmaier, 제이 심셰크Jay Shimshack, 토드 자이위키Todd Zywicki에게도 감사를 전한다.

케빈 코사르Kevin Kosar를 비롯한 R 스트리트 인스티튜트R Street Institute 는 훌륭한 전략적 조언과 행정적 지원을 제공했다.

이 책의 초판은 수년간의 노력과 가족에 대한 소홀함 끝에 탄생했다. 그 과정에서 나는 지금은 고인이 된 아내 다이애나의 돌봄과 편집 그리고 활동적이고 애정 넘치는 세 아들 크리스Chris, 닉Nick, 존John의 응원에 의지할 수 있었다.

제임스 시저와 블레어 프렌치Blaire French는 수십 년 동안 함께해온 친구이자 이 출판 프로젝트의 든든한 지지자였다. 나의 제자이자 지금은 오랜 친구가 된 스티븐 텔레스와 스티브 카마로타Steve Camarota 역시 영감을 주는 대화와 조언을 아끼지 않았다. 세 명의 절친 마크 플래트너, 게리 슈미트Gary Schmitt, 에이브럼 슐스키도 많은 도움을 줬다.

애나 서덜랜드Anna Sutherland는 안타깝게 세상을 떠나기 전까지 초창기의 초고를 편집해준 훌륭한 편집자였다. 이후 리처드 스타Richard Starr 가 대부분의 초고를 능숙하게 편집했는데, 이해하기 어려운 논문을 찾아내고 투박한 구절을 다시 쓰는 그의 능력은 일반적인 편집 수준을 훨씬 뛰어넘었다. 리처드에게 깊은 감사를 전한다.

내 초고를 인수한 편집자 로버트 드리슨Robert Dreesen은 이 책이 학계뿐만 아니라 일반 독자들 사이에서도 성공할 수 있도록 케임브리지 출판사의 노력을 주도했다. 초고 가운데 일부를 수정하자는 그의 제안은 훌륭했다. 나는 출판 과정 내내 그의 폭넓은 출판 경험과 현명한 판단력에 의지했다.

아내 페기 선샤인Peggy Sunshine은 한계효용 체감 이론의 반례를 지속적으로 보여줬다. 한 달에 두 번째, 세 번째, 네 번째로 먹는 스테이크는 만족감이 점차 줄어들지만, 그녀와 함께하는 두 번째, 세 번째, 네 번째 데이트는 갈수록 더 즐거워졌다. 그녀는 자기 책을 쓰는 동안에도 이 책의 출판에 관해 현명하고 전략적인 조언을 해줬다.

들어가며

1. David R. Henderson, ed., *The Concise Encyclopedia of Economics* (Carmel, IN: Liberty Fund, 2007).

2. John Brandl, "Review of Steven E. Rhoads *The Economist's View of the World*," *Public Budgeting & Finance*, 1986, 6(2): 115-116.

3. Joseph E. Stiglitz, "A democratic socialist agenda is appealing: no wonder Trump attacks it," *Washington Post*, May 8, 2019.

4. Alex Tabarrok, "The economics of sawdust," Marginal Revolution, June 2, 2008.

5. Tabarrok, "The economics of sawdust"; Joel Millman, "Sawdust shock: a shortage looms as economy slows," *Wall Street Journal*, March 3, 2008; "Sawdust," Wikipedia.

6. Tabarrok, "The economics of sawdust."

7. On China, see *The Washington Post*, October 3, 1981; December 30, 1977; December 10, 1975; and February 6, 1982; and *The New York Times*, August 16, 1979; on the Soviet Union, see *The Washington Post*, July 13, 1977; November 2, 1981; November 28, 1981; June 16, 1983; and July 27, 1983.

8. 첫 번째는 전 경제자문위원회 의장인 폴 매크래컨(Paul McCracken)의 말이다. 매크래컨은 또 경제자문위원회에서도 대부분의 시간을 미시경제 문제에 할애했다고 언급했다. 윌리엄 앨런, "경제학, 경제학자 그리고 경제 정책: 현대 미국의 경험", 정치경제사, 1977, 9(1) 참조: 48-88, 70-3. 두 번째 진술은 익명의 하버드 경제학자가 한 말이다. 스티븐 켈만,《가격 인센티브란 무엇인가?(*What Price Incentives?*)》참조. 경제학자와 환경(보스턴: 오번하우스 출판, 1981), 1 1n.

1장

1. Kenneth J. Arrow, *The Limits of Organization* (New York: Norton, 1974), 17.

2. Richard Lipsey and Peter Steiner, *Economics*(New York: Harper & Row, 1978), 228. 리처드 립시와 피터 스타이너는 "영국이 석탄 산업에 관해서는 삼류의 진취적이지 않은 민간 소유주의 압력으로부터 산업을 구하기 위해 공공의 통제가 필요하다는 견해가 널리 퍼져 있었고, 의심할 바 없이 이것이 1946년 국유화로 이어진 요인"이라고 지적한다. 영국의 한 위원회는 다음과 같이 보고했다. "광부의 지도자들이 광산 소유주들과 자주 만날 기회가 없었다면 영국에서 가장 어리석은 사람들이라고 말해도 결코 과장이 아니다." 경제학자 로이 해로드(Roy Harrod) 경은 이와 다른 견해를 피력했다. 그는 웨일스 광산의 낙후된 상태와 더비셔 광산의 발전된 상태 사이의 극명한 차이는 경영진의 능력이 아니라 더비셔 광산의 인상적인 (석탄) 생산 능력으로 설명될 수 있다고 주장했다.

3. "Briefing: The future of jobs," *The Economist*, January 18, 2014, 25.

4. *Congressional Quarterly Almanac*, 1971, 135.

5. Allen, "Economics, economists and economic policy," 70.

6. Jill Lawless, "Final Concorde flight lands at Heathrow," *Washington Post*, October 24, 2003.

7. Allen V. Kneese and Charles Schultze, *Pollution, Prices and Public Policy* (Washington, DC: Brookings Institution Press, 1975), 85, 90. The incentive approach will be discussed more fully in Chapter 3.

8. Steven E. Rhoads, *Policy Analysis in the Federal Aviation Administration* (Lexington, MA: Lexington Books, 1974), 106.

9. Frank S. Levy, Arnold Meltsner, and Aaron Wildavsky, *Urban Outcomes* (Berkeley: University of California Press, 1974), 154-7, 238. For a discussion of how economists and engineers understand "efficiency" differently, see Douglas Anderson, *Regulatory Politics and Electric Utilities: A Case Study in Political Economy* (Boston: Auburn House Publishing, 1981), 100-1.

10. Charlotte Allen, "Bullet train to nowhere," *Weekly Standard*, September 12, 2016.

11. Michael Barone, "The not-inevitable candidate and his not-feasible pet project," *Washington Examiner*, June 12, 2019.

12. Clifford Winston, "On the performance of the US transportation system: caution ahead," *Journal of Economic Literature*, 2013, 51(3): 773-824.

13. *Chicago Tribune*, "Trump pushes infrastructure plans but Congress blocked

Obama on the issue," November 11, 2016.

14. Ashley Halsey III, "Trump promised $1 trillion for infrastructure, but the estimated need is $4.5 trillion," *Washington Post*, March 10, 2017.

15. Ralph Vartabedian, "Cost for California bullet train system rises to $77.3 billion," *Los Angeles Times*, March 9, 2018; Ralph Vartabedian, "California bullet train cost surges by 2.8 billion: 'worst case scenario has happened,'" *Los Angeles Times*, January 16, 2018; Allen, "Bullet train to nowhere"; *Washington Post*, "Crazy train," November 14, 2011.

16. Bent Flyvbjerg, "Megaprojects," EconTalk, May 25, 2015.

17. Josh Dawsey, "Trump cools to idea of taking on welfare programs, seeing little chance of success in Congress," *Washington Post*, January 5, 2018.

18. Clifford Winston, "Winston on transportation," EconTalk, October 14, 2013; Winston, "On the performance of the US transportation system"; Diane Whitmore Schanzenbach, Ryan Nunn, and Greg Nantz, "If you build it: a guide to the economics of infrastructure investment" (Washington, DC: Hamilton Project, Brookings Institution, 2017); Gilles Duranton, Geetika Nagpal, andMatthew Turner, "Transportation infrastructure in the US," Working Paper 27254 (Cambridge, MA: National Bureau of Economic Research, 2020).

19. Randal O'Toole, "Paint is cheaper than rails: why Congress should abolish New Starts," Policy Analysis 727 (Washington, DC: Cato Institute, 2013), 6.

20. O'Toole, "Paint is cheaper than rails"; Kate Lowe and Sandra Rosenbloom, "Federal New Starts programs: what do new regulations mean for metropolitan areas," Urban Institute, March 2014.

21. Conor Dougherty, "Candidates in a rare accord, on this upgrading infrastructure," *New York Times*, September 19, 2016.

22. *New York Times*, "Obama's 2013 State of the Union address," February 12, 2013.

23. *New York Times*, "Obama's economics speech at Knox College," July 24, 2013.

24. Donald Trump, "Bridges in danger," *Morning Joe show*, MSNBC, December 18, 2015.

25. Mike Baker and Joan Lowy, "Thousands of bridges at risk of collapse in freak accidents," *Washington Post*, August 26, 2013; Ashley Halsey III, "US has 63,000 bridges that need significant repairs; local governments turn to Congress," *Washington Post*, April 25, 2014.

26. Barry B. LePatner, *Too Big to Fall: America's Failing Infrastructure and the Way Forward* (New York: Foster Publishing, 2010).

27. Research assistant Wendy Morrison, interview with LePatner, 2013.

28. NACE International, "Highways and bridges," www.nace.org/Corrosion-Central/Industries/Highways-and-Bridges.

29. Chris Edwards, "Crumbling infrastructure?," *National Review*, March 20, 2013.

30. John Mendeloff, *Regulating Safety: An Economic and Political Analysis of Occupational Safety and Health Policy* (Cambridge, MA: MIT Press, 1979), 69.

31. Rhoads, *Policy Analysis in the Federal Aviation Administration*, 18-21; Steven E. Rhoads (ed.), *Valuing Life: Public Policy Dilemmas* (Boulder, CO: Westview Press, 1980), 2.

32. *Washington Post*, June 23, 1986.

33. Jonathan Rosenfeld, "Improving roadway designs for traffic safety," *National Law Review*, October 23, 2017.

34. W. Kip Viscusi, "Pricing lives for corporate risk decisions," *Vanderbilt Law Review*, 2015, 68(4): 1117-1162, 1139-42; Rhoads, *Valuing Life*.

35. Emily Goff, "How to fix America's infrastructure," Heritage Foundation, June 2, 2014.

36. Ashley Halsey III, "Lahood urges more states to ban phone use by drivers," *Washington Post*, June 8, 2012.

37. Greg Ip, *Foolproof: Why Safety Can Be Dangerous and How Danger Makes Us Safe* (New York: Little, Brown, 2015), ch. 4.

38. Tammy O. Tengs, Miriam E. Adams, Joseph S. Pliskin, Dana Gelb Safran, Joanna E. Siegel, Milton C. Weinstein, and John D. Graham, "Five-hundred life-saving interventions and their cost-effectiveness," *Risk Analysis*, 1995, 15(3): 369-390.

39. R. Jeffrey Smith, "Chernobyl report surprisingly detailed but avoids painful truths, experts say," *Washington Post*, August 27, 1986.

40. Richard Wilson and Edmund A. C. Crouch, *Risk-Benefit Analysis*, 2nd ed. (Cambridge, MA: Harvard University Press, 2001), 115-16.

41. Comptroller General, "Report to the Congress of the United States: environmental, economic, and political issues impede Potomac River cleanup efforts," B-202338, no. 117241, 1981.

42. Angus Phillips, "Nose deep in figures, GAO can't see the river for the cesspool," *Washington Post*, February 14, 1982.

43. Gardner M. Brown Jr. and Jason F. Shogren, "Economics of the Endangered Species Act," *Journal of Economic Perspectives*, 1998, 12(3): 3-20.

44. Julian L. Simon and Aaron Wildavsky, "Species loss revisited," *Society*, 1992, 30(1): 41-46.

45. Testimony of Dr. T. Eisner, before Senate Subcommittee on Environmental Protection, April 10, 1992, 9-12; David W. Ehrenfeld, "The conservation of non-resources," *American Scientist*, 1976, 64(6): 648-656.

46. Simon and Wildavsky, "Species loss revisited."

47. R. Alexander Pyron, "Species die. Get over it," *Washington Post*, November 26, 2017; Chris Thomas, *Inheritors of the Earth: How Nature Is Thriving in an Age of Extinction* (London: Allen Lane, 2017), cited in *The Economist*, "Crucibles of cosmopolitan creation," August 5, 2017.

48. *The Economist*, "Why extinctions aren't what they used to be," August 5, 2017.

49. John Koprowski, "The Mt. Graham Red Squirrel Research Program," University of Arizona Conservation Research Laboratory, 2017, https://cals.arizona.edu/research/redsquirrel/mgrs-projhistory.html; Tony Davis, "Endangered red squirrels might be unable to recover from Arizona wildfire," *Arizona Daily Star*, October 19, 2017; University of Arizona, "Mount Graham red squirrel census," 2010, http:// mgio.arizona.edu/sites/mgio/files/mgrscensus2010.pdf.

50. William Baxter, *People or Penguins: The Case for Optimal Pollution* (New York: Columbia University Press, 1974).

51. R. Alexander Pyron, "We don't need to save endangered species. Extinction is part of evolution," *Washington Post*, November 22, 2017.

52. Abraham Lincoln, "The repeal of the Missouri Compromise and the propriety of its restoration: speech at Peoria, Illinois, in reply to Senator Douglas, October 16, 1854," in Roy Basler, ed., *Abraham Lincoln: His Speeches and Writings* (Cleveland, OH: World Publishing, 1946): 283-324, 301-4.

53. Laurence H. Tribe, "Ways not to think about plastic trees," in Laurence H. Tribe, Corinne Schelling, and John Voss, eds., *When Values Conflict: Essays on Environmental Analysis, Discourse, and Decision* (Cambridge, MA: Ballinger Publishing, 1976): 61-91.

54. Robert Dorfman, "An afterword: humane values and environmental decisions," in Tribe, Schelling, and Voss, *When Values Conflict*: 153-173.

55. Emily Ekins, "Cato/YouGov poll: 92% support police body cameras, 55% willing

to pay more in taxes to equip local police," Cato Institute, January 5, 2016.

56. R. J. Reinhart, "Public split on basic income for workers replaced by robots," Gallup, February 26, 2018.

57. Emily Ekins, "Large majorities support key Obamacare provisions, unless they cost something," Cato Institute, March 2, 2017.

58. Steven E. Rhoads, *The Economist's View of the World: Government, Markets, and Public Policy* (New York: Cambridge University Press, 1985), 23.

59. Kneese and Schultze, *Pollution, Prices and Public Policy*.

2장

1. A. H. Maslow, *Motivation and Personality* (New York: Harper & Row, 1954), ch. 5, 107.

2. Richard B. McKenzie and Gordon Tullock, *The New World of Economics* (Homewood, IL: Irwin, 1981), 331-8.

3. See Kenneth Boulding, *Beyond Economics* (Ann Arbor, MI: University of Michigan Press, 1970), 220.

4. See Jack A. Meyer, *Health Care Costs Increases* (Washington, DC: American Enterprise Institute, 1979), 12.

5. 조지프 뉴하우스(Joseph Newhouse), 찰스 펠프스(Charles Phelps), 윌리엄 슈바르츠(William B. Schwartz), "정책 옵션과 국민 건강 보험의 영향", *New England Journal of Medicine*, 1974, 290 (24): 1345-1359. 모든 비용을 부담하는 의료 보험에 가입한 사람들의 의료비가 50% 더 높다는 랜드연구소의 연구 결과도 참조하라. 이 연구는 또한 비용 분담이 건강에 부정적인 영향을 미치지 않을 수 있다고 제안했다. 〈워싱턴 포스트〉, 1981년 12월 17일, 8.

6. Charles Fried, "Difficulties in the economic anal\ysis of rights," in Gerald Dworkin, Gordon Bermant, and Peter G. Brown, eds., *Markets and Morals* (Washington, DC: Hemisphere, 1977): 175-195, 188-9.

7. This economic point of view is covered in more depth in Chapter 5.

8. Fried, "Difficulties in the economic analysis of rights," 191.

9. *Washington Post*, "From an editorial by John E. Curley Jr., president of the Catholic Health Association, in an issue of The Catholic Health World," July 19, 1985.

10. Michael Cooper, "Economics of need: the experience of the British health service," in Mark Perlman, ed., *The Economics of Health and Medical Care:*

Proceedings of a Conference of the International Economic Association (New York: Wiley, 1973): 89-107, 89-99, 105.

11. Cooper, "Economics of need," 91-3.

12. Martin S. Feldstein, *Economic Analysis for Health Efficiency* (Amsterdam: North Holland, 1967) [cited in Cooper, "Economics of need"].

13. Robin Hanson, "Cut medicine in half," Cato Unbound, September 10, 2007. See also Jonathan Skinner, "Causes and consequences of geographic variation in health care," in Mark V. Pauly, Thomas G. McGuire, and Pedro Pita Barros, eds., *Handbook of Health Economics*, vol. 2 (Oxford: North Holland, 2012): 45-94.

14. Donald M. Berwick and Andrew D. Hackbarth, "Eliminating waste in US health care," *Journal of the American Medical Association*, 2012, 307(14): 1513-1516.

15. Institute of Medicine, *Best Care at Lower Cost: The Path to Continuously Learning Health Care in America* (Washington, DC: National Academies Press, 2013), 14.

16. Katherine Baicker, Sarah L. Taubman, Heidi Allen, and Mira Bernstein, "The Oregon experiment: effects of Medicaid on clinical outcomes," *New England Journal of Medicine*, 2013, 368(18): 1713-1722.

17. White House, "President Obama meets with Senate leaders," December 15, 2009. See also White House, "Nurses join President Obama on health care reform," July 15, 2009; White House, "President Obama and President Clinton discuss health care," September 24, 2013; and White House, "President Obama speaks on the Affordable Care Act," November 6, 2013.

18. Charles Silver and David A. Hyman, *Overcharged: Why Americans Pay Too Much for Health Care* (Washington, DC: Cato Institute, 2018), 286. See also " Sarah L. Taubman, Heidi Allen, Bill J. Wright, Katherine Baicker, and Amy N. Finkelstein, "Medicaid increases emergency-department use: evidence from Oregon's health insurance experiment," *Science*, 2014, 343(6168): 263-268; and Amy N. Finkelstein, Sarah L. Taubman, Heidi Allen, Bill J. Wright, and Katherine Baicker, "Effect of Medicaid coverage on ED use: further evidence from Oregon's experiment," *New England Journal of Medicine*, 2016, 375(16): 1505-1507.

19. Donald Gould, "Some lives cost too dear," *New Statesman*, 1975, 90(2331): 633-634, 634.

20. *Washington Post*, June 23, 1978, A2.

21. FAA의 정책 지침 절차는 스티븐 로즈의 "FAA의 엔지니어링 및 개발 프로그램을 위한 정책 지침", AVP-110(워싱턴 DC: FAA, 1974) 인쇄물에서 자세하게 논의된다. FAA 가 설정한 정량적 목표는 연방 정부의 목표관리(MBO) 시스템에 나타나 있다. 기업과 일부 정부에서 사용되던 이 관리 도구는 리처드 닉슨 대통령 재임 시절에 연방 정부에 도입됐다. 최종 제품에 초점을 맞추는 MBO 시스템은 특정 부서가 결과에 대한 책임을 진다. 예를 들면 적은 비용으로 전년도만큼의 성과를 달성해야 하는 경우에 적합하다. 또한 MBO 시스템은 목표를 달성하기 위한 프로그램을 구현할 때 수행해야 하는 특정 작업을 계획하고 실행하는 데 유용한 도구가 될 수 있다. 최종 제품 또는 과정에 대한 구체적인 목표 설정은 효율적 관료 조직이 직원의 분석 보고서가 제안한 것보다 더 많은 일을 하는 데 도움이 될 수도 있다. 그러나 FAA 같은 조직의 목표 설정 절차는 이런 방식으로 작동하지 않는다. FAA의 어떤 부서도 '일반 민간 항공 사고 10% 감소'와 같은 광범위한 목표를 달성할 책임이 없기 때문이다. 또한 일반 민간 항공에 영향을 미치는 모든 프로그램을 통제하는 부서장이 있더라도 FAA는 책임을 물을 수 없다. 일반 민간 항공에 영향을 미치는 자금 지원 프로그램이 항공 사고를 10% 줄일 것으로 합리적으로 기대할 수 있는지에 대한 고려가 거의 없기 때문에 8%의 사고 감소를 달성한 관리자가 칭찬을 받아야 할지 비난을 받아야 할지 알 수 없다. 형사 사법 기준 및 목표에 관한 국가자문위원회(The National Advisory Commission on Criminal Justice Standards and Goals)는 FAA 같은 잘못된 목표 및 우선순위 설정 절차를 활용했다. 제프리 세지위크(Jeffrey Sedgwick), "후생경제학과 형사 사법 정책"(버지니아대학교, 1978년 박사 학위 논문), 7장의 토론을 참조하라.

22. Jimmy Carter, "The president's news conference," American Presidency Project, April 15, 1977. See also *Congressional Quarterly Almanac 1977*.

23. Kenneth Boulding, "Economics as a moral science," in his *Economics as a Science* (New York: McGraw-Hill, 1970): 117-138, 134.

24. Alexis de Tocqueville, *Democracy in America*, 2 vols. (New York: Random House, 1945 [1835]), I, 51.

25. David A. Mauer, "New beginnings," *Charlottesville Daily Progress*, February 6, 1994.

26. De Tocqueville, *Democracy in America*, I, 45.

27. Kneese and Schultze, *Pollution, Prices and Public Policy*, epilogue.

28. James M. Buchanan, "Economics and its scientific neighbors," in Sherman Krupp, ed., *The Structure of Economic Science: Essays on Methodology* (Englewood Cliffs, NJ: Prentice-Hall, 1966): 166-183, 168.

29. John Maher, *What Is Economics?* (New York: Wiley, 1969), 146-8.

30. McKenzie and Tullock, *The New World of Economics*, ch. 2.

3장

1. Charles Schultze, *The Public Use of Private Interest* (Washington, DC: Brookings Institution Press, 1977), 1-16. See the revised 2010 edition of these pivotal essays, and read more about the legacy of Schultze's work in George Eads, "Remembering Charlie Schultze," George Washington University, Regulatory Studies Center, November 8, 2016.

2. Environmental Protection Agency, "The origins of EPA," www.epa.gov/history/origins-epa.

3. 최근 기한 연기의 사례는 발전소 폐수 배출 제한의 역사(https://eelp.law.harvard.edu/2018/07/power-plant-effluent-limits) 및 증기 발전 폐수 지침(www.epa.gov/eg/steam-electric-power-generating-effluent-guidelines-rule-reconsideration)을 참조하고, 코로나바이러스 팬데믹 기간 중 배출 기준 완화에 대해서는 Lisa Friedman, "EPA, 코로나바이러스 인용, 오염원에 대한 규칙 대폭 완화", 〈뉴욕타임스〉, 2020년 3월 26일 자(2020년 4월 14일 업데이트) 기사를 읽어보기 바란다.

4. Larry Ruff, "Federal environmental regulation," in Leonard Weiss and Michael Klass, eds., *Case Studies in Regulation: Revolution and Reform* (Boston: Little, Brown, 1981): 235-261, 246. For a brief history of the court's involvement in environmental regulation, see James E. McCarthy and Claudia Copeland, "EPA regulations: too much, too little, or on track?," Congressional Research Service, December 30, 2016.

5. Ruff, "Federal environmental regulation," 254.

6. As quoted in Ruff, "Federal environmental regulation," 254. For a brief look at the current complexity of effluent guidelines, see Environmental Protection Agency, "Learn about effluent guidelines," www.epa.gov/eg/learn-about-effluentguidelines. A recent example of plant-level adjustments in a different area of environmental regulation can be seen in the attempted use of waivers by President Trump's EPA to exempt oil refineries from biofuel blending requirements: see Stephanie Kelly, "Congressional watchdog to review Trump administration's use of biofuel waivers," Reuters, January 10, 2020.

7. Bernard Asbell, *The Senate Nobody Knows* (Baltimore: Johns Hopkins University Press, 1978), 318-26; see also 175, 188, 363. This information

disadvantage seems to continue with a 2016 Congressional Research Service review concluding: "In revising proposed rules, EPA often relied on data submitted by industry and other stakeholders, acknowledging that it had inadequate or incomplete data when it proposed the rules" (McCarthy and Copeland, "EPA regulations").

8. See Herman E. Daly and Joshua Farley's explanation for the reasoning behind choosing this tax level in their textbook *Ecological Economics: Principles and Applications* (Washington, DC: Island Press, 2004), 376-8. For a discussion on some of the difficulties of establishing a tax equal to the marginal level of harm to society, see *The Economist*, "Pigouvian taxes," August 19, 2017.

9. For a complete theoretical discussion of the cap-and-trade concept, see Steven C. Hackett, *Environmental and Natural Resources Economics: Theory, Policy, and the Sustainable Society* (New York: M. E. Sharpe, 2010), 227-36.

10. For an example of how buying and selling emission permits under the cap-and-trade system has affected the steel industry in the European Union, read Chris Bryant, "How the steel industry made millions from the climate crisis," *Washington Post*, November 25, 2019.

11. Environmental Protection Agency, "Economic incentives," www.epa.gov/environmental-economics/economic-incentives.

12. Under the US Sulfur Dioxide Trading Program, this is exactly how things played out, because firms with extremely high costs of control often purchased allowances instead of resisting regulation in court. See Richard Schmalensee and Robert N. Stavins, "Lessons learned from three decades of experience with cap and trade," *Review of Environmental Economics and Policy*, 2017, 11(1): 59-79.

13. Kneese and Schultze, *Pollution, Prices and Public Policy*, 89.

14. General Accounting Office, "A market approach to air pollution control could reduce compliance costs without jeopardizing clean air goals," Report PAD-82-15 (Washington, DC: US Government Printing Office, 1982), esp. 25-6; Robert Crandall, *Controlling Industrial Pollution: Economics and Politics of Clean Air* (Washington, DC: Brookings Institution Press, 1983), ch. 3; Robert Crandall and Paul Portney, "The free market and clean air," *Washington Post*, August 20, 1981; Kneese and Schultze, *Pollution, Prices and Public Policy*, 99.

15. 중국에서는 시장 기반 접근 방식이 지휘 통제 접근 방식보다 환경 효율성을 더 크게

향상시키고 있다. Rong-hui Xie, Yi-jun Yuan, Jing-jing Huang, "다양한 유형의 환경 규제와 '친환경' 생산성에 대한 이질적 영향: 중국의 증거", 생태경제학, 2017, 132: 104-112. 경험적 연구에서 많은 국가와 지역이 여러 전략을 조합하여 사용하기 때문에 세금 또는 허가 기반 시스템과 규제 명령 시스템의 영향을 평가하기 어려운 경우가 많다. 시장 기반 프로그램이 지휘 통제 방식의 규제보다 더 효율적이어야 하는 이유에 대한 이론적 설명은 Hackett, *Environmental and Natural Resources Economics*, 227-36을 참조하라.

16. Kneese and Schultze, *Pollution, Prices and Public Policy*, 90. A 2012 study of countries in the European Union shows a strong negative relationship between environmental taxes and pollution: see Bruce Morley, "Empirical evidence on the effectiveness of environmental taxes," *Applied Economics Letters*, 2012, 19(18): 1817-1820.

17. Betty Atkins, "Strong ESG practices can benefit companies and investors: here's how," NASDAQ, June 5, 2018. For empirical evidence on sustainability leading to a competitive advantage, see Neeraj Gupta and Christina C. Benson, "Sustainability and competitive advantage: an empirical study of value creation," *Competition Forum*, 2011, 9(1): 121-136; and Silvia Cantele and Alessandro Zardini, "Is sustainability a competitive advantage for small businesses? An empirical analysis of possible mediators in the sustainability-financial performance relationship," *Journal of Cleaner Production*, 2018, 182: 166-176. For a more complete discussion of the growing impact of sustainability on business practices, see Chris Laszlo and Nadya Zhexembayeva, *Embedded Sustainability: The Next Big Competitive Advantage* (Abingdon: Taylor & Francis, 2017); and McKinsey and Company, "The business of sustainability," October 1, 2011.

18. For more on this example, see *National Journal*, October 10, 1981, 1818.

19. 시기에 따라 달라지는 배출 기준 사례는 매년 6월 1일부터 9월 15일까지 판매되는 휘발유가 더운 계절에 증가하는 유해 배출물을 제한하기 위해 더 낮은 휘발성 기준을 충족해야 한다는 EPA의 요구 사항을 참조하라. EPA, "휘발유 레이드 증기압(Gasoline Reid vapor pressure)"(www.epa.gov/gasoline-standards/gasoline-reid-vapor-pressure)에서 확인할 수 있다.

20. *Washington Post*, May 31, 1976, A16.

21. *New York Times*, "Climate and energy experts debate how to respond to a warming world," October 7, 2019.

22. Alanna Petroff, "These countries want to ban gas and diesel cars," CNN Business, September 11, 2017.

23. Christopher Marquis and John Almandoz, "New Resource Bank: in pursuit of green," Case Study Analysis 412-060 (Cambridge, MA: Harvard Business Publishing, 2011), 11.

24. Chris Mooney and Juliet Eilperin, "Senior Republican statesmen propose replacing Obama's climate policies with a carbon tax," *Washington Post*, February 8, 2017.

25. Kelman sees this objection to selling a "license to pollute" as central for many environmentalists (*What Price Incentives?*, 44).

26. *Congressional Record*, US Senate, November 2, 1971, 117(30), 38, 829.

27. Kelman, *What Price Incentives?*, 44-53, 69-77, 112.

28. Kelman, *What Price Incentives?*, 110-14.

29. Lester Lave and Eugene Seskin, "Death rates and air quality," *Washington Post*, November 12, 1978.

30. *Los Angeles Times*, December 30, 1971.

31. Emma Newburger, "Hit them where it hurts: several 2020 Democrats want a carbon tax on corporations," CNBC, September 20, 2019.

32. Newburger, "Hit them where it hurts."

33. Mooney and Eilperin, "Senior Republican statesmen propose."

34. Mooney and Eilperin, "Senior Republican statesmen propose."

35. Thomas Pyle, "There's nothing conservative about a carbon tax," *National Review*, March 23, 2017.

36. Zack Coleman and Eric Wolff, "Why greens are turning away from a carbon tax," Politico, December 9, 2018.

37. Emily Cadei, "The tax hike even Republicans are embracing," OZY, April 10, 2015.

38. Department of Transportation, "Corporate average fuel economy (CAFE) standards," last modified August 11, 2014.

39. Wharton University of Pennsylvania, "The unintended consequences of ambitious fuel-economy standards," February 3, 2015.

40. Rebecca Beitsch, "Trump administration rolls back Obama-era fuel efficiency standards," The Hill, March 31, 2020.

41. Matthew Daly, "Democrats decry 'pandemic of pollution' under Trump's EPA,"

Associated Press, May 20, 2020.

42. Wharton University of Pennsylvania, "The unintended consequences."

43. Wharton University of Pennsylvania, "The unintended consequences."

44. University College London, "British carbon tax leads to 93% drop in coal-fired electricity," January 27, 2020.

45. Brad Plumer and Nadja Popovich, "These countries have prices on carbon. Are they working?," *New York Times*, April 2, 2019.

46. Environmental Defense Fund, "How economics solved acid rain," last modified September 2018.

47. David Greene [interview with David Kestenbaum], "Why the government sells flood insurance despite losing money," NPR, "Planet Money" podcast audio, September 13, 2017.

48. Eli Lehrer, "Dead in the water: the federal flood insurance fiasco," *The Weekly Standard*, January 28, 2013, 13-15.

49. Noel King and Nick Fountain, "Episode 797: flood money," NPR, "Planet Money" podcast audio, September 29, 2017.

50. Darryl Fears and Steven Mufson, "Trump revokes order on flood-risk planning," *Washington Post*, August 16, 2017, A3; Eli Lehrer, "Curious fiscal sense," *The Weekly Standard*, February 22, 2016, 18-19.

51. Joel Achenbach and Mark Berman, "Population centers grow too close to disasterrisk areas," *Washington Post*, October 16, 2017, A3.

52. Achenbach and Berman, "Population centers grow too close."

53. *The Economist*, "Coastal cities and climate change: you're going to get wet," June 15, 2013, 27-28.

54. *The Economist*, "Coastal cities and climate change."

55. Lehrer, "Curious fiscal sense."

56. *The Economist*, "Coastal cities and climate change."

57. Brady Dennis, "US flood insurance program struggling," *Washington Post*, July 17, 2017, A1, A4.

58. Dennis, "US flood insurance program struggling."

59. Steve Goldstein, "Does US bear some of the blame for the flooding?," *Philadelphia Inquirer*, July 18, 1993, D1-2.

60. Goldstein, "Does US bear some of the blame for the flooding?"

61. Alisa Chang and Noel King, "National Flood Insurance Program will pay out

billions for a few properties," NPR, "All Things Considered" podcast audio, September 21, 2017.

62. Chang and King, "National Flood Insurance Program will pay out billions."

63. King and Fountain, "Episode 797: flood money."

64. Dennis, "US flood insurance program struggling."

65. Dennis, "US flood insurance program struggling."

66. Helen Dewar, "Senate panel increases aid to flood area," Washington Post, July 31, 1993, A8.

67. Dewar, "Senate panel increases aid to flood area."

68. Rosalind S. Helderman and Paul Kane, "Boehner [missing] spending-bill rebellion," *Washington Post*, September 23, 2011.

69. Ross Kerber, "Floods may turn tide on insurance reform," *Washington Post*, August 3, 1993, A4.

70. Sheldon Richman, "Federal flood insurance: managing risk or creating it?," *Regulation: The Cato Review of Business & Government*, 1993, 16(3): 15-16.

71. Richman, "Federal flood insurance"; *Washington Post*, "A troubled program continues" [editorial], August 4, 2018, A12.

72. Jane Dunlap Norris, "Dedication of levee is timely," The Daily Progress, May 1, 1989, A1, A12.

73. Norris, "Dedication of levee is timely"; The Daily Progress, "Scottsville is Thacker's great legacy" [editorial], February 24, 2016, C6.

74. Robert Brickhouse, "Dike is Scottsville salvation," The Daily Progress, A1, A8.

75. Brickhouse, "Dike is Scottsville salvation."

76. Pat Wechsler, "Plan [missing] for Scottsville," The Daily Progress, 1977.

77. Wechsler, "Plan [missing] for Scottsville."

78. The Daily Progress, "Scottsville is Thacker's great legacy"; Norris, "Dedication of levee is timely."

79. David Conrad and Larry Larson, "We knew what to do about floods. We didn't do it," Washington Post, September 3, 2017, B1, B3.

80. Kenneth J. Cooper, "$2 billion fund for disaster relief recommended," Washington Post, December 15, 1994, A17.

81. Lehrer, "Curious fiscal sense."

82. Conrad and Larson, "We knew what to do about floods."

83. Conrad and Larson, "We knew what to do about floods."

84. Conrad and Larson, "We knew what to do about floods."

85. Michael Grunwald, "High, mostly dry on Midwest rivers," *Washington Post*, June 25, 2001, A1, A5.

86. Conrad and Larson, "We knew what to do about floods."

87. Elizabeth Rush, "For those living by the water's edge, it may be time to move," *Washington Post*, September 17, 2017, B2.

88. Rush, "For those living by the water's edge."

89. Rush, "For those living by the water's edge."

90. David Schrank, Bill Eisele, and Tim Lomax, 2019 *Urban Mobility Report* (Bryan, TX: Texas A&M Transportation Institute, 2019).

91. Schrank, Eisele, and Lomax, 2019 *Urban Mobility Report*.

92. Jonathan I. Levey, Jonathan J. Buonocore, and Katherine von Stackelberg, "Evaluation of the public health impacts of traffic congestion: a health risk assessment," *Environmental Health*, 2010, 9, article 65.

93. Mary Snow and Pat Smith, "Congestion pricing won't work, New Yorkers say, Quinnipiac University poll finds; voters say scrap elite school test, increase diversity," Quinnipiac University, April 2, 2019; Luz Lazo and Emily Guskin, "Poll: Washington-area residents widely oppose paying a toll to drive into downtown DC," *Washington Post*, May 17, 2019.

94. Camila Domonoske, "City dwellers don't like the idea of congestion pricing – but they get over it," NPR, May 7, 2019.

95. Domonoske, "City dwellers don't like the idea of congestion pricing."

96. Christina Anderson, Winnie Hu, Weiyi Lim, and Anna Schaverien, "3 far-flung cities offer clues to unsnarling Manhattan's streets," *New York Times*, February 26, 2018.

97. Gilbert White, *Strategies of American Water Management* (Ann Arbor, MI: University of Michigan Press, 1969) [cited in Robert K. Davis and Steven Hanke, "Pricing and efficiency in water resource management," in Arnold C. Harberger, ed., *Benefit Cost Analysis 1971* (Chicago: Aldine, 1972): 271-295, 276]. 경제학자 앨프리드 칸이 뉴욕주의 전기요금 구조를 개혁하는 데 인센티브와 한계주의를 사용한 흥미로운 논의에 대해서는 더글러스 앤더슨, 규제 정치와 전기(*Regulatory Politics and Electric Utilities*)(보스턴: 오번하우스 출판, 1981), 4장을 참조하라. 전화번호 안내 서비스는 무료로 제공될 때 희소한 자원이 낭비되는 준공공 서비스의 또 다른 사례다. 1977년 체사피크&포토맥전화회사에서 한 달에 6건을 초과하는 안내 전화에 대해

10센트의 요금을 부과하자 전화번호 안내 요청 전화가 59% 감소한 것으로 나타났다 (《워싱턴 포스트》, 1977년 3월 9일, A12).

98.   Antonio Martino, "Measuring Italy's underground economy," *Policy Review*, 1981, 16: 87-106.

99.   See William Nordhaus and Alice Rivlin's discussion of this in Department of Commerce, Office of the Secretary, "Regulatory reform seminar: proceedings and background papers" (Washington, DC: US Government Printing Office, 1978), 60-1.

4장

1.   E. C. Pasour Jr., and J. Bruce Bullock, "Energy and agriculture: some economic issues," in William Lockeretz, ed., *Agriculture and Energy* (New York: Academic Press, 1977): 683-693.

2.   일부 경제학자는 잠재적 파레토 개선 개념을 좋아하지 않으며, 패자에 대한 보상이 실제로 이루어지고 패자가 없는 경우에만 경제적 효율성이 달성된다고 주장한다. 그러나 비용-편익 연구에서 경제적 효율성 편익에 관해 이야기할 때는 일반적으로 경제적 효율성이라는 의미에서 사용한다. 찰스 슐츠가 언급한 "효율적 변화는 그 의미상 이익이 손실을 초과하는 변화"라는 말은 잠재적 파레토 개선이라는 개념을 반영한 것이다. *The Public Use of Private Interest*, 22. Edgar Browning and Jacqueline Browning's popular public finance text also states that government expenditure and tax packages that make some citizens worse off may nonetheless be economically efficient; *Public Finance and the Price System*, 2nd ed. (New York: Macmillan, 1983), 31-3. For more on Pareto optimality and economic efficiency, see E. J. Mishan, *Cost-Benefit Analysis* (New York: Praeger, 1976); and Mark Blaug, *Economic Theory in Retrospect* (Cambridge: Cambridge University Press, 1978), 618-39.

3.   Kenneth J. Arrow and Frank H. Hahn, *General Competitive Analysis* (San Francisco: Holden-Day, 1971), vi-vii.

4.   Leonard E. Read, "I, pencil: my family tree," *The Freeman*, December 1958; as quoted in Milton Friedman and Rose Friedman, *Free to Choose* (New York: Avon Books, 1979): 3-5.

5.   Friedman and Friedman, *Free to Choose*, 7. My discussion of "the pencil" draws heavily on this work.

6.   Leonard E. Read, "I, pencil," Foundation for Economic Education, https://fee.

org/resources/i-pencil.

7. 브라우닝과 브라우닝(Browning and Browning)은 책에서 무임승차자의 행동에 관해 다음과 같은 흥미로운 예를 제시했다. "1970년에 (…) GM은 배출되는 오염을 30~50%까지 줄일 수 있는 자동차 오염 제어 장치를 20달러(설치비 포함)에 판매하려고 했으나 잘 팔리지 않아 판매를 중단했다. 이것은 대규모 집단에서 무임승차자 문제가 발생한다는 단순한 사례다. 모든 운전자가 이 장치를 사용했다면 모두가 더 좋아졌을지 모르지만, 한 사람의 단독 행동으로 전체 대기질 수준이 눈에 띄게 개선되진 않을 것이기 때문에 이 장치를 구입하는 것은 어느 개인에게도 이익이 되지 않았다"(공공 재정과 가격 시스템, 28쪽).

8. See Bryan Caplan, *The Myth of the Rational Voter: Why Democracies Choose Bad Policies* (Princeton, NJ: Princeton University Press, 2007), esp. 135-41.

9. E. S. Savas, "Refuse collection," *Policy Analysis*, 1977, 3(1): 49-74. Corroborative studies in three countries are summarized in E. S. Savas, "Public vs. private refuse collection: a critical review of the evidence," *Urban Analysis*, 1979, 6(1): 1-13.

10. See the discussion of the study in the *Washington Post*, October 10, 1975, A1.

11. 예상 퇴직금 비용을 실제 수치의 3분의 1 미만으로 추정함으로써 잠재적 절감액이 오랫동안 보이지 않았다는 사실이 드러난 것도 공공 선택 학자들에게는 놀랍지 않을 것이다. 〈워싱턴 포스트〉, 1976년 8월 24일, A4면. 연방 정부의 계약 문제에 대해서는 〈워싱턴 포스트〉, 1981년 4월 11일, A2면; 1977년 11월 29일, A18면; 1977년 11월 22일, D7면; 1977년 12월 30일, A5면을 참조하라. 유용한 생산성 정보의 수집을 의도적으로 거부함으로써 정보에 대한 독점권을 유지하려는 관료주의의 시도에 대한 설명은 〈뉴욕타임스〉, 1978년 1월 10일, B1면에 실린 뉴욕 경찰의 대응 시간에 대한 토론을 참고하라. 그러나 때로는 정치인들이 효율성 개선을 추구하는 관리자를 막는 것이 문제가 된다. 1978년, 오버헤드 프로젝터에 대한 경쟁 입찰을 추진하려는 연방조달청(GSA)의 시도는 업계로부터 불만을 접수한 80명의 국회의원이 조달청에 서한을 보내면서 실패했다. 〈워싱턴 포스트〉, 1978년 8월 25일, A9면.

12. See Douglass North and Roger Miller, *The Economics of Public Issues* (New York: Harper&Row, 1980), ch. 15; Roger S. Ahlbrandt Jr., "Efficiency in the provision of fire services," *Public Choice*, 1973, 16(1): 1-15; *Washington Post*, October 11, 1981; also see, on contracting and government efficiency, Louis De Alessi, "An economic analysis of government ownership and regulation: theory and evidence from the electric power industry," *Public Choice*, 1979, 19(1): 1-42; E. S. Savas, *Privatizing the Public Sector* (Chatham, NJ: Chatham

House, 1982); Donald Fisk, *Private Provision of Public Services: An Overview* (Washington, DC: Urban Institute, 1978); Robert Spann, "Public versus private provision of governmental services," in T. E. Borcherding, ed., *Budgets and Bureaucrats: The Sources of Government Growth* (Durham, NC: Duke University Press, 1977): 71-89; *Washington Post*, November 5, 1980, B1; Robert W. Poole Jr., *Cutting Back City Hall* (New York: Universe, 1981); James Bennett and Manuel Johnson, *Better Government at Half the Cost: Private Provision of Public Services* (Aurora, IL: Green Hill, 1981). For a cautionary note on contracting, see this report: California Tax Foundation, *Contracting Out Local Government Services in California* (Sacramento: California Tax Foundation, 1981). 찰스 굿셀(Charles Goodsell)은 "공공 행정 논쟁"이라는 글을 통해 정부와 기업의 비교 효율성에 관한 연구가 엇갈리고, 결정적이지 않다고 주장한다. 관료주의의 사례: 공공 행정 논쟁(뉴저지주 채텀: 채텀하우스, 1983). 굿셀은 경제학자들의 초기 연구에 대해 언급했지만, 1979년 이후에 발표된 연구는 인용하지 않았다. 그는 또 주석에서 열거된 출처 가운데 어느 것도 인용하지 않았다. 이 중 일부는 관련 연구를 철저하게 검토한 것이고, 한 가지를 제외하고는 모두 굿셀의 책이 나오기 최소 2년 전에 출판됐다.

13. See E. S. Savas, *Privatization in the City: Successes, Failures, Lessons* (Washington, DC: Congressional Quarterly Press, 2005), esp. 89-90, 116.

14. Savas, *Privatization in the City*.

15. *The Daily Progress*, "Charlottesville to privatize trash collection," June 5, 1999.

16. Lisa Rein, "Fairfax employees run up odometers to keep their cars," *Washington Post*, September 24, 2006.

17. Savas, *Privatization in the City*, 53-4; also see Stephen Goldsmith, *The Responsive City: Engaging Communities through Data-Smart Governance* (San Francisco: Jossey-Bass, 2014).

18. Bradley Graham, "Cohen at a crossroads after base closing loss," *Washington Post*, May 19, 1998.

19. Christopher Lee, "Army weighs privatizing close to 214,000 jobs," *Washington Post*, November 3, 2002.

20. Herman Schwartz, "Small states in big trouble: the politics of state reorganization in Australia, Denmark, New Zealand and Sweden in the 1980s," *World Politics*, 1994, 46(4): 527-555.

21. Pew Charitable Trusts, "Subsidyscope: transportation," last modified May 31,

2013, www.pewtrusts.org/~/media/legacy/uploadedfiles/pcs_assets/2009/subsidyscope_transportation_sector.pdf.

22. Dierdre McCloskey and Art Carden, *Leave Me Alone and I'll Make You Rich:How the Bourgeois Deal Enriched the World* (Chicago: University of Chicago Press, 2020).

23. Joseph Vranich, *End of the Line: The Failure of Amtrak Reform and the Future of America's Passenger Trains* (Washington, DC: AEI Press, 2004), 5.

24. Chris Edwards and Peter J. Hill, "Cutting the Bureau of Reclamation and reforming water markets," Downsizing the Federal Government, February 1, 2012.

25. Robert D. Behn, "For US '81 outlays, there's no tomorrow," *New York Times*, September 30, 1981, 31.

26. *Washington Post*, September 14, 1979, A1.

27. *San Francisco Chronicle*, "The US keeps paying twice," August 15, 1984.

28. Dale Russacoff, "A license to print money, part II," *Washington Post*, April 19, 1990.

29. Pete Earley, "Criminals fail to pay full debt to society," *Washington Post*, September 20, 1983.

30. Earley, "Criminals fail to pay full debt to society"; Saundra Torry, "Unpaid federal fines drift into oblivion, disorganization," *Washington Post*, September 16, 1989.

31. Larry Margasak, "GAO: Pentagon wasting tickets," *Washington Post*, June 9, 2004.

32. Jonathan Weisman, "IRS opting not to go after many scofflaws," *Washington Post*, March 20, 2004.

33. 펠릭스 로하틴(Felix Rohatyn)의 입장은 제러미 번스타인(Jeremy Berstein), "Profiles: allocating sacrifice," 〈뉴요커〉, 1983년 1월 23일, 45~78쪽에서 논의된다. 98대 의회에서는 30개가 넘는 산업 정책 법안이 발의됐다. 미국 상원 민주당 코커스와 하원 은행위원회 경제안정화 소위원회의 민주당 다수파는 모두 산업 정책 계획을 지지했다. 이런 법안 가운데 일부 조항과 여기에 인용된 저자들의 아이디어는 리처드 매켄지(Richard McKenzie)의 "National industrial policy: an overview of the debate," Backgrounder 275(워싱턴 DC: Heritage Foundation, 1983)에서 조사한 것이다. 더욱 최근의 증거는 이 장의 나머지 부분과 첨부된 주석을 참고하라.

34. Robert D. Hershey Jr., "Synfuels Corp. is running on empty," *New York Times*,

August 25, 1985; Steven Mufson, "Before Solyndra, a long history of failed government energy projects," *Washington Post*, November 12, 2011;Wikipedia, "Synthetic Fuels Corporation," https://en.wikipedia.org/Synthetic_Fuels_ Corporation.

35.   J. Raloff, "Congress kills the US Synfuels Corp," *Science News*, January 11, 1986; Wikipedia, "Synthetic Fuels Corporation."

36.   E. J. Dionne Jr., "Beneath the rhetoric, an old question: Bush Clinton debate frames classic choice: how much government?," *Washington Post*, August 31, 1992.

37.   Robert J. Samuelson, "Selling Supercar," *Washington Post*, October 13, 1993.

38.   Matt Pressman, "Tesla is obstructed by anti-free-market laws in numerous US states," CleanTechnica, August 3, 2019; Antony Ingram, "Why can't we buy cars that can get 60, 70, 80 miles per gallon?," Green Car Reports, April 28, 2014.

39.   Alison Vekshin and Mark Chediak, "Solyndra's $733 million plant had whistling robots, spa showers," *Bloomberg*, September 28, 2011; Carol D. Leonnig and Joe Stephens, "Solyndra's ex-employees tell of high spending, factory woes," *Washington Post*, September 22, 2011.

40.   Office of Inspector General, Department of Energy, "The Department of Energy's Loan Guarantee to Solyndra, Inc.," Special Report: 11-0078-I (Washington, DC: Department of Energy, 2015). When Solyndra faced financial difficulties, the Department of Energy changed the loan terms to allow the company to continue receiving taxpayer funds: Carol D. Leonnig, "Energy Department knew Solyndra had violated its loan terms: but more funding was approved for the solar company," *Washington Post*, September 29, 2011.

41.   Steven F. Hayward, "President Solyndra," *The Weekly Standard*, October 3, 2011; Carol D. Leonnig, Joe Stephens, and Alice Crites, "Obama's focus when visiting cleantech companies raises questions," *Washington Post*, June 25, 2011; Carol D. Leonnig and Joe Stephens, "Venture capitalists play key role in Obama's Energy Department," *Washington Post*, February 14, 2012.

42.   Peter Thiel, *Zero to One: Notes on Startups, or How to Build the Future* (London: Virgin Books, 2014).

43.   Thiel, *Zero to One*, 164-71.

44.   *Washington Post*, "No fun in the sun," November 18, 2011; also see Carol D. Leonnig and Joe Stephens, "Obama's green car push struggles to pass go,"

Washington Post, December 8, 2011.

45. Joe Stevens and Carol D. Leonnig, "Energy Department failed to sound alarm as Solyndra solar company sank," *Washington Post*, November 11, 2011.

46. Joe Stevens and Carol D. Leonnig, "Energy Department finalizes $4.7 billion in solar loans," *Washington Post*, October 1, 2011.

47. Raloff, "Congress kills the US Synfuels Corp."

48. Mufson, "Before Solyndra."

49. Heather Long, "Remember Bush's 2002 steel tariffs? His Chief of Staff warns Trump not to do the same," *Washington Post*, March 6, 2016.

50. John Lancaster, "Military moves with political overtones," *Washington Post*, September 3, 1992.

51. Fareed Zakaria, "The GOP has lost its economic soul," *Washington Post*, December 6, 2019.

52. N. Gregory Mankiw, *Principles of Economics*, 6th ed. (Mason, OH: Southwestern Cengage Learning, 2010), ch. 9; Paul Krugman and Robin Wells, *Economics*, 3rd ed. (New York: Worth Publishers, 2013), ch. 8.

53. University of Pennsylvania economist Michael Wachter, as quoted in *Business Week*, July 4, 1983, 61; Alfred Kahn, "The relevance of industrial organization," in John V. Craven, ed., *Industrial Organization, Antitrust and Public Policy* (Boston: Kluwer-Nijhoff, 1983): 3–17, 16.

54. *The Economist*, "Abenomics: overhyped, underappreciated," July 30, 2016.

55. Krugman and Wells, *Economics*, 121–2; also see *The Economist*, "State your business: China's highflying private sector faces an advance by the state," December 8, 2018.

56. Richard B. McKenzie, "Industrial policy," in Henderson, *The Concise Encyclopedia of Economics*, www.econlib.org/library/Enc1/IndustrialPolicy.html.

57. In the comment by David R. Henderson, "Industrial policy: democratic economists speak out," on McKenzie, "Industrial policy," in *The Concise Encyclopedia of Economics*.

58. Alfred Kahn, "America's Democrats: can liberalism survive inflation?," *The Economist*, March 7, 1981, 22–25. The first three quotes are from the *Washington Post*, July 3, 1983, G1, G4; the last Schultze quote is from *Business Week*, July 4, 1983, 57. See as well Charles Schultze, "Industrial policy: a dissent," *Brookings Review*, 1983, 2(1): 3–12. Liberal economists Joseph

Pechman and Francis Bator have also been described as "dubious" about "whether industrial policy is more than a slogan": *Washington Post*, June 10, 1983, D8, D11. 아서 오쿤이 가장 일반적인 산업계 정책 제안을 지지했을 것 같지는 않다. 오쿤은 잘 알려진 자신의 저서에서 "우리는 납세자의 돈을 신중하게 다루기를 기대하며, 따라서 정부가 실험과 혁신이 중요한 분야에서 경제활동을 조직할 수 있을 만큼 유연하게 대응할 수 있을지 의문"이라고 지적했다.

59. Roberta Rampton and Mark Hosenball, "In Solyndra note, Summers said Feds 'crappy' investor," Reuters, October 3, 2011. 정부의 산업 정책에 대해 훨씬 더 온건한 관점을 취하는 학파가 있다. 현재 정치경제학 분야에서 활동하는 정치 철학자 마리아나 마주카토(Mariana Mazzucato)는《기업가 국가: 공공 부문과 민간 부문의 신화 파헤치기(The Entrepreneurial State: Debunking Public vs. Private Sector Myths)》(런던: Anthem Press, 2013)에서 이 학파를 대변하고 있다. 이 책은 정부의 지원이 최근의 많은 기술 변화에서 큰 역할을 했다는 증거를 제시했다. 경제학자가 아닌 마이클 셸렌버거(Michael Shellenberger)와 테드 노드하우스(Ted Nordhaus)도 〈워싱턴 포스트〉, 2011년 12월 17일 자 "셰일가스 붐? 연방 정부의 공로"에서 같은 주장을 했다. 다른 한편으로 카토 재단 학자들은 과학과 연구에 대한 정부의 일반 재정 지원조차 미국에서 거의 성과를 거두지 못했으며 실제로는 비생산적일 수 있다는 증거를 제시한다. 패트릭 J. 마이클스는 〈필라델피아 인콰이어러〉, 2017년 4월 10일 자 "누가 과학에 자금을 지원해야 하는가?"라는 글에서 카토 재단의 동료인 테런스 킬리(Terrence Kealy)의 연구를 인용하며 이런 주장을 펼쳤다. 산업 정책 제안에 대한 경제학자들의 반대의견은 주류 경제학자들 사이에서 진전을 이루지 못했다. 앞서 설명한 정부 개입의 암울한 결과에 비추어 볼 때 정치인들이 일반적으로 제안하는 산업 정책은 지지할 만한 가치가 없는 것으로 보인다.

60. See the coverage of the studies in Bruce Bartlett, "Enterprise zones: a bipartisan failure," Fiscal Times, January 10, 2014.

61. Dan Wells, "The Trump administration said these tax breaks would help distressed neighborhoods. Who's actually benefiting?," *Washington Post*, June 6, 2019.

62. Eric Wesoff, "Trump budget request boosts nuclear, clean coal – while solar, ARPA-E and energy R&D are cut," *PV Magazine USA*, February 11, 2020.

63. 이와 관련된 최근 사례는 북해 석유다. 몇 년 동안 북해는 석유를 찾기에 좋은 곳으로 여겨지지 않았다. 1960년대에 네덜란드 앞바다에서 발견된 가스 매장지가 약간의 관심을 불러일으켰다. 그러나 스물아홉 번에 걸친 실패 이후 아홉 개의 탐사팀 가운데 여덟 팀이 탐사 활동을 포기했다. 석유가 없다는 것이 지질학자들의 대체적인 의견이었

다. 한 팀은 탐사를 계속했고, 우리는 이제 북해가 이미 160억 배럴의 매장량을 가진 주요 석유 지대라는 것을 알고 있다. 채굴 가능 매장량은 400억 배럴 이상으로 추정된다. 리처드 넬슨(Richard R. Nelson)과 리처드 랭글로이스(Richard N. Langlois)는 다음과 같은 예를 제시한다. "지금은 우리에게 이상하게 보이지만 항공 전문가들은 과거에 미래의 항공기 동력을 제공하는 엔진으로서 터보프롭과 터보제트 엔진의 상대적인 장점에 대해 의견이 분분했다. 그리고 컴퓨터 산업계도 트랜지스터가(나중에는 집적 회로가) 미래의 기술이 되리라는 것에 대해서도 의견이 엇갈렸다"(산업 혁신 정책: 미국 역사의 교훈, 사이언스, 1983).

64. Richard R. Nelson, *The Moon and the Ghetto: An Essay on Public Policy Analysis* (New York: Norton, 1977), 120.

65. Nelson, *The Moon and the Ghetto*, 120; Nelson and Langlois, "Industrial innovation policy," 815, 817.

66. Rick Weiss, "In recognizing surprise, researchers go from A to B to discovery," *Washington Post*, January 26, 1998.

67. Stanford University, "Nathan Rosenberg, Stanford professor and expert on the economic history of technology, dead at 87," September 1, 2015; *Washington Post*, "Don't write off the salad shooter," June 12, 1974; Rick Weiss, "Nobel Prize vindicates US scientist," *Washington Post*, October 7, 1997.

68. George Will provides this quote and more startling surprises from Matt Ridley's *How Innovation Works: And Why It Flourishes in Freedom*: George Will, "Innovation's secret sauce: freedom," *Washington Post*, October 8, 2020.

69. Sarah DiGiulio, "These ER docs invented a real Star Trek Tricorder," Mach, NBC News, May 10, 2017.

70. Laura Shin, "Using fungi to replace Styrofoam," *New York Times*, April 13, 2009; Emily Gosden, "IKEA plans mushroom-based packaging as eco-friendly replacement for polystyrene," *Telegraph*, February 24, 2016. Also see Ashley Halsey III, "Plastic bottles may become part of roads surface: new asphalt mixes could pave way for cheaper, more durable streets," *Washington Post*, October 29, 2018.

71. Jon Gertner, "George Mitchell: the father of fracking," *New York Times Magazine*, December 2013; Leighton Walter Kille, "The environmental costs and benefits of fracking: the state of research," Journalist's Resource, October 26, 2014; Kevin Begos, "CO2 emissions in US fall to 20 year low," Phys.org, August 16, 2012; Bjorn Lomborg, "Innovation vastly cheaper than green subsidies,"

The Globe and Mail, July 15, 2013.

72. David Koenig, "US expected to be world's top oil producer," Associated Press, July 14, 2018.

73. Kahn, "America's Democrats," 25. Also see Amitai Etzioni, "The MITIzation of America?," *Public Interest*, 1983, 72: 44-51, 46-7; Robert J. Samuelson, "The policy peddlers," *Harper's*, June 1983: 60-65, 62; and George Eads, "The political experience in allocating investment: lessons from the United States and elsewhere," in Michael Wachter and Susan Wachter, eds., *Toward a New US Industrial Policy?* (Philadelphia: University of Pennsylvania Press, 1981): 472-479.

74. Leonnig, Stephens, and Crites, "Obama's focus."

75. Tyler Cowen, *The Complacent Class: The Self-Defeating Quest for the American Dream* (New York: St. Martin's Press, 2017).

76. Drew Desilver, "Fact tank: our lives in numbers," Pew Research Center, August 7, 2018.

77. Erik Brynjolfsson, Felix Eggers, and Avinash Gannamaneni, "Using massive online choice experiments to measure changes in well-being," Working Paper 24514 (Cambridge, MA: National Bureau of Economic Research, 2018); Chad Syverson, "Challenges to mismeasurement explanations for the US productivity slowdown," *Journal of Economic Perspectives*, 2017, 31(2): 165-186; Martin S. Feldstein, "Underestimating the real growth of GDP, personal income, and productivity," *Journal of Economic Perspectives*, 2017, 31(2): 145-164; Philippe Aghion, Antonin Bergeaud, Timo Boppart, Peter J. Klenow, and Huiyu Li, "Missing growth from creative destruction," Working Paper 24023 (Cambridge, MA: National Bureau of Economic Research, 2017).

78. Caplan, *The Myth of the Rational Voter*.

79. 이 주장은 최근의 성장이 평균적인 미국인에 비해 고소득층 미국인에게 얼마나 더 많은 혜택을 주었는지에 대한 논란을 무시하기 위한 것이 아니다. 이 문제는 다른 형평성 문제와 함께 5장에서 논의할 것이다.

80. Jay Shambaugh and Ryan Nunn, "American markets need more competition and more new businesses," Hamilton Project, Brookings Institution, June, 13, 2018; Lee Ohinian [discussion with Russ Roberts], "The future of freedom, democracy and prosperity," EconTalk, June 29, 2015.

81. 여기에 더해 생산성 및 임금이 가장 높은 일자리가 있는 지역의 높은 주택 가격은 미

국인들이 이런 일자리와 지역으로 이사하는 것을 꺼리게 한다. 규제 장벽과 같은 정부 정책도 부분적으로는 이런 높은 주택 가격의 원인이며, 특히 뉴욕과 샌프란시스코처럼 생산성이 높은 도시에서 두드러진다.

82. TV History, "Television history: the first 75 years," www.tvhistory.tv/tvprices.htm.

83. Mark Perry, "The 'good old days' are today: today's home appliances are cheaper, better, and more energy efficient than ever before," American Enterprise Institute, August 3, 2014.

84. Adam Smith, *An Inquiry into the Nature and Causes of the Wealth of Nations* (London: W. Strahan and T. Cadell, 1776), book IV, ch. 2.

85. Caplan, *The Myth of the Rational Voter*, 65.

86. William B. Walstad and Max Larsen, "Results from a national survey of American economic literacy," Gallup Organization, 1992.

87. 정부가 채권을 발행하지 않고 세금을 통해 지출하면 경제학자들이 정한 소비자 주권의 기준을 충족하지 못한다. 세금으로 거둬들인 돈을 쓴 사람들은 자신들의 투자에 대해 개인적 소비를 포기하는 대가로 정부가 제안한 것보다 더 높은 수익을 요구할 것이다(그러지 않았다면 사람들은 돈을 쓰지 않고 저축할 계획을 세웠을 것이다).

88. On speculation, see Armen Alchian and William Allen, *University Economics: Elements of Inquiry*, 3rd ed. (Belmont, CA: Wadsworth, 1972), ch. 10. For congressional concern about manipulation of the coffee market, see the *Washington Post*, March 15, 1977, A1. For Department of the Interior economists' devices for dealing with congressional misunderstanding of speculation, see Christopher Leman and Robert Nelson, "Ten commandments for policy economists," *Journal of Policy Analysis and Management*, 1981, 1(1): 97-117, 102.

89. *Washington Post*, May 3, 2012.

90. Alan S. Blinder, "In defense of the oil companies," *Washington Post*, September 3, 1990; also see Benjamin Zycher, "In defense of price gouging and racketeering," American Enterprise Institute, August 7, 2014; and Fox News, "Hurricane Harvey price gouging complaints include $99 for water," August 26, 2017.

91. Chuck Schumer and Bernie Sanders, "Limit corporate stock buybacks," *New York Times*, February 4, 2019.

92. Brad Hershbein, David Boddy, and Melissa Kearney, "Nearly 30% of workers in

the US need a license to perform their job: it is time to examine occupational licensing practices," Brookings, January 27, 2015; Morris M. Kleiner, "Why license a florist?," *New York Times*, May 28, 2014.

93. Campbell Robertson, "A clash over who is allowed to give you a brighter smile," *New York Times*, May 25, 2013.

94. *The Economist*, "How to rig an economy: occupational licensing blunts competition. It may also boost inequality," February 17, 2018.

95. *The Economist*, "Not enough lawyers?," September 3, 2011.

96. *The Economist*, "How to rig an economy."

97. See, for example, this letter to the editor in the *Washington Post*, from Gail Mackiernan, "Mr. Kavanaugh's loyalties," August 15, 2018.

98. *The Economist*, "Licence to kill competition: America should get rid of oppressive job licensing," February 17, 2018; also see Brink Lindsey and Steven M. Teles, *The Captured Economy: How the Powerful Enrich Themselves, Slow Down Growth, and Increase Inequality* (Oxford: Oxford University Press, 2015).

99. See *Regulation*, "Professional licensure: one diagnosis, two cures," 1983, 7(5): 11-13.

100. Hershbein, Boddy, and Kearney, "Nearly 30% of workers in the US need a license."

101. Jared Meyer [interview with Maureen Olhausen], "FTC sets its sights on occupational licensing," Forbes, April 17, 2017.

102. *The Economist*, "Grudges and kludges," March 4, 2017.

103. Luigi Zingales, *A Capitalism for the People: Recapturing the Lost Genius of American Prosperity* (New York: Basic Books, 2012).

104. Elizabeth Bailey, in John J Siegfried, ed., *Better Living through Economics*, (Cambridge, MA: Harvard University Press, 2010).

105. Thomas Gale Moore, "Trucking deregulation," in Henderson, *The Concise Encyclopedia of Economics*, www.econlib.org/library/Enc/TruckingDeregulation.html.

106. Elizabeth E. Bailey, "Air-transportation deregulation," in Siegfried, *Better Living through Economics*: 188-202, 196.

107. See George Eads, "Competition in the domestic trunk airline industry: too much or too little?," in Almarin Phillips, ed., *Promoting Competition in Regulated Markets* (Washington, DC: Brookings Institution, 1975): 13-54; for evidence on

consumer savings since deregulation, see Theodore Keeler, "The revolution in airline regulation," in Weiss and Klass, *Case Studies in Regulation*: 53–85; John Meyer, Clinton V. Oster, Benjamin A. Bermin, Ivor Morgan, and Diana L. Strassmann, *Airline Deregulation: The Early Experience* (Boston: Auburn House Publishing, 1981); and Regulation, 1982, 6(2): 52.

108. IGM Forum, "Taxi competition," September 29, 2014.

109. AshleyHalsey III, "The fight over tight flights," *Washington Post*, February 25, 2018.

110. Ted S. Warren and Amy Held, "The FAA declined to regulate seat size and pitch on airlines," NPR, July 5, 2018; Halsey, "The fight over tight flights"; David Schaper, "Tired of tiny seats and no legroom on flights? Don't expect it to change," NPR, July 12, 2018.

111. Ashley Halsey III, "FAA bill could cut excessive air fees," *Washington Post*, September 19, 2018.

112. See Russ Roberts [podcast conversation with Richard Epstein], "Cruises, first-class travel, and inequality," EconTalk, June 27, 2016.

113. Scott McCartney, "How much of your $355 ticket is profit for airlines?," *Wall Street Journal*, February 15, 2018.

114. Warren and Held, "The FAA declined to regulate seat size and pitch"; Halsey, "The fight over tight flights"; Schaper, "Tired of tiny seats and no legroom on flights?"

115. For the politics of antitrust, see Tony Romm and Elizabeth Dwoskin, "Big tech faces antitrust review: House plans broad look at industry, growing consensus on Hill that regulation is lax," *Washington Post*, June 4, 2019; James Hohmann, "Monopolies, mergers emerge as major issues for Democrats," *Washington Post*, April 2, 2019.

116. See Frank H. Easterbrook, "Breaking up is hard to do," *Regulation*, 1981, 5(6): 25–31, esp. 31. Also see Robert J. Samuelson, "Some cautious words about merger mania," *Washington Post*, December 1, 1981, D6.

117. Alan Reynolds, "The return of antitrust?," *Regulation*, 2018, 41(1): 24–30. For a recent argument that antitrust makes it easier for larger businesses to increase their market power, see Mark Jamison, "Three myths about antitrust," blog post, American Enterprise Institute, September 2, 2020.

118. Steven Pearlstein, "Is Amazon getting too big?," *Washington Post*, July 28, 2017.

119. Pearlstein, "Is Amazon getting too big?"

120. Marc Fisher, "Why Trump went after Bezos: two billionaires across a cultural divide," *Washington Post*, April 5, 2018; later a *Washington Post* headline said "Microsoft lands huge Pentagon cloud contract: Amazon is spurned for $10 billion deal after Trump voices opposition," October 26, 2019. Also see Mark Jamison, "Are regulatory attacks on Big Tech politically motivated?," American Enterprise Institute, September 30, 2019.

121. For a serious argument supporting intervention to prevent the T-Mobile and Sprint merger, see discussion in *The Economist*, May 5, 2018.

122. Tyler Cowen, *Big Business: A Love Letter to an American Anti-Hero* (New York: St. Martin's Press, 2019); James Pethokoukis [interview with Tyler Cowen], American Enterprise Institute, May 20, 2019.

123. See Russ Roberts [podcast conversation with Timothy Taylor], "Government vs. business," EconTalk, February 1, 2016.

124. Jessica Sidman, "Underfed: good staff is in short supply, and restaurants are getting desperate," *Washington City Paper*, June 5, 2013; Peter Romeo, "10 states open investigation into restaurants' no poaching pacts," Restaurant Business Online, July 10, 2018.

125. Adriana D. Krugler. "The effects of employment protection in Europe and the USA," Opuscle 18 (Barcelona: Centre de Recerca en Economia Internacional, 2007); Steven Pearlstein, "French take to the streets to preserve their economic fantasy," *Washington Post*, March 22, 2006; *The Economist*, "Working man's burden," February 6, 1999; Edward Cody, "Overload of regulatory do's and don't's is stifling France's growth, critics say," *Washington Post*, April 17, 2013.

126. Casey B.Mulligan, "Why 49 is amagic number," *NewYork Times*, January 2, 2013.

127. Adam Nossiter, "Macron takes on France's Labor Code, 100 Years in the making," *New York Times*, August 4, 2017.

128. Unemployment figures computed by my research assistant, Brooke Henderson, from Organisation for Economic Co-operation and Development (OECD) longterm unemployment rate data, accessed 13 August 2018.

129. Robert H. Frank, *Luxury Fever: Money and Happiness in an Era of Excess* (Princeton, NJ: Princeton University Press, 1999), 274.

130. Joseph Stiglitz, as quoted in Frank, *Luxury Fever*, 274.

131. Lawrence H. Summers, "Growth not austerity is best remedy for Europe," *Financial Times*, April 29, 2012.

132. Barbara Palmer, "Does anyone labor at the Labor Department?," *Washington Post*, January 8, 1981.

133. John M. Goshko, "'Cut things not people' is rallying cry at State as funding shortfall looms," *Washington Post*, October 29, 1987.

134. See, for example, Governor Jim Gilmore's letter to state employees March 13, 2001.

135. United States International Trade Commission, "A review of recent developments in the US automobile industry including an assessment of the Japanese voluntary restraint agreements," Publication 1648 (Washington, DC: USITC, 1985).

136. *Washington Post*, May 23, 1982, F2.

137. Doron P. Levin, "General Motors to cut 70,000 jobs; 21 plants to shut," *New York Times*, December 19, 1991.

138. Jason L. Kopelman and Harvey S. Rosen, "Are public sector jobs recession-proof? Were they ever?," Working Paper 240 (Princeton, NJ: Princeton University, Griswold Center for Economic Policy Studies, 2014).

139. Lawrence H. Summers, "Taxing robots won't solve joblessness," *Washington Post*, March 7, 2017.

140. Caplan, *The Myth of the Rational Voter*, 53, 66-7.

141. Roberts, "Government vs. business."

142. See Wikipedia, "Subsidized housing in the United States."

143. Edgar Olsen, "We don't need more housing projects," *Washington Post*, October 11, 2016. Also see Edgar Olsen, "Getting more from low income housing assistance," Hamilton Project Discussion Paper 2008-13 (Washington, DC: Brookings Institution, 2008).

144. *St. Louis Post Dispatch*, "Missouri's king of tax credits plays shell game with campaign donations," January 18, 2014.

145. See the discussion in Roland McKean, "Divergences between individual and total costs within government," *American Economic Review*, 1964, 54(3): 243-249.

146. Russ Roberts [podcast with Brink Lindsey and Steve Teles on their book *The Captured Economy*], EconTalk, November 30, 2017; also see Robin Feldman

and Evan Frondorf, *Drug Wars: How Big Pharma Raises Prices and Keeps Generics off the Market*, (Cambridge: Cambridge University Press, 2017).

147. William Allen, "Economics, economists and economic policy: modern American experiences," *History of Political Economy*, 1977, 9(1): 48-88, 52.

148. Alan S. Blinder, *Advice and Dissent: Why America Suffers When Economics and Politics Collide* (New York: Basic Books, 2018).

149. Caplan, *The Myth of the Rational Voter*, 53.

150. Samuelson, "The policy peddlers," 63.

151. Sifan Liu and Joseph Parilla, "Hidden entrepreneurs: what crowdfunding reveals about startups in metro America," Brookings Foundation, September 18, 2018.

152. *The Economist*, "Innovation prizes: and the winner is…," August 7, 2010.

153. *The Economist*, "Innovation prizes."

154. *The Economist*, "Innovation prizes."

155. Email from Allen Lynch, September 24, 2018.

156. 나는 지난 몇 년 동안 수업에서 이 동유럽의 사례를 인용해 설명했지만, 이 상황을 설명하는 샬러츠빌 〈데일리 프로그레스〉의 기사를 찾을 수 없었다.

157. Russ Roberts [podcast with CaseyMulligan], "Cuba," EconTalk, October 24, 2016.

158. Joseph E. Stiglitz, "Explaining 'democratic socialism,'" *Washington Post*, May 9, 2019.

159. Krugman and Wells, *Economics*, 121.

160. Paul Kane, "Senate votes to privatize its failing restaurants," *Washington Post*, June 9, 2008.

5장

1. Rasmussen Reports, "Republicans think US spends too much on welfare, Democrats disagree," July 12, 2018.

2. *The Economist*, "Inequality illusions," November 30, 2019.

3. Stephen Rose, "How different studies measure income inequality in the US: Piketty and company are not the only game in town" (Washington, DC: Urban Institute, 2018); Robert J. Samuelson [discussing another Rose study], "The rise of the upper-middle-class," *Washington Post*, August 17, 2020.

4. See Aparna Mathur, "Sanders' inequality tax trap," American Enterprise Institute, October 4, 2019.

5.   Jeff Stein, "Sanders tax plan targets large firms with big gaps in pay," *Washington Post*, October 1, 2019.

6.   Alex Edmans, "Why we need to stop obsessing over CEO pay ratios," Harvard Business Review, February 23, 2017.

7.   Daron Acemoglu, "Survey of executive pay IGM economic experts panel," IGM Forum, January 31, 2012.

8.   Robert J. Samuelson, "The $100 trillion question: what to do about wealth?," *Washington Post*, May 5, 2019.

9.   Sylvain Catherine, Max Miller, and Natasha Sarin, "Social security and trends in inequality," February 29, 2020, https://ssrn.com/abstract=3546668.

10. *The Economist*, "Inequality illusions," 13.

11. Investopedia, updatedMarch 3, 2020; also see Emmanuel Saez and Gabriel Zucman, "Wealth inequality in the United States since 1913: evidence from capitalized income tax data," *Quarterly Journal of Economics*, 2016, 131(2): 519-578.

12. Bruce D. Meyer and James X. Sullivan, "Annual report on US consumption poverty: 2017," American Enterprise Institute, November 1, 2018.

13.   Isabel V. Sawhill and Christopher Pulliam, "Lots of plans to boost tax credits: which is best?," Brookings Institute, January 16, 2019.

14. Executive Office of the President, *Economic Report of the President: Together with the Annual Report of the Council of Economic Advisers* (Lanham, MD: Bernan Press, 2019), 20.

15. David Leonhardt, "Upward mobility has not declined, study says," *New York Times*, January 23, 2014.

16. William McBride, "Thomas Piketty's false depiction of wealth in America," Tax Foundation, August 4, 2014.

17. LawrenceH. Summers, "The inequality puzzle," *Democracy Journal*, 2014, 33: 91-99.

18. David Leonhardt, "In climbing income ladder, location matters," *New York Times*, July 22, 2013; W. Bradford Wilcox, Joseph Price, and Jacob Van Leeuwen, "The family geography of the American dream: new neighborhood data on single parenthood, prisons, and poverty," Institute for Family Studies, October 17, 2018.

19. 벤저민 오스틴·에드워드 글레이저·로런스 H. 서머스, "중심부-토지 절약: 21세기 미

국의 공간 기반 정책", Brookings Papers on Economic Activity, 2018, 49(1): 151–232. 이 보고서가 발표된 후 서머스는 연방 정부가 또 다른 아이디어를 고려할 것을 제안했다. "실업률이 높거나 최근 실업률이 상승한 지역의 공교육과 지역 전문대학에 추가 지원을 제공할 수 있다. 우리는 더 이상 공통된 삶의 경험을 공유하지 않는다"(larrysummers.com, 2019년 10월 9일).

20. Lawrence M. Mead, "Overselling the Earned Income Tax Credit," *National Affairs*, 2014, 21: 20–33; Nicholas Eberstadt, *Men without Work: America's Invisible Crisis* (West Conshohocken, PA: Templeton Press, 2016); Robert J. Samuelson, "Jobless by choice – or pain," *Washington Post*, November 27, 2016. The effects of the EITC on drawing women into the workforce seem much more favorable: Bruce D. Meyer, "The effects of the Earned Income Tax Credit and recent reforms," *Tax Policy and the Economy*, 2010, 24(1): 153-180.

21. Arthur Brooks, *Gross National Happiness: Why Happiness Matters for America – and How We Can Get More of It* (New York: Basic Books, 2008).

22. Russ Roberts [interview with Edward Glaeser], "Edward Glaeser on joblessness and the war on work," EconTalk, March 26, 2018; Edward Glaeser, "Mission: revive the Rust Belt: we should subsidize employment, not joblessness, and target efforts where they are most needed," *City Journal*, August 2018.

23. Cowen, *The Complacent Class*.

24. Jonathan Rothwell, "The biggest economic divides aren't regional, they're local (just ask parents)," *New York Times*, February 12, 2019; see also Samuel J. Abrams, "Hey, college graduates: don't dismiss rural America," *New York Times*, July 21, 2019.

25. Yvette Brazier, "How sitting in traffic jams can harm your health," Medical News Today, August 29, 2016.

26. University of California, Berkeley, School of Public Health, "Nurtured by nature," Wellness Letter, March 2019. See also MaryCarol R. Hunter, Brenda W. Gillespie, and Sophie Yu-Pu Chen, "Urban nature experiences reduce stress in the context of daily life based on salivary biomarkers," *Frontiers of Psychology*, 2019, 10: article 722; *Washington Post*, "Health news: "being near green spaces helps adults fend off depression, and it may work for kids too," January 23, 2018.

27. Eugenia C. South, Bernadette C. Hohl, Michelle C. Kondo, John M. MacDonald, and Charles C. Branas, "Effect of greening vacant land on mental health of

community-dwelling adults: a cluster randomized trial," *JAMA Network Open*, 2018, 1(3): e180298.

28. Okun, *Equality and Efficiency*, 97.

29. Edgar Browning, "How much more equality can we afford?," *Public Interest*, 1976, 43: 90-110, esp. 95.

30. Okun, *Equality and Efficiency*, 97.

31. Okun, *Equality and Efficiency*, 47, 109.

32. Okun, *Equality and Efficiency*, 97.

33. See George Shultz's comments in George Break, George P. Shultz, and Paul A. Samuelson, "The role of government: taxes, transfers, and spending," in Martin S. Feldstein, ed., *The American Economy in Transition* (Chicago: University of Chicago Press, 1980): 617-674, 660-1.

34. Trading Economics, "United States GDP annual growth rate," https://tradingeco nomics.com/united-states/gdp-growth-annual.

35. Thomas Sowell, "Thoughts and Details on Poverty," *Policy Review*, 1981, 17: 11-25, 20; Thomas Sowell, *"Trickle Down" Theory and "Tax Cuts for the Rich"* (Stanford, CA: Hoover Institution Press, 2012).

36. Kahn, "America's Democrats," 22. Also see Kenneth Boulding, "Economic progress as a goal of economic life," in A. Dudley Ward, ed., *Goals of Economic Life* (New York: Harper & Row, 1953): 52-83, esp. 76.

37. 2020년 대통령 선거운동에서 조 바이든 부통령과 엘리자베스 워런 상원의원은 모두 생산성 향상이 더는 임금 인상으로 이어지지 않는다고 주장했다. 경제학자 마이클 스트레인은 "임금은 생산성에 기초한 것이지 착취가 아니다"라는 글에서 이것이 사실이 아님을 증명했다(〈블룸버그〉, 2019년 12월 31일).

38. Milton Friedman and Paul A. Samuelson discuss *The Economic Responsibility of Government* (College Station, TX: Center for Education & Research in Free Enterprise, Texas A&M University, 1980), 24.

39. Kahn, "America's Democrats," 24.

40. Wikipedia, "Middle-out economics."

41. Russ Roberts [interview with Gabriel Zucman], "Inequality, growth, and distributional national accounts," EconTalk, September 7, 2017.

42. Lindsey and Teles, *The Captured Economy*.

43. Zlati Meyer, "Regulations and permit headaches keep food trucks from cruising down Easy Street," *USA Today*, June 12, 2018; F. Will, "The land of the free and

the home of the rent-seekers," *Washington Post*, August 13, 2019.

44. Paul Avelar, "Braiding initiative seeks to untangle restrictions on natural hair braiders," Institute for Justice, August 2014; Nick Sibilla, "How hair braiding explains what's gone wrong with America's economy," Forbes, January 29, 2015.

45. Summers, "The inequality puzzle."

46. Edward C. Prescott, "Why do Americans work so much more than Europeans?," *Federal Reserve Bank of Minneapolis Quarterly Review*, 2004, 28(1): 2-13.

47. Lawrence H. Summers, "What I do support in a new tax plan," LarrySummers. com, October 26, 2017.

48. Toluse Olorunnipa, "Warren's ambitious agenda relies on a massive wealth tax that the rich may evade," *Washington Post*, May 22, 2019.

49. See the brief discussion of their research in *The Economist*, "Repairing the safety net: the welfare state needs updating," July 14, 2018.

50. N. Gregory Mankiw, "Defending the one percent," *Journal of Economic Perspectives*, 2013, 27(3): 21-34, 21.

51. The most recent year available when Mankiw wrote.

52. Mankiw, "Defending the one percent," 21.

53. Patricia Kanngiesser and Felix Warneken, "Young children consider merit when sharing resources with others," *PLOS ONE*, 2012, 7(8): 1-5.

54. Jonathan Haidt, *The Righteous Mind: Why Good People Are Divided by Politics and Religion* (New York: Vintage Books, 2013), ch. 8.

55. Matt Weidinger, "One government agency knows you just got a job. So why does another keep paying you unemployment checks?," American Enterprise Institute, July 3, 2019.

56. Dave Yost, "Auditor of State Takes on Food Stamp Fraud, Offers Recommendations to ODJFS" [received by Michael Colbert], Ohio State Auditor's Office, January 10, 2012.

57. Judith Meyer, "Feds ask Maine to hold off on photo EBT card plan," *Lewiston Sun Journal*, April 25, 2014.

58. Patrice Lee Onwuka, "Trump saves taxpayers $2.5 billion by directing food stamps to the truly needy," Independent Women's Forum, July 29, 2019.

59. Channa Joffe-Walt, "Unfit for work: the startling rise of disability in America," NPR, March 27, 2013.

60. Stephen Ohlemacher, "Improper payments by federal agencies reach a record $125B," Associated Press, March 17, 2015.

61. Leonard E. Burman, "Tax evasion, IRS priorities, and EITC precertification," statement of Leonard E. Burman before the United States House of Representatives Committee on Ways and Means; on waste, fraud, and abuse, Urban Institute, February 1, 2017.

62. Natasha Sarin and Lawrence H. Summers, "Shrinking the tax gap: approaches and revenue potential," Tax Notes, November 18, 2019.

63. Natasha Sarin and Lawrence H. Summers, "Yes, our tax system needs reform. Let's start with this first step," *Washington Post*, November 17, 2019.

64. Abraham Lincoln, "Lincoln's reply at Ottawa, August 21, 1858," in Paul M. Angle, ed., *The Complete Lincoln-Douglas Debates of 1858* (Chicago: University of Chicago Press, 1991): 119-120.

65. See, for example, Ilya Somin, "How liberals learned to love federalism," *Washington Post*, July 12, 2019.

66. Marc F. Plattner, "American democracy and the acquisitive spirit," in Robert A. Goldwin and William A. Schambra, eds., *How Capitalistic Is the Constitution?* (Washington, DC: American Enterprise Institute for Public Policy Research, 1982): 1-21.

67. Thomas Jefferson, "Second inaugural address" [Washington, DC, March 4, 1805), available at https://avalon.law.yale.edu/19th_century/jefinau2.asp.

68. James Madison, "The same subject continued" [Federalist Paper no. 10; 1787], in Clinton Rossiter, ed., *The Federalist Papers* (New York: Signet Classic, 2003): 71-79.

69. Founders Online, "From Thomas Jefferson to John Adams, 28 October 1813," National Archives, https://founders.archives.gov/documents/Jefferson/03-06-02-0446.

70. Founders Online, "From Thomas Jefferson to James Madison, 28 October 1785," National Archives, https://founders.archives.gov/documents/Jefferson/01-08-02-0534.

71. James G. Wilson, "The unconstitutionality of eliminating estate and gift taxes," *Cleveland State Law Review*, 2000, 48(4): 780-788.

72. Founders Online, "From John Adams to James Sullivan, 26 May 1776," National Archives, https://founders.archives.gov/documents/Adams/06-04-02-0091.

73. Founders Online, "From George Washington to Richard Henderson, 19 June 1788," National Archives, https://founders.archives.gov/documents/Washington/04-06-02-0304.

74. Okun, *Equality and Efficiency*.

75. Plattner, "American democracy and the acquisitive spirit," 19.

76. Greg Rosalsky, "If a wealth tax is such a good idea, why did Europe kill theirs?," NPR, "Planet Money" podcast audio, February 26, 2019.

77. Alan Viard, "Wealth taxation: an overview of the issues," Aspen Institute Economic Strategy Group, October 3, 2019; Lawrence H. Summers and Natasha Sarin, "Be very skeptical about how much revenue Elizabeth Warren's wealth tax could generate," *Washington Post*, June 28, 2019; The Economist, "What if America introduces a wealth tax?," July 6, 2019.

78. Olorunnipa, "Warren's ambitious agenda relies on a massive wealth tax."

79. Rafael Badziag, *The Billion Dollar Secret: 20 Principles of Billionaire Wealth and Success* (St Albans: Panoma Press, 2019); Hillary Hoffower, "An entrepreneur who interviewed 21 billionaires says the key difference between them and millionaires is how they answer a simple question about money," Business Insider, June 17, 2019.

80. Sarah Berger, "Here's what CEOs actually do all day," CNBC, June 20, 2018.

81. Jonathan M. Ladd, Joshua A. Tucker, and Sean Kates, "2018 American Institutional Confidence Poll" (Washington, DC: Georgetown University, Baker Center, 2018).

82. Douglas Holtz-Eakin, David Joulfaian, and Harvey S. Rosen, "The Carnegie conjecture: some empirical evidence," *Quarterly Journal of Economics, 1993*, 108(2): 413-435.

83. *The Economist*, "A hated tax but a fair one," November 23, 2017. Also see Henry Aaron, "To reduce inequality, tax inheritances," Brookings Institution, November 15, 2019 [a version of the article also appeared in *The New York Times*, October 15, 2019]. See also Matt O'Brien, "If it weren't for the estate tax, the majority of the superwealthy's money would never be taxed," *Washington Post*, February 11, 2019.

84. Reuters, "House passes repeal of estate tax, but veto vow makes it dead on arrival," *Washington Post*, April 16, 2015.

85. Chye-Ching Huang and Chloe Cho, "Ten facts you should know about the

federal estate tax," Center on Budget and Policy Priorities, October 30, 2017.

86. Peter Lindert and Jeffrey Williamson, "Unequal gains: American growth and inequality since 1700," Vox, June 16, 2016.

87. Robert Bellafiore, "Summary of the latest federal income tax data, 2018 update," Tax Foundation, November 13, 2018.

88. Sandy Baum and Sarah Turner, "'Free tuition' is the opposite of progressive policymaking," Washington Post, May 5, 2019; Matthew M. Chingos, "Report: who would benefit most from free college?," Brookings Institution, April 21, 2016.

89. Richard Vedder, "The case against free college tuition," Forbes, April 12, 2018; for surprising evidence that giving poor families income helps their children achieve better educational outcomes than Headstart, see Grover "Russ" Whitehurst, "This policy would help poor kids more than universal pre-K does," Washington Post, July 28, 2016.

90. Adam Looney, "Up front: how progressive is Senator Elizabeth Warren's loan forgiveness proposal?," Brookings Institution, April 24, 2019.

91. 제임스 C. 카프레타, "유지할 가치가 있는 오바마케어 세금: '캐딜락' 플랜에 대한 세금 부과는 왜곡된 세금 인센티브에 대응하는 데 도움이 될 것이다"(《월스트리트 저널》, 2018년 7월 19일). 미국 세법의 또 다른 조항은 최고 경영진에게 비과세 의료 혜택을 제공하는 고용주는 일반 근로자에게도 동일한 혜택을 제공해야 한다고 규정하고 있다. 이 규정이 소수를 돕는 것처럼 들리지만, 대부분의 경제학자는 고가의 비과세 혜택이 대체로 회사에서 가장 많은 연봉을 받는 사람들에게 유리하다고 생각한다. 그들은 자신의 자금으로 비싼 집과 비싼 자동차를 구입하고, 대부분의 비용을 회사 자금으로 지불하는 비싼 의료보험에 만족한다. 중하위 소득 가정은 중하위 집과 중하위 자동차를 소유하고 있다. 이들 가운데 상당수는 의료비 보조금 중 일부를 현금으로 받기를 원하지만 고용주는 어쩔 수 없이 캐딜락 의료보험을 제공해야만 한다(마크 워쇼스키 [토론], "보상, 의료비, 불평등", 이콘토크, 2017년 1월 2일 참조).

92. Kahn, "America's Democrats," 24.

93. Kahn, "America's Democrats," 24.

94. Bruce Jepsen, "Big employers win delay for Obamacare's Cadillac tax once again," Forbes, January 23, 2018.

95. Alan S. Blinder, "Taxing unemployment benefits is a good idea," Washington Post, December 15, 1982, A27. For other economist supporters, see Charles Schultze, cited in Public Interest, 1983, 71, 151; and Robert J. Samuelson,

Washington Post, February 10, 1981, C4.

96. Browning and Browning, *Public Finance and the Price System*, 145.

97. Daniel Hamermesh's review of more than a dozen studies shows "a substantial consensus that higher UI benefits do induce people to remain unemployed longer": Daniel Hamermesh, "Transfers, taxes and the NAIRU," Working Paper 548 (Cambridge, MA: National Bureau of Economic Research, 1980), 15.

98. Blinder, "Taxing unemployment benefits is a good idea."

99. Charles Schultze, Edward Fried, Alice Rivlin, and Nancy Teeters, *Setting National Priorities: The 1973 Budget* (Washington, DC: Brookings Institution, 1972), 241n. Also see Browning and Browning, *Public Finance and the Price System*, 144; and Hamermesh, "Transfers, taxes and the NAIRU," 15.

100. R. Glenn Hubbard, "The Tax Cuts and Jobs Act and investment: progress, not perfection," American Enterprise Institute, October 2, 2019.

101. Laura Kusisto, "Rent controls gain support in cities," *Wall Street Journal*, February 5, 2018.

102. Jovana Rizzo, "Rangel not only famous rent-stabilized tenant," The Real Deal: New York Real Estate News, July 15, 2008; James Fanelli, "Rent-stabilized apartments are being occupied by millionaires, records show," DNA Info, April 30, 2014; Krugman and Wells, *Economics*, 132.

103. Richard M. Alston, J. R. Kearl, and Michael B. Vaughan, "Is there a consensus among economists in the 1990s?," *American Economics Review*, 1992, 82(2): 203-209.

104. For a general discussion, see Rebecca Diamond, "Report: what does economic evidence tell us about the effects of rent control?," Brookings Institution, October 18, 2018; see also *Washington Post*, "Rent control has returned: economists, not populists, are correct about the policy's effects" [editorial], September 22, 2019.

105. Max Ehrenfreund, "A 'very credible' new study on Seattle's $15 minimum wage has bad news for liberals," *Washington Post*, June 26, 2017.

106. Noam Scheiber, "They said Seattle's higher base pay would hurt workers: why did they flip?," *New York Times*, October 22, 2018.

107. Andrew Van Dam, "It's not just paychecks: the surprising society-wide benefits of raising the minimum wage," *Washington Post*, July 8, 2019.

108. Van Dam, "It's not just paychecks."

109. Charles Lane, "We don't need a one-size-fits-all federal minimum wage," *Washington Post*, May 13, 2019.

110. Quoted in Ehrenfreund, "A 'very credible' new study."

111. Lynda Gorman, "Minimum wages," in Henderson, *The Concise Encyclopedia of Economics*, www.econlib.org/library/Enc/MinimumWages.html.

112. David Card and Alan Krueger, "Minimum wages and employment: a case study of the fast food industry in New Jersey and Pennsylvania," *American Economic Review*, 1994, 84(4): 772-793.

113. Gwen Ifill, interview with Alan Krueger, *News Hour*, PBS, November 10, 2015; Rachel Greszler, "A fifteen dollar minimum wage: bad news for low income workers," *Washington Times*, January 21, 2019.

114. Christina D. Romer, "The business of the minimum wage," *New York Times*, March 2, 2013.

115. Bureau of Labor Statistics, "Characteristics of minimum wage workers, 2017," March 2018.

6장

1. 인용 문구는 고든 툴록의 저서 *Private Wants, Public Means: An Economic Analysis of the Desirable Scope of Government*(New York: Basic Books, 1970)에서 발췌한 것이다. 툴록의 '주요 분석 방법'은 '외부효과의 경제학'(v)이다. 그는 "전통적으로 상품과 서비스 제공에 관한 정부와 민간 사이의 결정은 다소 비합리적인 고려를 통해 이루어졌다"라고 말한다. 툴록은 경제학, 특히 외부효과 개념이 "상품과 서비스를 누가 제공할 것인가에 관해 진정으로 과학적 결정을 내리는 데 필요한 이론"을 제공한다고 믿는다(259쪽). 이런 주장이 더 위엄 있는 것 같지만 이번 장에서는 경제학자들이 정부의 개입을 평가할 때 외부효과 개념을 자주 사용한다는 사실을 보여줄 것이다. 이외 더 자세한 사례들은 *Policy Analysis in the Federal Aviation Administration*, 16, chs. 4-6, and citations on 141-2, nn. 55, 56. For another provocative example, see Otto Davis and Andrew Whinston, "Economic problems in urban renewal," in Edmund Phelps, ed., *Private Wants and Public Needs*(New York: Norton, 1965), 140-153 참조.

2. The landmark article on the market's ability to take account of externalities is Ronald Coase, "The problem of social cost," *Journal of Law and Economics*, 1960, 3: 1-44.

3. 실제로 툴록의 연구 결과에서 알 수 있는 것처럼, 생산량 증가와 가격 인하가 허용되지

않는다면 고객들은 기업이 얻는 이익보다 더 많은 것을 잃을 것이다(*Private Wants, Public Means*, ch. 7 참고). 일부 경제학자는 이런 경제적으로 효율적인 효과가 다른 사람에게 미치는 영향을 '금전적 외부효과'라고 부르며, 이를 '실질적' 또는 '기술적' 비효율적 외부효과와 구별한다. 실질적 또는 기술적 제삼자 효과에 대해 '외부효과'라는 용어를 사용하지 않는 경제학자들도 있다. '금전적' 외부효과와 '실제' 외부효과를 구분하는 것은 경제학에 대한 상당한 지식이 없으면 어려울 수 있다. 더 자세한 내용은 Tullock, *Private Wants, Public Means*; Roland McKean, *Efficiency in Government through Systems Analysis: With Emphasis on Water Resource Development*(New York: Wiley, 1958), 136-49; and E. J. Mishan, *Cost-Benefit Analysis*(New York: Praeger, 1976), ch. 16 참조.

4. They are efficient pecuniary third-party effects. See preceding note.

5. Justin Jouvenal, "Intrigue deepens over bizarre attack on Rand Paul," *Washington Post*, December 8, 2017.

6. For more on this, see James M. Buchanan and W. Craig Stubblebine, "Externality," *Economica*, 1962, 29(116): 371-384. Also see Roland McKean, "Property rights within government and devices to increase governmental efficiency," *Southern Economic Journal*, 1972, 39(2): 177-186.

7. 〈워싱턴 포스트〉, 1982년 7월 8일, A13면. 화학 기업은 부분적으로는 정부의 압력을 받아 자사 제품이 환경에 미치는 악영향을 최소화하기 위해 큰 노력을 기울여 왔으며, 그 진전을 측정할 수 있는 유용한 지표를 마련했다. National Academy of Engineering, "The chemical industry," chapter 5 in *Industrial Environmental Performance Metrics: Challenges and Opportunities*(Washington, DC: National Academies Press, 1999): 85-106 참조. 다만, 누구나 이해할 수 있듯이 높은 수익에 대한 관심 때문에 환경 정화가 가장 중요한 관심사가 될 수는 없다.

8. *Washington Post*, June 3, 1983, A19.

9. *Washington Post*, June 3, 1983.

10. Lawrence White, *The Regulation of Air Pollutant Emissions from Motor Vehicles* (Washington, DC: American Enterprise Institute, 1982), 14.

11. "General aviation" is a catchall designation encompassing all civil aviation not legally defined as commercial air carriers. It includes instructional, personal, business, and agricultural aircraft. Somewhat confusingly, it also includes some transport for hire, such as "air taxis" and certain charter and contract companies.

12. See W. Stephen Dennis, "User fees: does general aviation already pay 'fair

share'?," Airport Journals, January 1, 2006.

13. 정부 지출의 이런 가짜 파급효과는 정부의 프로그램을 정당화하는 근거로 자주 사용된다. 1981년에 국립예술기금 예산의 삭감이 제안됐을 때, 시어도어 비켈(Theodore Bickel)은 택시 기사와 식당에 미칠 경제적 영향에 대해 경고했다(ABC 라디오 뉴스, 1981년 2월 14일). 택시와 식당 비즈니스에서 입은 손해는 소비자들이 다른 곳에서 돈을 쓰면 그 비즈니스의 이익으로 돌아갈 것이다. 또한 앨프리드 마커스(Alfred Marcus)가 EPA에서 이런 종류의 '편익'을 잘못 사용한 것에 주목하라. 제임스 Q. 윌슨(James Q. Wilson), 《규제의 정치(The Politics of Regulation)》(뉴욕: 베이식북스, 1980): 267-303, 280.

14. Quoted in Rhoads, Policy Analysis in the Federal Aviation Administration, 43.

15. 일반 민간 항공에 대한 경제학자들의 대응에 관한 더 자세한 논의는 내가 쓴 《연방항공청의 정책 분석(Policy Analysis in the Federal Aviation Administration)》, 특히 6장을 참조하라. 국방은 철강과 같은 '핵심 전략' 산업을 지원하는 정부 주도의 산업 정책을 지지하는 데 사용되는 논거 가운데 하나다. 경제학자 찰스 슐츠의 다음과 같은 반박에서 핵심은 한계주의다. "국방/핵심 산업 주장은 일반적으로 수입에 대한 보호 정책이 없으면 해당 산업이 사라질 것처럼 '모 아니면 도' 방식으로 제시된다. 사실 해당 산업을 위험하게 하는 것은 거의 언제나 국방과 관련이 없는 별로 중요하지 않은 환경의 변화다. 예를 들면 국내 철강 산업이 지금처럼 평상시 수요의 80%를 충족하든 60%만 충족하든, 국가 안보에는 아무런 의미가 없다"("산업 정책: 반대의견", 9).

16. Robert Puentes, Adie Tomer, and Joseph Kane, "A new alignment: strengthening America's commitment to passenger rail," Brookings Institution, March 1, 2013.

17. Kirsten Korosec, "Amtrak funding slashed in half under Trump spending plan," Fortune, February 13, 2018.

18. Puentes, Tomer, and Kane, "A new alignment."

19. Korosec, "Amtrak funding slashed in half."

20. Washington Post, October 1, 1978, A5.

21. Amtrak, "California Zephyr," www.amtrak.com/california-zephyr-train.

22. All these arguments except that pertaining to energy are taken from The New York Times, December 30, 1970, 1, 29.

23. Amtrak actually boasts that, on its Northeast corridor, 92 percent of travelers have college degrees, and their average household income is $170,000 a year: Brent Gardner, "Trains for the 1%," US News & World Report, October 4, 2016.

24. See Christopher Zook, Francis Moore, and Richard Zeckhauser, "'Catastrophic'

health insurance: a misguided prescription?," *Public Interest*, 1981, 62: 66-81, 80.

25. Glenn Blomquist, "Traffic safety regulation by NHTSA," Government Regulation Working Paper 16 (Washington, DC: American Enterprise Institute, 1981), 10.

26. See, e.g., Blomquist, "Traffic safety regulation by NHTSA"; and Albert Nichols and Richard Zeckhauser, "Government comes to the workplace: an assessment of OSHA," *Public Interest*, 1977, 49: 39-69.

27. See Ilya Somin, *Democracy and Political Ignorance: Why Smaller Government Is Smarter* (Stanford, CA: Stanford University Press, 2013) for an interesting discussion by a law professor who has been heavily influenced by economics. One survey shows that Americans trust local government more than federal and state government: Rasmussen Reports, "Americans still have more faith in local government than in feds, states," June 11, 2013.

28. 앨프리드 칸은 한 서한에서 외부효과에 대한 논의는 이런 기능이 국가를 넘어서는 차원에서 제공되어야 한다고 사람들이 믿게 한다는 점을 정확하게 지적했다. 대부분의 경제학자는 이런 가능성을 언급하지 않는다. 아마도 초국가적 기관의 권한이 거의 없고, 소득 분배나 비용-편익 분석과 마찬가지로 국가가 복지 편익과 손실을 분석하는 데 가장 적합한 단위라는 전통적 생각을 받아들였기 때문일 것이다.

29. See, e.g., Mark V. Pauly, "Income redistribution as a local public good," *Journal of Public Economics*, 1973, 2(1): 35-58.

30. "플로리다는 처음에 수천 명의 아이티 난민에 대한 연방 구호기금이 소진됐을 때, 다른 10개 주에서 추가 지원을 받을 수 있다고 난민들에게 알렸다. 동시에 텍사스주 관리들은 주 복지 지급액이 미시시피에 이어 미국에서 두 번째로 낮으며 상승할 기미가 보이지 않는다는 경고가 담긴 안내 책자를 인쇄했다"(〈워싱턴 포스트〉, 1982년 6월 14일, A5면).

31. Justin Jouvenal, "Homeless say booming cities have outlawed their right to sleep, beg and even sit," *Washington Post*, June 2, 2016.

32. Heather McDonald, "San Francisco gets tough with the homeless," *City Journal*, Autumn 1994.

33. David Holmstrom, "Cities get tougher on homeless, as number of street dwellers rises," *Christian Science Monitor*, December 14, 1994.

34. Rachel Uranga, "One city's key to keeping its California paradise: arrest the homeless," Fusion, June 22, 2016.

35. RenéSanchez, "Exasperated cities move to curb or expel the homeless,"

Washington Post, October 30, 2002.

36. *The Guardian*, "Bussed out: how America moves its homeless," December 20, 2017.

37. Maya Kosoff, "Amazon crushes a small tax that would have helped the homeless," Vanity Fair, June 12, 2018.

38. *Washington Post*, June 14, 1982, A5.

39. 외부효과와 연방주의에 관한 더 자세한 논의는 조지 브레이크(George Break), 《연방 시스템에서의 정부 재정 조달(Financing Government in a Federal System)》(워싱턴 DC: 브루킹스연구소, 1980), 특히 3장; 브라우닝과 브라우닝, 《공공 재정과 가격 시스템(Public Finance and the Price System)》, 15장을 참조하라. 브라우닝 부부는 여러 매칭 그랜트 프로그램에 따른 연방 분담금이 너무 높다고 주장한다. 예를 들어, 그들은 연방 주간 고속도로 프로그램의 혜택 중 90%가 다른 주 거주자에게 돌아간다는 사실에 의문을 제기한다. 마찬가지로 하수 폐기물 처리 시스템 혜택의 75%가 비거주자에게 돌아갈 가능성은 작다고 생각한다(480쪽).

40. For an example from the policy literature of economists using externalities to help determine what unit of government should have program responsibility, see David Harrison Jr., and Paul Portney, "Making ready for the Clean Air Act," *Regulation*, 1981, 5(2): 24–31. The subject is also briefly treated in *Regulation*, 1982, 6(2), 54; and *Regulation*, 1982, 6(1), 3.

41. For one case in which federal subsidies have led local decision makers to spend money where "nobody in their right mind" would spend it, see *The Washington Post*, January 4, 1982, 1, 4–6.

42. Joseph E. Aldy, "Eliminating fossil fuel subsidies," Innovative Approaches to Tax ReformProposal 5 (Washington,DC: Hamilton Project, Brookings Institution, 2013).

43. Bjorn Lomborg, "Green energy is the real subsidy hog," *Wall Street Journal*, November 11, 2013.

44. From a speech at the Conservative Political Action Conference, as transcribed by Elliott Negin, "EPA chief Pruitt even violates his own principles," Union of Concerned Scientists, April 26, 2015.

45. Eric Pianin, "Bush plans to shift some EPA enforcement to states," *Washington Post*, July 22, 2001.

46. Kenlyn Duncan, "Out-of-state pollution is hurting Marylanders" [letter to the editor], *Washington Post*, August 7, 2017.

47. Robert Pear, "Reagan's plans for budget cuts angering states," *New York Times*, December 24, 1984.

48. Mary McGrory, "Cuomo and Buchanan duke it out," *Washington Post*, June 23, 1985.

49. Mary McGrory, "Making butter a luxury," *Washington Post*, February 7, 1985. See also Tom Wicker, "This is still one nation," *New York Times*, February 13, 1985.

50. Allen V. Kneese, *Measuring the Benefits of Clean Air and Water* (Washington, DC: Resources for the Future, 1984).

51. Cass R. Sunstein, *The Cost-Benefit Revolution* (Cambridge, MA: MIT Press, 2018), 45; W. Kip Viscusi, "Pricing lives for corporate and governmental risk decisions," *Journal of Benefit-Cost Analysis*, 2015, 6(2): 227–246; W. Kip Viscusi, "The value of life," in Steven N. Durlauf and William E. Blume, eds., *The New Palgrave Dictionary of Economics*, 2nd ed. (London: Palgrave Macmillan, 2008), https://doi =.org/10.1057/978-1-349-95121-5_1323-2.

52. Acting general counsel Molly J. Moran and assistant secretary for transportation policy Carlos Monje to secretarial officers and modal administrators of the US Department of Transportation, August 8, 2016, Office of the Secretary of Transportation, "Guidance on treatment of the economic value of a statistical life (VSL) in US Department of Transportation analyses: 2016 adjustment." For more on the current estimations of VSL, see Thomas J. Knieser and W. Kip Viscusi, "The value of a statistical life," in *Oxford Research Encyclopedia of Economics and Finance*, July 2019, 10.1093/acrefore/9780190625979.013.138.

53. Todd C. Frankel, "The government has spent decades studying what a life is worth. It hasn't made a difference in the COVID-19 crisis," *Washington Post*, May 23, 2020.

54. Cass R. Sunstein, "The stunning triumph of cost-benefit analysis," *Bloomberg*, September 12, 2012.

55. Jonathan H. Addler, "Supreme Court smacks EPA for ignoring costs, but mercury rule likely to persevere," *Washington Post*, June 30, 2015.

56. Cass R. Sunstein, "Why companies reject Trump's deregulation theology," *Bloomberg*, January 9, 2019. See also Juliet Eilperin and Brady Dennis, "The EPA is about to change a rule cutting mercury pollution. The industry doesn't want it," *Washington Post*, February 17, 2020.

57. Lisa Heinzerling, "Cost-nothing analysis: environmental economics in the age of Trump," *Colorado Natural Resources, Energy & Environmental Law Review*, 2019, 30(2): 287-305. See also critiques by NYU Law School professor Richard Revesz in "Donald Trump's toolkit: how the president has used OMB, an obscure but important federal agency," *The Economist*, March 7, 2020.

58. Sunstein, *The Cost-Benefit Revolution*, 209.

59. Sunstein, *The Cost-Benefit Revolution*, 209.

60. Susan Dudley, Glenn C. Blomquist, Richard B. Belzer, and Timothy Brennan, "Consumer's guide to regulatory impact analysis: ten tips for being an informed policymaker," *Journal of Benefit-Cost Analysis*, 2017, 8(2): 187-204.

61. Dudley *et al.*, "Consumer's guide." A landmark paper in the field of behavioral economics was written by the psychologists Daniel Kahneman and Amos Tversky, "Judgement under uncertainty: heuristics and biases," *Science*, 1974, 185(4157): 1124-1131. For a discussion of how these concepts apply to decisions about energy efficiency, see Cristina Cattaneo, "Internal and external barriers to energy efficiency: which role for policy interventions?," *Energy Efficiency*, 2019, 12(5): 1293-1311. Ted Gayer has shared his concerns with the influence of behavioral economics on federal cost-benefit analysis: Ted Gayer, "A better approach to environmental regulation: getting the costs and benefits right," Hamilton Project Discussion Paper 2011-06 (Washington, DC: Brookings Institution, 2011).

62. For examples and explications of behavioral economics, see David Laibson, "Golden eggs and hyperbolic discounting," *Quarterly Journal of Economics*, 1997, 112(2): 443-478; Sendhil Mullainathan and Eldar Shafir, *Scarcity: Why Having Too Little Means So Much* (New York: Times Books, 2013); and Emmanuel Lee, "Behavioural science, rationality and public policy," Behavioraleconomics.com, November 24, 2017.

63. Pew Research Center, "Little public support for reductions in federal spending" (Washington, DC: Pew Research Center, 2019).

64. Ted Gayer and W. Kip Viscusi, "Overriding consumer preferences with energy regulations," *Journal of Regulatory Economics*, 2013, 43(3): 248-264; Ted Gayer and W. Kip Viscusi, "Resisting abuses of benefit cost analysis," *National Affairs*, 2016, 27: 59-71.

65. Ted Gayer, "Energy efficiency, risk and uncertainty, and behavioral public

choice," Brookings Institution, March 6, 2015.

66. Gayer, "Energy efficiency."

67. Bill Clinton, "Regulatory planning and review," Executive Order 12866 of September 30, 1993, *Federal Register*, 1993, 58(190).

68. Gayer and Viscusi, "Overriding consumer preferences with energy regulations," 260.

69. FINRA Investor Education Foundation, "The state of US financial capability: The 2018 National Financial Capability Study" (Washington, DC: FINRA Investor Education Foundation, 2019), 27.

70. Federal Reserve System, "Consumer credit - G.19," July 8, 2020.

71. For example, see chairman of the board of management Kurt-Ludwig Gutberlet, "Energy efficiency is the key to implementing the energy transition in Germany," in *Group Annual Report 2011* (Munich: BSH Hausgeräte GMBH, 2011): 28-31.

72. Jonathan Wiener, "Unplugged: energy guide vs. Energy Star," Earth Justice, May 24, 2011.

73. Marla C. Sanchez, Richard E. Brown, Carrie Webber, and Gregory K. Homan, "Savings estimates for the United States Environmental Protection Agency's ENERGY STAR voluntary product labeling program," *Energy Policy*, 2008, 36(6): 2098-2108; Franz Fuerst and Pat McAllister, "Eco-labeling in commercial office markets: do LEED and Energy Star offices obtain multiple premiums?," *Ecological Economics*, 2011, 70(6): 1220-1230; Omar I. Asensio and Magali A. Delmas, "Nonprice incentives and energy conservation," *Proceedings of the National Academy of Sciences of the United States of America*, 2015, 112(6): E510-E515; Stephanie Heinzle and Rolf Wüstenhagen, "Disimproving the European Energy Label's value for consumers? Results from a consumer survey," discussion paper (St. Gallen: University of St. Gallen, 2010); and Gicheol Jeong and Yeunjoong Kim, "The effects of energy efficiency and environmental labels on appliance choice in South Korea," *Energy Efficiency*, 2015, 8(3): 559-576.

74. Lucas W. Davis and Gilbert E. Metcalf, "Does better information lead to better choices? Evidence from energy-efficiency labels," *Journal of the Association of Environmental and Resource Economists*, 2016, 3(3): 589-625.

75. Ted Gayer, phone conversation with Steve Rhoads, June 2020.

7장

1. On the market production of information see George Stigler, "The economics of information," *Journal of Political Economy*, 1961, 69(3): 213-225; and Friedman and Friedman, *Free to Choose*, 213.

2. *Washington Post*, June 19, 1981, C15; *Washington Post*, January 15, 1982, A14. There are also examples of companies withholding information from their employees about the long-term health risks of their firm's occupations. See Steven Kelman, *Regulating America, Regulating Sweden* (Cambridge, MA: MIT Press, 1981), 57; *Washington Post*, April 17, 1982, A21.

3. Brian Elbel, Rogan Kersh, Victoria L. Brescoll, and L. Beth Dixon, "Calorie labeling and food choices: a first look at the effects on low-income people in New York City," *Health Affairs*, 2009, 28(Supplement 1): https://doi.org/10.1377/hlthaff.28.6.w1110.

4. Aaron Yelowitz, "Menu mandates and obesity: a futile effort," Policy Analysis 789 (Washington, DC: Cato Institute, 2016).

5. American Academy of Family Physicians, "New report shows US obesity epidemic continues to worsen," October 15, 2018.

6. Brian Vastag and N. C. Aizenman, "New York's plan to curb soda size stirs new controversy over obesity," *Washington Post*, June 3, 2012.

7. Michael O'Hare, "Information strategies as regulatory surrogates," in Eugene Bardach and Robert Kagan, eds., *Social Regulation: Strategies for Reform* (San Francisco: Institute for Contemporary Studies, 1982): 221-236, 229.

8. Ben Guarino and Eli Rosenberg, "Don't fret over cancer warning ordered for coffee," *Washington Post*, March 31, 2018.

9. Thomas C. Frohlich and Vince Calio, "Nine of the most totally misleading product claims," *Time*, May 21, 2014.

10. Wikipedia, "False advertising," https://en.wikipedia.org/wiki/False_advertising.

11. Claude S. Colantoni, Otto A. Davis, and Malati Swaminuthan, "Imperfect consumers and welfare comparisons of policies concerning information and regulation," *Bell Journal of Economics and Management Science, 1976*, 7: 602-615, 613; also see Schwartz and Wilde, "Intervening in markets," 668; Walter Y. Oi, "The economics of product safety," *Bell Journal of Economics and Management Science*, 1973, 4: 3-27; and Victor Goldberg's critique of Oi's paper, and Oi's rejoinder, in *Bell Journal of Economics and Management*

Science, 1974, 5: 683-695. 멋진 수학적 모델을 사용했음에도 실제 상황은 매우 불분명했다. 저자는 폭발할 가능성이 크다는 것을 알면서도 일회용 탄산음료 용기에 대한 자신의 선호도를 언급하는 것으로 논의를 마쳤다.

12. Steven Kelman, "Regulation and paternalism," *Public Policy*, 1981, 29(2): 219-254, 229.

13. Richard Nelson, "Comments on Peltzman's paper on automobile safety regulation," Working Paper 5-13 (New Haven, CT: Institution for Social and Policy Studies, Yale University, 1976): 15.

14. Kelvin Lancaster, "A new approach to consumer theory," *Journal of Political Economy*, 1966, 74(2): 132-157, 149-50. For an example of economists building on Lancaster's work, see Colantoni, Davis, and Swaminuthan, "Imperfect consumers and welfare comparisons."

15. Jerome Rothenberg, "Welfare comparisons and changes in tastes," *American Economic Review*, 1953, 43(5): 885-890, 887, emphasis in original.

16. *Washington Post*, "Gambler's vows: for bettor or worse," July 9, 1974.

17. *Daily Progress*, May 30, 1981, B10. Note also a recent study of psychiatrists that found that a majority of the small minority of therapists who repeatedly had sexual intercourse with patients believed that their conduct "was bad for both therapist and patient": *Washington Post*, September 1, 1983, A3.

18. Centers for Disease Control and Prevention, "Cigarette smoking among US adults hits all-time low," November 14, 2019.

19. Jonathan Gruber, "Smoking's 'internalities': given smokers' future preferences, lawmakers should raise cigarette taxes," *Regulation*, 2002, 25(4): 52-57, 52.

20. Reto Odermatt and Alois Stutzer, "Smoking bans, cigarette prices and life satisfaction," *Journal of Health Economics*, 2015, 44: 176-194.

21. Irving Kristol, *Two Cheers for Capitalism* (New York: Mentor Books, 1978), 82.

22. 첫 번째는 1978년 9월 18일 자 〈워싱턴 포스트〉 A4면에 실린 루이스 해리스의 여론조사 결과이고, 두 번째는 1977년 5월 23일 자 〈워싱턴 포스트〉 A10면에 실린 해리스의 여론조사 결과다. 또 다른 여론조사에 따르면 풍요로움으로 인해 덜 행복하다고 생각하는 미국인이 더 행복하다고 생각하는 미국인보다 훨씬 더 많은 것으로 나타났다. 저소득층 응답자는 고소득층 응답자보다 행복과 경제적 안정성을 더는 동일시하지 않는 것으로 나타났다. Jennifer Hochschild, "Why the dog doesn't bark: income, attitudes and the redistribution of wealth," *Polity*, 1979, 11(4): 478-511, 509.

23. James B. Stewart, "Facebook has 50 minutes of your time each day. It wants

more," *New York Times*, May 12, 2016.

24. Cited in Tibor Scitovsky, *The Joyless Economy* (Oxford: Oxford University Press, 1978), 163-4.

25. James M. Buchanan, "Individual choice in voting and the market," *Journal of Political Economy*, 1954, 62(4): 334-343, 336.

26. David Friedman, "Economics and evolutionary psychology," in Roger Koppl, ed., *Evolutionary Psychology and Economic Theory* (Bingley: Emerald, 2005): 17-33.

27. Richard H. Thaler and Cass R. Sunstein, *Nudge: Improving Decisions about Health, Wealth, and Happiness* (London: Penguin Books, 2009); Danny Vinik, "Obama's retirement fail," Politico, June 7, 2018. At the urging of economists, the Pension Protection Act of 2006 gave businesses incentives to automatically enroll employees in retirement savings plans: John Beshears, James Choi, David Laibson, Brigitte C. Madrian, and Brian Weller, "Public policy and saving for retirement: the autosave features of the Pension Protection Act of 2006," in Siegfried, *Better Living through Economics*: 274-290.

28. Will Wilkinson, "Why opting out is no third way," *Reason*, October 2008: 64-69.

29. Friedman, "Economics and evolutionary psychology."

30. David Laibson, "Golden eggs and hyperbolic discounting," *Quarterly Journal of Economics*, 1997, 112(2): 443-478.

31. Ashoka Mody, Franziska Ohnsorge, and Damiano Sandri, "Precautionary savings in the Great Recession," *IMF Economic Review*, 2012, 60(1): 114-138.

32. Paul Davidson, "Americans are sitting on record cash savings amid pandemic and uncertain economy," *USA Today*, August 10, 2020.

33. For articles supporting the learning explanation, see Robert H. Frank, Thomas D. Gilovich, and Dennis T. Regan, "Do economists make bad citizens?," *Journal of Economic Perspectives*, 1996, 10(1): 187-192; Adam Grant, "Does studying economics breed greed?," Psychology Today, October 22, 2013; and Robert H. Frank, Thomas D. Gilovich, and Dennis T. Regan, "Does studying economics inhibit cooperation?," *Journal of Economic Perspectives*, 1993, 7(2): 159-171. For articles supporting the predisposition side, see Bruno S. Frey and Stephan Meier, "Are political economists selfish and indoctrinated? Evidence from a natural experiment," *Economic Inquiry*, 2003, 41(3): 448-462; and John R. Carter and Michael D. Irons, "Are economists any different, and if so, why?,"

Journal of Economic Perspectives, 1991, 5(2): 171-177.

34. Frank, Gilovich, and Regan, "Does studying economics inhibit cooperation?," 162.

35. Gordon Tullock, "More thought about demand revealing," *Public Choice*, 1982, 38(2): 167-170, 167.

36. James M. Buchanan, *Public Finance in Democratic Process: Fiscal Institutions and Individual Choice* (Chapel Hill, NC: University of North Carolina Press, 1967), 198. Also see Bruce Bolnick, "Toward a behavioral theory of philanthropic activity," in Edmund Phelps, ed., *Altruism, Morality and Economic Theory* (New York: Russell Sage, 1975): 197-224, 198.

37. William Breit, "Income redistribution and efficiency norms," in Harold Hochman and George Peterson, eds., *Redistribution through Public Choice* (New York: Columbia University Press, 1974): 3-21, esp. 11, 18.

38. Bolnick, "Toward a behavioral theory," esp. 198-9. For discussion of other economists who have seen altruism as being "silly" or "irrational," see Gerald Marwell and Ruth Ames, "Economists free ride, does anyone else?," *Journal of Public Economics*, 1981, 15(3): 295-310, 299.

39. "예측 과학의 목적을 위해 개별 효용 함수의 요소는 명확하고 인식 가능하며 측정 가능한 용어로 명시되어야 한다. 경험적 또는 예측 목적으로 호모 에코노미쿠스 개념을 적용하려면 사람들이 소비를 극대화하는 것이 아니라 순자산을 극대화하려 한다는 것과 같은 가정이 필요하다"(Geoffrey Brennan and James M. Buchanan, "The normative purpose of economic 'science': rediscovery of an eighteenth century method," *International Review of Law and Economics, 1981*, 1 (2): 155-166, 162). See also Richard McKenzie, The Limits of Economic Science(Boston: Kluwer-Nijhoff, 1983); and Ronald Coase, "Economics and contiguous disciplines," *Journal of Legal Studies*, 1978, 7(2): 201-211.

40. Gordon Tullock, "Does punishment deter crime?," *Public Interest*, 1974, 36: 103-111, 106; Gordon Tullock, *The Logic of the Law* (New York: Basic Books, 1971), esp. 164-5, 213. Also see sociologist Serapio Zalba's comments in Simon Rottenberg, ed., *The Economics of Crime and Punishment* (Washington, DC: American Enterprise Institute, 1973): 58-62, 62.

41. W. B. Arthur, "The economics of risks to life," *American Economic Review*, 1981, 71(1): 54-64, 55, 61.

42. John Morrall III, "OSHA after ten years," Working Paper 13 (Washington, DC:

American Enterprise Institute, 1981). Like Arthur, Albert Nichols and Richard Zeckhauser's analysis of OSHA makes no mention of psychological external costs to the kindhearted: "OSHA after a decade: a time for reason," in Weiss and Klass, *Case Studies in Regulation*: 202-234, esp. 208-9.

43. Lipsey and Steiner, *Economics*.

44. Lipsey and Steiner, *Economics*, 17-19.

45. Amartya Sen, *Collective Choice and Social Welfare* (San Francisco: Holden-Day, 1970), 64. Also see 56-63.

46. David Long, Charles Mallar, and Craig Thornton, "Evaluating the benefits and costs of the Job Corps," *Journal of Policy Analysis and Management, 1981*, 1(1): 55-76, 61.

47. 일부 경제학자는 범죄로부터 자신을 보호하기 위한 추가 지출의 형태로 추가적인 범죄가 다른 사회적 비용으로 이어질 수 있다고 지적했다. James M. Buchanan, *The Limits of Liberty: Between Anarchy and Leviathan*(Chicago: University of Chicago Press, 1975), 122.

48. Timothy Hannan, "The benefits and costs of methadone maintenance," *Public Policy*, 1976, 24(2): 197-226, 200-1; Gary Becker, "Crime and punishment: an economic approach," *Journal of Political Economy*, 1968, 76(2): 169-217; Richard Posner, *Economic Analysis of Law*(Boston: Little, Brown, 1972), 357-9. 마크 코언은 최근 논문에서 일부 경제학자는 임금과 자유의 상실을 범죄자의 비용으로 계산하는 반면, 또 다른 일부 경제학자는 '사회적 제약'을 주장하며 비용-편익 연구에서 이런 비용을 계산하지 않는다고 지적했다. Mark A. Cohen, "The 'cost of crime' and benefit-cost analysis of criminal justice policy: understanding and improving upon the state-of-the-art," 2016, https://ssrn.com/abstract=2832944.

49. Jeffrey Sedgwick, "Welfare economics and criminal justice policy," PhD dissertation (Charlottesville, VA: University of Virginia, 1978), 156-7.

50. Tullock, *Logic of the Law*, 254.

51. Tullock, *Logic of the Law*, 254-5.

52. Aristotle, *Nicomachean Ethics*, in Richard McKeon, ed., *Introduction to Aristotle* (New York: Modern Library, 1947), book IX, chs. 4 & 9, 502, 514. See also Adam Smith, *The Theory of Moral Sentiments*, D. D. Raphael and A. L Macfie, eds. (Indianapolis: Liberty Classics, 1976 [1759]), III.2.1-III.2.6.

53. Nelson, *The Moon and the Ghetto*, 151.

54. Mishan, *Cost-Benefit Analysis*, 312-15, 385-8.

55. See Autoshow, "Mercedes-Benz 2017 summer event commercial," June 1, 2017, www.youtube.com/watch?v=v8QpbNJWYEk.

56. E.J.Mishan, *The Costs of Economic Growth* (New York: Praeger, 1967), 130, 119.

57. Robert Solow, "A rejoinder," *Public Interest*, 1967, 9: 118-119, 119.

58. William Baumol, *Welfare Economics and the Theory of the State* (Cambridge, MA: Harvard University Press, 1969), 29.

59. William Vickrey, "Goals of economic life: an exchange of questions between economics and philosophy," in Ward, *Goals of Economic Life*: 148-177, 159.

60. Dean Worcester Jr., *Welfare Gains from Advertising: The Problem of Regulation* (Washington, DC: American Enterprise Institute, 1978), 124. For additional mainstream reaction to the Galbraith-Mishan argument, see Abba Lerner, "The economics and politics of consumer sovereignty," *American Economic Review*, 1972, 62(1/2): 258-266, 258; and William Breit and R. L. Ransom, *The Academic Scribblers* (New York: Holt, Rinehart & Winston, 1971), 169-70, 200.

61. Robert Ayanian, "Does advertising persuade consumers to buy things they do not need?," in M. Bruce Johnson, ed., *The Attack on Corporate America: The Corporate Issues Sourcebook* (New York: McGraw-Hill, 1978): 236-239, 239.

62. Mancur Olson and Christopher Clague, "Dissent in economics: the convergence of extremes," *Social Research*, 1971, 38(4): 751-776. Also see Steven Kelman, *What Price Incentives?*, 19-20.

63. Schultze, *The Public Use of Private Interest*, 17-18, emphasis in original.

64. Ronald Sharp, *Friendship and Literature: Spirit and Form* (Durham, NC: Duke University Press, 1986), 94.

65. Maria G. Janicki, "Beyond sociobiology: a kinder and gentler evolutionary view of human nature," in Charles Crawford and Catherine Salmon, eds., *Evolutionary Psychology, Public Policy and Personal Decisions* (Mahwah, NJ: Psychology Press, 2004): 49-68.

66. Peter Singer, "Altruism and commerce: a defense of Titmuss against Arrow," *Philosophy and Public Affairs*, 1973, 2(3): 312-320, 319.

67. Kenneth Arrow, *The Limits of Organization* (New York: Norton, 1974), 16. Also see McKenzie and Tullock, *The New World of Economics*, chs. 1 & 21.

68. For somewhat different arguments on the general subject of this and the

following paragraphs, see David Braybrooke, "From economics to aesthetics: the rectification of preferences," *Nous*, 1974, 8(1): 13-24; and Scitovsky, *The Joyless Economy*, esp. pt. II. Also see Steven Kelman, "Cost-benefit analysis: an ethical critique," *Regulation*, 1981, 5(1): 33-40, 38.

69. Paul Cantor, "Playwright of the globe," *Claremont Review of Books*, 2006, 7(1): 34-40.

70. Leo Strauss, "What is political philosophy?," *Journal of Politics*, 1957, 19(3): 343-368, 351.

71. Tammy Poole, "School board adopts multicultural education policy," *Daily Progress*, November 22, 1991.

72. On this point, see the *Washington Post* editorial "Asian values," August 1, 1997.

73. Joseph Cropsey, "What is welfare economics?," *Ethics*, 1955, 65(2): 116-125, 124. See also Walter Berns, "The behavioral sciences and the study of political things: the case of Christian Bay's *The Structure of Freedom*," *American Political Science Review*, 1961, 55(3): 550-559.

74. *The Politics of Aristotle*, trans. Carnes Lord, 2nd ed. (Chicago: University of Chicago Press: 2013), book 7, ch. 1, 187.

75. Aristotle, *Nicomachean Ethics*, book III, chs. 6-9, 361-8.

76. Part of a longer poem, "My childhood-home I see again," in Abraham Lincoln, *Speeches and Writings*, vol. 1, *1832-1858* (New York: Library of America, 1989): 120-122.

77. John Stuart Mill, *Utilitarianism* (Indianapolis: Hackett, 1979 [1861]), 10.

78. Martin Bronfenbrenner, "Poetry, pushpin, and utility," *Economic Inquiry*, 1977, 15(1): 95-110, 98.

79. 행복을 측정하는 일반적인 방법은 '매우 행복하다, 다소 행복하다, 별로 행복하지 않다 중 어느 정도 행복하다고 생각하십니까?'와 같은 질문에 대한 사람들의 응답이다. 이런 응답은 사람들의 표정 또는 친구나 지인들이 대상자가 얼마나 행복해 보이는지에 대한 보고를 통해 행복을 측정하려는 노력과 상당히 연관성이 있는 것 같다. Will Wilkinson, "In pursuit of happiness research: is it reliable? What does it imply for policy?," Policy Analysis 590(Washington, DC: Cato Institute, 2007) 참조.

80. Richard A. Easterlin, "Explaining happiness," *Proceedings of the National Academy of Sciences*, 2003, 100(19): 11176-11183; Carol Graham, "The economics of happiness," in Durlauf and Blume, *The New Palgrave Dictionary of Economics*, 2nd ed., https://pdfs.semanticscholar.org/8d28/abb020d4b2604

e9df53c24982ec119f2df43.pdf.

81. Betsy Stevenson and Justin Wolfers, "Economic growth and subjective well-being: reassessing the Easterlin paradox," Working Paper 14282 (Cambridge, MA: National Bureau of Economic Research, 2008); Wilkinson, "In pursuit of happiness research"; Helen Johns and Paul Ormerod, *Happiness, Economics and Public Policy* (London: Institute of Economic Affairs: 2012).

82. John F. Helliwell, Richard Layard, and Jeffrey D. Sachs, eds, *World Happiness Report 2019* (New York: Sustainable Development Solutions Network, 2019), as summarized in *The Economist*, "Economic growth does not guarantee happiness," March 21, 2019.

83. Frank, *Luxury Fever*; Robert H. Frank, *The Darwin Economy: Liberty, Competition, and the Common Good* (Princeton, NJ: Princeton University Press, 2011).

84. Quoted in Wilkinson, "In pursuit of happiness research," 9.

85. Benjamin M. Friedman, *The Moral Consequences of Economic Growth* (New York: Vintage Books, 2006), esp. 351.

86. Lawrence H. Summers, "The age of secular stagnation: what it is and what to do about it," Foreign Affairs, February 2016. Also see Friedman, *The Moral Consequences of Economic Growth*.

87. *The Economist*, "Generation SRI," November 25, 2017; Tony Mecia, "Feel-good investing," *Weekly Standard*, April 10, 2017.

88. Bryant Stone, "A call for the positive: why young psychological scientists should take positive psychology seriously," Association for Psychological Science, August 29, 2018.

89. Claudia Dreifus, "The smiling professor," *New York Times*, April 22, 2008.

90. Jane E. Brody, "Social interaction is critical for mental and physical health," *New York Times*, June 12, 2017, quoting John Robbins, *Healthy at 100: How You Can - at Any Age - Dramatically Increase Your Life Span and Health Span* (New York: Random House, 2006).

91. John Murphy, "New epidemic affects nearly half of American adults," MDLinx, January 11, 2019; *The Economist*, "Mind and body: the reason loneliness could be bad for your health," February 24, 2011.

92. Anasse Bari, Julian De Niro, and Melanie Tosik, "What do people say they want on Twitter?," *Washington Post*, December 16, 2018.

93. *Washington Post*, "I feel your pain. No, Really," April 8, 2003.

94. Ann Waldron, review of Morton Hunt, *The Compassionate Beast: What Science Is Discovering about the Humane Side of Humankind* (New York: William Morrow, 1990), in *Washington Post*, July 3, 1990.

95. Brooks, *Gross National Happiness*, 177. Also see Tyler J. VanderWeele, "Volunteering and human flourishing," Psychology Today, August 26, 2020.

96. *Daily Progress*, October 17, 1982, F1, and March 14, 1982, B1. See also Marissa J. Lang, "Among the gifts, companionship: eager volunteers pay Christmas visits to hundreds of homebound district seniors," *Washington Post*, December 26, 2019.

97. George H. W. Bush, "The Points of Light Movement" [the president's report to the nation] (Washington, DC: Government Printing Office, 1993), 47.

98. Micaela Connery, "A 'kinder, gentler' president: how George Herbert Walker Bush captured America with 'a thousand points of light,'" masters thesis (Charlottesville: University of Virginia, 2009).

99. Brooks, *Gross National Happiness*, 157-62.

100. Jan-Emmanuel De Neve and George Ward, "Does work make you happy? Evidence from the *World Happiness Report*," Harvard Business Review, March 20, 2017.

101. See, e.g., Bernard Gwertzman, "The Shultz method," *New York Times*, January 2, 1983.

102. *Princeton Alumni Weekly*, March 20, 1991; May 15, 1991; July 10, 1991; April 1, 1992.

103. Robert Nozick, *The Examined Life: Philosophical Meditations* (New York: Simon & Schuster, 1989), 11-15, emphases in original.

104. Nozick, *The Examined Life*, 18.

105. Valerie Strauss, "Hiding in plain sight: the adult literacy crisis," *Washington Post*, November 1, 2016.

106. Kathryn Leckie, "Reading class helped man learn what he's missed," *Daily Progress*, November 27, 1983. 새롭게 글을 읽을 수 있게 된 54세 여성이 보낸 '기쁨'으로 가득 찬 긴 편지에 대해서는 윌리엄 라즈베리(William Raspberry)의 "Gift of understanding"(Washington Post, December 25, 1991)을 참조하라. 라즈베리가 이 글을 쓴 해에 버지니아대학교의 교내 라디오 방송국에서는 다음과 같은 광고를 했다. "1972년부터 우리는 청취자들이 요청하지 않은 잘 알려지지 않은 음악들을 소개

해왔습니다."

107. Arthur Brooks, "A formula for happiness," *New York Times*, December 15, 2013.

108. Jonathan Haidt, "Elevation and the positive psychology of morality," in Corey L. M. Keyes and Jonathan Haidt, eds., *Flourishing: Positive Psychology and the Life Well-Lived* (Washington, DC: American Psychological Association: 2003): 275–289.

109. Smith, *The Theory of Moral Sentiments*, III.3.35.

110. Smith, *The Theory of Moral Sentiments*, VII.2.2.

111. Samuel Fleischacker, "Adam Smith's moral and political philosophy," in Edward N. Zalta, ed., *The Stanford Encyclopedia of Philosophy* (Stanford, CA: Stanford University Press, 2017), https://plato.stanford.edu/archives/spr2017/entries/smithmoral-political.

112. Smith, *The Theory of Moral Sentiments*, III.2.1–III.2.34.

113. Smith, *The Theory of Moral Sentiments*, III.2.1.

114. John Stuart Mill, *Principles of Political Economy*, vols. 2 & 3 of the *Collected Works of John Stuart Mill*, J. M. Robson, ed. (Indianapolis: Liberty Fund, 2006 [1848]).

115. Bronfenbrenner, "Poetry, pushpin, and utility," 98.

116. 매사추세츠주 프레이밍햄에서 진행된 획기적인 연구에 따르면 우정의 네트워크는 놀라울 정도로 광범위할 수 있다. A의 친구 B가 더 행복해지면 A도 행복해진다. B의 친구 C가 행복해지면 B의 행복도 증가하고, 이로써 A의 행복도 증가한다. C의 친구 D가 행복해지면 C의 행복이 증가하고, 이에 따라 B와 A의 행복도 증가한다. 따라서 A의 행복은 자신이 모르는 C와 D의 행복으로 증가한다! 연구에 따르면 행복은 최대 3단계까지 퍼진다. James H. Fowler and Nicholas A. Christakis, "Dynamic spread of happiness in a large social network: longitudinal analysis over 20 years in the Framingham Heart Study," *BMJ*, 2008, 337: a2338, https://doi.org/10.1136/bmj.a2338. 이 논문은 프레이밍햄 소셜 네트워크 분석에 대한 논의, 비판 그리고 후속 연구의 시초가 됐다. 2,100개 이상의 논문이 이 논문을 인용했다.

117. Smith, *The Wealth of Nations*, book V, ch. 1, 303, 308.

118. Alfred Marshall, *Principles of Economics: An Introductory Volume* (London: Macmillan, 1910), book VI, ch. 13, sect. 14, 599.

119. Marshall, *Principles of Economics*, book III, ch. 3, sect. 6, 114.

120. Marshall, *Principles of Economics*, book III, ch. 3, sect. 6, 113. 애덤 스미스는 권고를 넘어 부자들이 더 나은 유형의 지출을 해야 한다고 촉구했다. 그는 화물 마차보다

고급 마차에 더 높은 통행료를 부과하여 "부자들의 나태함과 허영심"이 "가난한 사람들을 구제하는 데 매우 쉽게 이바지할 수 있게" 해야 한다고 주장했다(*The Wealth of Nations*, book V, ch. 1, pt. III, art. 1, 246).

121. Marshall, *Principles of Economics*, book I, ch. 1, sect. 4, 8.

122. Philip Wicksteed, *The Common Sense of Political Economy*, Lionel Robbins, ed. (London: Routledge & Kegan Paul, 1950), book II, ch. 1, 431, 434.

123. A. C. Pigou, *The Economics of Welfare* (London: Macmillan, 1938), 13, 17, 18.

124. Frank Knight, *The Ethics of Competition* (London: Allen & Unwin, 1935), 22-3.

125. Knight, *The Ethics of Competition*, 52n.

126. Knight, *The Ethics of Competition*, 71.

127. Amartya Sen, *Development as Freedom* (New York: Knopf, 1999).

128. Thomas Carlyle, "'Pig philosophy,' a section of 'Jesuitism,'" in *Latter-Day Pamphlets* (Andover: Warren F. Draper, 1860): 400-403.

129. The words are Jack Smart's, from J. J. C. Smart, "An outline of a system of utilitarian ethics," in J. J. C. Smart and Bernard Williams, *Utilitarianism: For and Against* (Cambridge: Cambridge University Press, 1973): 3-76, 24.

130. The phrase is Roger Bolton's, in his exhaustive study "The economics and public financing of higher education: an overview," in *The Economics and Financing of Higher Education in the United States*, a compendium of papers submitted to the Joint Economic Committee, US Congress (Washington, DC: Government Printing Office, 1969): 11-104, 33. Deirdre McCloskey reaches a conclusion similar to mine in *The Rhetoric of Economics* (Madison, WI: University of Wisconsin Press, 1998).

131. 아리스토텔레스는 정치학에서 어쩔 수 없는 부정확성에 대해 이렇게 설명했다. "제대로 교육받았거나 교양 있는 사람은 각 학문 분야에서 해당 주제가 인정하는 정도의 정확성을 추구하는 사람이다"[Carnes Lord, *The Modern Prince: What Leaders Need to Know Now*(New Haven, CT: Yale University Press, 2004), ch. 3, 30-1 참조].

8장

1. Mishan, *Cost-Benefit Analysis*, 318.

2. Baumol, *Welfare Economics and the Theory of the State*, 29.

3. Thomas Schelling, "The life you save may be your own," in Samuel Chase, ed., *Problems in Public Expenditure Analysis* (Washington, DC: Brookings Institution, 1968): 127-162, 161. Leland Yeager dissents from many of his

colleagues and makes a powerful case for deliberation in "Pareto optimality in policy espousal," *Journal of Libertarian Studies*, 1978, 2(3): 199-216.

4. James C. Miller III, "A program for direct and proxy voting in the legislative process," *Public Choice*, 1969, 7(1): 107-113; Kenneth Greene and Hadi Salavitabar, "Senatorial responsiveness, the characteristics of the polity and the political cycle," *Public Choice*, 1982, 38(3): 263-269; Ryan Amacher and William Boyes, "Cycles in senatorial voting: implications for the optimal frequency of elections," *Public Choice*, 1978, 33(1): 5-13; Emmanuelle Auriol and Robert J. Gary-Bobo, "The more the merrier? Choosing the optimum number of representatives in modern democracies," VoxEU, October 9, 2007.

5. James M. Buchanan and Gordon Tullock, *The Calculus of Consent: Legal Foundations of Constitutional Democracy* (Ann Arbor, MI: University of Michigan Press, 1965), 20.

6. See, e.g., Buchanan, *Public Finance in Democratic Process, 176*. Also see Duncan MacRae's discussion, *The Social Function of Social Science* (New Haven, CT: Yale University Press, 1976), 197.

7. Greene and Salavitabar, "Senatorial responsiveness," 263; Edgar Browning, "More on the appeal of minimum wage laws," *Public Choice*, 1978, 33(1): 91-93, 93; William Niskanen, "The pathology of politics," in Richard Selden, ed., *Capitalism and Freedom: Problems and Prospects* (Charlottesville, VA: University of Virginia Press, 1975): 20-35; Julius Margolis, "Public policies for private profits: urban government," in Harold Hochman and George Peterson, eds., *Redistribution through Public Choice* (New York: Columbia University Press, 1974): 289-319, esp. 301; MacRae, *The Social Function of Social Science*, 197; Fred Gottheil, *Principles of Economics*, 7th ed. (Mason, OH: Southwestern Cengage Learning, 2013), 348-9. 일부 저명한 경제학자는 이익단체가 소비자 선호를 왜곡하고 정책 결정에 비효율을 초래한다는 다수의 의견에 동의하지 않았다. 예를 들면 Donald Wittman, *The Myth of Democratic Failure: Why Political Institutions Are Efficient* (Chicago: University of Chicago Press, 1995), 76-86; and Gary S. Becker, "A theory of competition among pressure groups for political influence," *Quarterly Journal of Economics*, 1983, 98(3): 371-400을 참조하라.

8. See, e.g., Arman A. Alchian and Harold Demsetz, "Production, information costs, and economic organization," *American Economic Review*, 1972, 62(5): 777-795; Joseph P. Kalt and Mark A. Zupan, "Capture and ideology in the economic

theory of politics," *American Economic Review*, 1984, 74(3): 279-300; and Joseph P. Kalt and Mark A. Zupan, "The apparent ideological behavior of legislators: testing for principal-agent slack in political institutions," *Journal of Law and Economics*, 1990, 33(1): 103-131.

9.   Miller, "A program for direct and proxy voting."

10.   Tullock, *Private Wants, Public Means*, 112-13. 마틴 슈빅은 밀러의 제안에 유보적인 입장을 표명했지만, 그가 제안한 수정안(최소 6주 간격으로 두 차례의 국민투표에서 통과되지 않은 법안은 법이 될 수 없다)은 상당히 사소한 것이다. "On Homo politicus and the instant referendum," *Public Choice*, 1970, 9(1): 79-84. 윌리엄 니스카넨(William Niskanen)도 다른 형태의 국민투표와 '직접민주주의' 방식을 지지하지만 밀러의 제안에 관해 호의적으로 논의했다. "The pathology of politics"; and "Toward more efficient fiscal institutions," *National Tax Journal*, 1972, 25(3): 343-347.

11.   See Wikipedia, "Liquid democracy." See also Steve Hardt's and Lia C. R. Lopes's examination of "liquid democracy" via social networks: "Google votes: a liquid democracy experiment on a corporate social network," Technical Disclosure Commons, June 5, 2015.

12.   James Green-Armytage, "Direct voting and proxy voting," *Constitutional Political Economy*, 2015, 26(2): 190-220.

13.   Gal Cohensius, Shie Manor, Reshef Meir, Eli Meirom, and Ariel Orda, "Proxy voting for better outcomes," Technion - Israel Institute of Technology, November 28, 2016.

14. Dennis Mueller, Robert Tollison, and Thomas Willett, "Representative democracy via random selection," *Public Choice*, 1972, 12(1): 57-68.

15.   Caplan, *The Myth of the Rational Voter*, esp. 52-83, 114-27.

16. The Survey of Americans and Economists on the Economy was a collaborative project of *The Washington Post*, the Kaiser Family Foundation, and Harvard University (1996).

17.   Somin, *Democracy and Political Ignorance*.

18.   Alexander Hamilton, James Madison, and John Jay, *The Federalist Papers*, ed. Clinton Rossiter (New York: New American Library, 1961 [1788]), no. 9.

19.   Hamilton, Madison, and Jay, *The Federalist Papers*, nos. 9, 10, 49, 58, 63, 71.

20.   For a defense of this view, see Martin Diamond, Winston Fisk, and Herbert Garfinkel, *The Democratic Republic* (Chicago: Rand McNally, 1970), ch. 4. For a

discussion of contending views, see Martin Diamond, "Conservatives, liberals, and the Constitution," in R. A. Goldwin, ed., *Left, Right and Center: Essays on Liberalism and Conservatism in the United States* (Chicago: Rand McNally, 1965): 60-86.

21. Abraham Lincoln, "The perpetuation of our political institutions: address before the Young Men's Lyceum of Springfield, Illinois, January 27, 1838," in Roy P. Basler, ed., *The Collected Works of Abraham Lincoln*, 8 vols. (New Brunswick, NJ: Rutgers University Press, 1953): I, 108-115; also see "Speech in the Illinois Legislature, January 11, 1837," in *The Collected Works*: I, 61-69, 69.

22. Jefferson's letters to John Taylor, May 28, 1816; to Isaac Tiffany, August 26, 1816; to John Adams, October 28, 1813; and to Pierre Samuel du Pont de Nemours, April 24, 1816; all in Morton Frisch and Richard Stevens, eds., *The Political Thought of American Statesmen* (Itasca, IL: Peacock, 1973), 26-36. Also see Harvey C. Mansfield Jr., "Thomas Jefferson," in Morton Frisch and Richard Stevens, eds., *American Political Thought* (New York: Scribner, 1971): 23-50.

23. Jefferson's letter to John Adams, October 28, 1813, in Frisch and Stevens, *The Political Thought of American Statesmen*, 28.

24. De Tocqueville, *Democracy in America*, I, esp. 63, 70, 94-6, 265, 309-10.

25. Tom Kertscher, "Were the founding fathers 'ordinary people?,'" PolitiFact, July 2, 2015; see also Walker's speech at the conference for the Faith and Freedom Coalition, June 20, 2015: www.c-span.org/video/?326702-5/governor-scottwalker-rwi-faith-freedom-coalition-conference.

26. *Washington Post*, January 21, 1977, A17.

27. For the full text of Donald Trump's inaugural address, see www.whitehouse.gov/briefings-statements/the-inaugural-address.

28. See, e.g., George Will, "Some GOP candidates becoming unhinged over gay marriage ruling," *Washington Post*, July 1, 2015; and George Will, "On Obamacare, John Roberts helps overthrow the Constitution," *Washington Post*, June 25, 2015.

29. Paul Krugman, "In defense of Obama," Rolling Stone, October 8, 2014.

30. Caitlin Yilek, "Ruth Bader Ginsburg opposes Democratic proposal to add seats to Supreme Court," Washington Examiner, July 24, 2019.

31. Kaiser Family Foundation, "Pop quiz: assessing Americans' familiarity with the health care law" (Menlo Park, CA: Kaiser Family Foundation, 2011).

32. Andrew Romano, "How ignorant are Americans?," Newsweek, March 3, 2011.

33. James Curran, Shanto Iyengar, Anker Brink Lund, and Inka Salovaara-Moring, "Media system, public knowledge and democracy: a comparative study," *European Journal of Communication*, 2009, 24(1): 5-26.

34. De Tocqueville, *Democracy in America*, I, 222-3, 237-9.

35. Andrew Kohut, "Debt and deficit: a public opinion dilemma," Pew Research Center, June 14, 2012.

36. 유권자의 무지가 민주적 대표성에 심각한 문제를 유발한다는 생각에 모든 경제학자가 동의하는 것은 아니라는 점에 주목할 필요가 있다. 가장 유명한 반대론자인 도널드 위트먼은 유권자가 대표자의 정책 입장을 정확히 판단하기 위해서는 구체적인 세부 사항을 거의 알 필요가 없다고 주장했다. 위트먼은 소비자가 브랜드 이름과 제품 리뷰를 통해 어떤 상품을 구매할지 결정할 수 있는 것처럼 유권자는 정당의 정강, 후보에 대한 지지, 후보를 지지하는 이익단체를 관찰함으로써 올바른 선거 결정을 내릴 수 있다고 주장한다. 그러나 이런 주장은 대표자를 선출하는 경우에만 설득력이 있다. 특정 정책 이슈에 대한 유권자의 의견을 측정하는 것이 목표인 경우에는 정치적 무지에 대한 우려를 완화하는 데 거의 도움이 되지 못한다. 대부분의 유권자는 자신과 반대되는 견해를 가진 후보자에게 투표하지 않을 만큼 충분한 정보를 가지고 있다. 하지만 유권자가 국방비 지출, 제조업에 대한 규제 또는 외교 정책의 민감한 문제에 관해 정기적으로 찾아볼 만큼 충분한 정보를 가지고 있다고 주장하기는 어렵다. Wittman, *The Myth of Democratic Failure*, 7-20. 유권자의 비합리성에 대한 캐플란의 연구는 여론에 지나치게 의존해서는 안 되는 강력한 이유를 제시해준다.

37. Tullock, *Private Wants, Public Means*, 115; also see 119.

38. Hamilton, Madison, and Jay, *The Federalist Papers*, nos. 9, 10, 57. Also see Diamond, Fisk, and Garfunkel, *The Democratic Republic*, 99-100; and Walter Berns, "Does the Constitution 'secure these rights'?," in Robert Goldwin and William Schambra, eds., *How Democratic Is the Constitution?* (Washington, DC: American Enterprise Institute, 1980): 59-78.

39. Hamilton, Madison, and Jay, *The Federalist Papers*, no. 10.

40. Diamond, Fisk, and Garfunkel, *The Democratic Republic*, 99-100.

41. Hamilton, Madison, and Jay, *The Federalist Papers*, no. 10; also see no. 51. On Madison's attempt to design a government in which representatives would be unlikely to act on narrow self-interest, see Robert J. Morgan, "Madison's analysis of the sources of political authority," *American Political Science Review*, 1981, 75 (3): 613-625.

42. Hamilton, Madison, and Jay, *The Federalist Papers*, nos. 63, 71.

43. Joseph M. Bessette, *The Mild Voice of Reason: Deliberative Democracy and American National Government* (Chicago: University of Chicago Press, 1994).

44. Woodrow Wilson, *Constitutional Government in the United States*(New York: Columbia University Press, 1908), 104-5. 민주주의에서 숙의의 중요성을 처음 강조한 사람은 아리스토텔레스였다. 그는 사람들이 함께 모여 정책에 관해 논의할 때만 민중에 의한 통치라는 주장이 진지하게 받아들여질 수 있다고 믿었다. 어니스트 바커의 주장에 따르면, 아리스토텔레스는 "대중은 정적인 상태가 아니라 역동적일 때, 즉 함께 모여서 토론의 과정이 시작될 때 좋은 집단적 판단을 내릴 수 있는 장점이 있다"라고 했다. Ernest Barker, *The Politics of Aristotle*(New York: Oxford University Press, 1962), 126. 건국자들의 시대 에드먼드 버크의 주장도 유명하다. "당신의 대표자는 당신에게 그의 판단을 빚졌다. 정부와 입법은 이성과 판단의 문제이지 성향의 문제가 아니다. 결정이 토론에 앞서고, 한 무리의 사람들이 숙고하고 다른 무리의 사람들이 결정하며, 결론을 내리는 사람들이 논쟁을 듣는 사람들로부터 아마도 500킬로미터나 떨어져 있는 경우에 이것은 어떤 종류의 이성일까?"(*The Works of the Right Honorable Edmund Burke*, 3 vols.(Boston: Little, Brown, 1894), II, 95-6).

45. From Woodrow Wilson, *Congressional Government: A Study in American Politics* (Boston: Houghton Mifflin, 1885). Quoted in Harry Clor, "Woodrow Wilson," in Frisch and Stevens, *American Political Thought*: 191-217, 192.

46. Clor, "Woodrow Wilson," 194.

47. Abraham Lincoln, "First debate with Stephen Douglas at Ottawa, Illinois, August 21, 1858," in *The Collected Works*: III, 1-37, 27. See also *The Collected Works*, III, 29; and Benjamin P. Thomas, *Abraham Lincoln* (New York: Knopf, 1952), 133.

48. Abraham Lincoln, "Perpetuation of our political institutions," in *The Collected Works*: I, 108-115.

49. Abraham Lincoln, "Second inaugural address" [Washington, DC, March 4, 1865], available at www.ourdocuments.gov/doc.php?flash=false&doc=38&page=transcript.

50. 오늘날의 경제학자들은 노예제도에 반대할 가능성이 크지만, 이런 믿음은 경제학 이외의 요인에서 비롯된 것이다. 후생경제학에서는 사회가 재산권과 소득 분배를 결정해야 한다고 말한다. 링컨 시대에 노예는 권리를 가진 인간이 아니라 재산으로 간주됐다. 몇몇 주의 주민들이 이것이 정당하다고 말한다면, 후생경제학에서 그들이 틀렸다고 이야기하진 못할 것이다. 그랜드 예거는 파레토 최적 개념에 지나치게 의존하는 경향을 비판

하면서 동료 경제학자들의 의견에 반대했다. 그는 "시장 거래의 결과에서 비롯되는 모든 것을 윤리적으로 타당한 것으로 간주하는 경향이 있는 파레토 접근법은 (외부효과 등에 대한 검증을 거쳐) 모든 가치를 무차별적으로 존중하는 것과 비슷하다"라고 지적했다("Pareto optimality in policy espousal," Also see Tullock's comments on South Africa: *Private Wants, Public Means*, 238).

51. 토머스 제퍼슨은 첫 번째 취임 연설에서 "모든 경우에 다수의 의지가 우선하지만, 그 의지가 정당하기 위해서는 반드시 합리적이어야 한다는 신성한 원칙"을 언급했다.

52. Abraham Lincoln, "Speech at Peoria, Illinois, on the repeal of the Missouri Compromise, October 16, 1854," in *The Collected Works*: II, 246-283, emphasis in original.

53. Joseph M. Bessette, "Deliberation and the lawmaking process," in *The Mild Voice of Reason*: 150-181; Joseph M. Bessette, "Deliberation in American lawmaking," *Philosophy&Public Policy Quarterly*, 1994, 14(1/2): 18-24; V. O. Key Jr., *Public Opinion and American Democracy* (New York: Knopf, 1961), ch. 21; Hanna Pitkin, *The Concept of Representation* (Berkeley, CA: University of California Press, 1967), ch. 10, esp. 212; Carl Friedrich, "Deliberative assemblies," in *Constitutional Government and Democracy: Theory and Practice in Europe and America*, 4th ed. (Waltham, MA: Blaisdell, 1968); Duncan MacRae Jr., "Normative assumptions in the study of public choice," *Public Choice*, 1973, 16 (1): 27-41, 38-9; MacRae, *The Social Function of Social Science*, 194-200; Willmoore Kendall and George Carey, "The intensity problem and democratic theory," *American Political Science Review*, 1968, 62(1): 5-24, 23; Robert Axelrod, "The medical metaphor," American Journal of Political Science, 1977, 21: 430-432, 432; Geoffrey Vickers, "Values, norms and policies," *Policy Sciences*, 1973, 4(1): 103-111, 109.

54. W. Arthur Lewis, "Planning public expenditures," in Max F. Millikan, ed., *National Economic Development* (New York: National Bureau of Economic Research, 1967): 201-227, 207.

55. Key, *Public Opinion and American Democracy*, ch. 21, esp. 536, 539, 553-8.

56. John F. Kennedy, *Profiles in Courage* (New York: Cardinal, 1956), 14, emphasis added.

57. 허버트 스토링은 포퓰리즘의 커다란 위험 중 하나는 정치가의 "자신의 판단에 대한 자신감, 즉 대중이 반대하는데도 자신의 판단에 의존하는 정당성에 대한 자신감"을 약화하는 것이라고 주장했다[Herbert Storing, "American statesmanship: old and

new," in Robert Goldwin, ed., *Bureaucrats, Policy Analysts, Statesmen: Who Leads?*(Washington, DC: American Enterprise Institute, 1980): 88-113, 103].

58. Charles Wolf's proposal, cited by Vincent Taylor, "How much is good health worth?," *Policy Sciences*, 1970, 1(1): 49-72, 69.

59. Mishan, *Cost-Benefit Analysis*, 318-19.

60. Daniel Casse, "Casting a ballot with a certain cast of mind" [review of *The Myth of the Rational Voter*, by Bryan Caplan], *Wall Street Journal*, July 10, 2007.

61. Schelling, "The life you save may be your own"; Mishan, *Cost-Benefit Analysis*, 162; Jan Paul Acton, *Evaluating Public Programs to Save Lives: The Case of Heart Attacks* (Santa Monica, CA: Rand Corporation, 1973).

62. Tullock, *Private Wants, Public Means*, ch. 5; and Dennis Mueller, *Public Choice* (Cambridge: Cambridge University Press, 1979), 124.

63. Tullock, *Private Wants, Public Means*, 120.

64. *Los Angeles Times*, March 26, 1982, 29.

65. Herbert Baus and William Ross, *Politics Battle Plan* (New York: Macmillan, 1968), 61; quoted in Eugene Lee, "California," in David Butler and Austin Ranney, eds., *Referendums* (Washington, DC: American Enterprise Institute, 1978): 87-122, 101-2.

66. Raymond Wolfinger, "Discussion," in Austin Ranney, ed., *The Referendum Device* (Washington, DC, American Enterprise Institute, 1981): 60-73, 63-4. Also see David Magleby's comments in *The Washington Post*, May 29, 1982, A11.

67. *Los Angeles Times*, March 26, 1982, 29. Field's views are significant, since pollsters profit from initiatives. Interest groups and newspapers need them to assess trends in public opinion prior to election day.

68. Tracy Westen, *Democracy by Initiative: Shaping California's Fourth Branch of Government*, 2nd ed. (Los Angeles: Center for Governmental Studies, 2008), 9.

69. 유권자의 관심과 지식이 높은 경우조차 신중하게 고려되지 않은 조항이 포함된 발의안이 통과되는 경우가 많다. 레이먼드 울핑거는 "[캘리포니아 재산세 인상을 훨씬 더 어렵게 만든] 발의안 제13호에는 주민투표에 관한 몇 가지 흥미로운 점을 설명하는 여러 부차적인 조항이 포함되어 있었다. 그중 하나는 부동산의 평가가치를 1975~1976년 수준으로 인하하지만 그 이후에 판매된 부동산은 판매 가격으로 평가한다는 것이 었다. 1975~1976년에 각각 5만 달러로 평가된 콘도 20채가 있는 건물에서 1979년에 1채가 12만 5,000달러에 팔렸다면 19명은 5만 달러에 대한 세금을 내지만, 스무 번째 사람은 12만 5,000달러에 대한 세금을 내게 된다. 이는 캘리포니아에서 발의안

문구에 종종 삽입되는 숨겨진 조항의 한 사례다. 사람들은 자신들이 무엇에 관해 투표하는지 알고 있었지만, 투표하는 법안에 12만 5,000달러 대 5만 달러 상황 같은 내용이 포함되어 있다는 사실을 아는 사람은 거의 없었다"라고 지적했다(Wolfinger, "Discussion," 64-5).

70. See Richard Fenno on Congress's relative strengths in this regard: Richard F. Fenno Jr., *Home Style: House Members in Their Districts* (Boston: Little, Brown, 1978), 245. For more on the importance of consensus building as a criterion of a good governmental process, see Kendall and Carey, "The intensity problem and democratic theory"; and David Braybrooke, *Three Tests for Democracy: Personal Rights, Human Welfare, Collective Preference* (New York: Random House, 1968), esp. 202-7. On the failure of initiatives to encourage compromise, see Michael Malbin, "The false hope of law by initiative," *Washington Post*, January 7, 1978, 15.

71. 실제로 최근 학계에서는 직접민주주의에서 권장하지 않는 종류의 숙의가 합의에 필요한 조건을 만드는 데 중요하다고 제안한다. 연구에 따르면, 참가자들에게 분열적인 이슈에 대해 토론할 시간을 주면 동일한 이념적 시각을 통해 문제를 바라볼 가능성이 커진다. 실질적인 합의에 이르지 못하더라도 일종의 '메타 합의', 즉 문제를 설명하는 용어(진보 대 보수, 세속적 대 종교적 등)는 합의할 수 있다. 이는 각 참가자가 동료들의 의견과 비교해 순서를 매길 수 있는 하나의 정책 결과를 선택할 수 있다는 것을 의미하며, 공공 선택 경제학자들은 이것을 '단봉 선호(single peaked preferences)'라고 부른다. 그 결과 더 유익한 토론과 더 합법적인 타협이 이루어진다. 그러나 이런 숙의를 무시하면 타협하기가 더 어려워질 수 있다. Christian List, Robert Luskin, James Fishkin, and Iain McLean, "Deliberation, single-peakedness, and the possibility of meaningful democracy: evidence from deliberative polls," *Journal of Politics*, 2012, 75(1), 80-95. Translated with www.DeepL.com/Translator.

72. 국민투표 발의안을 지지하는 일부 사람들은 입법부를 더 통합할 것을 제안했다. 이런 '간접 발의' 절차는 주마다 다르지만, 국민투표 발의안을 제안하는 시민과 이를 논의하고 최종적으로 통과시켜야 하는 입법부 사이의 협조에 달렸다. 예를 들어, 매사추세츠주에서는 청원자들이 대중이 직접 투표하도록 국민투표에 부치는 대신 입법부에 제안할 경우 서명 한도를 낮춰 인센티브를 부여하고 있다. 그러면 입법부는 과반수 찬성으로 발의안을 승인, 수정 또는 거부할 수 있다. 입법부 통합을 위한 다른 권장 사항으로는 의무적인 공청회 개최, 입법 분석가의 공정한 발의안 분석 의무화, 청원자와 입법부 사이의 협상 허용, 대중에 의해 통과된 발의안에 대한 입법 개정안 제공, 초안 작성 지원 등이 있다. 이런 개선 사항은 유권자의 합리적 무지가 공공정책에 미치

는 영향을 완화하는 데 도움이 될 수 있다. Westen, *Democracy by Initiative*, 18-22; J. Fred Silva, "The California Initiative Process: background and perspective," occasional paper (San Francisco: Public Policy Institute of California, 2000), 37; Massachusetts Constitution amendment article XLVIII, initiative part 5 (statutes), part 4 (constitutional amendment), available at https://malegislature.gov/Laws/Constitutioncart048.htm 참고.

73. Mueller, Tollison, and Willett, "Representative democracy via random selection," 65.

74. 키(Key)는 일반 대중이 정치적 질서를 공유하고 참여한다고 느끼는 것이 중요하다고 생각한다(*Public Opinion and American Democracy*, 547-8).

75. Fenno, *Home Style*, 240-5. 무소속 대표에 대한 대중의 상당한 지지를 제안하는 이 장의 뒷부분을 참조하라. 이슈에 대해 거의 알지 못하는 경우, 현재 자신이 가지고 있는 정보에 기반하지 않은 편견을 공유하는 사람보다는 좋은 인성이나 판단력을 가진 것처럼 보이는 사람에게 투표하는 것이 합리적일 것이다. 예를 들어 존스가 "스미스가 판단력이 뛰어나다"라고 말할 때, 스미스가 입법 과정에 참여하여 배운 것을 안다면 자신도 스미스의 의견에 동의할 것이라는 사실을 의미한다.

76. 이 책의 '경제학자와 이기주의 가정' 부분, 그리고 그린과 살라비타바르의 '상원의원의 대응'을 참고하라. 윌리엄 미첼은 공공 재정 관련 글을 쓰는 경제학자들에 대해 "대부분이 (…) 유권자, 정치인, 관료도 우리와 똑같으며 공공재의 지속적인 공급은 그들의 선의가 아니라 정치적 행위자로서 자신들의 이익에 대한 인식에 달렸다고 발표하는 것에서 삐딱한 즐거움을 느낀다"라고 이야기했다[William Mitchell, "Textbook public choice: a review essay," *Public Choice*, 1982, 38(1): 97-112, 104].

77. James Kau and Paul Rubin, *Congressmen, Constituents and Contributors: Determinants of Roll Call Voting in the House of Representatives*(Boston: Martinus Nijhoff, 1982). 카우와 루빈은 의회 투표 행위를 설명하는 데 선거구 주민의 이념과 대표자의 이념이 모두 중요하다는 사실을 발견했다. 또한 기업 지향적인 정치활동위원회의 기부금은 의원들의 투표 행태에 영향을 미치지 않지만, 공익을 위한 로비는 경제적 요인을 통제한 후에도 투표 행태에 영향을 미친다는 사실을 발견했다 (특히 3-5, 45, 80, 93-4, 121-4). 나는 이 책에서 고든 툴록의 저서에 대한 나의 빈번한 비판에 균형을 맞추게 돼 기쁘게 생각한다. 고든 툴록은 카우와 루빈의 공동 연구 그리고 매켄지가 쓴《경제과학의 한계》(9장에서 간략히 논의)의 비정통적이고 흥미로운 연구 결과를 받아들일 여지를 발견한 시리즈인《공공 선택의 연구》편집 주간이다. James Kau and Paul Rubin, Congressmen, Constituents and Contributors: Determinants of Roll Call Voting in the House of Representatives(Boston:

Martinus Nijhoff, 1982).

78. David Mayhew, *Congress: The Electoral Connection* (New Haven, CT: Yale University Press, 1974); and Morris Fiorina, *Congress: Keystone of the Washington Establishment* (New Haven, CT: Yale University Press, 1977).

79. Richard F. Fenno Jr., *Congressmen in Committees* (Boston: Little, Brown, 1973).

80. Bessette, "Deliberation in American lawmaking," 18-19; Fenno, *Congressmen in Committees*, 5.

81. This is documented at length in Bessette, "Deliberation in American lawmaking," and in Arthur Maass, *Congress and the Common Good* (New York: Basic Books, 1983).

82. Asbell, *The Senate Nobody Knows*, 267, 210.

83. Asbell, *The Senate Nobody Knows*, 370-1.

84. Asbell, *The Senate Nobody Knows*, 30, 42-3. 또한 존 맨리(John Manley)는 하원 세입위원회에서 월버 밀스의 탁월함은 '권력'이 아니라 '영향력' 때문이라고 지적했다. 맨리는 "영향력은 본질적으로 특정한 일을 하고 다른 일을 피해야 하는 이유나 정당성을 제시하는 설득의 수단인 반면, 권력은 의무를 이행하는 결정을 전달하는 의미로 볼 수 있다"라고 말했다[John F. Manley, *The Politics of Finance: The House Committee on Ways and Means* (Boston: Little, Brown, 1970), 122. Also see Bessette, "Deliberation in American lawmaking"].

85. Jenna Johnson, "House Judiciary Committee chairman well versed in immigration debate," *Washington Post*, June 23, 2013.

86. Paul Ryan, *The Way Forward: Renewing the American Idea* (New York: Twelve, 2014), 76.

87. Daniel J. Palazzolo, "Return to deliberation? Politics and lawmaking in committee and on the floor," in William Connelly, Jack Pitney, and Gary Schmitt, eds., *Is Congress Broken? The Virtues and Defects of Partisanship and Gridlock* (Washington, DC: Brookings Institution Press, 2017).

88. Bessette, *The Mild Voice of Reason*, esp. 74, 82, 87, 95-6, 98, 146-7.

89. Buchanan, *Public Finance in Democratic Process, The Limits of Liberty*.

90. Hamilton, Madison, and Jay, *The Federalist Papers*, no. 63.

91. John Dewey, ed., *The Living Thoughts of Thomas Jefferson* (Greenwich, CT: Fawcett, 1940), 58. 제퍼슨과 그 외 건국자들은 또한 가장 유능하고 재능 있는 사람들은 임기가 매우 짧고 권한이 거의 없는 공직에 매력을 느끼지 않으리라고 강조했다. 경제학자들은 이런 인센티브에 대해서는 논의하지 않는다.

92. Miller, "A program for direct and proxy voting," 373.

93. Amacher and Boyes, "Cycles in senatorial voting."

94. Ryan Amacher and William Boyes, "Politicians and polity: responsiveness in American government," *Southern Economic Journal*, 1979, 46(2): 558-567; Greene and Salavitabar, "Senatorial responsiveness."

95. Thomas Jefferson, "Letter to Monsieur d'Ivernois, Feb. 6, 1975," in Andrew Lipscomb, ed., *The Writings of Thomas Jefferson*, 20 vols. (Washington, DC: Thomas Jefferson Memorial Society, 1903): IX, 299-300, emphasis added. Also see Hamilton, Madison, and Jay, *The Federalist Papers*, no. 10.

96. Pitkin, *The Concept of Representation*, ch. 7.

97. Miller, "A Program for direct and proxy Voting," 373.

98. Amacher and Boyes, "Cycles in senatorial voting," 10.

99. Schelling, "The life you save may be your own," 161.

100. Elizabeth Mendes and Joy Wilke, "Americans' confidence in Congress falls to lowest on record," Gallup, June 13, 2013.

101. Lydia Saad, "Gridlock is top reason Americans are critical of Congress," Gallup, June 12, 2013.

102. Steven Kull, "American public says leaders should pay attention to opinion polls," Common Dreams, March 28, 2008.

103. Stanley Kelley, *Interpreting Elections* (Princeton, NJ: Princeton University Press, 1983), esp. 57, 163-5.

104. Hamilton, Madison, and Jay, *The Federalist Papers*, no. 49.

9장

1. American Society for the Prevention of Cruelty to Animals, "The criminal, underground world of dogfighting," www.aspca.org/animal-cruelty/dogfighting.

2. *Chicago Tribune*, September 1, 1974.

3. For a discussion of the necessity, and difficulty, posed by taking account of intangible externalities, see Chapter 10 of the 1985 edition of *The Economist's View of the World*.

4. Kenneth Boulding, "Economics and the future of man," in *Economics as a Science*: 139-157, 156.

5. Thomas Schelling, "Economic reasoning and the ethics of policy," *Public*

Interest, 1981, 63: 37-61, 59.

6. Boulding, *Economics as a Science*, 136.

7. Robert J. Samuelson, "Micro revolution: compete or stand aside," *Washington Post*, October 21, 1980, D8.

8. 리스는 계속해서 "대부분의 경제학자는 경제를 잘 이해하기 때문에 사회학자보다 경제 문제에 대해 더 보수적"이라고 말했다. William McCleery, "A conversation with Albert Rees," *Princeton Alumni Weekly*, March 15, 1976. 9. Schultze, The Public Use of Private Interest, 76-7.

9. Schultze, *The Public Use of Private Interest*, 76-7.

10. Alain Enthoven, "Defense and disarmament: economic analysis in the Department of Defense," *American Economic Review*, 1963, 53(2): 413-422, 422.

11. This is a theme in George Stigler, "The politics of political economists," *Quarterly Journal of Economics*, 1959, 73(4): 522-532.

12. See, for example, Tyler J. VanderWeele, "Activities for flourishing: an evidence-based guide," *Journal of Positive School Psychology*, 2020, 4(1): 79-91.

13. Scott Shackford, "Biden says high-speed rail will get millions of cars off the road. That's malarkey," Reason, March 16, 2020.

14. Justine Coleman, "Biden unveils plan to penalize companies that offshore jobs ahead of Michigan visit," The Hill, September 9, 2020.

15. Josh Hawley, "Americans are ready for a comeback. Congress must help unleash it," *Washington Post*, April 8, 2020; Bryan Riley, "Sen. Hawley is entitled to his opinion on trade, but not his own facts," National Taxpayers Union, May 5, 2020.

16. Michael R. Strain, *The American Dream Is Not Dead (But Populism Could Kill It)* (West Conshohocken, PA: Templeton Press, 2020); George Will, "Despite bipartisan lament, upward mobility lives on," *Washington Post*, March 12, 2020; Michael R. Strain, "What conservatism should look like after Trump," *Bloomberg Opinion*, November 12, 2019.

17. Michael R. Strain, "Bidenomics is a populist gridlock buster. Uh-oh," *Bloomberg Opinion*, July 14, 2020.

18. Stephen Broadberry and Tim Leunig, "The impact of Government policies on UK manufacturing since 1945," Evidence Paper 2 for Future of Manufacturing Project (London: Government Office for Science, 2013).

19. Strain, *The American Dream Is Not Dead*.

20. Strain, "Bidenomics is a populist gridlock buster."

21. Benjamin F. Jones and Lawrence H. Summers, "A calculation of the social returns to innovation," Working Paper 27863 (Cambridge, MA: National Bureau of Economic Research, 2020).

22. *The Economist*, "Joe Biden would not remake America's economy," October 3, 2020.

23. Committee on the Judiciary, "Nomination of Stephen G. Breyer to be an associate justice of the Supreme Court of the United States" (Washington, DC: Government Printing Office, 1995), 7.

24. Casey B. Mulligan, *You're Hired! Untold Successes and Failures of a Populist President* (Washington, DC: Republic Book Publishers, 2020).

25. Amy Goldstein, "President Trump's Medicare drug discount cards face uncertain path," *Washington Post*, October 15, 2020; Lenny Bernstein, "Health officials scramble to explain details of Trump's $200 drug discount card," *Washington Post*, September 25, 2020. For a more upbeat assessment of the Trump administration, see University of Chicago economist Casey Mulligan's *You're Hired!*

26. Deirdre McCloskey, "The two movements in economic thought, 1700–2000: empty economic boxes revisited," *History of Economic Ideas*, 2018, 26(1): 63–95.

27. Jeremy Norman, "The antitrust case, US v. IBM, is tried and eventually withdrawn," History of Information.

28. Deirdre McCloskey, *Bourgeois Dignity: Why Economics Can't Explain the Modern World* (Chicago: University of Chicago Press, 2010).

29. Jones and Summers, "A calculation of the social returns to innovation."

30. See Deirdre McCloskey, "How growth happens: liberalism, innovism, and the Great Enrichment," deirdremccloskey.com, November 29, 2018; and McCloskey, "The two movements in economic thought"; also see John Mueller, *Capitalism, Democracy, and Ralph's Pretty Good Grocery* (Princeton, NJ: Princeton University Press, 1999).

31. Strain, *The American Dream Is Not Dead*; Richard V. Reeves, *Dream Hoarders: How the American Upper Middle Class Is Leaving Everyone Else in the Dust, Why That Is a Problem, and What to Do About It* (Washington, DC: Brookings

Institution Press, 2017); Jonathan Gruber and Simon Johnson, *Jump-Starting America: How Breakthrough Science Can Revive Economic Growth and the American Dream* (New York: PublicAffairs, 2019).

32. Strain, *The American Dream Is Not Dead*.

33. Arthur C. Brooks, "What really buys happiness? Not income equality, but mobility and opportunity," *City Journal*, Summer 2007.

34. William D. Nordhaus, "Schumpeterian profits and the alchemist fallacy revised," Yale Economic Applications and Policy Discussion Paper 6 (New Haven, CT: Department of Economics, Yale University, 2005).

35. 미국인들은 여전히 서유럽 사람들보다 자유를 더 가치 있게 생각한다. 2011년 퓨리서치의 조사에 따르면 미국인들은 '국가의 간섭 없이 삶의 목표를 추구할 수 있는 자유'와 '국가가 궁핍한 사람이 없도록 보호해주는 것' 가운데 어느 것이 더 중요하냐는 질문에 '58% 대 35%'로 자유를 더 선호한다고 답했다. "유럽에서는 의견이 정반대였다. 독일인은 62% 대 36%로 자유보다 국가의 보호를 더 중요하게 생각했다. 프랑스, 영국, 스페인도 비슷한 결과가 나왔다"(Robert J. Samuelson, "Is America really so exceptional?," *Washington Post*, September 22, 2013).

36. Kristján Kristjánsson, "An Aristotelian virtue of gratitude," *Topoi*, 2013, 34(2): 499–511; Wikiversity, "Virtues/gratitude," https://en.wikiversity.org/wiki/Virtues/ Gratitude; Michael W. Austin, "The virtue of thankfulness," Psychology Today, November 22, 2010.

37. Sara B. Algoe, Jonathan Haidt, and Shelly L. Gable, "Beyond reciprocity: gratitude and relationships in everyday life," *Emotion*, 2008, 8(3): 425–429; Catherine Clifford discusses Jonathan Haidt's research in "Happiness expert: these are the 3 components of lasting happiness (and the mistakes people make)," *Health and Wellness*, CNBC, April 11, 2019; see also Arthur Brooks, "Choose to be grateful. It will make you happier," *New York Times*, November 22, 2015.

| 찾아보기 |

경제학자가 세상을 구할 수 있다면

초판 1쇄 발행 · 2023년 12월 6일

지은이 · 스티븐 로즈
옮긴이 · 고영태
발행인 · 이종원
발행처 · (주) 도서출판 길벗
브랜드 · 더퀘스트
주소 · 서울시 마포구 월드컵로 10길 56 (서교동)
대표전화 · 02) 332-0931 | 팩스 · 02) 322-0586
출판사 등록일 · 1990년 12월 24일
홈페이지 · www.gilbut.co.kr | 이메일 · gilbut@gilbut.co.kr

기획 및 책임편집 · 송은경(eun3850@gilbut.co.kr), 유예진, 오수영
마케팅 · 정경원, 김진영, 최명주, 김효정
제작 · 이준호, 손일순, 이진혁, 김우식
영업관리 · 김명자, 심선숙 | **독자지원** · 윤정아, 전희수
교정교열 · 공순례 | **표지디자인** · studio forb | **본문디자인** · 디자인현
CTP 출력 및 인쇄 · 정민 | **제본** · 정민

ISBN 979-11-407-0719-5 03320
(길벗 도서번호 090232)

정가 28,500원

독자의 1초를 아껴주는 길벗출판사
(주)도서출판 길벗 | IT교육서, IT단행본, 경제경영서, 어학&실용서, 인문교양서, 자녀교육서 www.gilbut.co.kr
길벗스쿨 | 국어학습, 수학학습, 어린이교양, 주니어 어학학습, 학습단행본 www.gilbutschool.co.kr